湖北省学术著作出版专项资金
Hubei Special Funds for Academic Publications

邢福义文集

第一卷

语法文章（上编）

邢福义 著

華中師範大學出版社

新出图证(鄂)字 10 号

图书在版编目(CIP)数据

邢福义文集 第一卷/邢福义著.—武汉:华中师范大学出版社,2018.12

ISBN 978-7-5622-8361-4

Ⅰ.①邢… Ⅱ.①邢… Ⅲ.①语言学—文集 Ⅳ.①H0-53

中国版本图书馆 CIP 数据核字(2018)第 212546 号

邢福义文集 第一卷

©邢福义 著

责任编辑:宋文静 冯会平 **责任校对**:肖绪旭

封面设计:胡 灿

编辑室:学术出版中心 **电话**:027-67863220/7792

出版发行:华中师范大学出版社 **社址**:湖北省武汉市洪山区珞喻路 152 号

电话:027-67863426(发行部)

网址:http://press.ccnu.edu.cn **信箱**:press@mail.ccnu.edu.cn

印刷:湖北新华印务有限公司 **督印**:王兴平

开本:710mm×1000mm 1/16 **字数**:560 千字

版次:2018 年 12 月第 1 版 **印次**:2018 年 12 月第 1 次印刷

印张:39 **定价**:156.00 元

欢迎上网查询、购书

目　　录

1957—1965

1977—1989

【A 组】

1957—1965

动词作定语要带“的”字

胡新同志曾在《语文学习》1956年10月号上发表《动词作定语用不用“的”?》一文，其中举出下列两例来说明动词作定语不一定要用“的”。

> 取得支配地位的矛盾的主要方面起了变化，事物的性质也就随着起变化。(毛泽东《矛盾论》)
>
> 对于钱的处理办法，他可不敢冒儿咕咚就跟着她的主意走。(老舍《骆驼祥子》)

胡新同志认为：“这两句中的‘支配’和‘处理’都是动词，分别作名词‘地位’和‘方法’的定语。可是后头却没有‘的’。我们念下来也决不会把‘地位’和‘方法’当成宾语。”

我认为动词作定语一定要带“的”，动词要是不带“的”而直接加到动词前边，那就不是定语，而是修饰关系，它只能是一个复合词中的构词成分；换句话说，凡是“动词（不带‘的’以及其他成分）＋名词”而没有形成动宾关系的，都是修饰关系的复合词，具体些说，是修饰关系的复合名词。

但是，这并不等于说凡“动词（不带‘的’以及其他成分）＋名词”的复合名词都是修饰关系的，如“屏风、司令、司机、枕头、主席、裹腿”等就不是。它们是动宾关系的复合名词。至于动宾关系的复合动词，像“动员”，数量更多。那么，为什么“动词＋名词”的复合词有修饰关系的也有动宾关系的呢？“动词＋名词”的复合词产生动宾关系，道理浅显，这里不谈。我们所要谈的是“动词＋名词”也能产生修饰关系的原因。现在让我们把所找到的语言材料加以分类，逐类观察，找出规律，并且辨别一下“动词＋名词”的结构到底是词组还是词。

第一类：（a）流水、飞鸟（机）、睡狮（眼）、逃兵、死尸（狗、老虎、路）、漏洞、旋风、游泳池、不倒翁、外来词、劳动人民、觉悟程度等等。（b）卧车、算盘、渡船、冲锋枪等等。很明显，这些词中的动词都是自动词。曹伯韩先生说过：“当词序是‘动＋名’的时候，如果动词是及物动词（按即他动词），它后边的名词就会是它的宾语，如‘吃饭’、‘读书’之类；如果动词是不及物动词（按即自动词），它和它后面的名词就会形成修饰语和被修饰语的关系，像‘飞鸟’、‘来人’之类。”①曹先生这段话的前半段可以商榷，因为“他动词（即曹先生的及物动词）＋名词”不一定形成动宾关系；但后半段却说得很确切，“自动词＋名词”有时也因有特殊的情形而没有形成修饰关系的。这一点曹伯韩先生也讲得很明白。他接着上面那段话说：“后一种也有特殊的情形，如‘凳子可以坐人’、‘今日公共体育场跑马’，‘不及物动词＋名词’并没有修饰被修饰的关系。这仍然是有规律的，因为在这里，不及物动词转成了使成式及物动词了，‘坐人’等于‘供人坐’，‘跑马’等于‘使马跑’。”②

从用途上看，这些动词不是表示后头名词的性质，如（a）；就是表示后头名词的用途，如（b）。

再来看看第一类的语言成分到底是不是“词”。它们有两个音节的，也有三个音节的，也有四个音节的。不必说，两个音节的是词，这是大家肯定了的。张志公先生说：“动词修饰名词时，往往含有‘了的’或‘着的’的意思，如‘活人’意思相当于‘活着的人’，‘死狗’意思相当于‘死了的狗’。这些虽然是一个词修饰另一个词，但两个词结合得很紧，性质上属于复词。”③三个音节的是词，也是大家肯定了的。如陆宗达、俞敏先生就这样说过：“主从式的复合名词是这么造的：先拿一个名词来当主要成分，再望前头加一个别的词，缩小它的意义范围。比方‘枪’可以包括步枪，……也包括马枪、卡宾枪、冲锋枪……”④“游泳池、不倒翁、外来词”等跟“冲锋枪”一样，由主要成分“池、翁、词”等造出来，表示一件事物的，所以它们都是复合名词，无可非议。根据这一说法，四个音节的“劳动人民、觉悟程度”等也是词，无可非议。因为它们都和“冲锋枪、游泳池”等一样，用同样的方式构成的，而且在作用上也是表示一种事物的。如果否定它们是词，也得否定“冲锋枪”等是词。因此，我们可以做出这样的结论，凡能表示后头名词的性质和用途的自动词，可以直接和后头的名词相结合，成为修饰关系的复合名词，不产生动宾关系。

第二类：(a) 爱人、开水、牧童、插图、败将……。(b) 斗争会、访问团、介绍信、收割机、计算尺、研究院、负责人、领导人、解放军……。(c) 支配地位、处置方法、领导骨干、领导核心、供给问题、调查纲目、考试题目、指导工作、发展路线……。

(a) 项的“牧童”是修饰关系，因为“牧”不能支配“童”，跟动宾关系的“牧羊”不同。(b) 项的“斗争会”是修饰关系，因为“斗争”不能支配“会”，不能同“斗争地主”一样看待。“发展”也一样，“发展农业生产”是动宾关系，“发展路线”却是修饰关系，因为“发展”不能支配“路线”。诸如此类，一句话归总：凡他动词和名词构成的复合词，成因都是如此。

那末，第二类列举的语言成分到底是不是词呢？我看两个音节的，不消说是词。三个音节的，我想也不会有人否认它们是词。前面引证过的陆宗达、俞敏先生的一段话，既然证明了“冲锋枪”“游泳池”等是复合词；那末，“斗争会、研究院、负责人”等等，除了其中的动词是他动词之外，和“冲锋枪、游泳池”等没有丝毫差异，所以也得承认是复合词。

四个音节的（包括第一类中的“劳动人民、觉悟程度”等）跟三音节的构成方式一样，作用也一样，既承认三音节的是词，也要承认四音节的是词，否则二者都不能承认。有些人往往因为音节多了，就宁可自相矛盾而不敢承认它们是复合词，这是错误的。只要两个成分结合得很紧，共同表达一种事物、一个概念，就可以算是复合词。当然我也不想光凭音节多少这一标准来说明“觉悟程度、支配地位”之类是复合词。我所根据的主要标准是这些复合词的构词成分的语义结合程度，因为这个标准比较客观。像“地位、方法、骨干、核心、观点、路线”之类的名词，往往要跟一定的修饰成分结合，才能共同表达一个完整的概念。

这样结合起来的复合词在语言环境常常和另外的动词（有时是介词）组成动宾结构（或介宾结构）。例如：

许多同志，不注意和不善于团结积极分子组成领导核心，不注意和不善于使领导核心同广大群众密切地结合起来，因而使自己的领导变成脱离群众的官僚主义的领导。（毛泽东《关于领导方法的若干问题》）

总起来说，我认为动词作定语一定要带“的”，但也不否认动词不带“的”就能加到名词前边修饰名词的事实，因为后者是构词法的问题，不能拿来证明动词作定语可以不带“的”字。

注释：

①中国语文杂志社编：《汉语的词类问题》，中华书局1955年版，第125页。

②中国语文杂志社编：《汉语的词类问题》，中华书局1955年版，第125页。

③张志公：《汉语语法常识》，中国青年出版社1953年版，第27页。

④陆宗达、俞敏：《现代汉语语法》上册，群众书店1954年版，第66页。

（原载《中国语文》1957年第8期）

【邢按】

本文是笔者发表的第一篇文章，时22岁。当年被《中国语文》选中，大概是可以代表一种说法。本文的论证，是顺着一条思路来开展的，不能说没有道理，但是，当时还缺乏对语法现象多样性、复杂性的深入思考。这是一篇反映笔者在语法研究上蹒跚起步的小文。近年来，笔者常想，汉语语法研究，也许应该考虑如何有效地引进“相对论”。用相对论的观点来观察和解释语法现象，有的时候，也许是更符合实况的出路。（2016年1月15日）

“数词＋量词”是词还是词组?

在过去一段很长的时期中，语法学家们都把数词和量词当作别类词的一个小类或者附类，即把数词当作形容词的一个小类或者附类，把量词当作名词的附类。数词和量词，在汉语词类体系中是没有取得独立的地位的。近十多年来，大家着眼于语法特点，渐渐发现数词和形容词并不相同，量词和名词也并不相同。比方，数词能带量词，形容词不能；单音的形容词能单独用为谓语，单音的数词不能。例如：“三朵桃花”成话，“红朵桃花”不成话；“桃花红”能说，“桃花三”在一般情况下不能成立。又比方：量词一般能重叠表“每”，名词一般不能；名词能单独充当句子的成分，量词总是伴随数词或指示代词出现，一般不能单独充当句子的成分。例如：“个个、句句、本本”等于说每个、每句、每本，“花花、书书、猫猫、狗狗”即使能说，也不表“每”。由于渐渐发现数词和量词都有自己的独特的语法特点，大家才渐渐明确它们完全有和名词、动词等并立的资格，应该让它们取得独立的地位。最近拟定的“暂拟汉语教学语法系统”就是把数词和量词作为独立的两类来处理的。现在，坚持把数词和量词当作形容词和名词的一个小类或者附类的人，我看，不太多了。但是，还存在一个问题没有得到完满的解决，那就是数词和量词是常常组合起来用的，如“三个、五匹、一次”，这种组合（下面用“数词＋量词”来表示）是词呢，还是词组？一部分语法学者是把“数词＋量词”当作一个词的。如张志公《汉语语法常识》，把词分为十一类，“数量词”是其中一类。因为数词和量词常常组合起来用，“数词＋量词”给人的感觉是一个整体或者一个单位，所以这样的处理容易为人所接受，影响很大。最近拟定的“暂拟汉语教学语法系统”对这一问题的态度是不太明朗的。在它的词类体系里面，数词和量词是同名词、动词、形容词等并列的独立的两类。既然数词和量词是同名词等并列的两类，“数词＋量词”按理说当然是词组或是比词大的单位了。但是“暂拟汉语教学语法系统”不这样处理，它又把“数词＋量词”叫作数量词，并且在某些地方把数量词和名词、动词、形容词等并列在一起，如：“说话的时候常常要用到同一个名词、动词、形容词或者数量词。”[①]不仅如此，在讲词法的时候，还特别用一节来讲数量词的用途[②]。这就使人产生了下列这些问题：数量词究竟是词呢还是词组？如果是词，为什么不让它在词类类目中取得一席之地？为什么它的构词成分不叫词素而叫数词和量词？如果是词组，为什么叫它做“词”？为什么把它放在词法中讲？特别是在“数量词的用途”那一节中把数量词和量词作比较：“数量词重叠，作用跟量词重叠不同：量词重叠……，数量词重叠……。”[③]这又使人有另外一种误解，以为数词、量词、数量词是并立的三类。倒是胡附先生为了配合初级中学汉语教学而写的《数词和量词》对这问题作了肯定的说明：“数量词只是数词和量词组合时的名称，它不是词而是词组，不能在词类类目中取得一席之地……。”[④]然而，可惜的是，这说明虽然肯定，但理由却不够充足，说服力不强，所以“数词＋量词”是词还是词组的问题仍然存在。下面谈谈个人的意见。

我认为，“数词＋量词”不是词。理由如下。

第一，假如我们承认并且采用“词是最小的能自由运用的语言单位”这个词的定义，那么判定某些语言现象是词还是词组时就得根据它。根据这个定义，“数词＋量词”是不够词的资格的。因为任何一个数词和任何一个量词运用时都非常自由。如图：

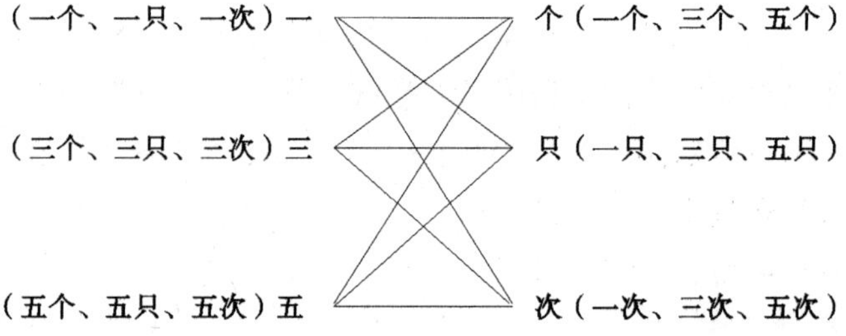

由此可见，数词和量词都是最小的能自由运用的语言单位。既然这样，"数词＋量词"当然不可能也是最小的能自由运用的语言单位，因此，"数词＋量词"不可能也是词。如果说"数词＋量词"也是能自由运用的语言单位，那么这能自由运用的语言单位只能是比词大的单位。要是认为"数词＋量词"是词，就得修改词的定义。

第二，数词和量词各有各的语法特点。比方，量词一般能重叠，数词不能重叠。又比方，二者各有一套系统。数词有基数、序数、分数、倍数之分，邻近的数词可以连用（"两三个、三五遍、十七八"）；量词有物量、动量之分，不但有单纯的量词，而且有复合量词（"架次、秒公方"）。这就说明数词和量词都有独立性，"数词＋量词"中，数词和量词之间不是词素和词素之间的关系，不应被当作一个词。

第三，假如把"数词＋量词"当作一个词，在词类类目中只立数量词一个名称，处理语言现象时就会碰到很多而且很大的困难。拿数词来说，数词有两种，一种是用来计算具体的物件的，一种是用来作抽象的数学的计算的。前者（如"一个"中的"一"）要求和量词组合，共同来计算物件；后者（如"3×3＝9"中的"3、3、9"）以数目本身作为说明对象，所以不和量词连用。假如把"数词＋量词"叫作数量词，只有数量词一个名目，就不能把用作数学上抽象的计算的数词包括进去。但是在语言实际里面客观地存在着这种不和量词连用的数词，不能不管。怎么办呢？这就不能不给它另立一个名目：数词（或什么）。这样一来，数词的第一种被当作数量词中的词素，第二种被当作数词（或什么），数词这个整体就被不合理地"瓜分"了。而且，就拿数词的第一种来说，在某些场合也是不能带量词的。比如"三月"中的"三"，是序数词，如果带上量词"个"，如"三个月"，就不是序数词而是基数词了。要是把"数词＋量词"当作词，并且只立数量词一目，遇到"三月"中的"三"也会感到包括不进去，因此，不能不也给它另立一个名目：数词（或什么）。结果，"三个月"中的"三"被当作数量词"三个"中的词素，而"三月"中的"三"却是一个词。对同一个"三"作不同的处理，当然不合理！再拿量词来说，量词一般要跟数词配合，但重叠后就不能跟数词配合。假若把“数词＋量词”叫作数量词，并且只立数量词一目，重叠后的量词就不能包括进去，这时也只得给它另立一个名目：量词（或什么）。这样，量词这个整体又被不合理地“瓜分”了。可见，把“数词＋量词”叫作数量词，当作一个词，数词（或什么）和量词（或什么）这两个名目还是不能取消。结果就会出现三个并立的名目：数量词、数词（或什么）、量词（或什么）。它们之间的关系是这样的：

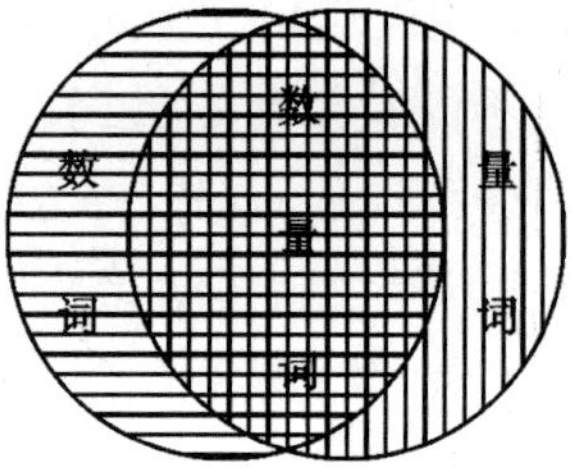

这祥的处理，对掌握祖国语言的规律是没有一点好处的。

第四，“数词＋量词”有的结合得很紧，但有的却结合得比较松，中间可以插入其他的词。如：

（1）（燕燕）悄悄哭了一大阵。（赵树理《登记》）

（2）我跟他谈了一整天。

（3）我今天中午吃了两小钵饭。

我们知道，合成词中词素和词素是结合得很紧的，中间不允许插入别的词，反过来说，能插入别的词的就不是合成词。数词和量词之间能插入“大”“小”“整”这些词，就说明数词和量词之间的关系和合成词中词素和词素之间的关系不同。

第五，在一定的条件下，“数词＋量词”中可以省略数词或者量词。比方，数词如果是“一”，有时可以省略不说。如：“孙老汉是个强性子人，马上气得胡子都噘了起来，柴堆里摸了把斧头，就往外走……”（马烽、西戎《新女儿英雄传》）｜“这本书是谁的？”——量词“个”“把”“本”的前边都省略了数词“一”。又比方，如果是大小单位相连结，最后一个量词可以省去不说。如：“一丈四”“二角五”，“四”后边省略了“尺”，“五”后边省略了“分”。省略，只能发生在句法的范围之内；省略句子中的某个词或语，是为了达到修辞的目的。"数词＋量词"中能省略数词或者量词的现象虽然不很多，所要达到的修辞目的也没有像主语的省略那样明显，但是，一则有规律可找，二则要达到什么样的修辞目的也可以说出来。请察看下面这几句话："孙老汉是一个强性子的人，马上气得胡子都噘了起来，柴堆里摸了一把斧头，就往外走……"｜"这一本书是谁的?"｜"问：做一套成年人的衣服需要多少布？答：一丈四尺就够了！问：这种蓝布每尺多少钱？答：二角五分。"——前两句的"一"，后一句的"尺、分"，在这里可以不说，说了反而显得啰嗦、累赘，要是去掉它，读起来就会感到比原来明快、干净。这就无可辩驳地说明了"数词＋量词"不是一个词。

第六，"数词＋量词"中，数词如果很复杂，这"数词＋量词"被当作一个词，一般人是接受不了的。比如"一万三千五百二十一匹(马)"。

但是，我又认为，"数词＋量词"不是词组。理由如下。

第一，从相互依赖这一方面来看，绝大部分的数词只能而且必须跟量词组合，然后共同去跟别的词（或词组）发生关系；绝大部分的量词也一样，只能而且必须跟数词组合，然后共同去跟别的词（或词组）发生关系；可以说，它们是相依为命的。这一点和我们一般所理解的词组是不同的。比方，以动词为中心的词组，动词可以跟形容词组合（如"快来，说清楚"），可以跟副词组合（如"不来"），也可以跟名词组合（如"讲故事"），还可以跟比词大的单位组合（如"从群众中来，到群众中去"｜"学习开拖拉机"），……以形容词或名词为中心的词组也一样，形容词或名词可以和好几类词组合，还可以和比词大的单位组合。虽然量词有时可以直接和指示代词组合，如"这个、那个"，但我们认为这实际上是因为量词前边的数词是"一"所以被省略掉了。比如"这本、那本"，就是"这一本，那一本"的省略。这一点，只要比较比较"这两本书是谁的?"和"这本书是谁的?"就可以得到肯定的答案了。

第二，从数词和量词之间的关系看，也和词组没有共同之处。比如以动词为中心的词组，可以是修饰关系的（“快来，不来”），可以是补充关系的（“说清楚”），也可以是动宾关系的（“来武汉，讲故事”）。但“数词+量词”，既不是修饰关系、补充关系、动宾关系，也很难说是并列关系，更难说是主谓关系。这一点，至少可以说明“数词+量词”是一个比较统一的整体。

第三，从使用方面看，在句子里面，“数词+量词”总是共同作一个句子成分的（定语：一颗树；补语：去一次；状语；一次做不完；……）。在回答问题时，大都是数和量一起说出来，不单说数，更不单说量。词组没有这种限制。

第四，从形态变化上说，“数词+量词”能重叠起来用，如“一队一队的人，两个两个地往里走”，重叠后在原来的意义上附加了“表示分成组按次序进行”的次要意思[5]。能重叠，重叠后附加了语法意义，这和为了取得修辞效果的重复根本不同。而这正是词才能具有的本领。

第五，如果把“数词+量词”当作词组，处理某些语言现象时就会感到困难。比如“俩”和“仨”，是分别由“两个”“三个”熔合而成的词，既不能归入数词，也不能归入量词，但又根本不能把它们当作词组，因为它们明明是词嘛！而且从“两个”“三个”分别熔合成“俩”“仨”这一点上看，也可以知道一些“数词+量词”有逐渐词化的趋向。又如“一块半、三斤多”这些“基数+量+基数或概数”的结构，把它们当作词组，分析起来很感困难的，因为我们很难说它们内部的三部分间有什么关系（联合、修饰、补充……）；再，它告诉人的是一个整体的意思——多少，我们没有理由不承认它是内部各个成分结合得此较紧的单位。

如上所说，“数词+量词”不是词也不是词组。说它不是词，是因为它具有词组的某些特点；说它不是词组，是因为它具有词的某些特点。从“数词+量词”本身所具有的特点看，我认为它是介于词和词组之间的一种语言现象。语法学者们虽然没有提过它是介于词和词组之间的一种语言现象，但对于它既具有词组的某些特点又具有词的某些特点，这一点是看到了的，只是没有对这种语言现象作全面的分析从而作合理的处理罢了。比如张志公《汉语语法常识》，是把“数词＋量词”叫作数量词，让它和名词、动词等并列的；但在“数量词”那一章中，又把数词和量词分开来详细地讨论[6]。这说明张先生重点放在“数词＋量词”具有词的特点这一方面，但又注意到数词和量词各有各的特点，它们的结合毕竟和一般的词不同。又如胡附《数词和量词》，是把“数词＋量词”当作词组的，但又说：“……首先，数词和量词的组合是经常的，比较固定的；形容词固然也常常和名词组合，但是和名词组合的不一定是形容词，其他某些词类也有这种能力。其次，数词和量词要互相依靠，合起来用作句子成分，这又是形容词和名词所不具备的语法特点。正是这样，我们为了说起来方便起见，才把数词和量词的组合叫作数量词。”[7]这说明胡先生重点放在“数词＋量词”具有词组的特点这一方面，然而，他也注意到它们的组合毕竟和一般的词组不同。最能反映处理这一问题时的矛盾心理的是陆宗达等《现代汉语语法》（上册）一书。这部书给“数量词”立了一章，让它和名词、形容词、代词、动词等各章并列，看起来是把“数词＋量词”当作一个词的。但在“数量词”这一章的开头又说：“数目字是没有重叠式的实词，自己单成一类。量词本来就是名词。讲词的分类的时候，他们分到两下。可是等一讲起造词法来，尤其是一讲复合，他们的关系就特别密了，所以咱把他们合到一章里写。这么办为的是说着方便，并不是把他们算一类词。”[8]这真叫人糊涂：从“……讲词的分类的时候，他们分到两下”，“这么办为的是说着方便，……”等话看，是词组；从把“数量词”和“名词”等并列看，从“……一讲起起造词法来，尤其是一讲起复合，他们的关系就特别密了”看，是合成词。究竟是什么呢？“暂拟汉语教学语法系统”处理这个问题时也有类似的矛盾，上面已经谈过。我认为，既然“数词＋量词”是既具有词组的某些特点又具有词的某些特点的介于词和词组之间的语言现象，就不应该简单地叫它作词组或叫它作词。叫它作词组，就会抹煞它所具有的某些词的特点；叫它作词，就会抹煞它所具有的某些词组方面的特点。为了使术语能反映语言现象所具有的特点，我建议取消“数量词”这个容易引起误会的术语。至于用什么新的名目来代替它，大家可以讨论。我的意见是叫“数量组合”或“数量结构”。“数量组合”或“数量结构”虽然还是不能反映“数词+量词”所具有的特点，但总比“数量词”好一些。

“数量组合”（或“数量结构”）拼写成拼音文字时，可以在数和量之间划一短横，如：

liǎng-pí mǎ（两匹马）

sān-gè rén（三个人）

重叠后的“数量组合”（或“数量结构”）中间可以不必划短横，如：

yīduìyīduì de rén（一队一队的人）

附带说明一下：并不是所有的“数量组合”（或“数量结构”）所具有的词和词组两方面的特点都一样多的。有的具有词的特点多一些，接近词一些；有的具有词组的特点多一些，接近词组一些。这和所用的量词有关。一般说，“正规”的量词，如“个、只、匹”，跟数词组合后具有词的特点多一些；从名词借来表容量和表时间的量词，如“缸（酒）、瓢（水）、包儿（颜料）”和“天、夜”等，以及从动词借来的某些量词，如“捆（书）、堆（破衣物）”等，跟数词组合后具有词组的特点多一些。根据是：前者不能在数量之间插入其他的词，后者却能插入“大、小”或“整”这些词，如“一大瓢水、一小包儿颜料、一整天、一大堆破衣物”。当然，也存在跟数词本身简单或复杂有关的状况。简单的数词，和量词组合给人的感觉是词，如“一匹”；复杂的数词，同量词组合后给人的感觉是词组，如“三万五千七百二十三匹”。

以上的看法是否正确，请大家指教。

注释：

①张志公主编：《初级中学课本汉语第三册》，人民教育出版社 1956 年版，第 10 页。着重号是引者所加。

②张志公主编：《初级中学课本汉语第三册》，人民教育出版社 1956 年版，第

92 页。

③张志公主编：《初级中学课本汉语第三册》，人民教育出版社 1956 年版，第 92 页。

④胡附：《数词和量词》，新知识出版社 1957 年版，第 44 页。

⑤张志公主编：《初级中学课本汉语第三册》，人民教育出版社 1956 年版，第 92～93 页。

⑥张志公：《汉语语法常识》，中国青年出版社 1953 年版，第 144～157 页。

⑦胡附：《数词和量词》，新知识出版社 1957 年版，第 44～45 页。

⑧陆宗达、俞敏：《现代汉语语法》（上册），群众书店 1954 年版，第 79 页。

1958 年 7 月初稿，1959 年 1 月修改。

（原载《华中师范学院学报》1959 年第 1 期，略有改动）

互相 相互

这两个词意义一样，都含有“彼此以同一的条件相对待”的意思；它们的差别在于用法有些不同。

“互相”一般只用作状语，修饰动词。例如：

（1）一切过程中矛盾着的各方面，本来是互相排斥、互相斗争、互相对立的。（毛泽东《矛盾论》）

（2）多和快是对数量和时间的要求，好和省是对质量和成本的要求，它们是互相补充、互相制约的。（刘少奇《中国共产党中央委员会向第八届全国代表大会第二次会议的工作报告》）

“相互”的用途比较广，其中作状语修饰动词的用法跟“互相”相同。例如：

（3）傍晚，从四面八方耕地回家的农民，在一条窄长的街上形成了长长的行列，他们相互询问着一天的生产成绩。（李凯、庆琛《五亿农民的方向》）

（4）在这种合作中，我们相互地给予了支持和帮助。（《人民日报》1957 年 9 月 12 日）

以上四例中的“互相”和“相互”可以替换；从下边两例中更可以看出，它们修饰动词时作用完全相同。

（5）集体所有制到全民所有制的过渡和由社会主义到共产主义的过渡之间的互相联系与互相区别，在党的八届六中全会关于人民公社的决议中写得非常明白、透彻。（《中国工人》1959 年第 1 期）

（6）从上面说的情况来看，两个过渡是相互联系而又相互区

别的两个过程。(《中国工人》1959年第1期)

“相互”除了作状语外，还能用作定语，修饰名词；“互相”很少这样用。例如：

(7) 我们已经基本上完成了生产资料所有制的社会主义改造，这是改变人们的相互关系的前提。(刘少奇《中国共产党中央委员会向第八届全国代表大会第二次会议的工作报告》)

“相互”还能跟方位词“间”结合，构成“相互间”(或“相互之间”)共同作定语；“互相”这样用的时候比较少。例如：

(8) 在这个阶段中间，每个干部，特别是党员干部，应当认真地研究党的路线和作风，总结这一次整风运动的收获，检查自己在思想上和工作上的缺点，进行相互间的批评和自我批评……(刘少奇《中国共产党中央委员会向第八届全国代表大会第二次会议的工作报告》)

(9) 公社和国营企业相互之间，公社和公社相互之间，还是一种商品交换的关系，还不是通过国家进行调拨的关系。(《中国妇女》1959年第2期)

(原载《词义辨析》第二辑，人民教育出版社1959年版)

论“们”和“诸位”之类并用

认为“们”和“诸位”“全体”“各位”不能并用，这是目前大多数语法书的共同看法。远的不说，最近出版的北大中文系语言学教研组编写的《语言学基础》，在谈“语法规范化问题”时，就认为“诸位代表们”是有语法毛病的不规范的说法，理由是：“们”和“诸位”不能并用①。

我认为，一种语法格式是否规范，既要看它有没有在最典范的著作中出现，又要看它有没有普遍性。根据这个标准，“们”和“诸位”等并用的格式应该肯定是合乎规范的。

这种格式，在毛泽东同志的著作中不止一次地出现。例如：

(1) 要使全体青年们懂得，我们的国家现在还是一个很穷的国家，并且不可能在短时期内根本改变这种状态，全靠青年和全体人民在几十年时间内，团结奋斗，用自己的双手创造出一个富强的国家。(毛泽东《关于正确处理人民内部矛盾的问题》)

(2) 各位代表先生们，各位同志们，共产党的这个同党外人士实行民主合作的原则，是固定不移的，是永远不变的。(毛泽东《在陕甘宁边区参议会的演说》)

这种格式不仅毛泽东同志使用，党和政府的其他许多领导同志也用；既见于许多作家的作品，也见于许多机关的公开文件；既从一般函电里找得到，也从工农群众在某些大会上的发言里找得到。这就雄辩地证明了这种格式是普遍地运用着的。举例为证：

(3) 敬爱的代表团全体同志们……(周恩来总理在欢迎波兰人民共和国政府代表团的宴会上的讲话，见《新华半月刊》

1957 年第 9 号)

(4) 亲爱的大使同志,苏中友好协会代表团团长叶留金同志和全体团员同志们,同志们,朋友们:……(朱德同志在苏联大使庆祝中苏友好同盟互助条约十周年宴会上的讲话,见《人民日报》1960 年 2 月 15 日)

(5) 诸位朋友们:今天让我来说个故事……(赵树理《登记》)

(6) 陆、海、空军全体官兵同志们,民兵同志们:……(《中华人民共和国国防部命令》,见《长江日报》1959 年 10 月 2 日)

(7) 武汉市和襄阳专区工业、交通、基建单位的全体职工同志们:……(湖北省省委、人民委员会祝贺武汉市和襄阳专区提前跨进 1960 年的贺信,见《湖北日报》1959 年 11 月 10 日)

(8) 敬爱的中国人民解放军全体指挥员、战斗员同志们:……(群英大会向中国人民解放军致敬电,见《光明日报》1959 年 11 月 2 日)

可见,如果一口咬定这种格式不能成立,这是无视语言事实。但是,还有必要说说下列两点。

第一,我们说“们”和“诸位”等可以并用,并不等于说“们”和一切表示数量的词语都能并用。“们”和“三个”“五位”之类是绝对相排斥的。

第二,“们”和“诸位”等并用的格式并不是在任何场合都能够使用的。这种格式一般用在呼语中,因此这种格式最常用在讲话、演说、公开信等的开头。一般的句子中,也有用这种格式的,如例 (1),但比较少见。至于函电及其他公开信末尾的签名部分,则只能用“全体××”,不能用“全体××们”。比如“群英大会向中国人民解放军致敬电”,开头用“亲爱的中国人民解放军全体指挥员、战斗员同志们”,而在信尾用“全国工业、交通运输、基本建设、财贸方面社会主义建设先进集体和先进生产者代表大会全体代表”。(《光明日报》1959 年 11 月 9 日)

最后,谈谈一些有关的问题。

杨欣安等的《现代汉语》第四册说："至于像'诸位同志们'的用法，有些欧化的意味，跟汉语的一般习惯不合，近来虽有扩张的趋势，但未形成规范。"②《初中汉语课本第三册教学参考书》说："'们'的用法近年来有扩张的趋势：重复用，如'……诸位老师们'……"③这里有三个问题值得讨论。第一，"们"和"诸位"等并用的格式是不是欧化的格式；第二，这种格式是不是近年来"们"的扩张用法；第三，这种格式是不是合乎规范的格式。对于第三个问题，上面已经讨论；现在就前两个问题讲讲个人的意见。

我认为，说这种格式是欧化的用法是不正确的。在很多近代白话文著作中，这种格式已经相当普遍地使用了。略举几例：

(9) 请过众位姑娘们来，调开桌椅，罗列杯盘，母女姊姊们吃毕了饭。(曹雪芹《红楼梦》)

(10) 老爷们并各位叔叔哥哥们都吃了饭了。(曹雪芹《红楼梦》)

(11) 众媳妇们说："伺候齐了!"(曹雪芹《红楼梦》)

(12) 因此，宝玉只和众丫头们掷骰子赶围棋作戏。(曹雪芹《红楼梦》)

(13) 宝玉辞别贾赦，同众姊妹们回家……(曹雪芹《红楼梦》)

这种用法在《红楼梦》中很普遍，这里只是随便举出几个例子而已。可见这种格式是我们语言里本来就有的。

以为这种格式是近年来"们"的扩张用法，也是不正确的。这种看法如果是正确的，"们"和表示数量的词语并用的现象就应该是过去少而现在多；然而，事实是，"们"和表示数量的词语并用的现象过去多而现在少。比如在《红楼梦》中，不仅有我们现在存在的并用现象，而且有我们现在没有的并用现象。略举几例：

(14) 尤氏未及答应，几个媳妇们失笑道……(曹雪芹《红楼梦》)

(15) 凤姐见还有几个妯娌们陪着女亲……(曹雪芹《红楼梦》)

(16) 只见凤姐儿在门前站着……看着十来个小厮们搬花盆呢。(曹雪芹《红楼梦》)

"们"和"几个""十来个"并用，是我们现在没有的用法。这种用法，在《水浒》中也有，如：

(17) 自从武大娶得那妇人之后，清河县里有几个奸诈的浮浪子弟们，都来他家里薅恼。(施耐庵、罗贯中《水浒全传》上册)

可见，从现在看来，近年来“们”和表示数量的词语并用的范围是缩小了，而不是扩张了。

注释：

①北京大学中国语言文学系语言学教研组编：《语言学基础》，高等教育出版社1959年版，第122页。

②杨欣安等编：《现代汉语》第三册，重庆人民出版社1957年版，第54页。

③张志公主编：《初级中学课本汉语第三册教学参考书》，人民教育出版社1956年版，第26页。

(原载《中国语文》1960年第6期)

谈一种宾语

现代汉语里，宾语和动词之间的关系复杂多样，为了易于掌握，讲语法的书一般都概括为简明的几项，这是必要的。

然而，我们要求语法学家们，既要概括得简明，又要概括得全面。如果有些现象在语言实际里普遍地存在，却丢开不提，就会达不到或者不能完全达到讲语法的目的。

有一种宾语，人们普遍地运用着，是一种常见的现象，但一般语法书都没有提及。请先看例子：

（1）七斤嫂吃完三碗饭，偶然抬起头，心坎里便禁不住突突地发跳。（鲁迅《风波》）

（2）他站住了，脸上现出欢喜和凄凉的神情；动着嘴唇，却没有作声。（鲁迅《故乡》）

（3）这不能不使他暗暗叫苦起来，深深皱着眉头。（艾芜《夜归》）

（4）赵大叔连忙坐到椅子上，闭起眼睛……（马烽《饲养员赵大叔》）

（5）他们咬着牙……（曲波《林海雪原》）

（6）（杨子荣）眨巴着眼皮……（曲波《林海雪原》）

这些句子中加了着重号的词都是宾语。这种宾语有下面几个方面的特点。

第一，宾语所表示的事物和主语所表示的事物是领属关系，前者属于后者，是后者有机的一部分。一般是，主语表示人，宾语表示人体的一部分：头、嘴唇、眉头、牙、腰、眼皮、眼睛等等。也有特殊的情况，如：

(7) 蓝空里的星子，仿佛怕冷似的，不安地眨着眼睛。(艾芜《夜归》)

这个句子，运用了修辞上的拟人法，因此，主语“星子”虽然是物，句子中却是把它当作人来看待的。

也有主语不是表示人，宾语不是表示人体一部分的。如：

(8) 偶尔牲口点点头，或者喊几声，碰巧和他的话吻合了，他就高兴地赞美道：“听懂了，多聪明啊！多聪明啊！”(马烽《饲养员赵大叔》)

但两者仍然是领属关系：“头”是“牲口”的有机的一部分。

第二，这种宾语，并不是动作的对象，更不是动作的结果、工具、处所等等。我们不能说“动着嘴唇”中“嘴唇”是“动着”的对象或者结果、工具、处所等等。它所表示的事物，是某人（或物）发出某一动作的具体部分，我们也可以理解为动作就是由它本身发出来的。比如“动着嘴唇”，我们可以理解为“动着”是由“嘴唇”本身发出来的动作；“眨巴着眼皮”，我们可以理解为“眨巴着”是“眼皮”本身发出来的动作。其余类推。

第三，和上一特点紧紧地联系着的是，充当这种宾语的词，可以移到动词的前边去，和动词构成主谓关系，而这种主谓关系是主动态的，不是被动态的。比如例（1）的“偶然抬起头”，可以说成“头偶然抬起”；例（2）的“动着嘴唇”，可以说成“嘴唇动着”；例（3）的“深深皱着眉头”，可以说成“眉头深深皱着”。事实上，人们也是常常这样用的。比如：

(9) 但想起了他曾受到的批评，便重又规规矩矩地坐着，……嘴巴紧紧地闭起。(艾芜《夜归》)

上面这三个特点，可以帮助我们把这种宾语和其他几种宾语区别开来。比如表示行动对象的宾语，它所表示的事物一般都不是主语所表示的事物的一部分。例如“我们热爱祖国”。当然，有时对象宾语所表示的事物也是主语所表示的事物有机的一部分，完全符合上面所说的第一个特点。例如：

(10)“万保，你不要在这里拿上石灰当好面卖，你从前就没说过妇女不抵事的话？今前晌在地里，你说甚话来？”（张老五）拍了拍胸脯，“人说话要凭良心，自己屁股底下坐着屎，就不要花言巧语地说别人”。（西戎《纠纷》）

这里，宾语“胸脯”是主语“张老五”的有机的一部分，但我们认为它是表示行动对象的宾语，它不符合第二、第三两个特点：“胸脯”并不是“张老五”发出“拍了拍”这个动作的具体部分，不能理解为“拍了拍”是由“胸脯”本身发出来的动作；“胸脯”不能移到“拍了拍”的前边和“拍了拍”构成主谓关系。退一步说，即使能够构成主谓关系，也决不会构成主动态，只能构成被动态。当然，如果不是“拍了拍胸脯”，而是“挺了挺胸脯”，例如：

(11)“是，我负责！”么嫂挺了挺胸脯。“大娘，你不要乱想了，胡么嫂害死过多少人呵！”（化石《山村接生员》）

这里的“胸脯”便是我们所说的这种宾语了。因为这里的“胸脯”不但是“么嫂”有机的一部分，而且是“么嫂”发出“挺了挺”这个动作的具体部分，可以理解为“挺了挺”是它本身发出来的动作，它也可以移到“挺了挺”的前边一起构成主动态的主谓关系，“胸脯挺了挺”。

这种宾语，和表示事物的存在、出现和消失的宾语也不相同。表示事物的存在、出现和消失的宾语，大体上符合上说的第二、第三两个特点，例如：

(12) 台上坐着主席团。

(13) 坐了一会，院中出来一个老者。（北京大学中文系现代汉语教研室《现代汉语》上册）

(14) 一连死了几口猪。（北京大学中文系现代汉语教研室《现代汉语》上册）

“坐着”是宾语“主席团”本身发出来的动作，“主席团”可以移到“坐着”的前边和“坐着”构成主动态的主谓关系，“主席团（在台上）坐着”。（13）和（14）两例也是如此。然而，我们不认为“主席团”“老者”“猪”是我们所说的这种宾语，而认为是存现宾语，原因是它不符合第一个特点：这类表示事物的存在、出现和消失的宾语，根本不是主语的有机的一部分。

至于表示对象和存现消失以外的表示结果、工具、处所、供谁（或什么）使用的宾语以及和动词一起表示主语的遭遇的宾语（例如“王冕七岁上死了父亲”），和我们所说的这种宾语的区别更加明显，都可以根据上说的三个特点清楚地区别开来，不必一一比较了。

一种现象，最好有个术语来代表它。上面所说的这种宾语，用什么术语来代表它好呢？个人还没有成熟的意见。高名凯先生的《语法理论》里谈到“态”这种语法范畴时提到“反身中态”，高先生说：“中态还有一种作用，就是表示‘反身’，指明动作或过程回过头来影响施动者本身，例如梵语的 vártate（他回转身），拉丁语的 vertitur（他回转身）。”[①] 所举的例子“他回转身”中的宾语“身”，正是我们上面所说的这种宾语。这种宾语，我们可以不可以管它叫做“反身宾语”呢？请大家考虑。

注释：

①高名凯：《语法理论》，商务印书馆 1960 年版，第 137～138 页。

（原载《中国语文》1960 年第 12 期）

形式主义一例

《中国语文》1960 年 6 月号王福庭同志的《“连动式”还是“连谓式”?》(上)中，有这么一段：

“‘我帮助他干活’。‘干活’的主语是‘他’还是‘我’呢？可以有三种解释：‘我帮助他，我干活’；‘我帮助他，他干活’；‘我帮助他，我和他一同干活’。因此，《讲话》(按指《语法讲话》)把这个句子算做‘连动式’和‘兼语式’以外的复杂谓语。其余四家也不算作‘连动式’。单立一类其实没有必要，因为句子结构跟‘连动式’一样。所以不能肯定‘同一主语’，是由‘帮助’这一类动词的词汇意义引起的，不是语法结构引起的。‘陪、陪着、带、带着、领、领着、扶、扶着、帮、帮着、送、约、找’等动词都能造成这种‘连动式’句。‘谁干活’，‘我帮助了多少’，跟句子的形式不相干。”

这里，我们不讨论“我帮助他干活”这一类句子，究竟算做“连动式”呢，还是算做“连动式”和“兼语式”以外的复杂谓语呢，还是算做其他什么呢。我们要讨论的是，作者研究问题的方法。

根据作者的意见：第一，“我帮助他干活”这一类句子没有必要单立一类。为什么呢？因为句子结构跟“连动式”一样。这就是说，句子结构跟“连动式”一样的，都应该算做“连动式”。推广起来，凡是句子结构一样，都要做同样的处理，让它们属于同一类型。第二，“我帮助他干活”不能肯定两个动词是否同一主语，是由“帮助”这一类动词的词汇意义引起的，不是语法结构引起的，跟句子的形式不相干；这类句子既然和“连动式”句子的形式完全相同，就应当无条件地归入“连动式”。这就是说，句子中，动词的词汇意义的不同，才能引起语法关系的改变。

果真是这样的吗?

我们知道,“连动式”(或者说“连谓式”,下同)和“兼语式”之类,指的是句子中的语法关系。句子中的语法关系和句子的语法结构(句子的形式)有着紧密的不可分割的联系,但两者不是同一的关系,两者并不等同。同一种语法关系,可以由不同的语法结构(形式)来表示;同一种语法结构(形式),也可以表示不同的语法关系。例如:

(1) 笑着说。

(2) 躺着看书。

(3) 蒙着头睡。

(4) 吃过晚饭看电影。

这几个例子,语法结构(形式)并不相同。例(1)是:“动(着)·动”(谓·谓);例(2)是:“动(着)·动+名”(谓·谓+宾);例(3)是:“动(着)+名·动(谓+宾·谓);例(4)是:“动(过)+名·动+名”(谓+宾·谓+宾)。可是,它们都表现了同一的语法关系,它们都是“连动式”。

(5) 他打电话叫汽车。

(6) 我看见牛吃草。

这两个例子结构(形式)相同,都是“代+动+名+动+名”。可是,表现了两种不同的语法关系。例(5)是“连动式”,例(6)是“主谓宾”(或者像陈建民同志所说的兼作“主谓宾”和兼语式)①。

(7) 保护了人民的军队。

(8) 保卫祖国的边疆。

这两个例子,结构(形式)也完全相同:“动+名+的+名”。可是,也表现了两种不同的语法关系。例(7)是偏正词组(偏的部分又是动宾词组);例(8)是动宾词组(正的部分又是偏正词组)。

可见,单从形式着眼,认为结构相同的句子一定标示相同的语法关系,不管三七二十一机械地把它们归为一类,这是违背语言实际的错误的做法。难道说,例(6)和例(5)结构一样,例(5)是连动式，例（6）就非要是连动式不可吗？

我们认为，在句子中，用了词汇意义不同的动词，可能不会引起语法关系的改变。例如：

(9) 我曾在深沉的夏夜里，坐在礁石上看碧绿的海底。（吕冀平《复杂谓语》）

这是一个“连动式”句。如果第一个谓语“坐”换成“站”，说成“站在礁石上看碧绿的海底”，仍然是“连动式”，虽然“站”和“坐”的词汇意义不同。

然而，用了词汇意义不同的动词，也可能引起语法关系的改变。请以王福庭同志所举的“我帮助他干活”和下列例子相比较：

(10) 我瞒着他干活。

(11) 我催着他干活。

(12) 我看着他干活。

这几个例子不相同的地方仅在于例（10）用“瞒着”，例（11）用“催着”，例（12）用“看着”。由于这几个动词的词汇意义不一样，这几个句子的语法关系也不相同：例（11）是连动式，例（12）是“主谓宾”（或者像陈建民同志所分析的兼作“主谓宾”和兼语式）②。

至于“我帮助他干活”应如何处理，这里附带表示一下我们的意见。

我们认为，语法分析有时一定要根据上下文，不能一味孤立进行。“我帮助他干活”要放在具体的语言环境中来分析。在具体的语言环境中，如果它表示的是“我帮助他，我干活”的意思，就是连动式；如果是表示“我帮助他，他干活”的意思，便是兼语式；如果是“我帮助他，我和他一起干活”的意思，就应该承认它的特殊性，把它算作“连动”“兼语”的混合式。

我们应该充分注意词语的词汇意义和语法关系之间的复杂多样的关系。例（11）、例（12）的句子结构和“连动式”一样，难道可以说它们本身的语法关系是由“动词的词汇意义引起的，不是语法结构引起的”，“跟句子的形式不相干”，因而可以简单地把它们归入“连动式”吗？

我们反对单纯从意义出发来研究语法。因为单纯从意义出发，就使语法分析缺乏客观标准，容易得出唯心主义的结论。我们也同样反对单纯从形式出发来研究语法。拿形式来概括一切，看不见语法形式和语法关系辩证的对立而统一的关系，割断了形式和意义的联系，就会陷入形式主义的泥坑。

王福庭同志的文章虽然是以个人名义发表的，但它“是语言研究所现代汉语小组集体工作的一部分”③。

语言研究所是我国语言研究最高级的专门机构，它应当成为发展马克思主义语言科学的火车头。因此，广大的读者对语言研究所研究语法的同志们寄予很大的希望。希望他们能够在语言战线上高举马克思主义的红旗，用辩证唯物主义和历史唯物主义的理论武器，同一切资产阶级语言学观点和方法进行坚决的斗争，为建立起真正科学的现代汉语语法体系做出更大的贡献！

注释：

①陈建民：《论兼语式和一些有关句子分析法的问题》，《中国语文》1960 年第 3 期，第 104 页（C 项）。

②陈建民：《论兼语式和一些有关句子分析法的问题》，《中国语文》1960 年第 3 期，第 104 页（C 项）。

③王福庭：《“连动式”还是“连谓式”?》（上），《中国语文》1960 年第 6 期，第 281 页（脚注）。

（本文原载《中国语文》1960 年第 12 期，署名：华中师范学院中文系语言学战斗组）

【说明】

本文是在当年的写作背景下写出来的。尽管学术讨论方面的内容值得引起关注，但“唯心主义”“形式主义”的帽子，“战斗组”的火药味，都反映了当时文风之不可取。（2016 年 2 月 7 日）

关于副词修饰名词

张静同志在他的《论汉语副词的范围》(《中国语文》1961 年第 8 期)一文中说:“副词真不能修饰名词吗?我看能。”他举出了二十六个例子来作证,接着说:“从数目上说,这绝不是‘特殊’现象。”于是他得出了副词“经常附加于动词、形容词,也可以附加于名词……”的结论。这就是说,张静同志肯定副词修饰名词的现象也是一般的现象。这一结论是值得商榷的。

张静同志举“炕上净人”为例,以为这就是名词受副词修饰的证据。如果读者比照“炕上净人”而造出“炕上都人”“炕上总人”“炕上不人”之类句子,行不行呢?显然不行。可见“炕上净人”虽然能说,但名词“人”却不能受许多副词修饰。

张静同志又举“最上方”为例,以为这就是副词修饰名词的证据。那么,是不是一般的名词都能像“上方”那样受“最”这一类程度副词的修饰呢?回答是否定的。请看下列句子:

蒸谷米是最营养最经济的食粮。

党员燕和新工作很模范。

第一次月考成绩不好,他很情绪。

听说星期六晚上可以看电影,大家非常兴趣。

这些都是有毛病的句子,其中“最营养、很模范、很情绪、非常兴趣”都是站不住的说法。

由此可见,不应该把副词修饰动词、形容词的功能和副词修饰名词的功能混为一谈。不然,就会抹煞一般和特殊的区别。

我们并不否认副词修饰名词的事实。虽然副词也可以修饰名词，但是同副词修饰动词、形容词比较起来，无论如何，也只能算是特殊现象。

第一步，我们先把一些似是而非的、容易引起错觉的现象排斥出去。这些现象，有下面四种类型。(在本文所举的例子中，凡有＊号的都是张静同志所举的例子。)

(1) 也许老王去＊

(2) 突然事件＊　经常任务＊　偶然现象＊　必然结果＊　永久计划＊

(3) 太娇气＊　很傲气＊　很土气　太洋气　太傻气　太孩子气

(4) 很理智　非常精神

第一类里的“也许”是副词，它所修饰的是“老王去”，表示“老王去”的可能性；而不是单独修饰“老王”，孤立地说“也许老王”是站不住的。

第二类里的“事件、任务、现象、结果、计划”都是名词，但分别修饰它们的“突然、经常、偶然、必然、永久”却不是副词。试看：

很突然的事件　　这件事很突然　　这不是突然的
很经常的任务　　这种任务很经常　　这不是经常的
非常偶然的现象　　这次相会非常偶然　　这不是偶然的
这是必然的
这一规定是永久的

“突然、经常、偶然”能受程度副词的修饰，能嵌在“是……的”之间，能作谓语；“必然、永久”也能嵌在“是……的”之间，作谓语。可见这些词都不是副词而是形容词，因为副词不可能具有这样的语法特点。

第三类里的“太、很”是副词，但受它们修饰的“娇气、傲气、土气、洋气、傻气、孩子气”都能受程度副词的修饰，能作谓语，双音的一般能按“A里AB”式重叠。可见它们都不是名词而是形容词，因为只有形容词才能具有这样的语法特点。试看：

娇气　娇里娇气　她太娇气
傲气　傲里傲气　他很傲气
土气　土里土气　这个人很土气
洋气　洋里洋气　这个人太洋气
傻气　傻里傻气　你太傻气
孩子气　——　你太孩子气

第四类里的“理智、精神”都是形容词而不是名词。从意义上看，它们表示人的性状；从语法特点上看，它们可以自由地同程度副词结合：

很理智　非常理智　十分理智　相当理智
很精神　非常精神　十分精神　相当精神

可以同程度副词一起作谓语，有的时候还可以作状语：

他很理智　很理智地说
老张走起路来非常精神

可见“很理智、非常精神”之类也不是副词修饰名词的例子。

现在我们来进一步分析副词修饰名词的一些现象。

副词修饰名词的现象，有下面几种类型。

一

只两尺布　仅仅一个人*　大约三辆汽车*
共两场电影*　共总两块钱*　恰好五个人*
刚好一个年头　刚刚两个月*　已经两年了*　才三个人
又一个人*　又一阵暴雨　又一个星期天　再一个问题*

这些例子，要分别从两方面来观察。先看名词部分。名词都带数量词。要是去掉数量词，就不能说“只布、仅仅人、大约汽车、共电影、共总钱、恰好人、刚好年头、刚刚月、已经年、才人、又人、又暴雨、再问题”等等，可见受副词修饰的是事物及其数量，不单单是事物。在事物及其数量已很明确时，可以有如下例的说法：

只王仁自己＊　就老李一家

就小三儿小五儿他们俩

“只王仁自己”是“只王仁一个人”的意思，“就老李一家”是“老李家之外并没有第二家”的意思，“就小三儿小五儿他们俩”是“除小三儿小五儿之外别无旁人”的意思。必须指出，在“只王仁自己”中“王仁”后边有“自己”，“就老李一家”中“老李”后边有“一家”，“就小三儿小五儿他们俩”中“小三儿小五儿”后边有“他们俩”。

再看副词部分。这些例子中的副词起两种作用：第一，限定事物及其数量的范围。如“只两尺布”，“两尺布”是“只”所限定的事物及其数量的范围：是两尺，而不是别的数量；是布，而不是别的东西。“仅仅、大约、共、共总、恰好、刚好、刚刚、已经、才、就”也都起这一作用。值得注意的是，“刚刚、已经、才、就”等经常表示时间，但在这里主要是用来表示范围。例如：“刚刚两个月”是“刚好两个月”的意思，“已经两年”是“已满两个年头”的意思。第二，表示同一数量的事物出现的频率。如“又一个人”，“又”表明“一个人”的重复出现；“再一个问题”，“再”表明“一个问题”的再次出现。由此可见，这类例子中的副词都是起表示范围或者表示频率的作用的副词。一般说来，名词带上数量词，都可以受这两种副词的修饰；至于能直接修饰“王仁”之类名词的副词，却有限制，一般是表示范围的“只”和“就”。

由上述的两点看来，可以这么说：名词带上数量词，或者在事物及其数量已很明确时，能够受表示范围或频率的副词的修饰。

二

炕上净人＊　山上净树　山头上净岗哨

岸边净杂草　屋子里光书＊　那儿净矿石

这一类例子包含三个部分，可用“A·B·C”来表示。A是处所名词（一般是后附方位词的处所名词）或指示处所的代词（“那儿”），B是副词“净”或“光”，C是事物名词。这三部分互相依赖，有着紧密的联系。A要求用表示处所的词。在某些例子中，A看来是表示事物的名词，但实际上是用来表示处所的。例如“那件衣服净泥巴”，“衣服”在这里代表一个特定的地点，可以在它的后边添上方位词“上”或“上面”。B的“净”或“光”也不能改用别的副词，例如“炕上最人”“炕上简直人”根本不成话，“炕上都人”“炕上总人”的说法也不合习惯。C的事物名词要是改为表示处所或者表示时间的名词也不行。

根据以上的分析，我们可以看出：事物名词可以受副词“净”或“光”的修饰，但要求共同用在处所词后边，以表明某一地点普遍存在着某种事物。

三

今天已经星期六了　今天才星期五呢

明天又星期日了　后天又八月中秋了

今天已经初九了　今天才初八呢　明天又初十了

现在已经七月底了　这会儿才两点钟呢

在这类句子里，作主语的是时间词——时间名词或指明时间的代词（“这会儿”）。作谓语的是时间名词，它直接表述前面的时间词，指出具体的时点。副词“已经、才、又”之类是用来修饰作谓语的时间名词的。在这类句子中，用了这些副词，就能表明某一时点出现的迟早或频率。如“已经星期六”，表明说话人认为迟了；“才星期五”，表明说话人认为还早；“又星期日”，表明星期日的再一次出现。

时间名词，总是在单独作谓语、直接起表述作用的时候，才能受“已经、才、又”之类表示迟早、频率的副词的修饰。它的主语有时可以不出现，例如：“已经八点钟了，他还没起床。”“才星期五，他就准备回家了。”“八点钟”和“星期五”的表述对象是“现在”“今天”，这是不言而喻的。如果不是单独作谓语，直接起表述作用的时候，时间名词就不再能受副词的修饰。例如：“今天是星期日”（跟“是”一起作谓语，通过“是”起表述作用），“从星期日到星期二”（这里的“星期日”和“星期二”，在它们的前边不能用副词来修饰）。

由此可见：时间名词，在单独作谓语，直接对某个时间加以表述的时候，可以受某些表示时间迟早、频率的副词的修饰。

四

最前　最后

最前面　最后面　最南边

最北边　最上头　最下头

最底下　尽中间*

最上方*　最南方　最底层　最前线

这些例子中，受副词修饰的有两种：第一种，名词的附类方位词性质比较特殊，有的能单独用，但都能附在别的语言成分后边，一起合成表示处所或时间的名词，或者一起合成方位结构。方位词单独用时，不能受数量词的修饰，而且许多方位词还能同某些副词直接结合。能同副词结合的，包括单纯方位词，单纯方位词后加“面、边”或“头”构成合成方位词（“前面、南边、上头”），两个单纯方位词联合而成的合成方位词（“底下、中间”）。不过，合成方位词一般只能受某些程度副词（一般是“最”）的修饰，单纯方位词（它们同一般名词的区别更大）则比较自由些。例如可以说“不左、不右”，却不能说“不左边、不右面”。

第二种，是前附方位词的合成名词。在这一方式构成的名词中，有些具有方位意义，如“南方、北方、底层、上层、前线、中线”之类，它们之中有一部分有时相当于合成方位词，具有合成方位词的特性。（请比较：最上方——最上面；最南方——最南边；最底层——最底下；最前线——最前头。）正因为如此，它们也跟合成方位词一样，能受某些程度副词的修饰。

由上面所说的看来，可以知道：许多方位词和一部分具有方位意义的名词，可以受某些副词的修饰。

从以上所说的四点可以看到，名词受副词修饰时，总要受到或大或小的限制，不像副词修饰动词或形容词时那样自由。我们说“副词一般不能修饰名词”，是一般的情况；以上所说的四点，是特殊的情况。一般和特殊并不是互相排斥的，而是互相补充、相辅相成的。

说名词绝对不能同副词结合，这是不对的；在肯定“副词一般不能修饰名词”之后，仅仅三言两语地指出只有某些特殊的例外，这也是不够的。但是如果否认“副词一般不能修饰名词”这一点，把特殊的同一般的情况相提并论，等量齐观，那也不符合事实。

末了，再简单谈一下张静同志所举的几个例子：

（1）全书共二百页 *

（2）刚才的事 *

（3）本来面貌 *

这些都不是副词修饰名词的例子。“全书”的“全”不是副词。请看下面例子：

全世界各国　全国各地　全校各系　全书各章

“全”和“各”常常配合使用，“全”统指，“各”分指，先总后分，互相呼应。“全”跟“各”的词性应该是相同的。“各”一般归入特殊的指示代词，“全”也应算作特殊的指示代词。

“共二百页”的“共”是副词，它所修饰的是数量词。

“刚才的事”里的“刚才”不是副词。这个词，不仅可以作定语，可以单独回答问题，而且可以用在介词后边（如“在刚才发生的事”“到刚才他还这么说”）。能不能用在介词后边，这是区别时间名词和时间副词最有效的办法。大家把“最近、目前”划入时间名词，正是因为它们能用在介词后边（“在最近发生的事”“到目前为止”）。“刚才”既然能处在介词后边，它也就是时间名词。在“刚才、方才、刚刚、刚”这几个词中，“刚才、方才”同“最近、目前”一样，都是时间名词。“刚”是时间副词，因为像“刚的事”“你几时来的？刚”“在刚发生的事”之类都不能说。至于“刚刚”，在相当于“刚才”时，符合时间名词的特点，应算时间名词；不能用“刚才”替换的时候，便是时间副词，例如：

小牛刚刚生下来就会吃草。

刚刚两个月。

这里的“刚刚”不能在前边添加介词“在、到”，当然不能算是时间名词。

“本来面貌”的“本来”也不是副词。这里的“本来”基本上等于“本相、本色、本性”中的“本”，意义是比较实在的。尤其是，“本来”能用在“这是他〇的面目”中的空位里，任何副词却都不能填入这样的空位。

（原载《中国语文》1962 年第 5 期）

谈“数量结构＋形容词”

形容词也可以受数量结构的修饰。这里试谈一种明显地是表物量的数量结构修饰形容词的现象。

先看例子：

（1）他站在一丈多高的工作凳上，……探着头唤我。（费礼文《一年》）

（2）每个人都像骑着马跑在生活前面，而我呢，车轮子折断了，从山坡上摔了下来，离开他们八丈远了。（费礼文《一年》）

（3）你看，才一丈多长，……这点长的信子，点火的人朝哪躲呀！（鲁彦周《桃花汛前》）

（4）一个转身，就窜过了六七尺宽的小河。（方元《在泉边》）

（5）不要谈他们的井没有打成，就算将来打成，二十多丈深，也没有那么长的水管呀！（马烽《太阳刚刚出山》）

（6）八公斤重的大铁锤，左右开弓，一气能抡几百下。（魏巍《老烟筒》）

从这些例子里可以看到：

第一，修饰形容词的数量结构是“数词＋度量衡单位”。有时，度量衡单位后边可以加个“多”或“来、半、把”。加“来”或“半”时，数词如果是“一”，可以省去，如“尺来深”“尺半长”；数词如果不是“一”，就不能省，如“三尺来长”“三斤半重”。加“把”时，不用数词，如“丈把高”。

某些量词，或者某些临时从名词借用的量词，它们本身并不是度量衡单位，但人们常常把它们当作度量衡单位来使用。例如：

(7) ……遍地里绿葱葱的麦子，已经长得一筷子多高。(李准《两代人》)

(8) ……一人高的大骡子，他一鞭子下去能把它打翻个个儿。(李准《孟广泰老头》)

(9) 老杨同志等他走了十几步远，故意向大家道：……(赵树理《李有才板话》)

(10) 他……抽出一条小锯染子来，尺半长，一指厚，木头很结实……(赵树理《登记》)

这些例子里的“筷子、人、步、指”，以及口语中常说的“太阳一竹竿高”里的“竹竿”，都不是法定的度量衡单位，但在这里人们是把它们当作度量衡单位来使用的。因此，“一筷子多高、一人高、一竹竿高、十几步远、一指厚”之类，也应认为是数量结构修饰形容词的现象。

第二，受数量结构修饰的形容词是用来形容事物的度量的“高、远、长、厚、宽、深、重”等。有意思的是，跟“高、远、长”等相对的“矮、近、短”等，却不能加数量修饰。例如：“三尺矮、两里近、五寸短、一寸薄、三寸窄、尺来浅、半两轻”都不能说。

再进一步观察，又可以知道：

第三，这种数量形结构结合得比较紧，中间不允许插入什么成分。比较：

八尺布	八尺高
八尺沙布	——
八尺浅红色的布	——

可见数量名可以说成“数量＋X＋名”，数量形不能说成“数量＋X＋形”。

第四，这种数量形结构可以用在“才……呢”“已经……了”的格式之中。例如：

才一丈多高呢	已经一丈多高了
才八丈远呢	已经八丈远了
才一丈多长呢	已经一丈多长了

才六七尺宽呢　　　　已经六七尺宽了

才二十多丈深呢　　　已经二十多丈深了

才八公斤重呢　　　　已经八公斤重了

可见这种结构是谓词性结构，而不是名词性结构，虽然数量修饰部分表物量。

第五，这种数量形结构可以充当定语、谓语、补语，在一般情况下不能充当主语、宾语。例如：

八尺高的松树（作定语）

那棵松树八尺高（作谓语）

那棵松树长了八尺高了（作补语）

这也说明这种结构不是名词性结构，因为名词性的数量名结构是经常充当主语、宾语的。

第六，这种数量形结构里的数量部分可以用“多”来提问，不能用“多少”来提问；并且可以用“这么、那么”去替换。例如：

雪下了多厚？——下了半尺多厚。——下了那么厚的雪，他还会不会来呢？

要挖多深才有水呢？——要挖二十多丈深才有水。——不挖这么深不行吗？

可见，这种结构里的数量修饰部分主要表示程度，它是用作形容词的状语，而不是用作定语的。

第七，这种数量形结构里的形容词，有时候可以不要，如“八公斤重的大铁锤”，也可以说成“八公斤的大铁锤”。但有时形容词非要不可，如“一丈多高的工作凳”，要是只说“一丈多的工作凳”，别人就不知道是指工作凳的高度还是长度，可见形容词“高”是非要不可了。再比较：

他送来了一张两尺五尺的纸。（?）

他送来了一张两尺宽五尺长的纸。

前一句简直不知所云。后一句分别在“两尺”“五尺”的后边添上“宽”“长”，意思就清楚了。可见形容词“宽”和“长”非要不可。

最后，谈谈下面两种情况：

（一）数量形结构用在“有”字的后边。例如：

雪最浅的地方，也有五寸多厚。（丁声树等《现代汉语语法讲话》）

“五寸多厚”用在“有”的后边，它们的数量修饰部分还是可以用“多”来提问，还是可以用“这么、那么”去替换。如：“雪最浅的地方有多厚？——有五寸多厚。——真有这么厚吗？”可见，它们还是数量形结构，而不是数量名结构，因为数量名是不能说成“多名”“这么（那么）名”的。再说，“有数量形”的结构里，“有”的意义有点特别，它是用来表示对度量的估计的。因此，第一，表度量的数量修饰部分非要不可，如不能说“有高、有厚”（形容词有时却不可以不要，如“这条鱼有一斤多重”，也可以说成“这条鱼有一斤多”）；第二，“有”字可以不要，如“雪最浅的地方，也五寸多厚”。不要“有”字，句子的基本意思不变，只是失去了一个表示估量的成分罢了。我们认为，“有”的用法是很复杂的，名词或名词性结构虽然经常用在“有”的后边，但用在“有”后边的不一定就是名词或名词性结构。例如：

《周处》选自《世说新语》，有删节。（新编初中语文第一册 1963 年版 38 页注一）

“删节”是动词。可见，我们不能简单地以为凡是出现在“有”字后边的都是名词或名词性结构。

（二）数量形结构用在“到”字的后边。例如：

（1）这种鱼可以养到一尺长。

（2）那棵梧桐树已经长到一丈多高了。

“一尺长”用在次动词“到”的后边，一起作“养”的补语；“一丈多高”用在“到”的后边，一起作“长”的补语。“一尺长、一丈多高”既然用在次动词的后边，还能不能算做数量形结构呢？首先，次动词后边不一定就是名词或名词性的结构。例如：

（1）革命和革命战争从发生到发展，从小到大，从没有政权到夺取政权，从没有红军到创造红军，从没有革命根据地到创造

革命根据地，总是要进攻的，是不能保守的，保守主义的倾向是应该反对的。（毛泽东《中国革命战争的战略问题》）

（2）他从小热爱劳动。

这两个例子里，用在次动词后边的“发生、发展”是动词，“小、大”是形容词，“没有政权、夺取政权、没有红军、创造红军、没有革命根据地、创造革命根据地”都是动宾结构，它们都不是名词或名词性结构。再就用在“到”字后边的“一尺长”之类本身来分析，它们的数量修饰部分仍然可以用“多”来提问，仍然可以用“这么、那么”去替换。例如：“这种鱼可以养到多长？——可以养到一尺长。——要是能养到这么长就好了！”“那棵梧桐树已长到多高了？——已经长到一丈多高了。——真的长到那么高了吗？”可见，它们仍然是数量形结构，而不是数量名结构。

（原载《中国语文》1965年第1期）

再谈“们”和表数词语并用的现象

在《论“们”和“诸位”之类并用》这篇小文章[①]里，我曾经谈过“诸位、全体、各位”和“们”并用的现象。事实上，能够跟“们”并用的表数词语不止“诸位、全体、各位”三个。这里再举三种情况：

1. 跟“们”并用的是“数词＋量词”的结构。数词是“一”，量词是表不定量的集体量词。整个数量结构表示不确定的数量。

(1) 他笼络着一群他所认为可以做喽罗的大夫们。（曹禺《明朗的天》）

(2) 冯大狗和一群小孩子们……（梁斌《播火记》）

(3) ……这里围着一帮青年小伙子和姑娘们。（《电影文学》1961年第2期）

(4) ……由一班青年们主持，出版宣传，比民八以前北方诸老尤为起劲……（黎锦熙《国语运动史纲》）

(5) 为了回答一批青年同志们的要求……（复旦大学中文系一九五七级语言组集体编著《语言的基本知识》）

(6) 又一批较大的女同学们，摆着二龙出水的阵势……（《电影文学》1960年第9期）

(7) 一起子办大事的总理们，指挥着工匠……（梁斌《播火记》）

(8) ……曾请语言研究所、北京大学、人民大学、北京师范学院、河北师范学院的一些先生们来校一块讨论。（《中国语文》1959年第6期）

(9) 朱老忠一下子笑了说：“……都是一些个庄稼百姓们，谁

又懂得什么?”(梁斌《播火记》)

“一些”里的“一”有时可以省去。例如:

(10)这几年来,有些朋友们,要我谈谈写作的经验,可是我一次也没有谈。(赵树理《也算经验》)

“一+表定量的集体量词”的结构,表示确定的数量,不能跟“们”并用,如不能说“一对夫妇们”。

“一+个体量词”的结构,表示单数,当然也不能跟“们”并用。但如果量词部分重叠,整个数量结构就表示了不确定的多数(如“一个”重叠成“一个个”),这时,就可以跟“们”并用了。例如:

(11)一个个快枪手们,也各自走到岗位。(梁斌《播火记》)

2. 跟“们”并用的是“指示代词+量词”的结构。指示代词是“这、那”或“某”②,量词也是表不定量的集体量词。

(12)这班先生们……(毛泽东《新民主主义论》)

(13)朱老忠……看着这群满腔心事的孩子们。(梁斌《红旗谱》)

(14)但愿马登龙,那伙杂种们,不再欺负我们就好了!(《电影文学》1960年9月号)

(15)可就是没看到马登龙那帮坏小子们的下场!(《电影文学》1960年9月号)

(16)但是我们共产党人要向这些先生们发出一些问题:你们忘了十年内战的经验吗?内战一开,那些打定了主意的投降主义者们容许你们再抗日么?……(毛泽东《评国民党十一中全会和三届二次国民参政会》)

(17)某些性急的朋友们也跑出来向人们说……(毛泽东《论持久战》)

这种“指示代词+量词”的结构,意义上隐含个“一”字。事实上,“指示代词+一+量词”和“们”并用的现象也是有的,只是比较少见一些罢了。例如:

(18)更使我们热爱的却是那一群共产主义建设者们。(《大众电影》1960年第20期)

3. 跟“们”并用的表数词语不是数量结构，也不是指量结构。这些表数词语也表示不确定的数量。

(19) 这是我们向一切反共英雄们的诚恳的劝告。(毛泽东《新民主主义论》)

(20) 处在今天的国际环境中，殖民地半殖民地的任何英雄好汉们……(毛泽东《新民主主义论》)

(21) 我们在这里向所有为和平、民主、民族独立和人类进步而真诚奋斗的文艺家们表示崇高的敬意。(周扬《我国社会主义文学艺术的道路》)

(22) ……真实的记述了国际主义战士、特级英雄黄继光和许多英雄们的英雄事迹。(中国人民解放军 0925 部政治部《战斗在上甘岭》内容提要)

(23) 由于我们的杂志印数有限，好多关心语文问题的同志们对已经出版的各期还没有完全看到，或者没法儿补买。(“中国语文丛书”编辑说明，见中国语文杂志社《语法论集》第一集)

(24) 全院已经树立起反帝爱国的旗帜，多数的教授们开始深深地思索着，思索着。(曹禺《明朗的天》)

(25) 中国革命的胜利，就靠着无数具有高尚情操的革命同志和革命先烈们的斗争才取得的。(陶铸《理想·情操·精神生活》)

以上所说的三种情况，在《西游记》《红楼梦》里也有，可见它们并不是现代才有的。例如：

(26) 八戒……发一声唤，把那些妇女们唬得跌跌爬爬。(吴承恩《西游记》)

(27) ……见宝玉和一群丫头小子们那里玩呢。(曹雪芹《红楼梦》)

(28) 且凡老少房中所有亲侍的女孩子们，更比待家下众人不同……(曹雪芹《红楼梦》)

总起来说，跟“们”并用的表数词语都表示不确定的数量。但“们”跟“诸位”之类并用，一般用作呼语，因此经常用在讲话、演说、公开信等的开头；而本文所说的三种总是用在正文里面，充当句子的主语、宾语、兼语、定语等，一般不用作呼语[③]。而且，“们”的前面经常用“人”字，例如：

（29）朱老忠叫了小顺、小囤、庆儿等一班子年幼的人们来……（梁斌《播火记》）

（30）一切对世界形势作悲观观察的人们，应将自己的观点改变过来……（毛泽东《第二次世界大战的转折点》）

（31）中国人民，中国共产党及其他一切民主分子，必须尊重这个指示而坚决地实行之，并同一切违背和反对这个指示的任何人们和任何集团作坚决的斗争……（毛泽东《论联合政府》）

跟“诸位”之类并用时，“们”的前面不能用“人”，如没有“诸位人们、全体人们、各位人们”的说法。

注释：

①邢福义：《论“们”和“诸位”之类并用》，《中国语文》1960年第6期，第289页。

②“某”是特殊的指示代词，表示确有所指而又不明说（参看林祥楣：《代词》，新知识出版社1958年版，第42页）。跟“们”并用的“某＋量词”的结构里，量词只能是“些”。

③在号召书里，“一切……人们!”“所有的……人们!”这两个形式可以成为呼语，但它们不能用在讲话、演说、公开信的开头。

（原载《中国语文》1965年第5期）

1977—1989

【A 组】

论定名结构充当分句

定名结构，是指“定语＋名词”的偏正结构，即以名词为中心的偏正词组。

定名结构能够充当单句，早有定论。许多语法著作中所谈的“独词句”，就包括了由定名结构充当句子。比如郭中平《简略句、无主句、独词句》（新知出版社 1957 年 12 月）一书中谈“独词句”时举了好些这样的例子：“好香的干菜。”（鲁迅《风波》）“这样的婆婆!”（鲁迅《祝福》）

定名结构能不能充当分句呢?《语文学习》1960 年 2 月号《独词句能否充当分句》一文说：“独词句一旦同别的句子发生了关联，它就失去了句子的性质；一句话，独词句不能充当分句。”这就是说，“独词句”，包括由定名结构充当的“独词句”，是不可能成为分句的。后来，有同志提出了不同的意见。如《中国语文》1961 年 5 月号《独词句能充当分句》一文举出这样的例子：

蓝天，远树，黄金色的麦浪。

这个复句里的三个分句都是“独词句”，它们都是定名结构。但是，这毕竟只能说明，“独词句”和“独词句”，或者说定名结构和定名结构，可以组成复句，分句间是平列关系。

那么，一个复句里，定名结构同主谓结构、动宾结构等是否也可以同时都充当分句呢?具有句子性质的定名结构，是不是一旦同由主谓、动宾等结构充当的句子发生了关联，一定“就失去了句子的性质”呢?由定名结构充当的分句，同别的分句之间，是否只能是平列关系呢？本文通过分析五类语言现象，探讨有关的一些问题。

一

先看例子：

(1) 一阵汽笛，一队航船又沿着虎口滩的航标驶过来了。（广西壮族自治区革命委员会文艺创作办公室《南疆木棉红》）

(2) 一阵铃声，上课了。（《人民日报》1971年5月24日）

(3) 一声春雷，毛主席、共产党领导着西藏百万农奴，砸碎了套在脖子上的铁锁链。（《解放军文艺》1973年第4期）

(4) 一场寒流，天色变了。（广西壮族自治区革命委员会文艺创作办公室《南疆木棉红》）

(5) 半月春风，草绿了，桃花打苞了。（谢璞《二月兰》）

(6) （半月前，老连长调走了；）一道命令，他的担子就交给了我。（中国人民解放军工程兵政治部宣传部《红石山中》）

这里的定名结构，都是“数量名”。观察这些例子，可以知道：这里的“数量名”结构，作用相当于主谓结构。试比较：

(7) 两声清脆的响鞭，在群山中回荡，大车跑的更快了。（中国人民解放军工程兵政治部宣传部《红石山中》）

(8) 两声响鞭，只见两辆大车一溜烟似的向山麓飞奔而去。（中国人民解放军工程兵政治部宣传部《红石山中》）

这两例出自一个作者的笔下，见于同一部作品中。例（7）两个分句都是主谓结构。前一分句，主语部分是“两声清脆的响鞭”，谓语部分是“在群山中回荡”。例（8）只说“两声响鞭”读起来并不觉得缺少了什么，并不感到需要添加什么。这说明，它具有句的性质，起着分句的作用。

能不能把这样的“数量名”结构解释为后边分句的一个成分，比方解释为状语呢？很难。上面所举的例子，都很难作这样的解释。不仅如此，我们还会碰到更难作这种解释的例子：

(9) 一阵大风吹过，天空中闪过一个树枝形的电光，一声响雷，大雨就落下来了。(六四一厂工人写作组《油田尖兵》)

这个例子里有四个分句。前三个分句，可以改成都用主谓结构或动宾结构，也可以改成都用定名结构：

(10) 一阵大风吹过，天空中闪过一个树枝形的电光，又响起一声炸雷，大雨就落下来了。

(11) 一阵大风，一个闪电，一声响雷，大雨就落下来了。

不管是例 (9) 还是例 (10)、(11)，前三个分句都是分别写“风”“电”“雷”，他们起着同样的表述作用。例 (9) 中的“一声响雷”，既然跟“一阵大风吹过”“天空中闪过一个树枝形的电光”一样具有表述一个方面的意思的作用，那么，就不能否认它也是分句。

在例 (11) 里，三个“数量名”结构都充当了分句。这种句法，并非笔者所杜撰。略举几例：

(12) 一阵春风，一阵花雨，孩子的泪珠随着花雨落入水中……(《北京文艺》1978 年第 4 期)

(13) 一道闪电一个响雷，陶老师奔到河边。(《北京文艺》1978 年第 4 期)

第二，这些例子中，由“数量名”结构充当分句，是叙述性的。它叙述现实中出现的某种（或几种）变化，跟后边的由主谓或动宾结构充当分句之间，是连贯关系。

有时，这种连贯关系是单纯的紧相承接的关系；有时，还包含有事物之间前因后果的联系。如例 (1)，“一阵汽笛”和“一队舰船……使过来了”，是单纯的先后承接；又如例 (5)，“半月春风”和“草绿了，桃花打苞了”之间，既是先后承接，也是前因后果。再如：

(14) 三天暴雨，大河涨水了。

这样的连贯，既有先后关系，也有因果联系。

第三，这些例子里的“数量名”，从其构成成分看，“数量”部分常用“一阵”“两声”“三天”“半月”之类表示动量的数量结构；“名”的部分，有时用包含一定的动作性名词。如“一场寒流”“两声响鞭”，

“一场”“两声”是表动量的数量结构，“寒流”“响鞭”是包含动作性的名词。有的，虽然不是前后两部分都符合这样的条件，但至少有一部分是符合的。如“半月春风”，“春风”虽然不包含动作性，但“半月”表示动量；又如“一道命令”，“一道”虽然不表示动量，但“命令”本身包含着一种动态。

看来，这里的“数量名”之所以具有叙述性，表现出一种动态，跟它本身的构成成分有关。

第四，这些例子里的“数量名”，如果有必要，可以插入形容描摹的成分。比如“一阵铃声”，可以扩展为“一阵丁丁当当的铃声”；“半月春风”，可以扩展为“半月和煦的春风”。再看几例：

(15) 一阵剧烈的马蹄声，骑兵大队疾风似的驰出了乱坟滩。(克扬、戈基《连心锁》)

(16) 一阵得得的马蹄声，团长许哲峰和政委兼县委书记方炜带着团部的骑兵警卫班赶上来了。(克扬、戈基《连心锁》)

例（15）插入形容词，表示音量；例（16）插入象声词，描摹音响。如果需要同时用形容词和象声词，为了避免肚子过大，象声词可用于前头。例如：

(17) 笃笃笃，一阵轻轻的敲门声，黄胜利急忙把材料捡起来。(《人民文学》1978 年第 6 期)

二

先看例子：

(18) 这么大的雨，吴师傅恐怕来不了啦。(《解放军文艺》1973 年第 7 期)

(19) 这么黑的天，是你们看错了。(丁令武《风扫残云》)

(20) 我老头子住在山中间，这么严密的阵势，我还怕塌了天！(曲波《山呼海啸》)

(21) 那么多敌人，如果你们打了败仗，陕北战争的胜利就要

推迟了！（阎长林《胸中自有雄兵百万》）

这里的定名结构，都是“指代形（的）名”。观察这些例子，可以知道：

第一，这里的“指代形（的）名”的偏正结构，全都可以变换为“名指代形”的主谓结构。他们作用相同，都具有句的性质。比方，例（18）可以变换成例（22），例（21）可以变换为例（23）：

（22）雨这么大，吴师傅恐怕来不了啦。

（23）敌人那么多，如果你们打了败仗，陕北战争的胜利就要推迟了！

变换后意思完全相同，读起来同样感到自然畅达。再比较下面两个例子：

（24）这么黑的天，又这么大的雨，到哪儿抓去呀？（克扬、戈基《连心锁》）

（25）天这么黑，雨这么大，行动不便呐！（克扬、戈基《连心锁》）

这两例见于同一本书，同一页，出自同一人物之口。“这么黑的天”和“天这么黑”，“这么大的雨”和“雨这么大”，句法有变化，表述功能相同，他们应该都是分句。

如果要否认这里的“指代形（的）名”结构是分句，这是很困难的，碰到下面的这两种现象，更无法否认。

一类是“指代形（的）名”结构先跟动宾结构平列使用，然后再跟它们后边的分句发生关联。例如：

（26）这么黑的天，又下着雨，也不带个电筒。（柳剑祥等《星儿闪闪》）

（27）那么远的距离，又顶着风，一千多人三个小时就赶到了古镇。（克扬、戈基《连心锁》）

“这么黑的天”和“下着雨”，“那么远的距离”和“顶着风”，都是平列关系。关联副词“又”清楚地表明了这种关系。“下着雨”“顶着风”明显地是分句，跟它们平列的“这么黑的天”“那么远的距离”

不是分句又是什么呢?

另一类是“指代形(的)名”结构带上“了”字。例如:

(28)这么长时间了,难道半路出了故障?(《解放军文艺》1973年第4期)

用了“了”这个句末语气词,就明显地标示了“这么长时间”的句的性质。

第二,这些例子中,由“指代形(的)名”结构充当的分句,是用来指明事实根据的。它指明某种事实,作为议论的根据,跟后边的由主谓或动宾结构充当的分句之间,是因果关系或转折关系。

有时是因果关系,如例(18),“这么大的雨”是因,“吴师傅恐怕来不了啦”是果。表示结果的分句,可以用不同的语气表达出来。例如:

(29)那么大的安培,还不给“低度”电费?(罗广斌、杨益言《红岩》)

“还不给‘低度’电费?”是反问,表示“必须给‘低度’电费”的意思。前后分句之间因果关系是明显的。

(30)方伯伯,这么大的雪,您怎么出来了?(《长江文艺》1978年第8期)

“您怎么出来了?”带有惊讶语气的问句,之所以惊讶,原因就在“这么大的雪”。可见还是因果关系。

有时是转折关系。如例(26),“这么黑的天”和“也不带个电筒”,有转折关系。又如例(27),“那么远的距离”和“三个小时就赶到了古镇”,有转折关系。再如:

(31)那样大的雨,你一定要走,我留你也留不住。(巴金《玫瑰花的香》)

“那样大个雨”和后边的分句之间有转折关系。又如:

(32)这么远的路,他从来不坐车。(不简单!)

(33)这么近的路,他也要坐车去。(真差劲!)

例(32)是赞扬,表示不容易这样而这样;例(33)是批评,表示不应该这样而这样。

从例（26）、例（27）我们还可以看到，“指代形（的）名”结构的分句也可以同动宾结构的分句并列。但是，后边还须有跟它们构成因果关系或转折关系的分句，否则是站不住的。

第三，这些例子里的“指代形（的）名”结构，从构成成分看，都由三部分组成。

三

先看例子：

（34）青青竹色，淙淙水声，在您的记忆里，九节街是一首诗。（《人民文学》1978年第7期）

（35）一座扬水站，一座水电站，他在黄河岸送走了无数个战斗的日日夜夜。（《天津文艺》1977年第7期）

这里的定名结构，大体上可以概括为：“形名，形名”或“数量名，数量名”。

观察这些例子，可以知道：

第一，两个例句都是连用两个定名结构，它们都充当了分句。这类例子里，定名结构的分句性质是无法怀疑的。首先，它们可以离开主谓句或动宾句而自成复句。如：“青青竹色，淙淙水声。”“一座扬水站，一座水电站。”这样的用法不少，例如：“轻轻的风，淡淡的香。”（《人民文学》1978年第7期第79页）它们具有句的性质。其次，它们和主谓句或动宾句结合后，表述作用未变，在结构上，也不可能分析为后边分句里的主语或者别的什么成分。

这类例子里的定名结构充当的分句，不只限于两个。根据实际需要，可以用更多或只用一个。例如：

（36）五彩缤纷的田野，栉次鳞比的厂房、炼塔、球罐，蜿蜒西去的长堤，金波鳞鳞的大海……整个杭州湾都沐浴在金色的阳光下。（《上海文艺》1978年第1期）

(37) 高高的梯田，山上有了绿意。(梁信《从奴隶到将军》)

第二，这类例子里，由定名结构充当的分句，是用来列举客观存在的事物的。每个定名结构都指点和描写了某种客观事物的存在，它们都是存在句，并且一般同时具有描写性质。

这种由定名结构充当的分句，同后边的由主谓或动宾结构充当的分句之间，是平列关系或分合关系。

平列关系的，由主谓或动宾结构充当的分句是表意的重点；由定名结构充当的分句，主要起烘托、帮衬之类的作用，借以突出由主谓或动宾结构充当的分句所表达的内容。以上各例都是这样。可见这种平列关系和一般的"平列"也不相同。再看一例：

(38) 黑沉沉的夜，黑沉沉的山、山……周围不断传来野兽的吼叫。(梁信《从奴隶到将军》)

这样的"黑沉沉的夜"和"黑沉沉的山、山"，显然是用来涂抹背景的，起着烘托的作用。

分合关系的，前面由定名结构充当的分句一样一样地列举具体事物，后边的由主谓或动宾结构充当的分句总起来作概括性的描述。例如：

(39) 蔚蓝的天空，火红的彩霞，雪白的大地，苍绿的山林，炊烟袅袅的小燕村，山坡上蠕动的牛羊群，秀丽多姿。(曲波《山呼海啸》)

先用六个定名结构分说"晴空""彩霞""大地""山林""小燕村""牛羊群"，后用一个主谓结构加以归总，"（江山）秀丽多姿"。

第三，这类例子里的定名结构，就其构成成分来说，主要有两种情况。

一种情况是每种定名结构都是各种修饰成分加名词。另一种情况是每个定名结构都是"数量名"。以上两种情况结合起来，就形成"数量形（的）名"的结构。例如：

(40) 一根笔直的旗杆，庄严的五星红旗正徐徐升向高空。(《电影文学》1965年第1～2期)

第四，这类例子里，连用的定名结构之间，一般都有比较明显的停顿，书面上用逗号隔开。有时，两个定名结构之间不用表示停顿的逗号，出现了一种紧缩的形式。例如：

（41）蓝天白云，歌声嘹亮。（《解放军文艺》1973 年第 1 期）

（42）正是桃花艳阳天。青山绿水，禾苗嫩又鲜。（《长江文艺》1978 年第 6 期）

“蓝天白云”“青山绿水”，都是两个定名结构，合成一个“四字格”。

四

先看例子：

（43）我接过茶，喝了一口，多么香甜的罗汉茶啊！（广西壮族自治区革命委员会文艺创作办公室《南疆木棉红》）

（44）大娘不由得心一热，鼻子一酸：多好的子弟兵啊！（中国人民解放军工程兵政治部宣传部《红石山中》）

（45）那江心有几只小船在浮动，一忽儿小船又埋在浪头下，好大的风浪啊！（李心田《闪闪的红星》）

这里的定名结构，都是“程度形（的）名”。观察这些例子，可以知道：

第一，这里的“程度形（的）名”偏正结构，全都可以变换为“名程度形”的主谓结构。他们作用相同，都可以独立成句，也的可以在复句中充当分句。如例（45）的“好大的风浪啊”，可以变换为“风浪好大啊”，整个复句关系不变，意思不变。若单独用，它们便是单句；用在别的分句后边，它们便成为分句。

第二，这类例子里，“程度形（的）名”结构是叹咏性的分句。它表示对事物的叹咏，特别突出地强调了人们对事物属性的感觉。它与前边的由主谓或动宾结构充当的分句之间，是申说关系。具体些说，又有两种情况。

一种情况是：前边的分句具体叙写足以引起惊叹的事实，后边用“程度形（的）名”结构做概括性的咏叹。如例（45），前边具体叙写小船的浮动，后边用“好大的风浪啊”加以咏叹。

另一种情况是：前边的分句叙述人物的具体行动，后边用“程度形（的）名”结构表示人物对所见、所闻、所接触的事物的心理上的咏叹。如例（43），“我接过茶，喝了一口”写“我”的具体行动，没有写跟“香甜”的罗汉茶有关的任何事实，后边发出“多么香甜的罗汉茶啊”的咏叹。例（44）也属于这一类型。有趣的是，如果前边分句里用“抬头一看”“伸手一摸”“鼻子一闻”“侧耳一听”之类表示视觉、触觉、嗅觉、听觉等活动的词语，最容易形成这一类型的句式。例如：

（46）我伸手一摸，呵，好热的水！

（47）牛八一听，多熟悉的声音啊！（《长江文艺》1973年第3期）

第三，为了加强这种“程度形（的）名”结构的咏叹性，可以在它的前头加一个叹词，或者加一个起惊叹作用的词，如“好家伙”“乖乖”。如例（46）用了叹词。又如：

（48）爬到了吊桥下，往上一看，好家伙，好大的吊桥！（克扬、戈基《连心锁》）

第四，这类例子里的“程度形（的）名”结构，从构成成分看，“程度”部分用表示程度并且带有感叹语气的“多么”“多”或“好”；“形”的部分用单音或双音形容词，一般带“的”；“名”的部分一般也用单音或双音节的名词。整个“程度形（的）名”后边还经常带个语气词“啊”，表示感叹语气。

这种“程度形（的）名”结构里，可以插入“数量”，形成“程度形（的）数量名”结构。例如：

（49）看这地方合格不？房子宽敞，前后左右都有空地做实验田，多好的一个地方啊！（《天津文艺》1977年第7期）

不过，这些例子中，“程度”“形（的）”“名”是三个基本的组成部分。“数量”则是可有可无。

五

看例子：

(50) 广播乐曲和劳动号子声、汽车马达声交织在一起，一派热气腾腾的劳动气氛。(《解放军文艺》1977 年第 5 期)

(51) 红日东升，金霞灿灿，绿茵茵的草原上，百花吐艳，蜜蜂嗡嗡，好一幅动人的图景。(李茂林等《登高望远》)

(52) 朝霞满山，泉涌潺潺，好一个山区之晨！(柳剑祥等《星儿闪闪》)

这里的定名结构，大体上可以概括为“（好）数量形（的）名”。观察这些例子，可以知道：

第一，这里的“（好）数量形（的）名”结构充当了复句的后一分句。一个“（好）数量形（的）名”结构，表示一个判断，在结构上不能分析为前边分句里的任何一个成分。

这种表示判断的“(好) 数量形 (的) 名”结构，重在强调事物所显示的特色或事物所具有的特点。比方，例 (50)“一派热气腾腾的劳动气氛”，重在强调气氛具有“劳动”的特点，显示“热气腾腾”的特色；例 (51)“好一幅动人的图景”，重在强调所说的图景，显示“动人”的特色；例 (52)“好一个山区之晨”，重在强调所说的晨景，显示“山区”的特色。

用这种定名结构对事物进行断定，显得干脆利落，突出重点。

第二，这类例子里，“（好）数量形（的）名”结构是归总性的分句。对前边的分句说，它有“一言以蔽之”的作用。它和前边的分句之间，也是一种申说关系，跟分合关系十分接近。它前边的分句愈多，它的归总作用就愈明显。例如：

(53) 在通往矿山办公室的路上，以秧歌为前导，随着十几辆满载器材的手推车，后边有的一个人抱着，有的两个人抬着，接着又是秧歌队，又是人群，络绎不绝，队伍很长，红旗招展，锣鼓喧天，一片欢腾景象。(李云德《沸腾的群山》)

“一片欢腾景象”六个字，把前边分句里的那么多内容都概括起来了。

第三，就构成成分说，这类例子里的定名结构有三个基本部分，即“数量”“形（的）”和“名”。他们前头的“好”，有时也不是可有可无的成分。下面分别谈谈。

“数量”部分和“名”部分是相配合的。“数量”部分，常见的是“一派、一片、一幅”；“名”部分，常见的是“景气、气象、景色、图画”之类。其它数量结构和名词也用，如例（52）的“一个”和“晨”，但比较少见。另外，不管用什么量词，数词都限于“一”。

“形（的）名”部分，情况比较复杂。所谓“形”，实际上是各种修饰语的代称。

“数量形（的）名”前头的“好”字，有时用不用都站得住，有时则必须用。这取决于所用的量词和相应的名词。若量词是“派、片”，名词是“景象、景色”之类，用不用“好”都行。如例（50）、例（53），没有用“好”，但可以加上。若量词是“幅、个、支”等，名词表示比较具体的事物，“好”就必须用。如例（51）、例（52）里的“好”不能去掉。

第四，“数量形（的）名”前头加了“好”，后边有时还带上一个表示感叹的语气词。这种加“好”的分句，既有归总作用，又有明显的咏叹意味。例如：

（54）积肥的社员们还没有收工，漫山遍野，呵嗬喧天，此起彼伏，好一派跃进山区的景象哪！（古华等《山鹰展翅》）

（55）从清晨打到晌午歪，八路军几次冲锋，把日本鬼子打了个稀里哗啦，咳呀！好一场大战呀！（梁斌《翻身记事》）

“好”是赞叹之词，所以对不值得赞叹的事物就不能加“好”。例如：

（56）有的主张谈，有的主张打，一片乱哄哄的喊叫声。（张行《武陵山下》）

“一片乱哄哄的喊叫声”不能说成“好一片乱哄哄的喊叫声啊”。

结语

总起来说：

一、定名结构和主谓、动宾结构可以一起组成复句，分别充当分句，在同主谓句、动宾句等“发生了关联”时，仍然不会失去“句子的性质”。

二、定名结构和主谓、动宾结构一起组成复句，它们之间可以发生平列、分合、申说、连贯、因果、转折等多种关系。

三、能够充当分句的定名结构，有特定的形式。本文讨论了以下五种：

A　数量名。——“表动量的数量结构＋名词”。

B　指代形（的）名。——“这么、那么＋形容词＋名词”。

C　形名，形名。——“形容性词语等＋名词，形容性词语等＋名词”。

数量名，数量名。——“表物量的数量结构＋名词，表物量的数量结构＋名词”。

D　程度形（的）名。——“多么、多、好＋形容词＋名词”。

E　（好）数量形（的）名。——“（好）＋一派、一片等＋形容性词语等＋名词”。

四、各种形式的定名分句，在复句里有一定的位置。A 式、B 式、C 式，基本位置在别的分句前边；D 式、E 式，用在别的分句后边。

五、各种形式的定名分句，在复句里各有作用。A 式，用来叙述现实中出现的某种变化情况；B 式，用来指明事实，提出议论的根据；C 式，用来列举客观存在的事物；D 式，用来咏叹事物的属性；E 式，用来归总景物之全貌。

最后，还有三点说明。

第一，不同形式的定名结构，可以在一个复句里配合使用，分别充当分句。例如：

(57) 在有“天堂”之称的江南，一片片富饶的水乡，一片片美丽的田园，一片片吐艳的桃林，好一派风和日暖、春光明媚的景色。(《上海文艺》1978 年第 8 期)

“在有‘天堂’之称的江南”是介词结构，用于句首作状语。“一片片富饶的水乡，一片片美丽的田园，一片片吐艳的桃林”是 C 式，“好一派风和日暖、春光明媚的景色”是 E 式，前分举，后归总。

第二，以上所说的五种形式的定名结构，固然可以成为分句，但也不一定就是分句。如果他们和别的词语发生了成分组合的关系，当然只能是句子的一个成分。例如：

(58) 一阵熟悉的脚步声，从门外传来，正在饭桌旁摆放凳子的桂香嫂，抬头见玉芳进来，急忙迎上去亲热地挽住她的手，拉到桌边来。(林井然《巍巍的青峦山》)

(59) 整齐的队伍，鲜艳的红旗，红绿的标语……这一切都使他非常满意。(林井然《巍巍的青峦山》)

例 (58)，“一阵熟悉的脚步声”和“从门外传来”是主谓关系，分别作一个分句里的主语部分和谓语部分。例 (59)，“整齐的队伍，鲜艳的红旗，红绿的标语”跟“这一切”组成同位结构，作“都使他非常满意”的主语。这两例中，都不存在定名结构充当分句的现象。如果改为：

(60) 一阵熟悉的脚步声，玉芳进来了。

(61) 整齐的队伍，鲜艳的红旗，红绿的标语，欢呼声响彻云霄。

这里便出现定名结构充当的分句了。

第三，本文论及的五类现象，并未包括定名结构充当分句的全部情况。在对话的场合，还会有其他的现象。例如：

(62) 一斤绍酒。——菜？十个油豆腐，辣酱要多！(鲁迅《在酒楼上》)

在甲问乙答这种场合出现的定名结构充当的分句，情况复杂而多变，这里就不多讨论了。

(原载《中国语文》1979 年第 1 期)

“如果……就……”和“只要……就……”

把“如果……就……”复句归入假设复句，这没有什么争议。“只要……就……”复句，应归入假设复句，还是应归入条件复句呢？在中学《汉语》和《文学》分科时，初中《汉语》课本把“只要……就……”复句归入假设复句。杨欣安等所编的《现代汉语》第四册说：“‘只要’换成‘如果’‘要是’等都可以，所以《初中汉语课本》把它划在假设句里了。”但是，目前全国通用的中学《语文》课本，还有许多高等学校的《现代汉语》教材，都将其划归条件复句。

从逻辑上看，“如果……就……”和“只要……就……”都表示假言判断，或称条件判断。前件“如果……”或“只要……”都表示充足条件，有时还表示充足而必要的条件。例如：

(1) 如果乘火车，一天内就可以从北京到武汉。

(2) 只要乘火车，一天内就可以从北京到武汉。

“乘火车”是充足条件。满足了这一条件，就可以出现“一天内从北京到武汉”的结果。又如：

(3) 如果乘飞机，三小时内就可以从北京到武汉。

(4) 只要乘飞机，三小时内就可以从北京到武汉。

“乘飞机”既是充足条件，有它就够；又是必要条件，缺它不得。如果满足这一条件，而且只有满足这一条件，才有在三小时内从北京到武汉的可能。

讲逻辑，“如果……就……”和“只要……就……”是一类。然而，语法分析不同于逻辑分析。复句问题是语法问题，判定复句关系固然不能不考虑复句构成的逻辑基础，但还必须注重考察各种语言形式在语言运用中的不同之处。只有把逻辑关系和语言形式联系起来观察、考虑，才能从语法的角度对复句关系作出恰当合理的解释。比方说："既然大人都搬不动，小孩怎么能搬得动呢？""大人尚且搬不动，小孩更搬不动了！"这两个复句，逻辑基础是相同的。它们包含着同样的推理内容，它们省略了的大前提都是："一个东西，如果大人搬不动，那么，小孩就不可能搬动。"但是，在语言形式上，前者用"既然……（就）……"，是因果复句，语意上重在举出理由，推论因果；后者用"尚且……更……"，是递进复句，语意上重在以深证浅，反逼而进。如果抛开语言形式，就看不出这两个复句的区别。有人认为，复句的分类完全是逻辑上的分类，这是一种片面的观点。

从语言运用上说，"如果……就……"和"只要……就……"是有区别的。

首先，语意表达上重点不同。

采用"如果……就……"这种语言形式，重在表明所说的情况仅仅是假设。尽管许多时候"如果"可以换成"只要"，但替换后假设语气也随着发生变化。不仅如此，在"纯粹假设"的场合，"如果"是不能换成"只要"的。例如："如果我牺牲了，请把这份材料转交给党组织。""我牺牲"是纯假设，前头只能用"如果"，不能用"只要"。又如：

（5）如果美国人民问到共产党为什么作战，我该怎样回答呢？（毛泽东《和美国记者安娜·路易斯·斯特朗的谈话》）

（6）如果马克思主义害怕批评，如果可以批评倒，那末，马克思主义就没有用了。（毛泽东《关于正确处理人民内部矛盾的问题》）

这里用"如果"引出的情况，都是纯粹假设的情况。改用"只要"，不行。

采用"只要……就……"这种语言形式，重在表明提出了某种特定条件。尽管许多时候"只要"可以换成"如果"，但条件语气也相应减弱或消失。不仅如此，在以事实为假定的条件时，"只要"是不能换成"如果"的。例如："只要我还有一口气，我就要坚持斗争。"事实是我还“有气”，这是以事实作为假定的条件，前头只能用“只要”，不能用“如果”。又如：

(7) 只要帝国主义存在，战争就不可避免。

“帝国主义存在”，这是事实。现在用来作为假定的条件，前头要用“只要”，不能改为“如果”。

可见，“如果……就……”是假设式，“只要……就……”是条件式。它们语意表达上着重点的不同，在它们互相衔接前后连用时可以看得更加清楚。例如：“只要看到你这个样子，我就恼火！如果再看到你这个样子，我就要打你了！”这是妈妈恼火地指着顽皮孩子说的话。前边的“看到你这个样子”，是以事实为条件，用“只要”，不能用“如果”；后边的“再看到你这个样子”，是纯粹的假设，用“如果”，不能用“只要”。再看两例：

(8) 在土地改革时期，如果有少数开明绅士表示赞成我们的土地改革，对于全国土地改革的工作也是有益的。……只要他们能够这样做，我们就应该毫无例外地去团结他们，并且在团结中教育他们。(毛泽东《关于民族资产阶级和开明绅士问题》)

(9) 只要不犯大的路线错误，全国性的大乱子是不会出的。……当然，如果我们搞得不好，历史走一点回头路，有点回归，这还是很可能的。(毛泽东《在省市自治区党委书记会议上的讲话》)

例(8)，“如果……就……”在前，“只要……就……”在后；例(9)，“只要……就……”在前，“如果……就……”在后。不管哪在前哪在后，对比之下“如果……就……”重在表示假设，“只要……就……”重在提出条件，这是明显的。

其次，正反推论中用法有别。

“如果……就……”可以用于正反两面同时推论，即可以同时从正反两面提出假设，作出推断。例如：

(10) 如果他有这本书，他一定借给你；如果他没有这本书，他也会帮你借的。

(11) 如果我不外出，我就陪你玩几天；如果我外出，我就请小张接待你。

这种两面假设、正反推论的说法，是很普遍的。

“只要……就……”则一般不用来同时从正反两面进行推论。常见的情况是：从两面中选择一面为条件，然后以另一面为假设，起补充作用，借以把意思表达得更加周全。比较地说，选择为条件的一面，是更积极、更需要着重强调的一面。先看有问题的说法：

(12) 只要他有这本书，他一定借给你；只要他没有这本书，他也会帮你借的。

(13) 只要我不外出，我就陪你玩几天；只要我外出，我就请小张接待你。

这是从正反两面同时设置条件。这样的说法是很别扭的。即使有时能勉强站得住，那也不是很好的表达方法。再看：

(14) 只要他有这本书，他一定借给你；如果他没有这本书，他也会帮你借的。

(15) 只要我不外出，我就陪你玩几天；如果我外出，我就请小张接待你。

这就很畅达了。先说“只要……就……”，重在条件，突出了需要着重强调的一面；后说“如果……就……”，重在假设，从另一面补充了需要说明的意见。

可见，作为假设式，“如果……就……”可以形成两面假设、正反配合的用法，正反两面一般轻重平衡，显得比较客观、冷静；作为条件式，“只要……就……”则在正反两面中具有选择性和强调作用，它偏重于其中的一面，使之突出。试观察这个例子：

(16) 还有一种，是动摇分子，半真半假，看势办事，如果第三次世界大战不打，蒋介石不来，那末，就跟共产党走下去。如果第三次世界大战打起来，他就另打主意。(毛泽东《批判梁漱溟的反动思想》)

这是在同一平面上客观地分析两种可能有的情况，哪一种情况都不必强调突出，所以连用两个“如果……就……”。要是把第一个“如果……就……"改为"只要……就……"，比如说成"只要第三次世界大战打不起来，蒋介石不来，他就跟共产党走下去"，这就显得强调突出了这一方面，不像原句那样能够更好地反映"半真半假，看势办事"的"动摇"情况。

为了语言的简练，不管是两个"如果……就……"的正反连用，还是"只要……就……"和"如果……就……"的正反连用，后边的"如果……"都可以简化为"否则"。例如：

(17) 如果我们在上述两方面都做了适当的措施，就可能避免敌人给我们的重大危害，否则我们可能要犯错误。(毛泽东《在中国共产党全国代表会议上的讲话》)

(18) 只要美国政府愿意在公平合理的基础上解决问题，不再如过去那样用种种可耻的方法破坏和阻挠谈判的进行，则朝鲜的停战谈判是可能成功的，否则就不可能成功。(毛泽东《三大运动的伟大胜利》)

这两例都用了"否则"。"否则"前边的部分是正意所在，意思突出些。不过，用"如果……就……"的，还是重在客观地分析假设情况；用"只要……就……"的，还是重在表明特定条件，更具有强调作用。

综上所述，"如果……就……"和"只要……就……"都表示假言判断，逻辑基础相同，但在语言运用上，它们是有区别的。目前全国通用的初中《语文》第五册把"如果……就……"划归假设复句，把"只要……就……"划归条件复句，指出"用'只要……就……'组成的复句和用'只有……才……'一样，也是表示条件关系的，只是口气上稍有不同。"这是合适的。当然，作为条件式，"只有……才……"和"只要……就……"尽管可以简而言之"只是口气上稍有不同"，但它们在逻辑基础和表达作用上的实际区别，还是大有文章的。

(原载《中学语文教学》1980 年第 11 期)

“但”类词对几种复句的转化作用

“但”类词，指“但、但是、可、可是、却”等表示转折关系的连词或关联副词。本文谈谈它们把几种非转折复句和非一般转折复句转化为转折复句或明显的转折复句的作用。

一 “但”＋“既p又q”→“既p但又q”

“既……又……”表示属性的并列，就复句说，它构成并列关系的复句。“但”类词有时可以进入这一句式。例如：

（1）关乃庸五十多岁，潇洒倜傥……既自由却又一点也不放荡。（朱崇山《温暖的深圳河》）

（2）他既希望周奉宛能办成此事，却又怕弄不好捅出麻烦来……（张笑天《没画句号的故事》）

（3）……既不肯结网，却又要注意地打听，有谁在转这个“结网”的念头。（竹林《阿大和他的秃尾巴狗》）

（4）我既感到摆脱了一种负担，却又有一种相形见绌的沉重。（陆星儿《呵，青鸟》）

这几例，既用了“既……又……”，又用了“却”。不用“却”完全可以，那是平列两种属性；用了“却”，就把并列复句转化成了转折复句。例（1）“既……又……”之间没有逗开，加上“却”，可以看作是表示转折关系的紧缩复句。

“既……也……”和“既……又……”相近。“但”类词也可以进入“既……也……”的句式。例如：

(5) 她既没有踊跃赞同，但也没有露出一丝不愿意的样子。（於梨华《又见棕榈又见棕榈》）

这里，既用了“既……又……”，又用了“但”。

对于“既 p 又 q”复句，如果减去“既”和“又”，我们可以看到，p 和 q 之间有时是地地道道的并列关系，有时则隐含着转折关系。先看第一种情况的例子：

(6) 你爸回来了，既有实权，又有威望，求他给秀芳办办不可以吗？（浩然《姑娘大了要出嫁》）

(7) 他们三三两两在村头转游，既卖这里缺少的土产，又讲他们近两年来的变化。（高晓声《陈奂生包产》）

减去“既”和“又”，剩下“有实权”和“有威望”，“卖这里缺少的土产”和“讲他们近两年来的变化”，都是一般的并列关系。这样的“既 p 又 q”复句，不能添加“但”类词。如不能说“既有实权，但又有威望”，“既卖这里缺少的土产，但又讲他们近两年来的变化”。再看第二种情况的的例子：

(8) 我想着你，既想马上见到你，又怕马上见到你。（王中才《龙凤砚》）

(9) 哪个单位出个先进人物，既是哪个单位领导的光荣，又是哪个单位领导的包袱。（郑万隆《红灯　黄灯　绿灯》）

减去“既”和“又”，剩下“想……”和“怕……”，“是……光荣”和“是……包袱”，彼此间显然存在着矛盾对立的意思。这样的“既 p 又 q”复句，可以很自然地把“但”添加上去。如可以说成“既想马上见到你，却又怕马上见到你”，“既是哪个单位领导的光荣，却又是哪个单位领导的包袱”。

第一种“既 p 又 q”，构成基础是并列关系，“既……又……”的作用在于显示这种并列关系。第二种“既 p 又 q”，构成基础是转折关系，“既……又……”是把转折关系转化成并列关系，从而形成并列复句。再加上“但”类词，是把并列复句转化成为转折复句。由于在“既……又……”的基础上使用“但”类词，这类复句既强调了属性同时存在的一面，又突出了属性间的逆转关系。

二 “但”＋“一方面p另一方面q” →“一方面p但另一方面q”

“一方面……另一方面……”表示两个方面的情况的并列，也是并列复句的句式。“但”类词有时也可以进入这种句式。例如：

(10) 一方面，他们不能禁止自己不犯已经知道的错误，他们明知故犯；但另一方面，他们又要禁止别的党员向党向上级报告及在会议上批评他们。(刘少奇《论党内斗争》)

(11) 在目前，我们一方面应当动员群众向国民党政府提出要求，允许救国会的公开，允许各种非法团体的登记，允许言论、集会、罢工的自由；但是另一方面，我们应当还利用各种灰色的团体去组织群众，加入各种已有的合法团体去进行工作。(刘少奇《关于白区的党和群众工作》)

(12) ……蒋介石又发表了一个谈话，一方面是承认我们，可是另一方面，还是说要取消红军，取消苏区。(周恩来《论统一战线》)

(13) 许多人都有一种好奇的心理，他们一方面说你是“无巧不成书”，另一方面却又“无巧不看书”。(陆文夫《误会和巧合》)

这几例，既用了“一方面……另一方面……”，又用了“但”类词。连词“但、但是、可是”用在“另一方面”的前边，关联副词“却”用在“另一方面”的后边。只用“一方面……另一方面……”，这是标志明显的并列复句；添加上“但”类词，这种并列复句便转化成转折复句了。

“一面……一面……”和“一方面……另一方面……”相近。“但”类词也可以进入“一面……一面……”的句式。例如：

(14) 军阀对红军曾三次“会剿”，每次都含着两方面的意义：一面固然是在共同进攻革命势力，一面却又是军阀为了准备自己

战争，必须先求解决红军以固后防……（周恩来《中共中央给红军第四军前委的指示信》）

加上“固然……却……”，“一面……一面……”的并列复句便转化成了转折复句。

跟“既p又q”的情况相似，“一方面p另一方面q”的构成基础有时是一般的并列关系。在这种情况下，“一方面p另一方面q”不能说成“一方面p但另一方面q”。例如：

(15) 一方面，我们已用事实证明给老百姓看，我们有力量打倒蒋介石；另一方面，老百姓也不要蒋介石……（周恩来《全国大反攻，打倒蒋介石》）

(16) 自从父亲病故后，看透了世态炎凉。一方面自己想学点本事有个出路，另一方面有些愤世嫉俗同情弱者。（王火《夜的悲歌》）

这里，“一方面……另一方面……”是从形式上显示本来存在的并列关系，因为不存在转折的逻辑基础，所以不能添加“但”类词。

有时，“一方面p另一方面q”的构成基础是相互矛盾的两方面的情况。在这种情况下，可以说成“一方面p但另一方面q”。例如：

(17) 他一方面侈谈工业化的计划经济，另一方面又憧憬于《礼运》大同之篇……（周恩来《论中国的法西斯主义——新专制主义》）

(18) ……你们一方面要求人家来做，另一方面又把违反政协决议的东西写在国民党二中全会的决议上，这不能不说其中包含了欺骗。（周恩来《关于国民党二中全会的谈话》）

这里，可以很自然地添加“但、却”之类。“一方面……另一方面……”是把本来具有转折性的两个方面转化成了并列关系，形成了并列复句。如果加上“但”类词，则是把并列复句转化成为转折复句。这样的转化，既能明确揭示事情的两面性，又能突出两面之间的逆转关系。

三 “但”＋“即使p也q”→“即使p但也q”

“即使p也q”复句通常归入让步复句或者假设复句。一般认为“即使”和“也、还”之类呼应使用，不能和“但、却”之类呼应使用。如《现代汉语八百词》说：“‘尽管、虽然’的后面可以用连词‘可是、但是、然而’等呼应，‘即使’不能。”(254页）其实，“即使……但也……”之类的例子并不很少。比如：

(19) 如果她承袭了这笔财产，即使是合法的，但也不光彩。(姜滇《清水湾，淡水湾》)

(20) 即使所举的罪状是真的罢，但这些事情，是无论那一个“友帮”也都有的，他们的维持他们的“秩序”的监狱，就撕掉了他们的“文明”的面具。(鲁迅《“友邦惊诧”论》)

(21) 即使自己有很多对的意见，但是还要听人家的意见，把人家的好意见吸收过来……(周恩来《团结广大人民群众一道前进》)

例(19)是“即使……但也……”，例(20)是“即使……但……也……”，例(21)是“即使……但是还……”。跟“即使”作用相当的“哪怕、就算”有时也同“但”类词呼应使用。例如：

(22) 我甚至觉得男人都是骗子，哪怕恋爱的时候说得再动听，但只要结了婚，孩子一生，爱情也就褪色了。(曹玉林《祠堂里的学校》)

(23) 就算这话不假，可南边是南边，翰林府是翰林府，天南地北的，哪能拉到一根弦上？(王笠耘《春儿姑娘》)

(24) 记得韩非子曾教人以竞马的要妙，其一是“不耻最后”。即使慢，驰而不息，纵令落后，纵令失败，但一定可以达到他所向的目标。(鲁迅《华盖集·补白》)

例(22)是“哪怕……但……”，例(23)是“就算……可……”，例(24)是“纵令……纵令……但……”。

“即使……也……”本来就存在先让步后转折的关系。“但”类词进入“即使……也……”句式的用法，恐怕很难说是不合规范的句子。

有时，前后分句结构上比较复杂，用“但”类词既有转化成转折关系的作用，还有划清转折界限的作用：

(25) 我猜想：即使在这风雪迷茫的黑夜，工人、工人的妻子和工人的孩子，谁也看不清谁，可是他们一定能感觉到相互间深切的鼓舞和期待。(杜鹏程《夜走灵官峡》)

(26) 即使无人豢养，饿得精瘦，变成野狗了，但还是遇见所有的阔人都驯良，遇见所有的穷人都狂吠的，(不过这时它就愈不明白谁是主子了。)(鲁迅《“丧家的”“资本家的乏走狗”》)

(27) 尽管他精通生产，有敏锐的智力，即使在他的坏脾气中，也时常显现出智慧的异彩，但是他的坏脾气毁了他的智慧，人们只知道他脾气坏，不承认他有智慧。(蒋子龙《拜年》)

(28) 他们，尤其是妈，即使对我的不回去觉得失望，但是因为我是他们的儿子，他们会慢慢原谅我的。(於梨华《又见棕榈又见棕榈》)

例(25)，“即使”引出的分句较长，结构比较复杂。例(26)，“即使”后边不止一个分句，“但”后边也不止一个分句。例(27)，“但是”后边出现了“尽管……尽管……”，后边不止一个分句。例(28)，尽管“即使”引出的分句不复杂，“但是”后边的分句却又是一个因果复句。这里的“但”类词，既起了强调转折关系的作用，又划出了转折的界限。

四 “但”＋“宁可p也q”→“宁可p但q”

“宁可p也q”一般归入选择复句或者取舍复句。前边分句里用“宁可”或“宁”“宁肯”“宁愿”，后边分句里一般通过“也”引出否定形式或肯定形式。例如：

(29) 我宁可受穷，也不跟他们学！(浩然《能人楚世杰》)

(30) 她宁可坐在马路边，也决不肯一个人耽在里面。(茹志鹃

《她从那条路上来》)

(31) 为了滋补他，我宁愿自己平时吃饭再节省一些，也要尽量把星期日全天的野餐准备得丰富可口。(德兰《求》)

(32) 她宁肯自己挨饿，也要把仅有的几升米匀给贫苦的农友。(毛岸青、邵华《我们爱韶山的红杜鹃》)

(29)(30) 两例，后面分句“也”引出否定形式“不……”；(31)(32) 两例，后面分句“也”引出相当于双重否定的肯定形式“要……”，“要”相当于“不能不、不愿不”之类。

“宁可……也……”的格式里，也可以添加“但”类词。不过，用了“但”类词之后，“也”字不再出现。例如：

(33) 我宁看《红楼梦》，却不愿看新出的《林黛玉日记》，它一页能使我不舒服小半天。(鲁迅《三闲集·怎么写》)

(34) 宁肯让工期一拖再拖，经济效益受到损害，他的权威和尊严却不能有丝毫动摇。(刘宾雁《应是龙腾虎跃时》)

(35) 他宁愿承担舆论和道德的谴责，但不能眼睁睁地葬送自己和莲莲未来的幸福。(张弦《银杏树》)

例 (33) 是“宁……却……”，例 (34) 是“宁肯……却……”，例 (35) 是“宁愿……但……”。这些如果认为是选择复句或取舍复句，何以解释“但”类词出现的事实？

首先，得承认“宁可 p 也 q”这种复句确实具有选择性。它表示经过比较有所选择，有所取舍。选择的结果，在前面小分句用“宁可”肯定了下来；而在后面的分句，则通过否定形式直接排斥相对立的另一种情况，或者通过肯定形式说出所要努力达到的目的，间接排斥相对立的另一种情况。

其次，应该看到“宁可 p 也 q”复句在分句间的关系上具有转折性。“宁可”总是表示“忍让”。所作的选择，不是乐意为之，而是出于不得已，不得不有所忍让。“受穷”“挨饿”“承担舆论和道德的谴责”之类需要忍让，这是不言而喻的。“看《红楼梦》”本是好事，但因为已看过许多遍，所以例 (33) 里加“宁”表示有所忍让。忍让也是一种让步。先忍让，也就意味着后面有所转折。

再次，还应看到“宁可 p 也 q”和“即使 p 也 q”有时可以相通。例如：

(36) 我宁愿打一辈子光棍，也决不办这桩事！（刘文忠《姐姐》）

(37) ……宁肯不吃饭，也得满满小酒壶。（浩然《能人楚世杰》）

这里的“宁愿”“宁肯”都可以说成“即使”而基本意思不变。虽然换成“即使”以后忍让的情味有所减弱，但他们毕竟有相通之处。既然“即使 p 也 q”是让步转折句，“宁可 p 也 q”应该也是让步转折句。为了突出特点，显示区别，“宁可 p 也 q”复句可以叫作抉择性忍让转折复句。这样，比归入选择复句或取舍复句更能反映其内在关系。由于“宁可 p 也 q”属于“转折”的关系范畴，因而跟“但”类词不相排斥。一般情况下，只用“宁可……也……”；如果需要特别强调分句间的转折性，就可以换用“但”类词。“但/却”和“也”不兼用。严格说，这是一种“混合句式”，与前三类有所不同。

（原载《中国语文》1983 年第 3 期）

试论“A，否则B”句式

0 前言

0.1 “A，否则B”句式，指用“否则”之类关联的句式。本文讨论下列几种：

幸亏A，否则B。　可惜A，否则B。　因为A，否则B。

想来A，否则B。　除非A，否则B。　要么A，否则B。

还是A吧，否则B。　不能A，否则B。　不能不A，否则B。

这些都是典型的句式。凡是相同、相近或相关的句式，在分析这些典型句式时顺带说明。

0.2 本文讨论的句式一般是复句。为了说明问题，个别地方用了句群的例子。

0.3 本文所说的“否则”之类，包括“否则、不然、要不然 、要不、若不”等关系词语。只在必要的时候，才指出其中某个词语的特殊之处。

0.4 关于“否则”之类表示的关系，《现代汉语八百词》偏重于从后项来说明问题。如谈“否则”时说：“后句指出从前句推论的结果，或提供另一种选择。”(183页）谈到“不然”时说：“引进表示结果或结论的小句”，“引进与上文交替的情况”。(82页）本文偏重于从对前项的观察出发来讨论问题，并进而揭示前项与后项之间的种种联系，说明整个句式同其他句式的变换关系。

1　幸亏A，否则B

1.0　这一句式，表示原因和逆原因的结果。重在说明由于某种原因才得以避免某种不如意的或不正常的结果。

1.1　前项A解释原因，指出已然的事实，可以用肯定句式，也可以用否定句式；“幸亏”对事实加以强调，表示值得庆幸的语气。例如：

(1) 幸亏河水是污浊的，不然，映出她的脸一定很难看。（姜滇《清水湾，淡水湾》）

(2) 幸亏她没有把这点最后想法告诉小吉尔，要不然这个调皮货一定会悲愤欲绝，说不定会带着巴日卡不辞而别呢！（冯苓植《驼峰上的爱》）

“幸亏”也可以说成“幸好、亏得、多亏、好在”等。

1.2　后项B表示反事实的结果，逆原因的结果，不如意的结果；“否则”之类揭示B同A之间的因果逆转关系，实际上是借B来反证A，说明A具有决定性的影响。试分析：

(3) 幸好“四人帮”打倒了，幸好冯局长是个明白人，否则，他起码也是一个“肖伯仲的黑后台、大红伞”……（杨夔仪《无名小卒》）

首先，“否则”引出的结果是反事实的，已然事实在这一结果的反面。其次，顺着A项原因产生的本应是已然的事实，词面上B项却逆着说出了一个相反的结果。再次，A项指值得庆幸的事情，B项是逆着这一原因说出来的不值得庆幸的结果，所以，在词面上，B项又是不如意的结果。这一句式中的“否则”，作用在于表示因果逆转。它强调说明正是由于某种原因才得以避免某种不如意的结果，也就是强调之所以能避免某种不如意的结果，得归功于某种原因。所以，不如意的结果是用来反证突出原因，说明原因对已然事实具有决定性影响的。试比较：

(4) 幸亏他及时地抓住了床沿，才没掉到地板上。(叶辛《追回的青春》)

(5) 幸亏他及时抓住了床沿，不然就掉到地上了。

前一例用“幸亏……才……”，表示因果相承；后一例用“幸亏……不然……”，表示因果逆转。这两例意思基本相同，但后一例多了反证性。

1.3 “幸亏A，否则B”句式可以变换为“要不是A，就B”的句式。比如：“幸亏河水是污浊的，不然，映出她的脸一定很难看。”→“要不是河水是污浊的，映出她的脸一定很难看。”

运用中常见“要不是A，就B”的复句，好些可以变换为“幸亏A，否则B”。例如：

(6) 要不是预先听你讲了，我会以为他是个劳改犯。(莫应丰《心囚》)

这一例也可以说成：“幸亏预先听你讲了，要不，我会以为他是个劳改犯。”

2 可惜A，否则B

2.0 也表示原因和逆原因的结果。重在说明由于某种原因才导致没有出现某种符合心意的结果。

2.1 前项A也解释原因，指出已然的事实，可以用肯定的句式，也可以用否定的句式；“可惜”对事实加以强调，表示值得惋惜的语气。例如：

(7) 可惜他们不懂绘画，否则要给免费画一幅素描肖像赠送。(张武《瓜王轶事》原文用“副”)

“可惜”说成“只可惜”，强调意味更重：

(8) 只可惜天上没有神灵，若不，我得哀求神灵保佑你……(谢璞《寻找》)

2.2 后项B也表示反事实、逆原因的结果，也用来反证A具有决定性的影响，但词面上所指的是符合心意的事情。试分析：

(9) 可惜我手上无权，我自己的帽子也还没摘掉，要不然，我一定要做了这件好事。(莫应丰《心囚》)

这种句式先用“可惜”引出原因，再用“否则”之类表示逆转，为的是表明由于某种原因而影响某种心意的实现，从反面来证明A项具有决定性的作用。

“幸亏A，否则B”是庆幸有所得；“可惜A，否则B”是惋惜有所失。二者的B项，词面所指和实际情况是否如意，恰好相反。比较：

(10) 幸亏他没当教练，不然我肯定不能参加甲级队。

(11) 可惜他没当教练，不然我肯定能够参加甲级队。

所谓如意不如意，反映说话人的立场、态度和情感，有时和A项或B项的主语没有必然的联系。比较：

(12) 幸亏小张力气小，不然吴华跑不了。

(13) 可惜小张力气小，不然吴华跑不了。

2.3 “可惜A，否则B”的句式也可以变换为“要不是A，就B”的句式。比如：“可惜我手上无权，我自己的帽子也还没摘掉，要不然，我一定要做了这件好事。”→“要不是我手上无权，我自己的帽子也还没摘掉，我一定要做了这件好事。”

“要不是A，就B”句式，凡是隐含感到惋惜、感到遗憾之类意思的，就可以变换为“可惜A，否则B”的句式。例如：

(14) ……若不是眼下有急事，他真想坐下来休息一下。(字心《雾中鼓声》)

上例可以变换为：“可惜眼下有急事，否则他真想坐下来休息一下。”

3 因为A，否则B

3.0 也表示原因和逆原因的结果。跟前两种句式相比，偏重于客观地述说事实。

3.1 前项A用“因为、由于”之类连词，从形式上直接显示已成为事实的原因。例如：

(15) 她和沙马耳虎因为化了装，不然，进城难出城也难。(字心《雾中鼓声》)

(16)“加拿大只答允贷一千五百万美元与我们；而美国人原来露出口风愿贷五千万元与我们，只是由于孔祥熙在其中作怪，否则……”他摇了摇头，显出深有感触的样子。(鄢国培《巴山月》)

“因为、由于”之类有时不出现。例如：

(17) 都是海棠那死丫头插一杠子，要不俺妹子和长锁是多好的一对呀！(赵新世《鸡为媒》)

上例等于说：“都是因为海棠那死丫头插一杠子，要不……”

3.2 后项B也表示反事实、逆原因的结果，对A项原因也有反证作用；整个句式跟“幸亏A，否则B”和“可惜A，否则B”都可相通。如例(15)，可以把“因为”换成“幸亏”；例(16)，可以把“由于”换成“可惜”。

如果说“幸亏A，否则B”和“可惜A，否则B”是分别表示庆幸有所得和惋惜有所失，那么，“因为A，否则B”则是中性的，在得失之间并不特别显露主观的情绪，只是客观地反映甲事与乙事之间因果逆转的联系。例如：

(18) 只因(几个年轻人)还不了解昨晚发生在松毛林子中的事，不然他会挨一顿好打……(字心《冷子司棋》)

这里并不明确表示对所说的事是“庆幸”还是“惋惜”。可以认为是“幸亏……不然……”，也可以认为是“可惜……不然……”，这要取决于说话人是不是站在“他”的对立面。

3.3 “因为A，否则B”也可以变换为“要不是A，否则B”。值得注意的是，“幸亏A，否则B”和“可惜A，否则B”在变化为“要不是A，否则B”以后，“幸亏”“可惜”不再保留，而“因为A，否则B”在变换为“要不是A，否则B”以后却可以保留“因为”之类。如：“她和沙马耳虎因为化了装，不然，进城难出城也难。”→

“她和沙马耳虎要不是因为化了装，进城难出城也难。”又如：“由于孔祥熙在其中作怪，否则……”→“要不是由于孔祥熙在其中作怪，就……”

运用中也有“要不是因为A，就B”的说法。它们可以直接变换为“因为A，否则B”。例如：

(19) ……要不是因为出了这场斗殴事件，人们也许早把他忘个一干二净了。（伊始《斗殴》）

上例也可以说成：“因为出了这场斗殴事件，否则人们也许早把他忘个一干二净了。”

4 想来A，否则B

4.0 也表示原因和逆原因的结果。但不是用来反证已然的原因，而是用来反证推测的原因。如果把前三种句式叫做释因式，这一句式就可以叫推因式。

4.1 前项A表示原因，指尚未证实的事情；句首用“想来、看来、X猜想、X怀疑”之类按注性词语，表明A是推测。例如：

(20) 看来，姑娘的外貌给了憨嫂非常非常深刻的印象，要不她怎么会唠叨个没完。（黄乾孟《她进“老虎口”》）

(21) 她猜想一定发生了什么意外，否则黄成宾不会不来。（鄢国培《巴山月》）

(22) ……我怀疑自己莫非也披了件“温柔”的外衣，要不然，为什么不告诉他，自己每天直着嗓门唱歌……（时永刚等《别有蹊径》）

按注性词语有时不出现。这时，A项往往包含“肯定、一定、说不定、兴许”之类词语，或者A项本身就是一个表示猜疑的问句。例如：

(23) ……他们肯定把那天的事讲给同学们听了，不然为什么同学们喊她玩时没以前热情呢？（沈虹光《妮娜和她的朋友们》）

(24) ……兴许哪句话叫人抓住辫子，不然决不会处分他。(理由《九死一生》)

(25) 难道那个卞秃头把他们的私下交易都说出来了？要不然，姓周的怎么会如此强硬呢？(林正让、康延平《故乡月》)

4.2 后项B表示逆原因、反事实的结果，词面上可以指如意的事，也可以指不如意的事。这一点跟"因为A，否则B"相同，而跟"幸亏A，否则B""可惜A，否则B"不同。比较：

(26) 想来风向有变化，不然，张胖子会重用他的。

(27) 想来风向有变化，不然，张胖子不会重用他的。

这两例A项词面相同。对"他"说来，前一例B项词面所指是如意的（事实不如意，他未被重用），后一例词面所指是不如意的（事实如意，他受到重用）。

4.3 "想来A，否则B"句式实际上是根据某种事实来推断某种原因，它可以变换为一般的推断句式"既然非B，就一定是A"。比如："一定发生了什么意外，否则黄成宾不会不来。"→"既然黄成宾没来，就一定是发生了什么意外。"

用"既然……就……"的句子，如果是据果推因的，就可以变换为"想来A，否则B"的句子。例如：

(28) 但是他又想，既然党组织叫他联系，(就)一定没有问题。(罗广斌等《挺进报》)

这一句也可以说成："想来一定没有问题，不然，党组织不会叫他联系。"

"想来A，否则B"句式也可以变换为"要不是A，否则B"的句式。如："一定发生了什么意外，否则黄成宾不会不来。"→"要不是发生了什么意外，黄成宾就不会不来。"不过，变换以后如果没有"我想"之类词语，或者没有特定的上下文，有时可能使人把"猜想"当成事实。看这个例子：

(29) 她一定还不晓得她的心上人走失，否则不会那么愉快。(刘同兴《威风乡人》)

变换为“她要不是还不晓得她的心上人走失，就不会那么愉快”，如果加“我想”，或者有特定的上下文，仍然可以表明“还不晓得”是推测；如果孤零零地说出来，就像是事实。

5　除非A，否则B

5.0　表示条件和逆条件的结果，是一种条件式。

5.1　前项通过“除非”提出条件，并强调其绝对必要，不可缺少。条件有两种：一是需求性的，二是析因性的。都指未然的或尚未证实的事。

提出需求性条件的，前项有“非这样不可”的意思。“除非A，否则B”可以变换为“非A不可，否则B”。例如：

(30) 于书记还说，除非你到克山病区去，否则不会放你。(张抗抗《在丘陵和湖畔，有一个人……》)

这一例也可以改说成“你非到克山病区去不可，否则不会放你”。运用中也常见“非A不可，否则B”的句式，如：

(31) 你非给我指出人来不可，要不跟你没完！(蒋子龙《锅碗瓢盆交响曲》)

这一例也可以改说成“除非给我指出人来，要不跟你没完！”

提出析因性条件的，前项有“除了由于某种原因”的意思，“除非A，否则B”可以说成“除非因为A，否则B”。例如：

(32) 报告会上除非被逼得没有办法，否则，还是隐讳一点为好吧。(曾德厚、木杉《有意无意之间》)

这一例等于说“除非因为被逼得没有办法，否则，还是隐讳一点为好”。

5.2　后项B表示逆条件的结果，即违反条件要求所导致的某种情况，也是未然的或尚待证实的事。

前项A如果指需求性条件，那么，后项B是从反面说明条件的决定性作用，同时强调出满足所说条件的绝对必要，常用否定句式或跟否定句式相当的反问句式，有时也用“只能……”“一定（准）……”之类的肯定句式。例如：

除非你离开这儿，否则他不会放过你。

除非你离开这儿，否则他怎么会放过你？

除非你离开这儿，否则你只能整天躲着！

除非你离开这儿，否则你一定要挨打！

前项A如果指析因性条件，那么，后项B虽然也从反面说明条件的决定性作用，但真正用意不是强调必须满足A项条件，而是强调B项结果不受其他任何条件的影响。常用否定句式或跟否定句式相当的反问句式，也用“一定（准）……”的肯定句式，但不能用“只能……”的肯定句式。例如：

除非没赶上班车，不然他不会迟到。

除非没赶上班车，不然他怎么会迟到？

除非没赶上班车，不然他两点钟准到。

5.3 “除非A”和“否则B”之间可以插入“才B”。“（才）B”是顺条件的，可写为“＋B”，“（否则）B”是逆条件的，可以写成“－B”，那么，“除非A，否则B”句式都可以扩展为“除非A，才＋B，否则－B”。比如：“除非你到克山病区去，否则不会放你。”→“除非你到克山病区，才会放过你，否则不会放你。”

5.4 “除非A，否则B”里的“否则”有时不用，但可以添加上去。不用“否则”时，后项一般采用否定形式。例如：

（33）……除非我召集你们，或者有人认为十分必要，你们不要这样成群打伙地来找我。（陈冲《厂长今年二十六》）

6 要么A，否则B

6.0 表示情况的选择或情况的交替。是一种选言式。

6.1 可以变换为“要么A，要么B”，但表意重点有所不同。例如：

(34) 要么是十六结婚，不然就——拉倒！(王钢《野花瓣儿》)

这一例表示从A和B中选择其一，也可以说成："要么十六结婚，要么拉倒！"不过，"要么A，要么B"是并列两个选择项，而"要么A，否则B"则是通过具有逆转作用的"否则"之类表明B项只具有补说性质，基本意思在A项。

从隐含的关系看，有的A和B之间存在条件和结果的对立，有的A和B只是并立的两种情况。由于形式上用了"要么……否则……"，都转化成了选择关系，都可以改说成"要么……要么……"。比较：

(35) 要么照我的意思办，否则，我饶不了你！

(36) 要么照我的意思办，不然，就照你三哥的意思办！

例(35)是隐含条件结果对立关系的选言式，例(36)是隐含一般并立关系的选言式。

6.2 "要么A，否则B"可以扩展成"要么A_1，要么A_2，否则B"。这时，A项本身包含两个用"要么……要么……"表示出来的选择项，B项的补说性质更加明显。比如：例(34)可以扩展成："要么本月十六结婚，要么下月十六结婚，不然就——拉倒！"这是隐含条件结果对立关系的选言式的扩展。又如：

(37)(既然不少人在叫喊，其中就肯定有原因：)要么就是李春山讲的，统购任务过大了；要么就是昨天柳永凤说的，有娃娃鱼在暗里兴妖作怪。再不然，就是粮食本来就够吃的，但一部分人不会计划，胡乱浪费了，现在出现了窟窿。(克非《春潮急》)

这是隐含一般并立关系的选言式的扩展。

"要么A_1，要么A_2，否则B"也可以说成"或者A_1，或者A_2，否则B""不是A_1，就是A_2，否则B"。例如：

(38) 或者把他的节目全部都挪到十一点之前；或者给他增加工资，使他每天能吃像样的晚餐。否则，我就要到别的饭馆去给他找一个早一点收工的工作。(德兰《求》)

(39)(这些日子来，他常常夜里出去。)不是借口开会，就是

借口去同志家坐坐，要不就干脆什么也不说，吃罢晚饭就匆匆走了。（郭从远《年轻的心》）

例（38）是隐含条件结果对立关系的选言式的扩展，例（39）是隐含一般并立关系的选言式的扩展。

6.3 隐含一般并立关系的选言式，A项前边可以不用“要么”，只在AB之间用“否则”之类；AB之间的“否则”之类都可以说成“再不然”或“再不”。例如：

（40）你说呀，爸爸！……要不，你就点点头吧，爸爸！（蒋金彦《梦》）

（41）准是鬼点灯，要不，就是你的眼花了。（申文钟《山翠菊香》）

不用“要么”，AB之间仍然具有明显的选择关系。“要不”可以说成“再不然”或“再不”。又如：

（42）有空，到街上溜溜，散散心，再不，花上两毛钱，看上场电影。（薛勇《红灯和绿灯》）

（43）我看那个情景，不是个老倌子，就是个病人子，再不就是跛子、瘫子。（彭铁森《“凤凰孵蛋”的传说》）

例（42）A项不带“要么”，AB之间用“再不”；例（43）A项用“不是……就是……”，AB之间用“再不”。

7 还是A吧，否则B

7.0 表示祈求和逆祈求的结果，是一种祈使式。

7.1 前项A提出某种祈求，用“还是……吧”或者能直接添加“还是……吧”的祈使句。

有的“还是”和“吧”同时出现。例如：

（44）你还是来吧，要不我想你。（浩然《老人和树》）

有的只在前面出现“还是”，或者只在后面出现“吧”，或者“还是”和“吧”都不出现。例如：

（45）你还是早点杀了它，要不客人一来就忙不赢了。（苏群《两个黄鹂鸣翠柳》）

（46）快卖了吧，要不人家可走啦！（郑效农《花鸟鱼市》）

（47）请别这样激动，否则我就证实了他是对的。（马佳《林声》）

例（45）用“还是……”，可以补上“吧”；例（46）用“……吧”，可以补上“还是”；例（47）“还是”和“吧”都不用，但是可以自然地补加：“请还是别这样激动吧。”

前项所用的祈使句，可以是肯定的，也可以是否定的。有时，连用肯定、否定两种祈使句式。例如：

（48）……要走马上就走，别耽搁，要不，我会忍不住让他给我留起来的。（郑效农《花鸟鱼市》）

这一句的前项，等于“要走还是马上走吧＋要走还是别耽搁吧”。

7.2 后项B表示逆结果，指违反祈求所导致的后果；同时，又表明另一种选择，是不选择A项祈求将面临的另一种不利的选择。例如：

（49）春生，你把种鸡舍那个洞补补吧！要不鸡都丢光喽。（赵新世《鸡为媒》）

“鸡都丢光”是不听从“把鸡舍那个洞补补”的劝告的不利结果；如果不选择“把种鸡舍那个洞补补”的做法，就要面临“鸡都丢光”的不利选择。

后项B有时用疑问句，但实际上也表明了不利的结果、不利的选择。例如：

（50）走吧，阿雪，要不，我们怎么办？（范小青《屋檐下》）

7.3 “还是A吧，否则B”可以变换为“要么A，要么B，B不好，所以还是A为好”。比如：“你把种鸡舍那个洞补补吧！要不，鸡都丢光喽。”→“要么你把种鸡舍那个洞补补，要么鸡都丢光；鸡都丢光不好，所以，还是把种鸡舍那个洞补补为好。”

“要么A，否则B”是单纯的选言判断，“还是A吧，否则B”则包含着一个选言推理。比较：

（51）要么杀了它，不然，就卖掉它！

（52）还是杀了它吧，不然，大家就不得安宁！

例（51）是隐含一般并立关系的选言式，只能说成："要么杀了它，要么卖掉它！"例（52）是祈使式，可以说成："要么杀了它，要么大家都不得安宁；大家都不得安宁不好，所以，还是杀了它为好！"

8 不能A，否则B；不能不A，否则B

8.0 这两种句式都表示需求和逆需求的结果。构造上最突出的特点是前项带有能愿动词，可以叫做能愿式。

8.1 "不能A，否则B"，前项带有"不能"，从否定的角度分析事物的必要性，指明某种需求。例如：

（53）不能在错误面前退却，不然这种无组织无纪律的行为，会像病菌那样继续蔓延传染的。（陆俊超《啊！船长》）

"不能"有时说成意思基本相同的"不应""不可"之类。例如：

（54）这种女人绝不应是对现代伦理有清醒知觉，对现代文明有热烈向往的那种女性，否则的话，格格不入的追求，就会使感情发生危机，使先天的悲剧愈演愈惨。（海波《彩色的鸟，在哪里飞徊？》）

8.2 "不能不A，否则B"，前项带有"不能不"从双重否定表肯定的角度分析事物的必要性，指明某种需求。例如：

（55）细妹她娘，我不能不走，要不，我对不住你，也对不住春牛！（李俊彬、刘永骥《米水弯弯》）

（56）作为一个人，又不能不看，不能不想。否则，她的头脑里就会一片空白，她的神经就会无法忍受，她会疯的！（关鸿《三十九册邮集》）

如果用直接肯定的说法，"不能不"可以说成意思相当的"得、要、须要、应该”等。“得（要、须要、应该）……否则……”相当于“不能不……否则……”。例如：

(57) ……就像种子一样，到了一定的时候就得更新换代，不然就退化了，老化了。（郑万隆《红灯　黄灯　绿灯》）

(58) 这话该说了，否则会让莹莹太难堪。（马未都《生命》）

8.3 “不能（不）A，否则B”，后项表示逆需求的结果，同时也揭示跟需求不相容的另一种选择，可以变换为“要么不能（不）A，要么B；B不好，所以，不能（不）A”。比如：“我不能不走，要不，我对不住你，也对不住春牛！”→“要么我不能不走，要么我对不住你和春牛；对不住你和春牛不好，所以，我不能不走。”

“不能（不）A，否则B”同“还是A吧，否则B”有相似之处，但也有不同。主要表现在：一、“不能（不）A，否则B”的前项大都是陈述句，“还是A吧，否则B”的前项一定是祈使句。二、“不能（不）A，否则B”的前项有时也用祈使句，但分析主客观需要的说理意味比较重，并不能直接变换为“还是不能（不）A为好”。比较：

(59) 割草可不能碰了坏天气呀，不然要泡汤的。（楚良《新演诸葛》）

(60) 割草还是注意一下天气吧，不然要泡汤的。

例（59）若说成“割草还是不能碰了坏天气为好”，不顺当；例（60）说成“割草还是注意一下天气为好”，很自然。

“得A，否则B”前项如果用祈使句，跟“还是A吧，否则B”特别接近，但不能在保持原句性质的前提下直接添加“还是……吧”。例如：

(61) 这年头，脑瓜得活点，要不，得处处碰壁呢！（薛勇《红灯和绿灯》）

保留能愿动词“得”，如果说成“脑瓜还是得活点吧”，就会带上疑问语气，改变了祈使句的性质。

9 总结

9.0 上面讨论了几种句式。它们在语义关系上有区别，在可以变换的句式上也有不同。列成一表，以便对照：

	典型句式	主要变换式
释因式	幸亏 A，否则 B。 可惜 A，否则 B。 因为 A，否则 B。	要不是 A，就 B。 （之所以非 B，就因为是 A。）
推因式	想来 A，否则 B。	要不是 A，就 B。 （既然非 B，就肯定是 A。）
条件式	除非 A，否则 B。	除非 A，才+B，否则-B。 （非 A 不可，否则 B。 除了因为 A，否则 B。）
选言式	要么 A，否则 B。	要么 A，要么 B。
祈使式	还是 A 吧，否则 B。	要么 A，要么 B；B 不好， 所以，还是 A 为好。
能愿式	不能 A，否则 B。 不能不 A，否则 B。	要么不能（不）A，要么 B； B 不好，所以，不能（不）A。

9.1 “A，否则 B”句式，A 和 B 之间的语义关系多种多样，但异中有同，这就是：从 A 项到 B 项都是逆转的。一般都是逆转以后引出逆结果，选言式则是逆转以后引出不相容的另一种情况。

9.2 在“A，否则 B”里，表意重心一般在 A。释因式和推因式，重在表明 A 项原因具有决定性影响；条件式，提出需求性条件的，重在强调条件的必不可少；选言式，基本的选择项是 A；祈使式和能愿式，重在表明必须听从 A 项使令劝告或满足 A 项需求。只有条件式中提出析因性条件的一类，强调 B 项结果的出现不受其他条件的影响，重心在 B。

9.3 “否则”之类关系词语是 A 与 B 前后逆转的纽带。“否则”之类一般不能不用，只有在条件式中有时才可以隐去。

9.4 同是表示逆转，“否则”之类和“但是”之类并不相同。“否则”之类，本身含有先假设否定前面所说的事，然后转到肯定后面所说的事的意思，表示的是一种假言否定性的逆转；“但是”之类，本身不包含那么复杂的意思，说转就转，表示的是一种直截了当的硬性的逆转。“否则”之类和“但是”之类是两路不同的逆转词。

（原载《中国语文》1983年第6期）

“要不是 p 就 q”句式及其修辞作用

一

“要不是 p 就 q”句式是一种属于假设复句的句式。例如：

(1) 要不是我在场，她那小拳头就捶在小涛身上了。(汤保华《情感分析》)

(2) 那晚上要不是老娘下了他的蒙心药，那北京姑娘就莫想活命了。(谢璞《寻找》)

“要不是”等于“如果不是”，“要”相当于“如果”。如上面两例中的“要不是”可以说成“如果不是”。又如：

(3) 如果不是楚杨用他那男子汉的行为教育了我，我会把这种偏见带进棺材里的！(徐小斌《河两岸是生命之树》)

这里的“如果不是”可以改说成“要不是”。

“要不是”具有凝固性。“要”和“不是”总是结合使用，“如果”和“不是”却可以分离开来用在主语前后。例如：

(4) 如果我不是在气头上，也许会多看他们几眼。(汤保华《情感分析》)

“如果我不是……”不能说成“要我不是……”。

“要不是”在标明关系上起决定作用。“就”有时出现，有时不出现。如例 (1)(3) 都用了“就”，又如：

(5) (刚才来的人是通知家属的，) 要不是我紧着拦，连你也得给牵进去！(陶正、田增翔《我的守护神》)

(6) 要不是鲁鲁差点丧命，我还不会发现在这荒僻的旷野会有这么多的秘密武器。(马佳《林声》)

这两例的后分句可以说成“就连你……”“我就还不会……”，但“就”都没有出现。

“要不是”引出的前分句 (p)，本身可以用肯定形式，也可以用否定形式。如例 (1) 的“我在场”，例 (2) 的“那晚上老娘下了他的蒙心药”，例 (5) 的“我紧着拦”，例 (6) 的“鲁鲁差点丧命”，都是肯定形式。又如：

(7) 要不是不愿意被人打扰，我们就干脆在房里干了。(陈世旭《遥远的地平线》)

这一例的“不愿意被人打扰”是否定形式。

“要不是p”引出的后分句 (q)，可以是肯定形式，也可以是否定形式，还可以用相当于肯定形式或否定形式的反问句式。如例 (1) 的“她那小拳头就捶在小涛身上了”，例 (5) 的“连你也得给牵进去”，都是肯定形式；例 (2) 的“那北京姑娘就莫想活命了”，例 (6) 的“我还不会发现……有这么多的秘密武器”，都是否定形式。又如：

(8) 要不是我用了心计骇了“牛不瘟”，大亏不早就吃定了么？(谢璞《寻找》)

(9) 白娘子要不是游湖遇雨，怎能碰见许仙？(刘绍棠《小荷才露尖尖角》)

这两例的后分句都是反问。前一例从否定方面问，表示肯定的意思，等于一个肯定形式；后一例从肯定方面问，表示否定的意思，等于一个否定形式。

二

从语法上看，“要不是p就q”句式是一种有明显特点的假设句式。这种句式在形式上构成假设复句，在内容上则表达了事物之间事实上或推论上的因果联系。这可以从以下三点清楚地看到。

1. 可以续上“之所以非 q，就因为是 p”，借以揭示其隐含的因果关系。即：

要不是 p，就 q。

→要不是 p，就 q；之所以非 q，就因为是 p。

例如：

(10) 要不是我在场，她那小拳头就捶在小涛的身上了；她那小拳头之所以没有捶在小涛的身上，就因为是我在场。[例 (1) 的后续式]

(11) 那晚上要不是老娘下了他的蒙心药，那北京姑娘就莫想活命了；那北京姑娘之所以能活命，就因为是那晚上老娘下了他的蒙心药。[例 (2) 的后续式]

“要不是 p 就 q”本身就包含“之所以非 q 就因为是 p”的意思，续上后者，可以显现这种隐含的因果关系。当然，正因为“要不是 p 就 q”本身已包含“之所以非 q 就因为是 p”的意思，所以，在实际的语言运用中，后者总是不再出现，硬要续上，反而给人以画蛇添足之感。

2. 可以在“要不是”和“p”之间插入表示原因的连词“因为”，借以显示其本来存在的因果关系。即：

要不是 p，就 q。

→要不是因为 p，就 q。

例如：

(12) 要不是因为我在场，她那小拳头就捶在小涛的身上了。[例 (1) 的插入式]

(13) 那晚上要不是因为老娘下了他的蒙心药，那北京姑娘就莫想活命了。[例 (2) 的插入式]

“要不是”引出的 p 是表示原因的。不用“因为”，p 表示原因是隐性的，加上“因为”便成为显性的了。在实际语言运用中，插入“因为”的例子并不少见。其他各种假设复句是不能这么办的。略举几例，以便证明这种说法并非笔者所杜撰。

(14) 其实，要不是因为丈夫气色不好，怕他病倒，她又何尝

不希望丈夫把报告准备得天衣无缝，无懈可击。（曾德厚、木杉《有意无意之间》）

（15）现在，要不是因为出了这场斗殴事件，人们也许早把他忘个一干二净了。（伊始《斗殴》）

（16）……要不是因为公社广播放大站的工作离不开，她早就来了。（沈小兰《她》）

3. 可以变换为表示因果逆转的“p，否则q”句式，借以显示其本来包含的因果逆转关系。即：

要不是p，就q。

→p，否则q。

例如：

（17）幸亏我在场，否则她那小拳头就捶在小涛身上了。［例（1）的变换式］

（18）那晚上幸亏老娘下了他的蒙心药，否则那北京姑娘就莫想活命了。［例（2）的变换式］

“p，否则q”句式可以表示多种关系，表示因果逆转关系的有四个具体格式：1.“幸亏p，否则q”；2.“可惜p，否则q”；3.“因为p，否则q”；4.“（想来）肯定p，否则q”。前三个是释因式，后一个是推因式[①]。“要不是p就q”句式，根据p与q之间的具体联系，有的可以变换为“幸亏p，否则q”，有的可以变换为“可惜p，否则q”，有的可以变换为“因为p，否则q”，有的可以变换为“（想来）肯定p，否则q”。看这四个例子：

（19）要不是你从那里把我救回来，要不是大叔给我吃了解毒的药，我这条命，恐怕非丢了不可！（杨啸《岩画探奇》）

（20）……要不是皮肤黑一点，真像是一尊活观音。（庄东贤《番客婶》）

（21）要不是隔壁毛家占咱地界，我一生动过谁一指头？（贾平凹《小月前本》）

（22）毫无疑问，要不是遇到了突然的变故，要不是遭到了意

外的不幸，他们家是绝对不会平白无故地从这里搬走的！（杨啸《岩画探奇》）

例（19）可以变换为："幸亏你从那里把我救回来，幸亏大叔给我吃了解毒的药，否则，我这条命恐怕非丢了不可！"例（20）可以变换为："可惜皮肤黑一点，否则，真像是一尊活观音。"例（21）可以变换为："只因隔壁毛家占咱地界，否则，我一生动过谁一指头？"例（22）可以变换为："（想来）肯定遇到了突然的变故，肯定遭到了意外的不幸，否则，他们家是绝对不会平白无故地从这里搬走的！"

吕叔湘先生曾经指出："假设句和因果句息息相关。"②这个论断十分精确。"要不是p就q"句式，实际上是借假设的形式来表达因果的内容。那么，既然本来就是因果关系，为什么不直截了当地使用因果复句，而要使用假设复句呢？这就需要从修辞的角度来回答这个问题了。

三

从修辞上看，"要不是p就q"句式是一种有特殊的表达作用的句式。

（一）"要不是p就q"句式的一个明显的作用是：反证释因，加强句子的容量和论证性。

考察p与q之间的语义关系、逻辑关系，我们可以看到，这种假设复句具有"回归性"。它从"假设不是因为p"出发，经过推断，回转来归结到对否定的否定，即肯定，从而指明正是"因为p"。它包含一个比较完整的间接证明，用的是假言反证法，其证明过程是：

命题：正是因为p

证明：如果非p，则q，

事实非q，

可见，是非非p，即p。

如例（1），通过反证说明了她之所以没"捶"，正是因为"我在场”。又如例（2），通过反证说明了那北京姑娘之所以能“活命”，正是因为“老娘下了他的蒙心药”。反证的结果，都清楚地解释了原因。再看这个例子：

（23）当初，赵淑贤要不是为了自己的前途和幸福，敢拼敢斗，那个娘家恰恰会苦害她一辈子。（浩然《姑娘大了要出嫁》）

从假设不是“……敢拼敢斗”出发，合乎逻辑地引出“那个娘家恰恰会苦害她一辈子”的推断；然而事实上她并没有被娘家苦害一辈子，因而又必然合乎逻辑地回转来否定假设的“不是”，证明了所要证明的命题：正是因为“……敢拼敢斗”。这里，运用了反证的方法，解释了真实的原因。

由于“要不是 p 就 q”本身就是一个证明，有推理，有回归，如前所说，本身就包含有“之所以非 q 就因为是 p”的意思，所以，容量大，所表示的内容比一般直接解释因果关系的复句丰富得多；同时，由于“要不是 p 就 q”本身就是一个证明，是用反证的办法来论说事物之间的因果联系，所以，跟直接解释因果关系的复句比较起来，更有论证性，更能显示论理的逻辑力量。比较：

（24）要不是来了共产党，哪有俺这个日月过呢？（陈登科《风雷》第一册上册）

（25）因为来了共产党，俺才有这个日月过。

（26）俺之所以有这个日月过，就因为来了共产党。

后两句是直接说明事情之间的因果联系；前一句，则既在内容上包含后两句的意思，又在说法上具备后两句所没有的反证论说性。

必须指出：反证释因，一般是反证归真。不过，所说的原因不一定都是事实的真实。有的，可能只是认识上的真实，反映说话人的观点、看法的真实。看这个例子：

（27）要不是祖宗积德，你和贞兰的狗头早下地了。（谢璞《寻找》）

“祖宗积德”的事是不存在的，这只反映了一种迷信的观点。然而，说话人是把它当作真实的事情来说的。由于借助了“要不是 p 就

q”这种句式的论证性的力量，听起来使人感到“振振有词”。

还必须指出：假设复句也可以用来反证归廖，同样具有论证性，但不采取“要不是……就……”的形式，表达作用的偏重点也跟反证释因有所不同。例如：

(28) 要是真的祖宗积德，你和贞兰就不会是现在这个样子了。

这一句是归谬。通过反证，说明既然你和贞兰事实上是现在这个样子，“祖宗积德”的说法自然是荒谬可笑的。反证归谬重在“破”，作用在于否定某种荒谬的说法，用于反驳；反证释因重在“立”，作用在于肯定某种认为确是原因的事情，用于证明。

(二)“要不是p就q”句式的另一个明显的作用是：反证强调，突出甲事对乙事的关键性的影响。

这种假设句，反证既是为了指明原因，更是为了强调原因的重要意义。如例(1)，强调“我在场”对于避免她那小拳头捶在小涛身上这件事具有决定性影响；又如例(2)，强调“老娘下了他的蒙心药”对于那北京姑娘能够活命这件事具有决定性影响。再看这个例子：

(29) 要不是文化革命罢课造反，他恐怕很难进入中学的大门。(马佳《林声》)

“他”为什么能进入中学的大门？通过反证，作为原因的“文化革命罢课造反”被强调得特别突出，使人相信，如果不那样就根本不行。

特异的事情，往往需要适当的形式来表达，来强调。在表达事物间的因果联系上，“要不是p就q”句式可以强调突出事情的特异性。看这个例子：

(30) 真难为你，要不是生病，一辈子也别想吃你做的饭。(王金屏《编辑夫人》)

“生病”是坏事，然而却引出了意想不到的好结果。这里用反证的办法，把“生病”作为值得庆幸的事情来强调，很好地表达了说话人的思想活动与心情。如果说成“因为生病，才吃到了你做的饭”，就显得平淡无奇了。

一个结果的产生，往往有不止一个原因。如果需要反证强调两个或几个原因，就可以连着说两个或几个“要不是……”，成为“要不是 p_1 要不是 p_2……就 q”的句式。例如：

(31)（吴蓓感到很委屈：）要不是她前年抱病留在城里，要不是待业，要不是为了减轻家里的负担，要不是妈妈哭得昏天黑地，三姑像赶火车似的催着她，她才不结婚呢！（郑万隆《红灯　黄灯　绿灯》）

这里，并用四个“要不是……”，排比四种原因，反证地强调原因的作用，加上排比造成的气势，使人感到“她”确实无法避免“结婚”的结果。

运用语言，目的是传达信息，交流思想。为了加强信息量，取得最佳效果，人们必须选择最有效的表达方式，换句话说，必须讲究修辞。从这一点上说，“要不是 p 就 q”句式是作为一种修辞手法来运用的。在我们的丰富多彩的语言里，本来可以用甲句式来表达的意思，却偏要用乙句式来表达，这样的情况还很多。深入地研究句式变换的修辞效果和特定句式的修辞作用，应是修辞学研究的重要课题。

注释：

①邢福义：《试论“A，否则 B”句式》，《中国语文》1983 年第 6 期，第 419 页。

②吕叔湘：《中国文法要略》，商务印书馆 1956 年版，第 434 页。

（原载《语言教学与研究》1984 年第 1 期）

“但”类词和“无论 p，都 q”句式

“无论 p，都 q”句式，指通常叫作无条件句的复句句式。作为句式的标志，前分句用“无论、不论、不管”等；后分句常用“都、也、全、总”等，有时也可以不用。

这一句式包含程度不同或情况不同的转折性，并不总是排斥“但”类词。本文试图对这个问题作些探讨。

1

1.0 “无论 p，都 q”句式，可以分为三个小类：其一，多面列举式；其二，多面总括式；其三，单面总括式。

1.1 多面列举式，前分句用列举的形式表示两个或几个方面的情况，可以加上“还是、或者”之类选择性词语。所谓列举的形式，包括：“a＋b＋c”并举式，“a＋不 a”然否式，“a＋z”对立式。各举一例：

（1）不论整顿领导班子（a），整顿作风（b），整顿政治机关（c），没有一股子劲头不行。（邓小平《在全军政治工作会议上的讲话》）

（2）不管你信不信（a不a），他做到了！（叶文玲《小溪九道弯》）

（3）认识的，不管事急（a）事缓（z），都要坐下喝口水才去。（丁震东、屠海滨《青石街头的小屋》）

1.2 多面总括式，前分句用总括的形式表示两个或几个方面的情况。所谓总括的形式，指表示任指的疑问代词“谁、什么、哪里”等

等。例如：

(4) 不管是谁搞错的，我们都得向院里写个检查。（宋家玲《危险的脑疝》）

(5) 大婶，你无论说什么，我都不会生你的气。（顾笑言《洪峰通过峡谷》）

多面列举式所提的是两个或几个确定的条件，而多面总括式所提的则是"一个无限变异的条件"[①]。但从说法的可变性上说，二式是相通的。如例（4），若采取下面的说法，便成为多面列举式：

(6) 不管是老张搞错的(a)，还是小李搞错的(b)，我们都得向院里写个检查。

1.3 单面总括式，前分句用总括的形式表示一个方面的情况本身存在的种种度量差异。前分句里包含"怎么（怎样、如何）＋中心语""多么（多）＋中心语""多少＋中心语"的结构。中心语表示某种情况或划定某种情况的范围，"怎么、多么、多少"之类总括这种情况本身可能有的种种度量。例如：

(7) 不管姐姐怎么数落、怨恨，小伙子只是低着头，不敢还腔。（常庚西《深山新喜》）

(8)（这是她在学校时养成的习惯，）无论晚上睡得多迟，早晨总是六点钟起床。（黄蓓佳《秋色宜人》）

(9) ……这项工作，无论有多少困难，我们都敢于承担。（杨志杰《选拔》）

单面总括式所提的也是一个无限变异的条件，前分句也用疑问代词表示任指，跟多面总括式有相似之处。但是，单面总括式里的疑问代词总是充当修饰成分，而不充当主语、宾语或述语。一般是作状语，只有"多少"用作定语。这是一。第二，单面总括式里可以用"多么"，这个词已经不表示疑问，可以看作程度副词。第三，单面总括式很难像多面总括式那样，把 p 的意思分解开来，改说成多面列举式。

2

2.0 单面总括式包含全面性的转折关系，只要有必要，一般可以加上“但”类词。

2.1 这类“无论 p，都 q”句式，p 的度量不管如何变异，跟 q 之间都存在转折关系。“无论（怎么）p，都 q”之类可以改说成“虽然 p，但是 q”或者“即使 p，也 q”。如（7）可以改说成“虽然姐姐那样数落、怨恨，但小伙子只是低着头，不敢还腔”。（8）可以改说成“即使晚上睡得再迟，早晨也总是六点钟起床”。再看这几个例子：

（10）……不管春哥说的话多么难听，他（培南）还是笑咪咪的。（叶辛《发生在霍家的事》）

（11）他虽然笨，也晓得共产党历来主张集体化。（高晓声《陈奂生包产》）

（12）即使她有多高超的音乐素养，也决不会给观众留下太多美感的东西（李国文《花园街五号》）

例（10）用“不管”引出 p，重在强调无条件。如果重在对事实的容忍，可以说成：“虽然春哥说的话十分难听，他还是笑咪咪的。”如果重在对条件的纵予，可以说成：“即使春哥说的话十分难听，他也是笑咪咪的。”例（11）用“虽然”引出 p，重在对事实的容认。如果需要强调无条件，可以说成：“不管他怎么笨，也晓得共产党历来主张集体化。”例（12）用“即使”引出 p，重在对条件的纵予。如果需要强调无条件，可以说成：“不管她有多高超的音乐素养，也决不会给观众留下太多美感的东西。”

2.2 这类包含全面性转折关系的“无论 p，都 q”句式，跟“即使 p，也 q”句式一样，具有加上“但”类词的逻辑基础。例（7）等于说“不管姐姐怎么数落、怨恨，小伙子（却）只是……”，例（8）等于说“无论晚上睡得多迟，早晨（却）总是……”，例（9）等于说“无论有多少困难，（但）我们都……”，例（10）等于说“不管春哥说的话多么难听，他（却）还是……”。再比较：

（13）不管他此时心情如何沉重、压抑、失望、悲哀，但他不能不去看看那块人工雕成的石柱……（晓剑、严亭亭《世界》）

（14）不管她如何地勤俭、刻苦、自励，日子总是过得十分艰难。（姜滇《清水湾，淡水湾》）

两例相似，前分句都是“不管＋如何＋联合结构”。例（13）用“但”，可以去掉；例（14）没用“但”，可以添上。

2.3 这类无条件句式里加上“但”类词，一般是为了强调 pq 间的逆转，有时还有为 pq 划界的作用。

先看这两个例子：

（15）“阳历年”——那算什么年？不管你给它起多好听的名儿叫什么“元旦”，可中国人从来不把它当“年”看待。（蒋子龙《拜年》）

（16）他们不管怎么争吵，却是十分健康、十分协调地团结在一起商讨。（曲波《山呼海啸》上册）

这两个例子的前后分句比较简短，加上“但”类词，既强调了无条件，又强调了条件与结果之间的转折性。

再看下面两个例子：

（17）无论我怎么发问，怎么催促她指出我可能存在的错误，可是她还是闭口不谈。（李功达《对一个失踪者的调查》）

（18）笑话我吧，珊姐！……不管我在社会上看到过多少阴郁的、可憎的事情，但只要想到你，心地便纯真了。（鲍昌《槐荫庭院》）

例（17）的前分句并列两个“怎么”，互有解证。用“但”类词，既强调了前后分句之间的转折关系，又清楚地标明了并列的两项都属于前面的分句。例（18）的后分句是条件句。用“但”类词，既强调了转折关系，又清楚地把前面的分句和后面的条件句划分成两个部分。

3

3.0 跟单面总括式相对立，多面列举式和多面总括式都是“多面”的，它们的pq之间的“顺”“逆”关系比较复杂，加上“但”类词的可能性需要作具体的分析。

3.1 有时，这两式的pq之间具有局部性的转折关系。所谓局部性，是说：p表示情况甲和情况乙，q跟甲乙不会都有转折关系。如果跟甲有转折关系，跟乙就没有；反之，如果跟乙有转折关系，跟甲就没有。看这两组例子：

［**A组**］

(19) 不管天冷不冷，他总穿着大棉袄。
　　　　　a不a

(＝别说天冷，即使天不冷，他也穿着大棉袄。)

(20) 不管天冷不冷，他从来不穿棉袄。
　　　　　a不a

(＝别说天不冷，即使天冷，他也不穿棉袄。)

(21) 不管天热天冷，他总穿着大棉袄。
　　　　　a　z

(＝别说天冷，即使天热，他也穿着大棉袄。)

(22) 不管天热天冷，他从来不穿棉袄。
　　　　　a　z

(＝别说天热，即使天冷，他也不穿棉袄。)

(23) 不管在冬天，还是在春天和秋天，还是在夏天，他总穿着大棉袄。
　　　　　a　　　　　　b　　　　　　　c

(＝别说在冬天，也别说在春天和秋天，即使在夏天，他也穿着大棉袄。)

(24) 不管在冬天，还是在春天和秋天，还是在夏天，他从来不穿棉袄。
　　　　　a　　　　　　b　　　　　　　c

(＝别说在夏天，也别说在春天和秋天，即使在冬天，他也不穿棉袄。）

［B组］

（25）不管在哪个季节，他总穿着大棉袄。

（=不管在冬天，还是在春天和秋天，还是在夏天，他总穿着大棉袄。

=别说在冬天，也别说在春天和秋天，即使在夏天，他也穿着大棉袄。）

（26）不管在哪个季节，他从来不穿棉袄。

（=不管在冬天，还是在春天和秋天，还是在夏天，他从来不穿棉袄。

=别说在夏天，也别说在春天和秋天，即使在冬天，他也不穿棉袄。）

A组六例都是多面列举式，它们都只有局部性的转折关系，都可以说成"别说……即使……也……"[②]，其中"即使……"部分同q有转折关系。B组两例都是多面总括式，它们可以变换为多面列举式，p与q之间也只有局部性的转折关系。

因为只有局部性转折，pq之间一般不能直接加上"但"类词。但也有特殊的情况。在面对面地斥责对方的时候，如果需要特别强调q对p的各个方面都一概否定或一概肯定，借以突出表明全盘否定或全盘肯定的态度，可以特意加"但"。这时说话人动了感情，口气很冲。例如：

（27）不管你是不是指我，但不许你这样说！（绍六《镶金边的云彩》）

（28）廉兴！甭管团支部是不是个有用的衙门，但它毕竟是个衙门！你怎么敢把它当成你家仓库！（毛志成《大门道的主人》）

3.2 有时，这两式的pq之间可能完全没有转折关系，也可能具有全面性的转折关系，p所说的种种情况是"一边倒"的。比较：

（29）（小张和小李都很不错。）无论选小张（a）还是选小李（b），他都同意。

(30)(小张和小李都很不错。可是,)无论选小张还是选小李,他都不同意。
(a: 选小张; b: 选小李)

(31)(这几位同志都不错。)无论选哪一位,他都同意。

(32)(这几位同志都不错。可是,)无论选哪一位,他都不同意。

前两例是多面列举式,后两例是多面总括式。(29)(31)完全没有转折关系,p的“一边倒”跟q顺承;(30)(32)有转折关系,p的“一边倒”跟q逆承。

如果说,单面总括式里的全面转折关系是隐含的,那么,多面列举式和多面总括式里的全面转折关系则更加隐蔽。要判定这两式里的p的“一边倒”跟q之间是顺承还是逆承,往往得靠上下文或说话环境去揣摩。间或可以从句子本身看出来,但那是因为人们对句子本身所说的情况已有既定的看法。例如:

(33)无论留校当助教还是分到报社当编辑,他都没意见。
(a: 留校当助教; b: 分到报社当编辑)

(34)无论留校当助教还是分到报社当编辑,他都有意见。
(a: 留校当助教; b: 分到报社当编辑)

(33)pq之间关系顺承,(34)pq之间关系逆承。能知道这一点,是因为人们一般认为,留校当助教和分到报社当编辑都是比较好的结果。

然而,无论如何,多面列举式和多面总括式毕竟有时有全面转折关系,跟单面总括式意思相通,也可以说成“即使p,也q”。如(34)含有“无论给他分配多么好的工作,他都有意见”的意思,可以说成“即使留校当助教或分到报社当编辑,他也有意见”。在这样的情况下,为了达到强调的目的,同样可以加上“但”类词:“无论留校当助教还是分到报社当编辑,他却都有意见。(真不像话!)”

有时候,前面的分句连说两个“无论……”,一个是多面总括,一个是单面总括,它们互有解证。在这样的情况下,p与q之间用“但”类词,就像在单纯的单面总括式里用“但”类词一样,自然是可以的。例如:

(35) 贾大哥呀，无论你说了我什么，无论因为你的话，我遭了多少难堪的境遇，但我一点不怨恨你。(杨沫《风雨十年家国事》)

"说了我什么"等于"说了我什么不好的话"，向跟 q 逆承的方面"一边倒"。在"说了什么"和"我遭了多少难堪的境遇"并用之后加个"但"字，既强调了前后分句的逆转，又划出了前后分句的界限。

4

4.0 还有几点意思需要略加申说。

4.1 无条件句，更准确地说，应该叫作无条件让步句。前分句提出各种可供选择的条件，又用"无论"之类表示无例外地对它们全部排除，这表明说话人只是姑且承认有这么些条件，只是故意对这么些条件有所让步。有让步就有转折。p 与 q 之间，如上所说，有的有全面性转折，有的有局部性转折。有时 p 与 q 之间虽然完全没有转折关系，但从整个复句所包含的意思看，仍然存在着一定的转折性。如例 (29)"无论选小张还是选小李，他都同意"，这里的转折性表现在"选小张他同意，但选小李他也同意"。这就是说，尽管"情况甲＋情况乙"跟 q 之间没有转折关系，但"情况甲＋q"同"情况乙＋q"之间却存在对立，不能相容。这样的转折性，是由存在于两件事情之间的差异性造成的。总而言之，如果既从 pq 之间的关系来观察，又从整个复句所包含的意思来观察，可以看到，凡是"无条件句"都具有程度不同或情况不同的转折性。

4.2 "不管……但/却……"的说法有时可能成为病句。然而，这不是由于在"无论 p，都 q"句式里加上了"但"类词的结果，而是由于前分句在构造上不合乎要求。有的同志认为"不管"之类不能跟"但"连用[③]，这是一种错觉。吕叔湘、朱德熙《语法修辞讲话》在谈"不管"和"尽管"时曾经举出这么两个例子：

*(36) 不管艾奇逊喜欢重弹戈培尔博士的老调，在华盛顿的参议院绅士们却在招供。

*(37) 五四时代的白话文是一个革命的运动，不管其中有部分的人是软弱妥协，但它却是要革文言文的命。

吕、朱二位先生指出："(一四) [按即例 (36)] 如果是'怎样喜欢'，(一五) [按即例 (37)] 如果是'有多少人'，前面就可以用'不管'，否则只能用'尽管'。"[④] 二位先生并没有说前面用了"不管"，后面就一定不能再用"但/却"。因为，改为"怎样喜欢……""有多少人……"之后，就成为单面总括式，后分句里的"但/却"之类是可以不动的。

4.3 有的无条件让步句，前分句只是说"无论如何""不管怎样""不管怎么说"，不用主语，意思空泛。尽管有所让步，但 p 与 q 之间绝对不能加上"但"类词。例如：

(38) (如果再受刑，那就还要咬牙忍住。……) 无论如何，我们不能向敌人屈服……(杨沫《坚强的战士》)

(39) (人做事要凭良心……你忍心让大家饿得红天黑日头?) 不管怎样，你起码要放两个月限期……(熊尚志《斑竹园》)

(40) 不管怎么说，打，总是要打的吧? (徐孝鱼《山风》)

"无论如何"是习用语[⑤]。"不管怎样"是口语里的类似说法[⑥]。"不管怎么说"等于"无论如何""不管怎样"，也是习用语；虽然采取"怎么+中心语"的形式，但其中的"说"并非实指动作行为，仅仅以"不管怎么说"作为前分句的无条件让步句，跟一般的单面总括式有明显的区别。

如果"不管怎么说"的前面出现施事主语，"说"实指动作行为，那当然属于一般的单面总括式：

(41) 不管人们怎么说，她都没有明显的反应。(徐孝鱼《山风》)

上例是一般的单面总括式，"说"指"议论"，主语是"人们"。可以加上"但"类词："不管人们怎么说，她却都没有明显的反应。"

4.4 本文讨论的是复句。"无论……都……"有时是单句，不存在加不加"但"类词的问题。

注释：

①吕叔湘：《中国文法要略》，商务印书馆 1956 年版，第 450 页。

②吕叔湘：《中国文法要略》，商务印书馆 1956 年版，第 448 页。

③中国语文杂志社编：《语文短评选辑》，中华书局 1959 年版，第 105 页。

④吕叔湘、朱德熙：《语法修辞讲话》，开明书店 1952 年版，第 162 页。

⑤吕叔湘主编：《现代汉语八百词》，商务印书馆 1980 年版，第 490 页。

⑥北京大学中文系 1955、1957 级语言班编：《现代汉语虚词例释》，商务印书馆 1982 年版，第 435 页。

（原载《中国语文》1984 年第 4 期）

关于“既然p，就q”句式

1. “既然……就……”表示推断性因果关系，是推断句的代表句式。例如：

(1) 二奎既然能把房门的钥匙给她，就很可能把我的打算告诉她。(毛志成《小镇风情》)

“既然”有时说成“既”：

(2) 既拿来，我就不再拿回去。(常庚西《深山新喜》)

后分句里，“就”常跟“那么”之类配合使用：

(3) 她既然爱好音乐，那末就从音乐方面去打动她的心。(张英《她，怎么办?》)

后分句如果是反问句，常常不用“就”：

(4) 你既然不愿意工作，国家为什么还要照发工资呢？(邓小平《当前钢铁工业必须解决的几个问题》)

后分句不是反问句时，只要因果推断的关系明显，也可以不用“就”：

(5) 既然有了血痕了，当然不觉要扩大。(鲁迅《纪念刘和珍君》)

2. 在一般情况下，“既然”不会跟“所以”之类连词呼应使用。但是，为了强调pq之间的因果联系，也可以说成“既然(既)……所以(因此)……”。例如：

(6) 冀平同志这部著作既然用的是这个系统，所以我想请读者同志费一点时间，容我把它的产生过程和主要特点大略说一说。(张志公《吕冀平〈汉语语法基础〉序》)

(7) 这个最低纲领，既已全部为人民政治协商会议所接受，因此，中国共产党拥护人民政治协商会议并为实现它的共同纲领而奋斗，乃是当然的事情。(刘少奇《加强全国人民的革命大团结》)

3. 考察"既然p，就q"句式中pq之间的联系，可以知道存在"据因断果"和"据果断因"两种情况。

3.1 "既然p，就q"句式有时是"据因断果"，即以因为据，推断结果。又有以下两种状态。

第一，所据的原因是已然事实，所作的结论是对客观情况的推断，后分句一般包含有表示可能性、必要性的词语，如"可以、可能、必须、要、得"等等。例如：

(8) 我们既然解决了提高和普及的关系问题，则专门家和普及工作者的关系问题也就可以随着解决了。(毛泽东《在延安文艺座谈会上的讲话》)

(9) 查档案既无结果，还得作调查。(韦君宜《平常疑案》)

第二，所据的原因是已然事实，所作的结论是对主观方面的反映的概括。后分句q包含有只好接受某种事实的意思，有时用"只好、只有"之类语气副词。例如：

(10) 既然领导定了我带工，我（只好）服从分配。(常庚西《深山新喜》)

(11) 既然上帝不赏脸，只有不在乎这个了。("上帝"不存在，用"上帝不赏脸"指已经出现的不如意的事实，这是修辞手法。)(时永刚《另有蹊径》)

跟"因为……所以……"相比较，"既然……就……"重在推断，主观性要强一些。比较：

(12) 因为他反对，所以会议开不成。

(13) 既然他反对，会议就开不成。

前一例是客观地述说事实，后一例是主观地推断事物的发展。再比较：

(14) 因为他反对，所以我只好留下来。

(15) 既然他反对，我就只好留下来。

前一例，偏重于就客观的事实说明因果；后一例，偏重于就主观的推断来论说因果。

3.2 “既然 p，就 q”句式有时是“据果断因”，即以果为据，推断原因。例如：

(16) (但是他又想，)既然党组织叫他联系，一定没问题。(罗广斌等《挺进报》)

“没问题”是因，“党组织叫他联系”是果。[即：因为(他)没问题，所以党组织才叫他联系。]例(16)显然是根据结果推断原因。

这类“既然 p，就 q”句式，所据的结果已成为事实，但推断的原因却不一定是事实，如例(16)，“党组织叫他联系”是已然事实，然而是否“没有问题”却不一定：不能绝对排斥他因欺骗了组织而暂时取得组织信任的可能性。再看这个例子：

(17) 有的反对给刘少奇同志平反，认为这样做违反了毛泽东思想；有的则认为，既然给刘少奇同志平反，就说明毛泽东思想错了。这两种看法都是不对的。(邓小平《对起草〈关于建国以来党的若干历史问题的决议〉的意见》)

“给刘少奇同志平反”是已成为事实的结果，但有的人由此推断出的原因“毛泽东思想错了”却不是事实。在例(17)里，邓小平同志已经明确指出“是不对的”。

这类“既然 p，就 q”句式，后分句里常用“一定、准是”之类词语。但是，这类词语只表明说话人的肯定口气，从跟事实的联系看，同“说不定”没有什么分别。比较：

(18) 既然他不来开会，一定是闹情绪。

(19) 既然他不来开会，说不定是闹情绪。

用“一定”口气坚决肯定，用“说不定”口气灵活，但不管是用“一定”还是用“说不定”，“闹情绪”固然可能是事实，但也可能不是事实。

4. 有一种“据因反断”句式，是在“既然 p，就 q”句式的基础上变化而成的。这类句式，前分句用“既然”，后分句不用“就”，而用“可、却”之类转折词，“可、却”之类后边还常常用语气副词“偏偏”，即：“既然 p，可（偏偏）q。”“既然 p，却（偏偏）q。”例如：

（20）既然愿意寻你的姑娘那么多，可你为什么偏偏跟我过不去？（申跃中《清水江畔一盏灯》）

（21）怪事也就在这儿，既然人们不信任接待员燕育民，却又偏偏跑来找他。（张凤洪《房管局长焦老头》）

这两例都是先以某种因为根据，然后从反面作出推断。例（20）是“既然 p，可偏偏 q”，例（21）是“既然 p，却偏偏 q”。

从隐含的关系看，这类“据因反断”句式是由“既然……就……可是……”的复杂句式凝缩变化而成的。例（20）等于说：“既然愿意找你的姑娘那么多，你就可以去找别人，可是你为什么偏偏跟我过不去?”例（21）等于说：“既然人们不信任接待员燕育民，人们就不会跑来找他，可是，（怪事也就在这儿，）人们却又偏偏跑来找他!”从表达效果看，运用这种“据因反断”句式是为了集中地突出地强调事情的怪诞反常。

（原载《语文教学与研究》1985 年第 1 期，署名：华萍）

复句问题论说

本文按顺序讨论下列问题：单句和复句的对立；关系词语；复句的分类系统。最后，在“余论”中讨论一下复句和逻辑的关系问题。

1 单句和复句的对立

1.1 单复句对立的决定因素是分句。

复句是包含两个或几个分句的句子。复句可以分解为两个或几个分句，单句不能。这就是说，复句的直接组成部分是分句，而单句的直接组成部分只能是句子成分。

（1）姐姐和姐夫可能不会来。

（2）因为小刚生病，姐姐和姐夫可能不会来。

例（1）是单句，第一次分解得到的是主语“姐姐和姐夫”与谓语“可能不会来”；例（2）是复句，第一次分解得到的是分句“小刚生病”与分句“姐姐和姐夫可能不会来”。显然，这种对立是形式上的，结构上的。例（1）由于不在形式上说出原因，不具备一个表示原因的结构，所以，尽管句中隐含着某种原因，但它只是单句；例（2）相反，所以成为复句。

（3）姐姐可能不会来，姐夫也可能不会来。

例（3）和例（1）内容完全相同。但是，例（3）是复句，因为它在形式上出现了两个分句，第一次分解可以得到两个分句。

1.2 决定单复句对立的分句具有相对独立性。

所谓“独立”，是指：（一）表述的自足性。即在意义上能够体现一个特定意图，能够起“句”的作用。(二）相互间的不容纳性。即在结构上A分句不作B分句的一个成分，不为B分句所容纳；反过来说，B分句也不作A分句的一个成分，也不为A分句所容纳。作图表示：

是 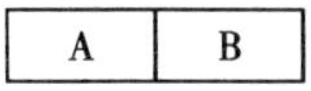

，

不是 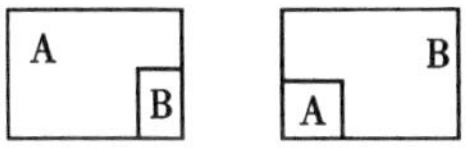

。

如：

A	B
姐姐和姐夫要照顾小刚，	**他们今天可能不会来。**

所谓“相对”，是指：(一）意义上紧密相联系，前后分句复合起来共同表达一个整体意思；(二）结构上互相依赖，前后分句的某个成分可以因有所依赖而从略；(三）关系上有特定的标示形式，即特定的关系往往通过特定的关系词语标示出来。

以上面所举的例子来说，A（姐姐和姐夫要照顾小刚）为因，B（他们今天可能不会来）为果，AB共同表述具有因果关系的一件事。AB之间可加上因果关系的标示形式“因为……所以……”。因A里有“姐姐和姐夫”，B里的“他们”可省略（“姐姐和姐夫要照顾小刚，今天可能不会来。”)；若B里的“他们”改为“姐姐和姐夫”，A里的“姐姐和姐夫”可省略（“因要照顾小刚，姐姐和姐夫今天可能不会来。”)。

1.3 判定分句，可以用各种不同的方法。

第一是分别直断法。即分别直接断定A和B都是分句，从而断定A和B的结合体是复句。在AB都明显是分句的情况下，采用这一方法自然是最简便的。

第二是减除法。即首先断定明显是分句的A（或B）为分句，然后将它减除，剩余下来的B（或A）如果不为A（或B）所容纳，本身又具有表述的自足性，那么，就可以断定B（或A）也是分句。例如：

（4）牛八一听，多熟悉的声音呀！（《湘江文艺》1973年第3期）

“牛八一听”肯定是分句。减去这一分句，剩下“多熟悉的声音呀！”“多熟悉的声音呀！”不是前分句里的一个成分，本身具有表述性，所以也是一个分句。这个复句是由“主谓句＋定名句”构成的复句。又如：

（5）朝霞满山，泉流潺潺，好一个山区之晨！（柳剑祥等《星儿闪闪》）

“朝霞满山”“泉流潺潺”肯定都是分句。减去这两个分句，剩下的“好一个山区之晨”同样应断定为分句。这个复句是由“主谓句＋主谓句＋定名句”构成的复句。再如：

（6）高高的梯田，山上有了绿意。（梁信《从奴隶到将军》）

“山上有了绿意”肯定是分句。减去这一分句，剩下“高高的梯田”同样应断定为分句。这个复句是由“定名句＋主谓句”构成的复句。

第三，添加法。即添加一个明显是分句的语言片段，借以显示跟它等价的另一个语言片断也是分句。例如：

（7）这么远的路，你最好坐车去！

→这么远的路，又下着雨，你最好坐车去！

“你最好坐车去”肯定是分句。剩下的“这么远的路”是不是分句呢？可以通过添加“又下着雨”来检验。“下着雨”肯定是分句，“又”表明“这么远的路”和“下着雨”是并列的，都是“你最好坐车去”的原因，因此，“这么远的路”不可能不是分句。又如：

（8）那么远的距离，一千多人三个小时就赶到了古镇。

→那么远的距离，又顶着风，一千多人三个小时就赶到了古镇。（克扬、戈基《连心锁》）

“一千多人三个小时就赶到了古镇”肯定是分句。“又顶着风”可以帮助我们证明“那么远的距离”也是分句。因为“又”表明“那么远的距离”和“顶着风”并列，都是跟“一千多人三个小时就赶到了古镇”之间具有转折关系的事实，“顶着风”肯定是分句，因此“那么远的距离”不可能不是分句。

第四，替代法。即用明显是分句的语言片段替代另一个尚待证明是不是分句的语言片段，若结构关系不发生任何变化，那么就可以断定尚待证明的语言片段也是分句。例如：

(9) 一阵大风，一个闪电，一声响雷，大雨就落下来了。

→一阵大风吹过，天空中闪过一个树枝形的电光，又响起一声炸雷，大雨就落下来了。

这里的替代，帮助我们证明“一阵大风”“一个闪电”“一声响雷”都是分句。

在作品中，我们看到过这样的例子：

(10) 一阵大风吹过，天空中闪过一个树枝形的电光，一声响雷，大雨就落下来了。(六四一厂工人写作组《油田尖兵》)

是不是分句，只有“一声响雷”尚待证明。但“一声响雷”可以用“又响起一声炸雷”去替代，它作为写“雷”的片段，是跟前面写“风”、写“电”的片段地位相等的，因此，可以断定它也是分句。

有的作者，在作品中变换使用分句句式，这可以为我们运用替代法提供证据。比较：

(11) 两声响鞭，只见两辆大车一溜烟似的向山路飞奔而去。(中国人民解放军工程兵政治部宣传部《红石山中》)

(12) 两声清脆的响鞭，在群山中回荡，大车跑的更快了。(中国人民解放军工程兵政治部宣传部《红石山中》)

(13) 这么黑的天，又这么大的雨，到哪儿抓去呀？(克扬、戈基《连心锁》)

(14) 天这么黑，雨这么大，行动不便呐！(克扬、戈基《连心锁》)

例(11)的“两声响鞭”可以用例(12)的“两声清脆的响鞭，在群山中回荡”去替代[反过来，例(12)的“两声清脆的响鞭，在群山中回荡”也可以用例(11)的“两声响鞭”去替代]；例(13)的“这么黑的天，又这么大的雨”可以用例(14)的“天这么黑，雨这么大”去替代［反过来例（14）的“天这么黑，雨这么大”也可以用例（13）的“这么黑的天，又这么大的雨”去替代］。这种同见于一篇作品而又可以互相替代的例子，对于我们判定“两声响鞭”“这么黑的天”“又这么大的雨”之类的语言片段有时具有分句的身份，显然是有帮助的①。

1.4 单句和复句的对立是相对的。

分句的存在，决定了复句同单句的对立；然而，分句的相对独立性，又决定了复句同单句的对立只能是相对的，而不可能是绝对的。分句的独立性越强，单句和复句的对立就越明显；分句的相对性越强，单句和复句的对立就越模糊。

从语言事实看，在交界线上，单句和复句的对立是模糊不清的。许多现象，既可以看成单句，也可以看成复句。比如：

（15）我们买了纸，买了笔。

这是单句还是复句？

我们可以认为这是个单句，并且可以找到有关的事实来支持我们的结论。比如：

（16）我们已经买了纸，买了笔。

（17）我们上街买了纸，买了笔。

例（16）添加“已经”。“买了纸，买了笔”指已经完成的事，因此例（16）和例（15）意思基本相同。例（17）添加“上街”。“买了纸，买了笔”本来跟“上街”“进城”“到商店”等意思发生联系，因此例（17）跟例（15）相比，只不过把意思说得具体一点而已。例（16）（17）“我们已经……”“我们上街……”既包含“买了纸”，也包含“买了笔”，换言之，“买了纸，买了笔”都为“我们已经……”“我们上街……”所容纳。既然如此，例（16）（17）应该都是单句。既然例（16）（17）是单句，例（15）也应该是单句。何况，仅就例（15）说，还可以认为“我们……”既包含“买了纸”，也包含“买了笔”，即“买了纸，买了笔”都为“我们……”所容纳，因此把例（15）看成单句是没有什么不可以的。

然而，另一方面，我们又可以认为例（15）是个复句，并且可以找到有关的事实来支持我们的结论。比如：

（18）我们买了几张纸，买了几支笔，看了一场新上演的国产电影，到大中华去美美地吃了一顿。

（19）我们先买了几张纸，接着买了几支笔，然后看了一场新上演的国产电影，这才到大中华去美美地吃了一顿。

（20）先买了几张纸，接着买了几支笔，然后看了一场新上演的国产电影，我们这才到大中华去美美地吃了一顿。

例（18），原语言片段本身有扩展，原语言片段后边又增加新的语言片段。如果认为是单句，那么这个单句的谓语就太复杂了，分析起来太不方便了。何况这里所说的"扩展"和"增加"可以是无限的。无限地扩展、增加下去，如果都算是一个单句，那么恐怕是大多数人都难以接受的。例（19），不仅有"扩展"和"增加"，而且用上了"先……接着……然后……这才……"的关联格式，如果还看成单句，人们更难接受。例（20），不仅有"扩展"和"增加"，不仅用上了关联格式，而且主语"我们"在最后一个语言片段的前头才出现，如果还看成一个单句，那就未免太强词夺理了。我们可以认为例（20）有四个分句，前三个分句的主语蒙后省略。然而，例（20）能看成复句，例（18）（19）为什么不能？例（18）（19）（20）能看成复句，例（15）为什么不能？例（15）能看成复句，例（16）（17）为什么不能？既然能用省略说解释例（20），又何尝不可以用省略说（"承前省"）解释其他各例呢？

会引起争论的情况还很多[②]。总之一句话，如果着眼于"边界纠纷"，单复句简直是无法分清的。怎么办？这里存在一个研究问题的思想方法问题，也存在一个处理问题的权宜性办法问题。

首先是研究问题的思想方法。

一方面，单句和复句之间并不存在绝对的明确的界限，这是客观事实。如果用绝对化的思想方法去研究问题，企图把单句和复句明确地区别开来，那是自己给自己设置圈套，自己让自己钻进死胡同。另一方面，单句和复句之间存在着对立，从两个极端看，单句和复句彼此不会相混，这也是客观事实。既然如此，单复句界限不清的问题，就不会影响我们分别以单句和复句作为对象来开展我们的研究工作。我们可以采取“吃透两头，留下中间”的方法，先把两头典型的现象研究清楚，暂时留下属于“中间”地带的各种各样的问题。如果一开始就一头钻进“中间”，只会弄得晕头转向，看不到出路；如果从研究典型的现象入手，可能有助于认识“中间”现象，可能有助于缩小“中间”现象的范围，因而可能有助于对单复句的区别和联系的问题作出合理的解释。

其次是处理问题的权宜性办法问题。

研究工作和教学工作有不同的特点和要求。在教学中，遇到纠缠不清的问题，可以采取权宜性的处理办法。这就是：权衡得失，定个标准，做硬性规定。比如，根据用逗号表示停顿、有的语言片段可以用省略主语的说法来解释的标准，有时参照某个附加的标准，一律把例（15）至例（20）都算作复句。不过，必须遵守逻辑的同一律，即同一个标准必须贯彻到底，在任何场合、任何时候都不能变动，否则就会引起混乱。当然，这种权宜性的办法毕竟只是“人为的规定”，有时简直是“蛮不讲理”的。比较：

他要吃要喝。

他要吃、要喝。

他要吃，要喝。

按照上述的规定，一、二两句是单句，第三句是复句。这完全是为了教学的方便。

2 关系词语

2.1 对关系词语的特点的认识。

关系词语是标明复句关系的词语。特定的关系词语标明特定的复句关系，往往形成特定的复句句式。

在词类系统中，关系词语不是固定的类。可以是连词，也可以是副词，还可以是连词、副词以外的别类的词。比如：

因为A，所以B。

无论A，都B。

不是A，而是B。

“因为”“所以”“无论”“而”是连词，“都”是副词，“是”是判断动词（“不是”是“副词+判断动词”，“而是”是“连词+判断动词”）。

在语法单位中，关系词语不是固定的级。可以是词，也可以是语（短语），还可以是跨语法单位的非完整形式。比如：

要么A，否则的话B。

如果说A，那么B。

不但不A，反而B。

“要么”“那么”“反而”是词。“否则的话”“如果说”比词大，是语。“不但不”也比词大，但只是跨单位的非完整形式，因为“不但不A”按层次关系是“不但/不A”，而不是“不但不/A”。如“不但不哭，反而笑了起来”是“不但/不哭”，而不是“不但不/哭”。

就职能说，关系词语不具有划一性。可以是纯粹标明复句关系的语法成分，也可以既标明复句关系，又充当句子里的某个成分。比如：

无论干什么，我都以你为榜样。

“无论……都……”标明无条件让步的关系。但“无论”是连词，专门起表明关系的语法作用；“都”是副词，兼作句子的状语。又如：

你是找熟人呢，还是有公事？

你是干部呢，还是群众？

“是……还是……”标明选择关系。但在前一句里，“是……还是……”专门起标明关系的语法作用；在后一句里，“是……还是……”兼作句子成分：“是”兼作述语，带判断宾语“干部”“群众”，“还”兼作状语。

总之，关系词语是根据标明复句关系、形成复句句式的共同点组合拢来的一些词语，它们词性上可此可彼，单位上可大可小，职能上可专可兼。讲复句不能不讲关系词语。汉语的复句之所以能够作为语法问题来研究，在很大程度上取决于运用了丰富多彩的关系词语，形成了丰富多彩的复句句式。

2.2 对关系词语的作用的认识。

任何关系词语都有标明复句关系的作用。但是，标明某种复句关系，或者如一般语法书所说表示某种复句关系，这是就运用关系词语的结果说的。要是换一个角度，就从逻辑基础到关系标明的过程说，关系词语的作用又有显示、转化和强调的区别。关系词语的标明作用，这是静态的概括；关系词语的显示、转化和强调的作用，这是动态的概括。二者的关系，可用下表表示：

过程		结果
显示	→	标明
转化	→	
强调	→	

“显示”“转化”“强调”的区别，以及它们同“标明”的关系，又可以用下表表示：

	隐含（逻辑基础）	标明	再标明
显示	（A）	→A	
转化	（A）	→B	
	（A）	→A	→B
	（A）	→B	→A
	（A）	→B	→C
强调	（A）	$\rightarrow A^-$	$\rightarrow A^+$

所谓显示，是用某种形式显示某种关系。即：本含 A，用表 A 词语显示为 A。如：

（1）他很用功＋他成绩很好

→他很用功，因此成绩很好。

（2）他很用功＋他成绩很不好

→他很用功，但是成绩很不好。

例（1），本来隐含因果关系，用表示因果关系的“因此”显示为因果关系。例（2），本来隐含转折关系，用表示转折关系的“但是”显示为转折关系。又如：

（3）他是我们的老师＋他是我们的知心朋友

→他既是我们的老师，又是我们的知心朋友。

（4）他们的成就使中国人民感到骄傲＋他们的成就使全世界人民都感到骄傲

→他们的成就不仅使中国人民感到骄傲，而且使全世界人民都感到骄傲。

例（3），本来隐含并列关系，用表示并列关系的“既……又……”显示为并列关系。例（4），本来隐含递进关系，用表示递进关系的“不仅……而且……”显示为递进关系。

所谓转化，是用特定形式转化某种关系。即：隐含的基本关系为A，用表B词语使之转化为B；或者，隐含的基本关系为A，先用表A词语显示为A，再用表B词语转化为B；或者，隐含的基本关系为A，先用表B词语转化为B，再用表A词语复转为A；或者，隐含的基本关系为A，先用表B词语转化为B，再用表C词语转化为C。例如：

（5）解决那个问题可以用演绎法＋解决这个问题可以用归纳法

→如果说解决那个问题可以用演绎法，那么，解决这个问题就可以用归纳法。

（6）他会说汉语＋他会写汉字

→他不但会说汉语，而且会写汉字。

（7）许多事情都搞清楚了＋许多人都觉得在精神上高大起来

→现在，不但许多事情都搞清楚了，而且许多人都觉得在精神上高大起来。（姜滇《清水湾，淡水湾》）

这是第一种情况：（A）→B。例（5），隐含的基本关系是并列，用表示假设关系的“如果说……那么（就），……”转化为假设关系。例（6），隐含的基本关系是并列，用表示递进关系的“不但……而且……”转化为递进关系。例（7），隐含的基本关系是因果，用表示递进关系的“不但……而且……”转化为递进关系。

（8）张老师是受人敬重的好人＋李老师是受人敬重的好人

→张老师是受人敬重的好人，李老师也是受人敬重的好人。

→如果说张老师是受人敬重的好人，那么，李老师也是受人敬重的好人。

（9）别人把这看成是一件惨事＋别人可怜我同情我

→别人把这看成是一件惨事，因此，可怜我，同情我。

→别人把这看成是一件惨事，并因此而可怜我，甚至同情我；（我不需要！）（陈浩泉《香港狂人》）

这是第二种情况：（A）→A→B。例（8）隐含的基本关系是并列，先用表示并列关系的“也”显示为并列关系，再用表示假设关系的“如果说……那么……”转化为假设关系。例（9），隐含的基本关系是因果，先用表示因果关系的“因此”显示为因果关系，再用表示递进关系的“……并……甚至……”转化为递进关系。

（10）我想见到她＋我怕见到她

→我既想见到她，又怕见到她。

→我既想见到她，却又怕见到她。

（11）蒋介石承认我们＋蒋介石说要取消红军取消苏区

→蒋介石一方面承认我们，另一方面还是说要取消红军，取消苏区。

→蒋介石一方面承认我们，可是另一方面，还是说要取消红军，取消苏区。（周恩来《论统一战线》）

这是第三种情况：（A）→B→A。例（10），隐含的基本关系是转折，用表示并列关系的“既……又……”转化为并列关系，再用表示转折关系的“却”复转为转折关系。例（11），隐含的基本关系也是转折，用表示并列关系的“一方面……另一方面……”转化为并列关系，再用表示转折系的“可是”复转为转折关系。

（12）这些材料能说明问题＋那些材料能说明问题

→这些材料能说明问题，那些材料更能说明问题。

→如果说这些材料能说明问题，那么，那些材料更能说明问题。

→如果说这些材料能说明问题，那么，那些材料却更能说明问题。

这是第四种情况：(A)→B→C……。例(12)，隐含的基本关系是并列，先用表示递进关系的“更”转化为递进关系，再用表示假设关系的“如果说……那么……”转化为假设关系，又用表示转折关系的“却”转化为转折关系。

所谓强调，是用特定形式强化某种关系。即：本含A，已用弱式的特定形式显示为A－，再用强式的特定形式强调为A＋。比如：

(13) 承袭这笔财产合法＋承袭这笔财产不光彩

→承袭这笔财产即使是合法的，也不光彩。

→如果她承袭这笔财产，即使是合法的，但也不光彩。(姜滇《清水湾，淡水湾》)

本来隐含转折关系，已用表示虚拟性让步的“即使……也……”对这种关系有所显示(有让步、有转折)，又用典型的转折词对这种关系加以强调。又如：

(14) 拨动好似琴弦的少女心事＋少女的心事会娓娓倾诉

→少女的心事是琴上的弦，一拨动，便会娓娓倾诉。

→少女的心事，是琴上的弦，只要一拨动，便会娓娓倾诉。(叶文玲《小溪九道弯》)

本来隐含条件关系，已用可以表示条件关系的“一……便……”有所显示(“一……便……”有时表示连贯关系)，又用典型的条件词“只要”对这种关系加以强调。再如：

(15) 这个损失发生＋电站的整个工程将推迟三到四年

→这个损失万一发生，电站的整个工程就将推迟三到四年。

→这个损失如果万一发生，电站的整个工程就将推迟三到

四年。(顾笑言《洪峰通过峡谷》)

本来隐含假设关系，已用可以表示假设关系的“万一……就……”有所显示(作为连词，“万一”表示可能性极小的假设，用于不如意的事[③])，又用典型的假设词“如果”对这种关系加以强调。

不仅从静态上从关系词语运用的结果上认识关系词语的作用，而且从动态上从逻辑基础和表面形式的关系上认识关系词语的作用，对于加深对汉语复句的认识会有很大的好处。

3 复句的分类系统

3.1 目前通行的复句分类系统有弊病。

目前通行的复句分类系统，是复句下面分联合复句和偏正复句两大类，两大类下面再分若干小类。如：

- 复句
  - 联合复句
    - 并列复句
    - 连贯复句
    - 递进复句
    - 选择复句
  - 偏正复句
    - 转折复句
    - 假设复句
    - 条件复句
    - 因果复句
    - 目的复句

“联合”“偏正”是一级复句类，“并列”“连贯”等是二级复句类。在大多数的语法教材里，二级复句类的数目有所不同，名称有所不同，但从分类系统看，路子是相同的。

先讨论一级复句类。

首先，一级复句类能否统率二级复句类?

以联合复句来说，它的下位概念是并列、连贯、递进等。所谓“联合”，是分句平等联合，不分主次。如果两个分句中有一个是正意所在，另一个只起陪从的作用，就不是联合，而是偏正。那么，并列、连贯、递进等复句的分句是不是任何时候都平等联合、不分主次呢？看例子：

(1) 我不但不嫉妒，反而更高兴。(张扬《第二次握手》)

(2) 他不仅不后悔起用郎平，而且下大力锤炼她。(鲁光《敬你一杯酒》)

这是递进复句。作为联合复句，前后分句应该是平等联合不分主次的，然而，事实是这两例的正意都在后分句，前分句不过起陪从的、衬托的作用。

(3) 山虎如梦初醒，这才明白父女俩的心意。(罗旋《红线记》)

这是连贯复句。“这才”等于“这时才”。前后分句也不是平等联合不分主次，而是以后一分句为主，前一分句只起陪从的、衬托的作用。

(4) 生铁百炼成好钢，军队百战无敌挡。

这是并列复句。并列复句该是典型的联合复句吧？然而，这个例子的正意显然在后一分句。后一分句是“本体”，前一分句只是“喻体”。

从这些例子可以检验出，联合复句和并列复句、连贯复句、递进复句等并不是确实具有上下位关系的。

其次，所谓偏正复句到底哪个分句是“偏”，哪个分句是“正”？

按照一般的说法，偏正复句是前偏后正。这种说法解释不了丰富复杂的语言事实。例如：

(5) 他肚子里很明白，只是嘴里说不出罢了。(你应该原谅他)

(6) 他肚子里很明白，可是嘴里说不出。(还是不中用)

这是吕叔湘先生在《中国文法要略》中所举的例子。按通行的分类系统，都是转折复句，属偏正复句。然而，正如吕先生所指出：“可是用‘只是’或‘不过’的句子和用‘可是’或‘但是’的又微微有点不同。后者是一般的转折句，上句之意轻，下句之意重；前者则上重下轻，下句的力量只抵消上句之一部，我们不妨称为保留句。”[④]显然，如果前者后者都统起来算转折复句，那么转折复句就并不都是前偏后正；如果后者单独立为一类保留句，那么，这类偏正复句就不是前偏后正，而是前正后偏。又如：

(7) 除非你出五十元钱，否则我不卖。

(8) 除非没赶上班车，否则他两点钟准到。

这两例都是假转句。它们都采用“除非……否则……”的形式，但表意重心有所不同。例(7)重心在前分句，说话人意在要对方出好价钱，而不是想不卖；例(8)重心在后分句，说话人意在强调他的准时，而不是想强调没赶上班车。

这里还应该指出，用“否则”之类联结的假转句，除了“除非……否则……”的重心可前可后之外，“幸亏……否则……”“可惜……否则……”“因为……否则……”“要么……否则……”“还是……吧,否则……”等都是重心在前分句而不在后分句[5]，这就是说，都是前正后偏，而不是前偏后正。

再次，联合复句和偏正复句的区别有没有结构形式上的根据？

大多数学者区别“联合”和“偏正”根据的是意义。有的学者从结构形式上进行探索，认为联合复句和偏正复句各有结构上的特点：偏正复句有封闭性，不能延长关系，采用两分法；联合复句是非封闭性的，可以延长关系，采用多分法。比如：不但你知道，而且我也知道。→不但你知道，而且我也知道，甚至他也知道。|不但事情多，而且时间少。→不但事情多，而且时间少，更何况要求高呢？可见，递进复句属联合复句[6]。

问题在于：第一，有的明显属于联合复句的句式是封闭的，不能延长的，只能二分。比如“不是……而是……”句式，不管怎么扩展，不管是扩展成“不是……不是……而是……”，还是“不是……而是……而是……”，都只能采用两分法。第二，有的明显属于偏正复句的句式是非封闭的，可延长的，可以多分的。比如“越……越……”句式：事情越多，时间越少。→事情越多，时间就越少，对效率的要求也就越高。|他越跟陶慧贞接触，就越觉得她是一块无价之宝，也

就越怕这无价之宝失落他人之手。（黄继树《女贞》）这就说明，从结构形式上区分“联合”与“偏正”的努力尽管是十分可贵的，但结果还是不能把二者区分清楚。

总起来说，“联合”“偏正”的母项不能合乎逻辑地统率它们的子项，而表意上是否有重心，重心是在前还是在后，必须通过对具体的复句句式的分析才能解释清楚，因此，把一级复句类定为联合复句和偏正复句是不合适的。

下面再讨论二级复句类。

首先，二级复句类是否已经概括了所有重要的现象？

把一级复句类定为联合复句和偏正复句尽管有弊病，但对所有的语言事实说来是能穷尽的，在这一点上没有问题。然而，它们下属的二级复句类却不能穷尽所有的语言事实。有些富于特点的复句，不管哪一类都归不进去。比如：

(9) 她和沙马耳虎因为化了装，不然，进城难出城也难。（字心《雾中鼓声》）

(10) “加拿大只答允贷一千五百万美元与我们；而美国人原来露出口风愿贷五千万与我们，只是由于孔祥熙在其中作怪，否则……”他摇了摇头，显出深有感触的样子。（鄢国培《巴山月》）

“因为/由于……否则/不然……”这样的复句是什么复句？从前分句用表示原因的“因为/由于”看，似乎是因果句，但前后分句之前在关系上不是顺承而是逆承，跟一般的因果句又有显著的不同。从前后分句之间用表示逆转的“否则/不然”看，似乎可以算转折句，但一般的转折句不用“否则/不然”，更不会用“因为/由于”，因此算做转折句也有困难。从“否则/不然”包含“如果不这样”的意思看，似乎可以算假设句，然而假设句的前分句一定是不成为事实的假设，而这种复句的前分句却是已成为事实的原因，因此算作假设句也无法让人接受。根据我们所作的分析与概括，用“否则”之类联结的复句是具有明显特点的一类复句，其内部又可以分为若干个小类[7]。由于“否则”之类包含“如果不这样”的意思，标明的是一种假言否定性的逆转关系，因此我们为这类复句另立“假转句”一目[8]。“因为……否则……”是逆原因假转句，是假转句的一种。

其次，二级复句类在归类上是否符合同一律的要求？

分析目前通行的分类系统，可以发现：联合复句下属各类在归类上是根据分句与分句之间的关系，即看它是并列，还是连贯、递进或选择等。偏正复句下属各类在归类上则采用不同的标准。有时根据分句与分句之间的关系，即看它是顺承还是逆承；有时根据前分句所表示的意思，即看前分句是表示已成为事实的原因，还是不成为事实的假设，或者是不成为事实的条件。比如：

因为下雨，不能施工。

虽然下雨，也能施工。

如果下雨，不能施工。

即使下雨，也能施工。

按照通行的分类系统，第一句是因果句，第二句是转折句，第三、第四句都是假设句。把一、二两句分别归入因果句和转折句，是根据分句间的关系：前者因果顺承，后者因果相逆。把三、四两句都归入假设句，是根据前分句所表示的意思：它们所说的都是假设的事情。其实，如果严格遵守分句间关系的标准，三、四两句不应该是同类的。相反，第三句应该跟第一句同一大类，前后分句都是因果相承，不同之处只在于一句所说的原因是事实，一句所说的原因是假设；第四句应该跟第二句同一大类，前后分句都是因果相逆，不同之处只在于一句所说的原因是事实，一句所说的原因是假设。如果严格遵守前分句表义的标准，一、二两句不应该是不同类的。因为，既然可以撇开分句间的顺逆关系把三、四两句都叫作假设句，为什么不可以撇开分句间的顺逆关系把一、二句都叫作因果句呢？应该坚持同一的分类标准。并列类复句只能根据分句间的关系，因果类复句和转折类复句也应根据分句间的关系。这样，“如果……就……”复句和“即使……也……”复句是不应被归成一类的。又如：

只有下很大的雨，才会放假休息。

无论下多大的雨，都不会放假休息。

按照通行的分类系统，这两句都是条件句。根据就是它们的前分句说的都是条件。如果从分句间的关系来考察，这两句是不可能同类的。前一句，前后分句关系顺承，前分句是作为条件的原因，后分句是顺着这个条件产生的结果。后一句，前后分句关系逆承，前分句提出一个可以无限变异的条件，后分句是逆着这个条件产生的结果。凡是“无论……都……”复句，都包含程度不同或情况不同的转折性，有的和“即使……也……”复句相通，有的和“即使……也”复句部分相通[9]。从语法形式上说，“即使……也……”句式里能加上“但”类词[10]，一般的“如果……就……”句式里不能，这决定了它们是关系不同的两类；“无论……都……”句式里往往能加上“但”类词[11]，“只有……才……”句式里根本不能，这也决定了它们是关系不同的两类。

总起来说，通行分类系统的二级复句类既不全又不纯。由于有重大遗漏，使得一些重要的语言事实没有归宿；由于标准混乱，使得各类之间和各类内部出现了交叉混杂的现象。因此，仅仅取消“联合复句”和“偏正复句”的名目，直接在“复句”底下讲“并列”“连贯”“递进”“选择”“转折”“假设”“条件”“因果”和“目的”，这仍然不能解决问题。

3.2 必须建立新的复句分类系统。

既然目前通行的复句分类系统无论一级类还是二级类都有弊病，那么，就应该考虑建立一个新的复句分类系统。建立一个能够很好地解释汉语复句的新系统自然是十分困难的，需要许多人作长期的努力。近年来，笔者对现代汉语的关系词作了一些考察。考察中，笔者特别注意抓住“但”类词和“否则”类词，用这两路逆转词来检验各种各样的复句。在这个基础上形成了关于复句分类系统的一个初步的极不成熟的设想。这就是：

- 复句
  - 因果类复句
    - 因果句式（“因为……所以……”等）
    - 推断句式（“既然……就……”等）
    - 假设句式（“如果……就……”等）
    - 条件句式（“只有……才……”等）
    - 条件假设句式（“只要……就……”等）
    - 目的句式（“……以便……”等）
  - 并列类复句
    - 并列句式（“既……又……”等）
    - 连贯句式（“……然后……”等）
    - 递进句式（“不但……而且……”等）
    - 选择句式（“或者……或者……”等）
  - 转折类复句
    - 转折句式（“……但是……”等）
    - 让步句式
      - 容认性让步（“虽然……但……”等）
      - 虚拟性让步（“即使……也……”等）
      - 无条件让步（“无论……都……”等）
      - 忍让性让步（“宁可……也……”等）
    - 假转句式
      - 逆原因假转（“因为……否则……”等）
      - 逆条件假转（“除非……否则……”等）
      - 选择性假转（“要么……否则……”等）

“因果类”“并列类”“转折类”是一级复句类，“因果”“假设”“并列”“选择”“转折”“让步”“假转”等是二级复句。三级复句类这里只重点列举。

我们把一级复句划分为三大块，是根据并列概念分类法。我们考虑到“因果类”与“并列类”有对立，又考虑到“转折类”和“因果类”“并列类”有对立，还考虑到“并列类”和“因果类”“转折类”也存在对立。在我们看来，因果类各种关系和并列类各种关系反映事物间最基本的最原始的联系，转折类各种关系则是在基本的原始联系的基础上产生的异变性联系。作表表示：

因果	他提交了论文 ——人家邀请他	转折	他提交了论文 ——人家不邀请他
并列	（他）提交了论文 ——（他）提交了对学会工作的书面意见		（他）提交了论文 ——（他）没提交对学会工作的书面意见

二级复句类和三级复句类的形成，很大程度上取决于关系词语的运用。运用不同的关系词语，会构成各种各样的复句句式。比如，根据上表中所说的几个意思，通过运用不同的关系词语可以得到三大类的各小类：

因为他提交了论文，所以人家才邀请他。(因果句式)

既然他提交了论文，人家准会邀请他。(推断句式)

既然人家邀请他，准是他提交了论文。(推断句式)

如果他提交论文，人家就会邀请他。(假设句式)

只有他提交论文，人家才会邀请他。(条件句式)

只要他提交论文，人家就会邀请他。(条件假设句式)

他决定提交论文，以便人家邀请他。(目的句式)

——以上是因果类复句

他既提交了论文,又提交了对学会工作的书面意见。(并列句式)

他提交了论文,接着又提交了对学会工作的书面意见。(连贯句式)

他不但提交了论文,而且提交了对学会工作的书面意见。(递进句式)

参加会议的人，或者提交了论文，或者提交了对学会工作的书面意见。(选择句式)

——以上是并列类复句

他提交了论文,但是没有提交对学会工作的书面意见。(转折句式)

虽然他提交了论文，但是人家没有邀请他。(让步句式：容认性让步)

即使他提交论文,人家也不会邀请他。(让步句式:虚拟性让步)

无论他提交多么好的论文，人家都不会邀请他。（让步句式：无条件让步）

人家宁可邀请不提交论文的人，也不邀请他。（让步句式：忍让性让步）

因为他提交了论文，否则人家不会邀请他。（假转句式：逆原因假转）

除非他提交论文，否则人家不会邀请他。（假转句式：逆条件假转）

要么提交论文，否则就得提交对学会工作的书面意见。（假转句式：选择性假转）

要么提交论文，否则人家不会邀请他。（假转句式：选择性假转）

——以上是转折类复句

对于复句分类系统的初步设想，限于篇幅，这里只能作简单的说明。对于各种复句句式的分析，笔者已写成《复句与关系词语》（黑龙江人民出版社 1985 年出版）一书，敬请前辈专家、同辈学者和各位同志多加指教。

4 余论

研究复句，必须结合逻辑。但是，我们常常听到这么个说法：复句问题就是逻辑问题，研究复句问题就是研究逻辑问题。这是一种错觉。

从理论上说，这种说法会导致对复句作为语法研究对象的否定。因为，复句问题如果完全是逻辑问题，复句就应该作为逻辑现象来研究，它就没有资格在语法学里占据一席之地。

从事实上看，这种说法解释不了同一逻辑基础可以采用不同的复句句式的现象。举例来说。

（1）相信你们是为人民服务的，虽然有点地、富、资产阶级的观点，也是不自觉的。

（2）相信你们是为人民服务的，即使有点地、富、资产阶级

的观点，也是不自觉的。（刘少奇《对华北记者团的谈话》）

这两例在逻辑关系上没有什么不同，在语言形式上却有不同。前一例用“虽然”，明确地认定为“有……”，实事实说，直捷爽快；后一例用“即使”，带虚拟语气，是用化实为虚的办法来指出“有……”，给人以隐隐约约、若有若无的感觉，比较委婉。为什么会有这样区别？从逻辑关系上找不到答案，只有通过对具体的复句句式及其作用的研究才能找到合理的解释。

（3）甲：我向你借一样东西。

乙：如果我有，我一定借给你。

（4）甲：我向你借一样东西。

乙：只要我有，我一定借给你。

这两例在逻辑关系上显然没有区别，但例（3）还可以再说“如果我没有，我就只好表示遗憾了”。例（4）不能再说“只要我没有，我就只好表示遗憾了”。这说明“如果……就……”句式和“只要……就……”句式有区别。在语意的表达上，前一句式只着眼于假设，而后一句式则既着眼于假设又强调了条件[12]。这种区别，是语法上的，而不是逻辑上的。

（5）这个吃红苕长大的女人给他带来了从来没有享受到的家庭温暖，因而使他生命的根须更深地扎进这块土地里……

（6）这个吃红苕长大的女人，不仅给他带来了从来没有享受到的家庭温暖，并且使他生命的根须更深地扎进这块土地里……（张贤亮《灵与肉》）

这两例前后分句之间隐含的基本关系是因果。前一例用“因而”显示了这种因果关系，后一例用“不仅……并且……”转化成了递进关系。前一例是直接论说事物之间的因果联系，后一例则强调出了具有因果联系的两件事之间的级层性。这种区别，也是语法上的，而不是逻辑上的。

我们认为，复句现象既有逻辑问题也有语法问题。因此，既可以从逻辑的角度来研究，也可以从语法的角度来研究。从语法的角度来研究，必须抓住复句的语法格式、语法标志，由此出发尽可能地考察其逻辑基础。如果以甲格式为对象，一方面，必须研究这一格式在语法上的特点，研究这一格式和乙格式、丙格式之间的联系与区别，并进而研究乙格式和丙格式之间的联系与区别；另一方面，必须考察这一格式的逻辑基础，注意观察逻辑基础的微妙变化所引起的语法格式或语意表达上的微妙变化。这样，也许能使我们对汉语的复句有更深的认识。

注释：

①“减除”“添加”“替代”等方法的运用，可参看邢福义：《论定名结构充当分句》，《中国语文》1979年第1期，第23页。

②郭中平：《单句复句的划界问题》，《中国语文》1957年第4期，第1页。

③中国科学院语言研究所词典编辑室编：《现代汉语词典》，商务印书馆1973年版，第1058页。

④吕叔湘：《中国文法要略》，商务印书馆1956年版，第351页。

⑤邢福义：《试论“A，否则B”句式》，《中国语文》1983年第6期，第419页。

⑥林裕文：《偏正复句》，上海教育出版社1962年版，第1～4页。

⑦邢福义：《试论“A，否则B”句式》，《中国语文》1983年第6期，第419页。

⑧见2.2。

⑨邢福义：《“但”类词和“无论p，都q”句式》，《中国语文》1984年第4期，第248页。

⑩邢福义：《“但”类词对几种复句的转化作用》，《中国语文》1983年第3期，第167页。

⑪邢福义：《“但”类词和“无论p，都q”句式》，《中国语文》1984年第4期，第248页。

⑫邢福义：《“如果…就…”和“只要…就…”》，《中学语文教学》1980年第11期，第39页。

（原载《华中师范学院学报》1985年第1期，署名：华萍）

“越 x，越 y”句式

0.1 本文讨论下列问题：“越 x，越 y”句式所表示的关系；“越”和“越”后边的词语；转折词和“越 x，越 y”句式。“越”有时写作“愈”。

0.2 本文讨论的“越 x，越 y”句式，一般是前后项之间有明显停顿，书面上用了逗号的。但为了说明问题，有时也用紧缩句的例子。

1

1.0 “越 x，越 y”句式是以“越……越……”作为形式标志的条件倚变句式。前项是倚变的条件或依据，后项是倚变的结果[1]。

1.1 在大多数情况下，“越 x”是“越 y”的充足条件。只要满足“越 x”这个条件，就会出现“越 y”的结果。说“越 x，（就）越 y”，大体相当于“只要越 x，就越 y”[2]。从逻辑上说，这是一种充足条件假言判断。例如：

（1）时间越长，成功的可能性越大。

（＝只要时间越长，成功的可能性就越大。）

（2）时间越短，成功的可能性越小。

（＝只要时间越短，成功的可能性就越小。）

如果“越 x，（就）越 y”说成“越 x，才越 y”，这种假言判断所说的条件既是充足的，又是必要的。等于说：“只要越 x，就越 y；（而且）只有越 x，才越 y。”[3]例如：

（3）……心想，走廊里的病人为什么不再多些？越多才越有

说服力。(铁凝《远城不陌生》)

(4) 不,不,越等下去,丁叔的桂鱼才越有滋味呢!(李国文《花园街五号》)

1.2 有时,“越x”是“越y”的已然原因,推断依据。“越x”和“越y”都是直言判断,指的都是事实。例如:

(5)“相思树女子客家”的生意越兴旺,就越招地方上的人们议论。(古华《相思树女子客家》)

(6) 谁叫他们上面要瞎报产量,“放卫星”?他们上报越多,我们也就瞒产越多——不能把大人小孩子一个个活活地饿死啊!(德兰《求》第二部)

直言“越x,越y”,对上下文有很大的依赖性。如果脱离上下文,可能会被理解为假言。如孤立地说“他们上报越多,我们也就瞒产越多”,也可能是“只要……就……”的意思。

直言“越x,越y”,有的指正在持续的事实,如例(5);有的指已经过去的事实,如例(6)。如果指正在持续的事实,“越x,越y”相当于“越来越x,因此,越来越y”。如例(5)等于说:“生意越来越兴旺,因此,越来越招地方上的人们议论。”又如:

(7) 但毕竟“四人帮”都已经倒台三四年了,群众意见越来越大,政治影响也越来越差……(古华《相思树女子客家》)

(=群众意见越大,政治影响也越差。)

(8) ……家庭越来越不和,他的脾气越来越不好了。(贾平凹《腊月·正月》)

(=家庭越不和,他的脾气越不好了。)

1.3 假言“越x,越y”和直言“越x,越y”如果同形,那么,“越x,越y+越x,越y=假言直言三段论”:

(只要)越x,(就)越y。(大前提)

(因为)越x,　　　　(小前提)

____________________ 直言]

(所以)越y,　　　　(结　论)

这是一种相当特别的推理语言形式。假言"越 x，越 y"是大前提，同形的直言"越 x，越 y"是小前提和结论。后者是前者的演绎。如："（只要）群众意见越大，政治影响就越差。"→"（事实上）群众意见越大，（所以）政治影响也就越差。"说话中，如果单说后者，它肯定有一个"假言"大前提；反过来，如果单说前者，它肯定是以许多具体的"直言"为根据，并能随时推出新的"直言"。

1.4 不管假言、直言，在"越 x，越 y"句式中，"越 x"表示一个无限变异的条件或依据，"越 y"表示的是相应产生的一个无限变异的结果。二者之间的倚变关系是成比例的[④]。

这种成比例的倚变关系，可以是共增共减，正比倚变，也可以是一增一减，反比倚变。比较：

{时间越长，成功的可能性越大。
 时间越长，成功的可能性越小。

{时间越短，成功的可能性越小。
 时间越短，成功的可能性越大。

又如：

(9) 鸟不但没赶跑，反倒蚕越大，鸟越多。（贾平凹《鸡窝洼的人家》）

(10) 俗话说：情越多，礼越少。（祖慰《进入螺旋的比翼鸟》）

例（9）是正比倚变：越大——越多；例（10）是反比倚变：越多——越少。

可见，前项度量的增加，并不决定后项度量的增加；反之，前项度量的减少，并不决定后项度量的减少。"越 x，越 y"句式所揭示的，是事物与事物之间在实际关系上的复杂的函数关系[⑤]。

当然语言不是数学，每句话不会都是数量的演算。正比倚变和反比倚变，有时是并不明显的，有时则须要在对照的情况下才可以显示出来。例如：

(11) 你现在调回来了，这是第一步，以后的路只会越走越宽，不会越走越窄……（周翼南《夏雨》）

孤立地看“越走越窄”，很难断定是不是反比倚变。上例由于把“越走越宽”和“越走越窄”对比着说，才显出了前者是正比倚变，后者是反比倚变。

1.5 不管假言、直言，“越 y”总是伴随“越 x”而产生的倚变结果，它同时又可以成为“越 z”的倚变条件。即：“越 x 越 y；越 y 越 z。”如：

(12) 三姐妹满的欲望是难以满足的，年纪越大，受的闲气便越多；受的气越多，便越羡慕别个的命好……（吴雪恼《姐妹仨》）

(13) 愈是酗酒，愈是误村事、家事；愈是误事，愈使二贝、白银不满。（贾平凹《腊月·正月》）

这种连环的条件倚变句式，可以把两个“越 y”重合起来，说成：“越 x，越 y，（也）（就）越 z。”如：

(14)（阿猫这孩子，从一学会说话起就口吃。）越高兴，越着急，也越结巴。（边震遐《秋鸿》）

(15) ……向红的事拖的时间越长，舆论对赵大川和向红越有利，麦金万等人就越焦急。（顾笑言《洪峰通过峡谷》）

(16) 他越跟陶慧贞接触，就越觉得她是一块无价之宝，也就越怕这无价之宝失落他人之手。（黄继树《女贞》）

在“越 x 越 y，越 z”的连环句式里，第三项前边可以自然地添加“因而”，借以强调作为结果的“越 y”又成了推出另一结果的依据（条件）。如例（14）可以说成“越高兴，就越着急，因而也就越结巴”。

1.6 连环的倚变句式，有时是一种“反环”。即：“越 x 越 y；越 y 越 x。”这时，“越 y”是“越 x”的倚变结果，又反转来成为“越 x”的倚变条件或倚变依据。如：

(17) 越有越吝，越吝越有；我又不向你借，何必恐慌。（贾平凹《腊月·正月》）

(18) 心里越烦，越做不好；越做不好，心里越烦。

“反环”式的“越 y”不能重合。如不能说“心里越烦，越做不好，心里越烦”或“心里越烦，就越做不好，也就心里越烦”。

“反环”式的“越 y，越 x”如果单独地说出来，就成为“越 x，越 y”。换句话说，有的“越 x，越 y”实际上相当于“反环”式里的“越 y，越 x”。比较：

（19）越伤心越哭，越哭越伤心。

（20）詹姆哭了，越哭越伤心。（沙叶新《宋庆龄》）

2

2.0 “越”既是语法成分，也是语义成分；“越”后边的词语性质不同，功能也有所不同。

2.1 “越”是副词[6]。“越”有时说成“越是”，“越是”可以配对使用，也可以跟“越”呼应使用。例如：

（21）……战争越是接近结束，越是残酷。（郑电波《悬崖》）

（22）经验已经证明了，你越是老实，就越有人来欺负你。（顾笑言《洪峰通过峡谷》）

用“越”或“越是”，一般比较自由。但是，在“越是”和“越”呼应使用时，一般“越是”用于前项，“越”用于后项，这是一。第二，如果后边的词是单音节的，要用“越”，不用“越是”。如：“时间越长，问题越大。”第三，如果后边的词语是主谓结构、次动词结构，一般用“越是”，不大用“越”[7]。如：

（23）越是家境败下去，越要翻上来……（贾平凹《鸡窝洼的人家》）

（24）越是在情况紧急的时候，越（是）需要冷静。（吕叔湘主编《现代汉语八百词》用例）

“越（是）”有时说成“越发、越加”，但必须出现于后项，即“越（是）……越发/越加……”。例如：

（25）可是日子越是红火，他心里就越发觉得不安。（龚笃清《蟠龙镇》）

（26）越对他亲切，他就越加痛苦。（岳恒寿《明月何时有》）

“越（是）”也可以说成“愈（是）”。例如：

（27）愈往高处攀，山风愈大。（冯育楠《我们为无名人立碑》）

（28）……他愈是害怕禾禾，愈是待禾禾友好。（贾平凹《鸡窝洼的人家》）

2.2 在句法上，副词“越（是）”一般前后呼应，成对出现，是作为形式标志的语法成分。有时，也可以只用一个“越”。这有以下三种情况。

第一，“越……更……”。前项用“越”，后项用“更”，“更”可以改为“越”。如：

（29）……会议沉默的时间越长，有勇气打破僵局的发言者就更少。（李国文《花园街五号》）

第二，“越……偏……”。前项用“越”，后项用“偏（偏偏）”，“偏（偏偏）”前边可以添上“越”。如：

（30）可是，我这个姑娘就有这么个鬼毛病：越禁止我做的事，我就偏要做……（德兰《求》第二部）

第三，“……越……”。这是比较罕见的用法。前后项用同一个形容词。如：

（31）（河两岸的人都懂得，这时是沾不得大树冠的光儿的，）树大，招雷的可能性也越大。（朱春雨《翅膀》）

2.3 在内容上，副词“越（是）”和后边的词语一起表示具有倚变关系的条件（依据）和结果。从这一方面看，“越（是）”又是语义成分。这一点，以下的检验可以证明。

第一，没有“越（是）……越（是）……”，条件倚变的形式和内容都会消失。如：时间长，成功的可能性大。｜时间短，成功的可能性小。｜时间长，成功的可能性小。｜时间短，成功的可能性大。

第二，没有“越（是）……越（是）……”，x 和 y 甚至可能根本不存在条件和结果的关系。例如：

（32）……一点风丝也没有。越走，越闷得慌。（奚青《天涯孤旅》）

(33) 其实她们越说，我就越不听她们那一套……（德兰《求》第二部）

例 (32)，“走”不是“闷得慌”的条件（“* 只要走，就闷得慌。”）；“越走”才是“越闷得慌”的条件（“只要越走，就越闷得慌。”）例 (33) 类推。

2.4 从“越”后边的词语看，有四种情况：a.“越（是）＋V”——V 代表动词、动词结构或次动词结构；b.“越（是）＋A”——A 代表形容词或形容词结构；c.“越＋V/A 的 N”；d.“越＋是 N”。

“越（是）＋V”一般充当谓语，主语有时出现，有时不出现，两个“越（是）＋V”的主语有时相同，有时不相同。例如：

(34) 我越往下读，越深切地感受到马克思的书是浓缩了的人类智慧……（张贤亮《绿化树》）

(35) 他越这样说，我越感到非帮他复习不可。（王火《夜的悲歌》）

“越（是）＋V”如果是“越是＋次动词结构”，只用于前项。其中的次动词结构是状语，前后项之间加上“越是……越（是）……”，是强调状语和谓语中心语之间的条件倚变关系。例如：

(36) 如果具有自觉性，人越是在艰苦的环境，释放出来的能力也越大。（张贤亮《绿化树》）

“越（是）＋A”有时充当谓语，情况跟“越（是）＋V”相同。如：“越高兴，越着急。”“蚕越大，鸟越多。”有时充当补语，这是“越（是）＋V”所没有的用法。如：

(37) 我弹得越响，他吼得越凶。（李国文《花园街五号》）

(38) 陶世光越是想说服他，他就争辩得越上劲。（陈冲《无言的群山》）

“越＋V/A 的 N”是“(N) 越 V/A”的变化形式，只用于前项。例如：

(39) 越有胆略的干部，越受群众欢迎。

(40) 生产第一线缺人。越艰苦的岗位越空虚……(傅志明《展开的翅膀》)

同类的例子是：越能干的人，负担越重。｜越漂亮的房子，越没人敢住。｜越冗长的文章，读者越不爱读。

这类现象，“越”引出的词语是“V/A 的 N”，但“越”的限制对象实际上只是其中的 V/A。“越 V/A 的 N”可以变换成“N 越 V/A”。如：越有胆略的干部，越受群众欢迎。→干部越有胆略，越受群众欢迎。

这类现象，若去掉其中的“越……越……”，前后项之间就会发生主谓关系。这说明，后项既以前项作为倚变的条件或依据，又以前项的名词结构（“V/A 的 N”）作为意念上的主语。如：越有胆略的干部，越受群众欢迎。→有胆略的干部，受群众欢迎。

“越＋是 N”是“越＋V”的特殊形式。因为，其中的“是”是判断动词，“是 N”可以看作动词结构。这种形式只用于前项。例如：

(41) 那个时候，越是马屁精，越受到重用。

(42) 在这种情况下，越是亲戚，越想避嫌。

同类的例子是：越是群众，越要关心。｜越是领导，越为难。｜越是楼房，越不安全。

这类现象，“是”非用不可。“越是”不同于“越是 V/A”里的“越是”，不能整个儿看作副词。

这类现象，若去掉其中的“越是……越……”，前后项之间也会发生主谓关系。从这一点看，后项同样既以前项作为倚变的条件或依据，又以前项的名词作为意念上的主语。如：越是马屁精，越受到重用。→马屁精受到重用。

3

3.0 “越 x，越 y”句式，有时可以加上转折词。能不能加上转折词，跟倚变的“常态”和“异态”有关。

3.1 条件与结果之间的倚变关系，有“常态倚变”和“异态倚变”两种情况。

从某一条件出发，倚变的结果符合正常情况的，是常态倚变。结果和条件顺承，没有转折性。例如：

（43）越是爱她，越是希望她得到幸福！（肖为《不能改正的错误》）

（44）人们越是预感到还要持续高温，就越向往江岸的清凉和林荫路里的静谧。（李国文《花园街五号》）

（45）我呢，越是了解刘世雄的为人，越是憎恶刘家的这个小少爷。（韩石山《魔子》）

从某一条件出发，倚变的结果不符合正常情况的，是异态倚变。结果和条件相悖，有转折性。例如：

（46）可不知怎么的，报上越是这样宣传，我心中那些莫名其妙的烦恼就越深重。（雁宁《回答》）

（47）他抽烟成了气管炎，时常咳得脸红脖子胀，好像一口气倒不上来就会憋死。可越咳越要抽，他竟然学成一种特殊的本事，能靠大口的烟把咳压下去。（吴可雨《野马》）

3.2 凡是异态倚变，只要有强调的必要，都可以加上转折词“却”说成：

越 x，却越 y。

不加“却”，异态是隐含的；加了“却”，异态就显现了。如例（46）若说成“报上越是这样宣传，我心中那些莫名其妙的烦恼却越沉重”，例（47）若说成“越咳却越要抽”，这就可以充分强调出情况的异常，反映了说话人的特异的感觉。

加“却”的格式，前边往往出现“真奇怪”之类词语。这是对特异情况所作的咏叹。例如：

（48）真奇怪，时间愈长，你在想象中却离我越近。（关鸿《寄远方》）

（49）他这人也怪！人家越冷淡他，他却越亲热。（徐绍武

《孀居》)

(50) 人的感情实在是个复杂的函数，我愈是躲避袁野，心里却愈是更多地想到他。(奚青《天涯孤旅》)

加“却”的格式，前边也常常用“但是、可是”之类连词，说成“但越 x，却越 y”。“却”表示 y 同 x 有转折，“但”类连词表示这一句同上一句有转折，二者互相配合，强调情况之特异。例如：

(51) ……真恨不得一步跨进南京城。但火车越近南京，我却越感到情怯。(陈白尘《云梦断忆》)

(52) 雯雯使劲儿点点头，心想以后再不敢忘记了。可越想着不忘，忘性却越大。(王安忆《69 届初中生》)

有时，“但”类连词离得比较远，但作用是一样的。例如：

(53) 我不敢回顾过去二十多天里我的行为举止，然而像是有意惩罚我似的，有一张银幕在我眼帘内部显示出我的种种劣迹，我眼睛闭得越紧，银幕上的影子却越清晰。(张贤亮《绿化树》)

在加“却”的格式里，一般不再用“就”。尚未发现“却”“就”并见的例子。比较：

(54) ……他越是想避嫌疑，这个嫌疑就越会洗不清。(黄继树等《第一个总统》)

(55) ……他越是想避嫌疑，这个嫌疑却越会洗不清。

3.3 强调异态倚变，有时加“反而”或“偏偏”。但为了作进一步的强调，还是可以再加“却”。例如：

(56) ……和齐克接触了半年多时间，时间越长，对他反而越感到陌生了。(杨杰《我们这一茬》)

(57) 他越是这样，我偏偏主动接近他，一如既往。(奚青《天涯孤旅》)

例 (56) 是“越 x，反而越 y”，“反而”强调结果走向反面，可以再加“却”：“时间越长，对他却反而越感到陌生了。”例 (57) 是“越 x，偏偏越 y”，“偏偏”强调结果有意忤逆，也可以再加“却”：“他越是这样，我却偏偏主动接近他……”[例 (30) 也可以说成“越禁止我做的事，我却偏要做”。]

值得注意的是：第一，后项用了“反而”，还得用“越”；后项用了“偏偏”，“越”可以不用。第二，“却”可以加在“反而”前边，也可以直接替换“反而”（“时间越长，对他却越感到陌生了。”）；“却”可以加在“偏偏”前边，但不能直接替换“偏偏”（*“他越是这样，我却主动接近他……”）

3.4 常态和异态，有时并不取决于条件和结果的联系本身，而是取决于说话人对条件和结果的联系的看法或感觉。看这两个例子：

（58）读书越多，脸皮愈薄。（周昌义《美女山风情》）

（59）他越是说不知道，人们就越从守口如瓶的机密劲里判断出会议的重要性。（李国文《花园街五号》）

例（58）一般人可能认为是常态。但不排斥有人认为读了书就应该不怕出头露面、当众侃侃而谈，因此“脸皮厚”才是常态，“脸皮薄”反而是异态。例（59），有的人可能认为是常态，因为在他们看来，人家说不知道，准是隐藏着机密；有的人可能认为是异态，因为在他们看来，人家说不知道，就一定是不知道，不必神经过敏。

可知，有的“越 x，越 y”复句，条件和结果的联系本身不能反映人们的一致的看法或感觉。因此，到底是常态还是异态，是不确定的，有两可性的。说话人如果认为结果不正常，可以加上“却（反而）”。如

（60）读书越多，脸皮却越薄！（你这是怎么搞的？）

（61）他越是说不知道，人们却越从守口如瓶的机密劲里判断出会议的重要性。（真是神经过敏！）

这类例子，用“却”时一定是异态倚变的关系；不用“却”时，隐含的却不能肯定就是异态倚变的关系。

3.5 倚变的常态和异态，指的是 x 与 y 之间的顺逆关系；倚变的正比和反比，指的是 x 与 y 之间度量增减的比例关系。二者没有必然的联系。

正比倚变可以是常态倚变，也可以是异态倚变。例如：

(62) 贡献越大，得到的荣誉也越大。

(63) 贡献越大，受到的攻击（却）也越大。

这两例都是正比倚变。例（62）是常态倚变，不能加“却”；例（63）是异态倚变，可以加“却”。

反比倚变可以是异态倚变，也可以是常态倚变。例如：

(64) 有的人，做的事情越少，受到的照顾（却）越多！

(65) 一个干部，做的事情越少，群众的意见自然会越多！

这两例都是反比倚变。例（64）是异态倚变，可以加“却”；例（65）是常态倚变，不能加“却”。

4 小结

4.0 “越 x，越 y”句式表示条件倚变关系。度量增减，y 依 x 变。

4.1 “越 x，越 y”通常是假言的，有时是直言的。同形的“假言”和“直言”相加，可以形成一个假言直言三段论，产生一种特别的推理语言形式。

4.2 “越 x，越 y”句式可以多项连环。可以按“越 x，越 y；越 y，越 z”或“越 x，越 y，（也）（就）越 z”格式连环，也可以按“越 x，越 y；越 y，越 x”的格式反环。

4.3 “越”是副词。一般成对使用。在某种情况下，“越”也可以单独出现于前项或后项。

4.4 “越”后边的词语性质不同，功能和用法也有所不同。“越是”有时是副词，有时是“越＋判断动词”。

4.5 “越 x，越 y”有时表示常态倚变，有时表示异态倚变。表示异态倚变时，可以加上转折词“却”。

4.6 正比倚变和反比倚变都可以是常态倚变或异态倚变。能不能加“却”，跟常态和异态有关，跟正比和反比无关。

4.7 区别常态和异态，有时凭个人的主观感觉。同一现象，如果甲认为是常态，自然不会加“却”；如果乙认为是异态，而且需要强调，就会加“却”。

注释：

①“越 x，越 y”句式表示“倚变”，是吕叔湘先生提出来的。参看吕叔湘：《中国文法要略》，商务印书馆 1982 年版，第 367～369 页。

②张志公主编的《汉语知识》说：“时间越长久，效果越显著”有“如果时间越长久，效果就越显著”的意思，也有“无论时间多长久，效果都显著”的意思。（见张志公主编：《汉语知识》，人民教育出版社 1979 年版，第 226 页。）

③关于充要条件假言判断的语言形式，参看邢福义：《逻辑知识及其应用》，湖北人民出版社 1979 年版，第 87 页。

④比例关系、函数关系，都是吕叔湘先生所说过的。参看吕叔湘：《中国文法要略》，商务印书馆 1982 年版，第 367 页。

⑤比例关系、函数关系，都是吕叔湘先生所说过的。参看吕叔湘：《中国文法要略》，商务印书馆 1982 年版，第 367 页。

⑥吕叔湘主编：《现代汉语八百词》，商务印书馆 1980 年版，第 567 页。

⑦主谓结构和次动词结构前边有时也用“越”。如：“天晴就好？武汉的七八月间，越天晴，人越难受。”“同志们，越在这种时候越要冷静啊！”

（原载《中国语文》1985 年第 3 期）

现代汉语的“即使”实言句

0.1 “即使”句指以“即使 p，也 q”为代表格式的句子，大都是复句。一般以为“即使”句的 p 是假设，然而，有时也指事实。本文管 p 表假设的叫“即使”假言句，管 p 表事实的叫“即使”实言句[①]。

0.2 本文按四种基本格式分四个部分进行讨论。在使用条件上，“即使”实言句的成立依赖于特定的语境。本文所说的基本格式，是联系特定语境建立的含“即使 p，也 q”的格式。

0.3 “即使”有时说成“即便、即令、纵使”等等，本文把它们看作同样的形式，不加区别。

1 那时……即使 p，也 q

1.0 这一格式，先提出时间确指项（a）和事实确指项（b），再用“即使”引出一个订补性事实（p）。“那时……”代表 a+b。可称为订补式。例如：

（1）那时（a），他们很少交谈（b）。即使交谈（p），也只是工作上的联系，干干巴巴，三言两语。（张洁《祖母绿》）

1.1 时间确指项用“那时”或近似的词语。也用“平日、向来”之类，但从上下文可以知道指的是事实出现的那些日子或年头。例如：

（2）大革命失败后（a），这些工人组织都被摧垮了（b），即使有留下来的工会，会员数目与党员差不多，已经很少。（周恩来《关于党的“六大”的研究》）

(3) 平日，他少言寡语，只把心操在编辑工作上，即使有点
a b

小小的不顺心，也常常就在肚子里消化了。（可这一回，他实在无法冷静了。）（毕力格太《周编辑外传》）

大革命失败后＝大革命失败后的那个时候；平日＝“这一回”之前的那些日子。

如果事实出现的时间性是明显的，不必特别交代的，时间确指项可以隐去。不过，根据上下文，可以明确地补出。例如：

(4) 皇帝倒是每天一早必到永和宫请安，但见到太后的时候甚少，即使见到了，太后也脸无笑容，沉默寡言。（高阳《乾隆韵事》）

(5) 工棚里，没有了往日的欢笑。即使歪诗社和苟玉田能设法引出一点笑声，听来也是干巴巴的让人难受。（郑柯、子华《为君唱支风流歌》）

这两例的前边，都可以补加上“在那些日子里”。

1.2 事实确指项用述说性语句。有时比较简短，有时却很长。例如：

(6) 那时，……“勇士们”大打出手，不由分说地乒乒乓乓
a

砸烂了许多人家送给表叔公油漆的家具，痛心如煎的表叔公，面对这场横祸的解决办法是用一根宽宽的毛蓝布腰带结束了自己的生命，即使是无力的反抗，表叔公也使用了他的独特的表示愤怒的方式！（叶文玲《紫石砚》）

(7) 我记得那时北方的许多临铁路的小城，都是汽车站紧挨
a

着火车站，这无疑是为了使旅客搭乘换车较为方便，可是其脏乱程度就加倍了，两个车站以及相连接的地带也成了简易“旅社”，特别是夏末秋初之交，气候尚能容人露宿时，很多无钱或舍不得花钱的旅客，都横七竖八地倚坐或躺卧在候车室的地上休息，……即使有人带了被卷，那被卷也通常用一块自织的土布包着，那包布虽有点暗红土绿的条纹，也脏污得辨不出颜色。（叶文玲《紫石砚》）

“那时”和“即使 p，也 q”之间是事实确指项。省略号代表省去一些语句，剩下的语句仍然相当长。对于这类现象，为了看清楚其构造，可以化繁为简。比如：

（8）那时（a），痛心如煎的表叔公用一根腰带结束了自己的生命（b），即使是无力的反抗，他也使用了自己表示愤怒的方式！

1.3 “即使 p，也 q”受时间确指项的限定，同时，跟事实确指项在内容上有对立性联系。如果说事实确指项说的是某种一般情况，那么，“即使 p，也 q”里的 p 就是跟这种情况有所抵触的特异情况，它对事物确指项起订补作用。如例（1）的“很少交谈”和“交谈”，例（2）的“这些工人组织都被摧垮了”和“有留下来的工会”。又如：

（9）……（向来）小镇的男女青年百分之九十九点九，都是一到婚龄都自然而然地“树上的鸟儿成双对”，即使不能说对对都是美满姻缘，却也大多如意。（叶文玲《紫石砚》）

任何人的婚配都希望幸福美满。“成双对”和“不能说对对都是美满姻缘”显然有抵触。

这种抵触现象有的明显地反映于词面，有的比较隐晦，但不管怎样，p 与 q 都受时间确指项的限定，能用“那时”之类确定其已然性，否则，“即使 p，也 q”就只是假言的。例如：

（10）他说，“‘文革’前”，……不敢打听，即使问了也没用……（叶文玲《紫石砚》）

（11）面子撕不开啊！即使撕开了，杨喜堂拍屁股一跑，又得花多少钱去铺这条路啊。（殷德杰《歪歪井有个李窑主》）

例（10）虽然用了时间词“‘文革’前”，但“问了”“没用”都是未然的，不是“那时”已然的；例（11）未用时间词，“撕开了”和“杨喜堂一跑……”也是不受“那时”限定的未然的事情。这两例里的“即使 p，也 q”都是假言句。

1.4 为了特别强调 p，实言句的“即使 p”可以倒置在 q 的后边。比较：

（12）那些日子，你对大哥太冷漠。即使他从来没有埋怨一句，但你确实伤了他的心。

(13) 不过，碧桐说你对大哥冷漠，这是事实。你确实伤了大哥的心——即使他从来没有埋怨一句。(母国政《少女头像》)

前一例先p后q，后一例先q后p。由于地位突出，后一例的p特别引人注意。

1.5 “即使”一般可以直接替换为“虽然”，有的可以改说成“虽然偶尔”。如例(2)可以说成“虽然有留下来的工会”，例(1)可以说成“虽然偶尔交谈”。

在订补式中，“即使”可以使订补性事实(p)虚化或弱化，显得轻描淡写，不值得重视。如果改用“虽然”，便是重在对事实的容让，显得更正视事实的存在。比较：

(14) ……(船员们)进国货商店就没有那种窝囊气。虽然有的店员不客气，他们心里也坦然。

(15) ……(船员们)进国货商店就没有那种窝囊气。即使有的店员不客气，他们心里也坦然。(陈草《船跑香港》)

例(14)用“虽然”，丁是丁，卯是卯，是对事实的让步；例(15)用“即使”，尽管说的是事实，尽管不能说不是对事实的让步，但又使人感到说话人着意于弱化这一事实，极力减轻它的分量。

2 即使p(在……时候/地方/中/里)，也q

2.0 这一格式，p用“在……时候/地方/中/里”之类“在”字结构，或者指确定的时点，或者指确定的地点。可成为定点式。例如：

(16) 中国的民族资产阶级，即使在革命时，也不愿意同帝国主义完全分裂……(毛泽东《新民主主义论》)

(17) 否则，(让吊脚弓)吊死了一个不应该吊死的人，即使在这一片蛮荒之地，也没有你的立足之地了。(詹幼鹏《山魂》)

2.1 充当p的“在”字结构必须是定指的。它表明跟已然事实相联系的具体时间或具体地点。它的定指性，除非是尽人皆知的，如

“(即使) 在三年困难时期”“(即使) 在‘文化大革命’期间”，否则一定要在上文有所交待。例如：

(18) 看到的，总是那单调而往复不息的推拉刨锯的动作；听到的，总是木头和金属撞击啃咬的错杂而刺耳的嘈音。若不是有了千曲，他早都厌烦了这单调无味的劳动，而现在，一切都由于她的存在，她的身影而百物生辉了。……因此，即使在劳作漫长的白日中，他也从内心感应到一种和谐的韵律……（叶文玲《紫石砚》）

(19) 广州

东峰湖新溪浦

十一月二十日二十点

南国的夜晚，即使在冬天吧，也仍是旖旎和浪漫的。（乔雪竹《落日的庄严》）

从上文可知，“在劳作漫长的白日中”“在冬天”都是定指的。

如果“在”字结构不具有定指性，那么，用在“即使”后边时不可能构成“即使”实言句。例如：

(20) 我感到有几分悲凉，这几棵称为“响杨”的树，二十年前还是我和张茹亲手栽的呐，树苗是行政处从新疆运来的，响杨名副其实，即使在微风中也威武地抖动着……（张笑天《前市委书记的白昼和夜晚》）

这不是“即使”实言句。“在微风中”跟已然事实的联系不是完全确定的。

2.2 指示代词“这、那”之类有帮助“在”字结构定指的作用。如果“在”字结构里包含“这、那”之类，往往可以显示时点或地点的定指性。如例 (17)“即使在这一片蛮荒之地”，“这”确定地指示出具体的地点。又如，例 (20) 如果改说成：

(21)“响杨”名副其实。看，即使在这样的微风中，也威武地抖动！

这是“即使”实言句。“这样”确定指示出具体的场合。

有时，“在”字结构里时间词、处所词前边只出现指示代词，而不出现描述性词语。这样的“在”字结构定指性特别强。例如：

(22)（徐彦文：）“……那些年，什么正直，什么良心，什么道德，早就被践踏了。……”（刘迟：）“即使在那个年代，大多数人也并没有泯灭自己的良知！”（达理《姑娘，看着我！》）

2.3 “在”字结构后边，可以补说某种事实。例如：

(23) 其实，牛福对儿子管教极为严格，即使在三年经济困难时期，市场上买不到煤油，牛福也不惜高价弄几斤，不让儿子闲着。（程贤章、廖红球《彩色的大地》）

(24) 所以，即使在今天，面对这血淋淋的现实，有谁敢去怀疑它的合理性呢？（詹幼鹏《山魂》）

表示某种事实的语句可以移到“在”字结构里头，充当定语：

(25) 即使在市场上买不到煤油的三年经济困难时期，牛福也不惜高价弄几斤，不让儿子闲着。

(26) 即使在面对这血淋淋的现实的今天，有谁敢去怀疑它的合理性呢？

“在”字结构可以移到“即使”前边，让表示某种事实的语句直接充当分句：

(27) 在三年经济困难时期，即使市场上买不到煤油，牛福也不惜高价弄几斤，不让儿子闲着。

(28) 在今天，即使面对这血淋淋的现实，有谁敢去怀疑它的合理性呢？

2.4 q往往是某一时间某一地点存在或出现的事实，然而，有时只是一种推断。这就是说，这种“即使”实言句中的q不一定都是事实。比较：

(29)（又是四十度高温了！可是，）即使在这么个大热天，他也一天工作十小时。

(30)（又是四十度高温了！可是，）即使在这么个大热天，他也不会放下笔的。

(31)(他来得不是时候。因此,)即使在这里,他也总是愁眉苦脸的。

(32)(他来得不是时候。因此,)即使在这里,他的病也不可能很快治好的。

2.5 “即使”可以不用。如(16),可以只说“在革命时”。“在”字动作性较强时“即使”可以改成“虽然”。如(32),可以只说“在这里”,也可以改说成“虽然在这里”。

在这种定点句式中,“即使”可以使时点、地点受到特别的强调,从而带上夸张口气,显得特别突出,不同一般。说“(虽然)在这个时候/这种地方”,等于说“别提在别的时候/别的地方”;说“即使在这个时候/这种地方”,则等于说“更别提在别的时候/别的地方”。如果加上“吧”(如例19“即使在冬天吧”),夸张语气更足。看这个例子:

(33)即使在病中,她的信仍然是八天一封……(郑柯、子华《为君唱支风流歌》)

如果说成“在病中……”或者“虽然在病中……”,意味着不害病的时候也会这样;现在说成“即使在病中……”(或者加个“吧”:即使在病中吧……),就意味着不害病的时候更不在话下,能够使人产生事情特别异乎寻常的感觉。

3 确实y,因此即使p,也q

3.0 这一格式,先提出原因确指项(Y),再用“即使”引出一个衬托性的事实(p)。可称为衬因式。例如:

(34)杨老是奋斗发家的(y),因此即使他后来家财万贯(p),也还始终保留着节俭的本色,有时未免给人有些过分的感觉。(陈祖德《超越自我》)

3.1 原因确指项表示某种作为原因的事实,记为“确实Y”,但形式上不一定出现“确实”一词。

对“即使p,也q”说,原因确指项是原因;对上文说,原因确指项可能只是结果。例如：

(35) 他原以为要颇费周折，没想到竟然这样轻易如愿以偿，一到这省城，一打听便着。他简直不相信自己的好运气了，因此，即使现在到了他的家门口，那种恍如梦中的感觉，依然未曾消失。(叶文玲《紫石砚》)

"他简直不相信自己的好运气了"是原因确指项，"因此"表明它是后边"即使"句的原因，但是，它实际上又是上文"……一打听便着"的结果。

为了加强语气，原因确指项有时用反问句：

(36) 谁不是打姑娘时过来的？即使命运不济，让当年的窈窕少女田映薇变成个不争气的、整日价围着饭单在厨房转的沈家姆妈，可她，还是有意无意地期待着、盼望着，在她那可能不再会发出光彩的"灰太太"生活中，出现一点奇迹！(程乃珊《女儿经》)

3.2 "即使"引出的 p 跟"现在、眼下"的观念相联系，如例(35)，p 前用"现在"；又如例(34)，尽管 p 里带"后来"，但可以改为"现在"："即使他现在家财万贯"。再如：

(37)（相信）你们是为人民服务的，即使有点地、富、资产阶级的观点，也是不自觉的。(刘少奇《在陕甘宁边区工厂职工代表会议上的讲话》)

未用"现在/眼下"，但可加上：即使眼下有点……｜眼下即使有点……。

3.3 原因确指项和"即使 p，也 q"之间可以用"因此/所以"。如例(34)(35)都用了"因此"。又如：

(38) 而我们党采取了毛泽东同志的建党路线，即使工人成分还不占多数，也能够建成并已经建设成一个工人阶级的马克思列宁主义政党。(刘少奇《论党》)

未用"因此/所以"，但"……路线"和"即使……"之间可以加上"因此/所以"。

然而，真正的因果关系只存在于 y 与 q 之间。q 或者是由 y 而产生的实际结果，或者是由 y 推导出来的结果，或者是同时包括实际和推断。如（34）“还始终保留着节俭的本色”，是实际结果；（37）“（你们的地、富、资产阶级的观点）是不自觉的”，是一种推断；（38）“能够建设并已经建设成……”，推断和事实兼而有之。又如：

（39）他是很有才干的，眼下即使技术还不够熟练，大家还是乐意选举他。

这里的 q 指事实。如果把 q 改为“将来肯定能干出一番事业来”，便是一种推断。如果把 q 说成“大家还是乐意选举他，并将在他的领导下努力工作”，则既有事实，也有推断。

表示推断的 q，可以采用反问句式。如：

（40）一个（是）待嫁女，一个（是）未婚男，即使过了格，既不犯重婚罪，又没有破坏家庭罪的嫌疑，有什么关系呢？（张笑天《告别了，昨天的记忆》）

根据上文可知，“过了格”已成事实。q 用反问句式：“有什么关系呢？”意即“也没有什么关系”。

q 用了反问句式，y 仍然可用，yq 同时反问，因果相应，更有强调作用。例如：

（41）谁不知道他是个小人？即使眼下当了什么“革委会主任”，难道群众会打心眼里拥护他吗？

3.4 “即使”可以自然地替换为“虽然”。在这种衬因式中，p 只是衬托性的事实，“即使”可以使这个事实轻化或弱化，显得无足轻重，毫无影响。因此，用“即使”，让步意味要比用“虽然”重。

由于“即使”有贬低事实影响的作用，在劝导别人又需要指出别人缺点或不足的场合，用这一句式显得口气委婉，听来不刺耳，不会引起反感。比如例（37），说“即使有点地、富、资产阶级的观点”，很有谅解情味；若说成“虽然有点地、富、资产阶级的观点”，就嫌口气太直、太硬了。再比较：

（42）你的能力是不错的，虽然只是个工农兵大学生，也不能自己小看自己！

(43) 你的能力是不错的，即使只是个工农兵大学生，也不能自己小看自己！

两例都能说，但从修辞上看，后一说法比前一说法好。用“虽然”，认定了是这样，别人听了会感到不舒服；用“即使”，不否认是这样，但又贬低它的举足轻重的作用，听起来顺耳很多。显然，为了表示对对方的尊重、爱护或谅解，不用“虽然”句是合适的。

4 确实 p，但是即使 p（如此/这样），也 q

4.0 这一格式，“即使”句前边出现一个事实确指项，“即使”句里面用一个代词复指它。可称为复指式。例如：

(44) 她变得比过去丰腴，因而也显得更加白净，比他想像中要年轻得多。但是，即使如此，也无法掩盖岁月留下的痕迹——还是这双眼睛！(叶文玲《紫石砚》)

4.1 事实确指项和“即使”后边的 p 具有同一关系。先说事实确指项，是先立个基点，作为进一步发表议论的根据。记为“确实 p”，并不是一定得出现“确实”一词，而是必须确指事实。如果说的是假设，那么后边的“即使 p，也 q”就不是实言句。比较：

(45) 她狠狠地打他，狠狠地咬他，……然而，即使这样，也未能消除她心头深深的怨恨。

(46) 假如让她见到他，她一定狠狠地打他，狠狠地咬他！……然而，即使这样，也不能消除她心头深深的怨恨。(陈浩泉《选美前后》)

例 (45)“即使”句是实言的，前边是事实确指项；例 (46)“即使”句是假言的，前边只是情况的假设。

4.2 “即使”后边的 p 一般只用代词“如此”或“这样”。

有时，也可以用包含“如此/这样”的一个短语，整个儿对事实确指项起复指作用。不过，如果删除其他部分，只留下“如此/这样”，句式就能成立。例如：

(47) 她教三个班的课，又当班主任，还要参加各种各样的社会活动，忙得没有年节假，没有星期天，可是，即使如此辛苦，她也没有一句怨言。

(48) 他发了，又是盖房子，又是打家具，彩电冰箱样样都有。但是，即使日子如此红红火火，他还是不感到满足。

4.3 事实确指项和“即使p，也q”之间可以用“但”类连词，如(44)用了“但是”。未用“但”类连词的，也可以添上。例如：

(49) 她不是不知道，李珊现在绝对不会构成对她的任何实际威胁，即使如此，她也不能善罢甘休。(柯云路《一个系统工程学家的遭遇》)

“即使”前边可以加上“但是”“可是”或“然而”。

真正的转折关系，是存在于事实确指项和q之间。如果有“但”类词，可以减去“即使如此/这样”，使事实确指项和q直接构成一般的转折句：

(50) 她不是不知道，李珊现在绝对不会构成对她的任何实际威胁，然而，她也不能善罢甘休。

如果复指事实确指项的代词是“这样”，去掉“即使这样”固然可以成为一般的转折句，只去掉“即使”，也可以成为一般的转折句。例如：

(51) 二年前，……他这项收入一年不过三千元。即使这样，也引起四邻乡亲的惊羡。(程贤章、廖红球《彩色的大地》)

加“但”类词：他这项收入一年不过三千元。但是，即使这样，也引起四邻乡亲的惊羡。减去“即使”：他这项收入一年不过三千多元，但是，这样也引起四邻乡亲的惊羡。

4.4 “即使”可以自然地替换为“虽然”。

在这种复指式中，“即使”可以使已知的事实受到带夸张口气的强调，显得特别富于情绪。如果改用“虽然”，便只是实事求是地叙说情况，分析事物之间的联系。比较下面两个说法：

(52) ……在表叔公的熏陶下，我从小学会了一点油漆和木匠的手艺，虽然如此，我却无力继承更无力开张……（叶文玲《紫石砚》）

(53) 和许多“黑五类”子弟一样，我身上也有一个“黑烙印”，……母亲去世前把我托给了在镇上当油漆匠的表叔公，即使这样，也未能擦掉我的“印记”……（叶文玲《紫石砚》）

这两例见于同一篇作品同一页，却一处用“虽然”，一处用“即使”。它们不是不能互换，但互换以后没有原来好。以后面的一例说，用“即使”比用“虽然”更能充分反映一种无可奈何的绝望心情；以前面的一例说，用“虽然”又比用“即使”更能如实反映能力不足的实际情况。

4.5 有一种情况，跟格式四相似。即：

甲：确实 p。

乙：即使 p（如此/这样），也 q。

这种情况常见于对话。例如：

(54) 小羊吃了一惊，温和地说：“我怎么会把您的水弄脏呢？您站在上游，水是从您那儿流到我这儿来的，不是从我这儿流到您那儿去的。”狼气冲冲地说：“就算这样吧，你总是坏家伙！……”（江苏省中小学教学研究室《语文》第三册）

“这样”复指小羊所说的事实，“就算这样”相当于“即使这样”。也有不用代词复指，而把对方所说的事实加以重复的。例如：

(55)（朱泉山：）“顾书记，我没那样想过……”（顾荣：）“即使没想过，现在也可以想想嘛”。（柯云路《新星》）

“即使没想过”也可以说成“即使这样”。

这也是一种复指，但复指的是对方提供的事实，“即使”的虚化事实的作用更为明显。说话者对对方所说的事无法否认，又不愿直截了当地承认，于是用“即使”造成灵活口气，表明只是姑且认可，不想认真计较，不想给予重视，不想纠缠到底是否真实。

这种“即使”实言句，以对方提出的事实为前提。如果对方提出的是假设，说话者所用的“即使”句就只能是假言的。例如：

甲：如果他再来，我就把他抓起来！

乙：即使这样，也不能解决问题呀！

5 结语

5.0 “即使”句有时是实言的。这就是说，“即使 p，也 q”复句不一定都是“假设复句”，它所表示的关系不一定都是“假设关系”[②]。

5.1 “即使”实言句中，p 表示的是事实；至于 q，只有格式一里的全都指事实，其他格式里的则有时指事实，有时只是一种推断。确定“即使”实言句，根据的是 p。它可能是从事实到事实的让转，也可能是从事实到推断的让转。

5.2 “即使”实言句必须在特定的语境中才具有明晰性。如果脱离特定语境，孤零零地说“即使 p，也 q”，往往会被认为是假言的，或者是真假不定的。应该承认，“即使 p，也 q”句式的基本作用是虚拟，实指是这种句式的有条件的说法。

5.3 “即使”实言句跟“虽然”实言句相通，一般都可以改为“虽然”实言句。但是，它们有不同的表达效果。“虽然”实言句，实事实说，客观性较强；“即使”实言句，撇开其内部情况的不同，综合地看，是实事虚说，所说的事往往显得若有若无，似实似虚，并且带有某种主观情绪或夸张口气，因此让步意味特重。

5.4 “即使”实言句可以联系其语境概括成一些格式。本文描写了四种：

A. 订补式：那时……即使 p，也 q。

B. 定点式：即使 p（在……时候/地方/中/里），也 q。

C. 衬因式：确实 y，因此即使 p，也 q。

D. 复指式：确实 p，但是即使 p（如此/这样），也 q。

这四种格式不一定囊括了所有的“即使”实言句，可能还有更复杂、更微妙的情况，需要进一步探讨。

5.5 汉语里，彼此相通可以互相替换的句式相当多。然而，它们既然是不同的句式，就必然有不同的作用，不同的表达效果。教学中，如果能适当地揭示一些规律性的东西，这对于帮助汉族学生更好地理解和运用母语，特别是对于帮助母语不是汉语的学生深入认识和理解汉语，将有很大的好处。

注释：

①北京大学中文系 1955、1957 级语言班编《现代汉语虚词例释》曾注意到“即使”后边的 p 表示事实的现象。见北京大学中文系 1955、1957 级语言班编：《现代汉语虚词例释》，商务印书馆 1982 年版，第 262 页。

②好些著作把“即使 p，也 q”复句归入假设复句，只说表示假设关系。如黄伯荣、廖序东主编：《现代汉语》下册，甘肃人民出版社 1983 年版。笔者把复句分为因果类复句、并列类复句和转折类复句。让步句是转折类复句的一种，“即使 p，也 q”句式是让步句式的一种。见邢福义：《复句与关系词语》，黑龙江人民出版社 1985 年版。

（原载《语言教学与研究》1985 年第 4 期，又载《第一届国际汉语教学讨论会论文选》，北京语言学院出版社 1986 年版）

反递句式

反递句式，明确点说，是反转性递进句式，指前后分句之间既有递进关系又有反转关系的一种复句句式。反递句式的代表形式是：

不但不 p，反而 q。

本文以这一代表形式作为讨论的基点，先谈反递关系，再谈反递句式四要素，然后谈显反式和隐反式，最后对反递句式的特点作个简单的归结。

1 反递关系

1.1 p 和 q 之间的关系

反递关系首先体现于 p q 之间。在“不但不……反而……”的语法框架中，把 p q 抽取出来，从关系上观察，可以知道：对 p 说来，q 是反中有递。

先说反。p q 是对立概念，从 p 到 q 关系相逆，具有反转性。充当 p q 的词语有时是明显的反义词语，有时只是凭借“不但不……反而……”的形式表示出来的临时对立现象。比较：

{他不但不哭，反而笑了。
 他不但不笑，反而哭了。

{他不但不哭，反而演得更加认真了。
 他不但不笑，反而演得更加认真了。

再说递。p q 不是矛盾概念，p 被否定并不就成为 q，从 p 到 q 包含一个推移过程，具有层递性。推移过程是：

p→非 p 非 q→q

“非 p 非 q”是存在于 pq 之间的中间状态，是由 p 到 q 的“递距”。

明确了递距的存在，我们就可以进一步明确以下三个问题：

第一，“不但不 p，反而 q”中的 p q 可以“求中”。即既排除 p，也排除 q，指明存在中间状态。“求中”的公式是：a. 既不（没）p，也不（没）q。b. 虽然不（没）q，但也不（没）q。如：

{他既没哭，也没笑。
他虽然没哭，但也没笑。

{他既没笑，也没哭。
他虽然没笑，但也没哭。

第二，不能求中的 p q 不应进入“不但不……反而……”的句式。比较：

{我不想死，我想活！
我不但不想死，反而想活！(?)

{我不想活，我想死！
我不但不想活，反而想死！(?)

“想死”和“想活”之间不存在中间状态，用“不但不……反而……”来强调毫无意义。如果一定要采用“不但不……反而……”的形式，就应想法拉开 p q 之间的距离。比如：

我不但不想死，反而想活得比谁都好！

我不但不想活，反而想死得越早越好！

第三，递距有小有大。修饰成分、连带成分等等的运用都可以扩大递距。值得特别指出的是：q 里往往用修饰成分“更加”，这既可以使 q 的程度加深，进一步拉开同 p 之间的距离，又可以从形式上显示出 q 处于较高的递进级层之上。如：

(1) 每当她来找孙如一，林素十回有九回在那里，他不但不尽快回避，让恋人们去温存亲热，反而谈兴更浓……（肖为《征婚》）

(2) 可是今天，陈炯明的心事也许是太沉重了，他一听待妾提醒他该吃饭了，不但不像过去那样欣然颔首，反而更加烦躁起

来……（黄继树等《第一个总统》）

1.2 不p和q之间的关系

如果说pq之间的关系是反中有递，那么，不p和q之间的关系就可以说是递中含反。

首先，不p和q没有对立，从不p到q具有顺性递进关系。这一点，只要把不p改为意义相等的肯定说法，就可以明显地看到。例如：

(3) 老师反复交代一定要把标语贴正，可是，你看他贴的，不但不正，反而歪得特别厉害！

“不正”的等义肯定说法是“歪”。“歪”和“歪得特别厉害”之间在程度上显然进了一层。当然，跟不p等义的肯定说法不一定都能找到现成的形式——某个常用的词语。如“不笑”，等义肯定说法是什么，回答不出来。不过，从理论上说，任何一个不p都应该有一个跟它意义相等的肯定说法，而不p的肯定说法同q之间毫无疑问具有递进关系。

其次，也应该看到，不p和q之间的递进关系里头，包含着明显的反转关系。一旦把不p改为等义的肯定说法，反转关系就会随着p的消失而消失。如例(3)，若把“不正”改为“歪”，“正”就消失，前后分句之间的反转关系也消失。反转关系消失的证据，是不p和q之间本来可以用“反而”，把不p改为等义肯定说法以后却不能再用“反而”，一定要把“反而”改为“而且”。如：

*(4) ……你看他贴的，不但歪，反而歪得特别厉害！

(5) ……你看他贴的，不但歪，而且歪得特别厉害！

可见，即使从不p和q之间的关系来观察，也可以看到“不但不p，反而q”这种句式所包含的反递关系。

2 反递句式四要素

2.1 预递词“不但”之类

构成反递句式的第一个要素是预递词“不但”之类。“不但”是预递词的代表；除了“不但”，还有“不仅、不光、不单、非但”等等。例如：

(6) 人们不仅不接受他的挑战，反而远远地避开。（赵本夫《村鬼》）

(7) ……粮菜价钱不光不降，反而升高……（吴伸《三岔镇风波》）

(8) 死崔不像往常，不单不怕他，反而比他还横……（冯骥才《神鞭》）

(9) 玻璃花非但不动心，反而把话凿死……（冯骥才《神鞭》）

预递词“不但”之类和承递词“而且”之类，是递进句式的形式标志。预递词和承递词不管是出现一对还是出现一个，都可以保证递进句式的成立。要是句子里预递词和承递词都不出现，那么，即使甲乙两事在意义上可能存在递进关系，也不能认为是递进句。如：

他不仅能作曲，而且能演唱。(递进句)

他不仅能作曲，也能演唱。(递进句)

他能作曲，而且也能演唱。(递进句)

他能作曲，也能演唱。(并列句)

反递句式从属于递进句式。反递句式中的递进关系是由预递词显示和标明的。如果缺少了预递词“不但”之类，剩下“不 p，反而 q”的形式，递进关系就缺乏标记，因而就不能构成递进句式。那么，“反而”能不能看成承递词？不能。

2.2 反转词“反而”之类

构成反递句式的第二个要素是反转词“反而”之类。我们把“反而”当作反转词的代表，不过，反转词实际上可以分为三类，“反而”跟后两类在意义和语气上有区别。

第一类：反词。包括“反而”以及“反、倒、反倒、相反、反过来”等。略举几例：

(10) 不但不进，反往外掏！（贾平凹《腊月·正月》）

(11) ……那妹子非但不像个站在街口，搔首弄姿的风流女

子，倒像被哪家主人踢出屋的可怜的猫儿。（海波《铁床》）

（12）……自从办起大社，他不但不烧香，反倒要拆庙。（刘绍棠《野丫头谷玉桃》）

（13）这样捱到第二天，不仅不见好转，相反病得更沉重了。（孙健忠《醉乡》）

第二类：转词。能在这一句式中出现的转词是“却”。例如：

（14）回场后的哲学家非但没受到大家尊敬，却成了笑柄……（叶文玲《太阳的骄子》）

（15）谁知道，三梆子非但不闹，却花钱买下这桌酒饭，反过来谢谢他。（冯骥才《神鞭》）

第三类：悖语词。包括用来加强意外语气的副词“偏偏、竟然、居然”等。例如：

（16）他瞅玻璃花这架式，非但没有赶紧回去，偏偏觍着脸笑嘻嘻地说……（冯骥才《神鞭》）

（17）……巡防士兵大声呼唤要他们靠岸，他们不但不听，竟然朝岸上开枪……（黄继树等《第一个总统》）

（18）可你老伴非但没有镇压这帮忤逆，居然用唱过歌的大嗓门说：“……趁热喝！……”（李国文《临街的窗》）

这里，应该明确三个问题：

第一，在反递句式中，反转词的作用是显示和表明反转关系。

第二，三类反转词往往可以互换使用。反词重在表明情况相反，转词重在强调情况异变，悖语词重在加强悖逆语气。反词和转词常常结合使用，标示既有“反”又有“转”。例如：

（19）朝鲜战场的战火……不但不使她感到恐惧，相反却有着使她马上投身战斗的巨大吸引力。（沈仁康《在小桥边》）

（20）好在他并没有逃走的迹象……不但没有逃走，相反，却直奔边防站而来。（刘克《康巴阿公》）

“相反”用在“却”前。如果用“反而”，便应出现在“却”后：

（21）朝鲜战场的战火……不但不使她感到恐惧，却反而有着使她马上投身战斗的巨大吸引力。

第三，“反而”不是承递词。如果认为“反而”是承递词，就得承认意义相同的“反、倒、相反”等都是，还得承认可以互换、可以同现的“却、偏偏”等也是。事实上，“反而”跟递进关系没有必然的联系，而跟反转关系的联系却是必然的、绝对的。例如：

(22) 在台上不一定什么都看得清，在台下反而看得清。(柯云路《新星》)

(23) 在台下看得清楚，在台上反而不一定什么都看得清。

这两例，至少是后一例，很难说有什么递进关系。又如：

(24) ……一个市委书记的千金小姐，怎么会看中一个下贱的罪犯，却反而看不上省委书记的儿子？(黄继树《女贞》)

这一例也说不上有什么递进关系。特别是，“却”和“反而”同现，只能认为它们都是表示反转关系的。

在“不但不 p，反而 q”句式里，p q 之间确实存在一定递进性，但这种递进性只是构成这种反递句式上的语义基础，在形式上并非依靠“反而”来显示和标明。在这一点上，“不但不 p，反而 q”和“不但 p，也 q”一样，都只用预递词，不用承递词。有的语法书，把不出现预递词的“不 p，反而 q”也当作递进句[①]，这是错觉。下面两例都应该认为是反转句：

(25) 他不因何伏兴的尖刻和发泄般的话语而生气，反而充满了对陈春梅夫妇的同情。(彭天翼《梅花坪》)(比较：“他不因……，却反而充满了……”)

(26)(老乔保)并不说责备他的话，反而自责自疚……(孙健忠《醉乡》)(比较：“并不说责备他的话，却反而自责自疚……”)

2.3 否定词“不、没”之类

构成反递句式的第三个要素是否定词“不、没”之类。我们把“不”作为否定词的代表，是因为“不”字最常用，不过用“没、没有、未”等的也不罕见。例如：

(27)(小蔷)不但没下车，反而紧蹬几下，刮风似的飞过去

了。（张斌《绿色王国》）

(28) 他非但未能压倒这人，反而被这人来嘲笑。（成一《云中间》）

在“不但不p，反而q”结构中，“不、没”之类是状语，p是受“不、没”之类修饰的谓词性肯定形式。“不、没”之类的地位和作用相当微妙。一方面，预递词“不但”标示不p与q之间的递进关系。从这方面看，“不、没”之类和p结合成了一个否定形式的语义单位。另一方面，“不、没”之类又和“反而”相照应，标示p与q之间的反转关系。从这方面看，“不、没”之类提引出p，“反而”提引出q，造成“不（没）……反而……”的反转格式。如图：

不但——————→（递中含反）

[不|p]　　[q]

不→反而←（反中有递）

“不、没”之类有时多次使用，分别提引出不同的p，成为：

不但不 p_1 不 p_2 不 p_3，反而q。

不但没 p_1 没 p_2 没 p_3，反而q。

如：

(29) 她不但不哭，不吵，不砸东西，反而变得温顺起来了。

(30) 她不但没哭，没吵，没砸东西，反而变得温顺起来了。

“不、没”之类前边有时出现别的语言成分，成为：

不但……不p，反而q。

不但……没p，反而q。

如：

(31) 水位不但一点没降，反而老在上升。

(32)（香香）不但洗脚水不帮他倒，反叫他帮着去洗碗喂猪潲。（龚笃清《夜投苦竹寨》）

有时，包含“不、没”的单位不能直接分析为“状语＋谓词性肯定形式”。或者，“不”只是补语中的修饰成分；或者，“没（有）”是动词，等于“无”，充当谓语。这种包含“不、没”的单位已经不是典型代表形式中的不p，只能记为p，p可以看作不p的变化形式。即：

不但p，反而q。

（=不但不p，反而q。）

如：

（33）他苦苦思索着，"留有异物"这念头不但压不下去，反而越来越强烈。（凯南《西风·流云·枯叶》）（=不但不能压下去……）

（34）那张嘴，猝不及防，不但开不出玩笑，竟然冻住了。（江鱼《大山，绿色的大山》）（=不但不能再开玩笑……）

（35）……他不但没有了听众，倒常常成了大家讥讽的对象……（叶文玲《太阳的骄子》）（=不但不再吸引听众……；不但不再拥有听众……）

2.4 对立概念p和q

构成反递句式的第四个要素是表示对立概念的词语p和q。

除了不p变化为q这种情况，p q一般都采取肯定形式。两个肯定形式嵌进"不但不……反而……"的框架里，这是反递句的典型模式。

有时，p可以是否定形式，但受到严格的限制。如：

（36）这么敏感的问题，他不但没有避开不谈，反而一有机会就大讲特讲。

（37）这种坏人，他不但没开除不用，反而让他当了伙食班班长。

（38）碰了钉子，他不但没躺倒不干，反而信心越来越足。

观察这些例子，可以知道：第一，p用了否定形式，q绝对不能再用否定形式。第二，p所用的否定形式是"V不V"，不V实际上是V的重复辞，从属于V。去掉不V，剩下肯定形式的V站得住；但去掉V，剩下否定形式的不V站不住。（如：这么敏感的问题，他不但没有避开，反而……|*这么敏感的问题，他不但没有不谈，反而……）第三，p用了"V不V"，P前的否定词用"没（有）"，不用"不"。

有时，q也可以是否定形式，但有明显的特点。如：

(39) 现在，不但没挣到新衣裳，反而连回家的车票钱也不够了。

(40) 结果呢，不但不能当上什么“司令”，反而连自己的老婆也不肯听从“命令”了。

这类例子表明：第一，q 用了否定形式，p 本身要求用肯定形式，而不能包含有“避开不谈”“躺倒不干”之类的否定形式。第二，q 里的否定形式由“连一也”引出。“连一也”把情况推向极端，从而强调出 q 与 p 在说话人心理上感觉上的极度对立。第三，没有“连一也”的，可以添加“连一也”，或改造成为“连一也……”。如：

(41) 大家东奔西走全是为了她。可是，她不但不感激，反而不以为然。(→……反而连大家为她东奔西走也不以为然。)

(42) 吃了药，不但不见好转，反而下不了床了。(→……反而连床也下不了了。)

凡是“不但不 p”后边用“连一也”引出了否定形式的，如果需要强调心理上感觉上的极度对立，不用“反而”时可以添上“反而”，用了“而且”时可以改为“反而”。例如：

(43) 结果喜凤妈不仅没拍屁股骂街，连大门都没开，实在没一丝风雨。(郑义《老井》)

(44) 时间一天一天过去了，他不但未按期回贵阳，而且连一封信也没有写给我。(廖静文《往事依依》)

例 (43)“连大门……”前头可以加上“反而”，例 (44)“而且”可以改为“反而”。

3 显反式和隐反式

3.1 显反式和隐反式的区别

从形式上看，显反式是用“反而”之类的词语显示了反转关系的反递句式，隐反式是隐含反转关系但缺乏反转标志的反递句式。比较：

(45) 前些时，把吴越列为“揭、批、查”的对象，他不但没有说清楚，最近却反而更加趾高气扬了。

(46) 前些时，把吴越列为“揭、批、查”的对象，他不但没有说清楚，最近更加趾高气扬了……（王昌定《招魂》）

例(45)是显反式，例(46)是隐反式。

严格地说，显反式才成其为“式”，因为它具有明显的形式标志。隐反式本身不具有不同于一般递进句式的形式标志，不过，可以添加“反而”或者把“而且”改为“反而”，毕竟在变换上不同于一般的递进句式，所以可以算作一种“隐式”。

3.2 隐反式的类型

根据是否使用承递词，隐反式可以分为两类。

(一) 使用承递连词的

常见的是使用承递连词“而且”。例如：

(47) 洗药瓶、倒痰盂、奔忙不停做“她”下手的杨兴中，不但不坏，而且好像是受了某种冤枉的好人。（叶文玲《太阳的骄子》）

(48) 从此，两个孩子不仅没有再得到一个父亲，而且又失去了自己的母亲，并且，永远地失去了。（乔血竹《弟弟，妹妹，哥哥啊！》）

有时使用承递连词“甚至”，但也可以改用“而且”：

(49) ……光凭过去的本子和经验，在今天建设时期，不但未必能成为英雄，甚至还有可能成为罪人。（边震遐《峡谷回声》）

凡是用“不但不……而且……”的隐式反递句，“而且”都可以改为“反而”。如果不能把“而且”改为“反而”，就说明并不隐含反转关系，因此同反递句式无关。例如：

(50) 不但没有热情，而且显不出真诚。（海波《铁床》）

所谓“而且”可以改为“反而”，并不是说它们可以同位替换。“而且”是连词，“反而”是副词，如果出现主语，“而且”用在主语前边，若改为“反而”，“反而”就得放在主语后边[②]。例如：

(51) 这么做，不仅防风林不会长，而且橡胶树很可能都要死去。

(52) 这么做，不仅防风林不会长，橡胶树反而很可能都要死去。

所谓“而且”可以改为“反而”，并不等于它们的作用完全等同。“不但……而且……”表递进，“不……反而……”表反转，它们互相交织套合，构成了反递句式。从理论上说，由于“而且”和“反而”各有用途，它们并不互相排斥：用“而且”时意味着后边有个可以补出“反而”的空位，用“反而”时意味着前边有个可以补出“而且”的空位。即：

不但不 p，而且∅q。

不但不 p，∅反而 q。

然而，在实际运用中，很难见到“而且”和“反而”同现的例子[③]。可能是为了语言的简练，用“而且”时“反而”隐去，用“反而”时“而且”隐去，它们是交替出现的。“可以改为”的说法，是就可以交替出现这一意义而言的。比较：

(53) 他不仅不后悔起用郎平，而且（反而）下大力锤炼她。(鲁光《敬你一杯酒》)

(54) 林吟不但没吓唬住，（而且）脸上的表情反而更认真、更执拗了。(凯风《西风·流云·枯叶》)

(二) 不用承递连词的

主要有三种情况：a. q 项用“还……”；b. q 项用“连一也……”；c. q 项什么关系词语都不用。各举一例：

(55) 她不仅不生气，脸上还挂着一种小姑娘似的顽皮。(韦光《新上任的考勤员》)

(56) 不但他没有“上去”，连已经升上去的陈淳安也“落”下来了。(叶文玲《太阳的轿子》)

(57) 这样，不仅不能成为建设“红色根据地”的力量，很可能成为贫下中农身上的负担。(刘鹏越《安魂曲》)

这类反递句，可以添加承递连词，使之成为使用承递连词的反递句：她不仅不生气，而且脸上还……|不但他没有“上去”，而且

连……|不仅不能成为建设"红色根据地"的力量，而且很可能……。

这类反递句，由于未用"而且"，因此可以直接添加"反而"，使之成为显反式反递句：她不仅不生气，脸上反而还……|不但他没有"上去"，反而连……|不仅不能成为建设"红色根据地"的力量，反而很可能……。

既然这类反递句里既可以补上"而且"，又可以补上"反而"，而"而且"和"反而"又不能同位互换，那么，这就意味着留有两个可以分别填上承递连词和反转词的空位，即：

不但不 p，ØØq。

若补上"而且"，意味着后边还有个可以补出"反而"的空位；反之，若补上"反而"，意味着前边还有个可以补出"而且"的空位。如：

(58) ……不仅不见钱，反还得了"营养"。(黄尧《荒火》)

上例的"还"前已用了"反"，这意味着前边还留有一个可以补上"而且"的空位。

3.3 显反式和隐反式的使用

一个反递句，在同上句意义逆承的时候，多用显反式。上句和本句之间用"但"类连词，或者可以添加"但"类连词。例如：

(59) 艾蒿在我和柴禾走后，孤掌难鸣……然而，他不但不肯揭发我的罪行，反倒为我鸣冤叫屈，留党察看仍不改口。(刘绍堂《野丫头谷玉桃》)

(60) 矮子贵二又叹一口气，莫奈何，说出了大狗送香草电子手表的事。(但是) 香草非但不怕丑，反以此为荣耀，故意拿话来激他。(孙健忠《醉乡》)

有时，上句和下句之间也用"不料、谁料、没想到"之类，既表转折，又强调意外：

(61) 这一天，按照工程指挥部党委的决定，本来是全面停工休息。不料，围堰工区有一个民工中队在年终评比的红榜发布时，不但没能乘上火箭和飞机，偏偏骑上了小毛驴——当了下游……

(边霞遐《峡谷回声》)

(62) ……没想玩过十天，蝎子不但未死，其中一个母的，竟在背部裂开，爬出六只小蝎。(贾平凹《天狗》)

一个反递句，在同上句意义顺承的时候，多用隐反式。常见的情况有两种。

第一，同上句连环相接。不p重复上句意思，又通过“不但……(而且)……”引出进一层的意思。例如：

(63) 只有一个人不笑，不但不笑，而且流露出不满的神色……(李国文《花园街五号》)

(64) ……他稳坐摊前不去劝解。不仅不劝解，还捂着嘴偷偷地笑。(吴伸《三岔镇风波》)

第二，同上句因果相承。上句为因，本句为果，可以添上“因此”之类。例如：

(65) 她要在各方面造成顾堃的坚定情绪。(因此)不仅不能让任何悲观的阴影侵袭他，而且要在他周围造成一个乐观的环境影响！(柯云路《一个系统工程学家的遭遇》)

(66) ……化工厂生产的溴素，因违反操作规程出废品赔了本，(因此)非但不能给奖，还扣了分……(叶文玲《太阳的骄子》)

不过，上下文意义的顺逆固然对显反式和隐反式的使用有一定的影响，但并不是决定性的。说到底，如果说话人要强调p q之间的反转关系，即使同上文意义顺承，也会用显反式；反之，如果说话人要强调不p和q之间的递进关系，即使同上文意义逆承，也会用隐反式。例如：

(67) 果然，马守山这一步棋走对了，孙之翔成了市革委会副主任。(因此)马守山不仅没有被打倒，反而成了解放干部，进了三结合的班子。(纯民《报上没有消息》)

(68) 应保诚虽然对这一点恼火得要命，但他现在非但一点也不能发火，而且还应处处表现轻松愉快才是。(叶文玲《太阳的骄子》)

4 特点小结

反递句式是一种有用而能产的特殊的递进句式。跟一般递进句式相比较，反递句式的特点可以归纳为以下几点。

4.1 从外部形式看，以“不但不p，反而q”作为代表格式。尽管“不但”还有“不仅、不光”等等说法，“不”还有“没、未”等等说法，“反而”还有“反、倒”等等说法，并且可以替换为“却、偏、竟”等等说法，但是，说法不管怎么变化，都可以演化归统到“不但不p，反而q”这一形式上来；尽管“不但不p，反而q”只是有反转标记的显反式，有时还有不用反转标记的隐反式，但是，不管是什么样的隐反式，也都可以演化归统到“不但不p，反而q”这一形式上来。

4.2 从内部关系看，混合了递进关系和反转关系。p与q之间，有明显的反转关系，但又存在“递距”，是反中有递；不p与q之间，有明显的递进关系，但又包含反转义素，是递中含反。这种内部关系的二元性，构成了反递句式的特殊的逻辑基础，从而制约着反递句式可以采取的种种形式。

4.3 从外部形式和内部关系的联系看，套合了各有用途的两个框架：连词框架“不但……（而且）……”和副词框架“不……反而……”。“不但……（而且）……”重在显示和标明不p与q之间的递进关系，“不……反而……”重在显示和标明p与q之间的反转关系。“而且”和“反而”一般不同现，但在理论上可以认为存在“不但不p，而且反而q”的格式，这一格式在实际语言运用中可以表现为“不但不p，反而q”的显反式，也可以表现为“不但不p，而且q”的隐反式，还可以表现为其他各种形式。

最后，应该指出，反递句前后分句的主语一般是相同的，而且多在前一分句出现。也有前后分句主语不同的，但很少。如果把主语记为S，让它也在格式中展现出来，就成为：

S 不但不 p，反而 q。

S_1 不但不 p，S_2 反而 q。

不但 S_1 不 p，S_2 反而 q。

后两个格式代表前后分句主语不同的两种反递句：

一种是 S_1 和 S_2 之间具有从属关系。如例（55）的“她”和“脸上”，例（62）的“蝎子”和“其中一个母的”。又如：

（69）他不但没有当上书记，他的科长职务反而被撸掉了。

另一种是 S_1 和 S_2 代表处于对立两端却有着同样结果的人或事物。如例（52）的“防风林”和“橡胶树”。又如：

（70）不但台下的不能挤上去，台上的反而全都被赶了下来。

（71）不但落水的没有救起来，救人的反而也跟着送了命。

注释：

①张志公主编：初级中学课本《汉语》第五册，人民教育出版社 1957 年版，第 51 页。

②“相反”出现的位置，跟“而且”相同，跟“反而”不同。“相反”是形容词。用在分句与分句之间的“相反”有点像连词，但实际上还是形容词，顶多只能算形容词的弱化用法。可参看邢福义：《词类辨难》，甘肃人民出版社 1981 年版，第 22 页、第 121 页。

③不是完全没有。例如：家丑不可外扬，而且说出去反而让人家笑他是傻瓜。（郑万隆：《红灯　黄灯　绿灯》，《当代》1982 年第 3 期，第 63 页）

主要参考文献

[1] 吕叔湘. 现代汉语八百词 [M]. 北京：商务印书馆，1980.

[2] 马真. 说“反而”[J]. 中国语文，1983 (3)：172-175.

（原载《中国语文》1986 年第 1 期）

让步句的考察

一 让步句的共性

让步句是先让步后转折的复句，也可以叫作让转句。例如：

（1）虽然他说确有其事，我还是不相信。

（2）即使他说确有其事，我还是不相信。

这两例都是让步句。前一例可以用“虽然 p，但 q”作为代表格式，简称“虽然”句；后一例可以用“即使 p，也 q”作为代表格式，简称“即使”句。

黎锦熙先生的《新著国语文法》，在“让步句”下面讲“虽然”和“即令”等，指出前者重在表事实上之容认，后者重在表心理上之推宕[1]。吕叔湘先生在《中国文法要略》中指出：“容认句和纵予句属于同类，通常合称为让步句；所谓让步，即姑且承认之意。”[2]对于让步句的看法，二位先生是一致的，他们都认为“虽然”句和“即使”句都是让步句的子类[3]。

让步句的共性，可以从它的子类“虽然”句和“即使”句中归纳出来（如下表）。这就是说，让步句，不管是“虽然”句或“即使”句，都同时具有让步性和转折性，而不管是让步性还是转折性，都同时具有意义和形式两个方面的特征。

		虽然 p，但 q	即使 p，也 q
让步性	意义，姑且承受	+	+
	形式，用让步词	+（虽然）	+（即使）

续表

		虽然p，但q	即使p，也q
转折性	意义，pq逆向	＋	＋
	形式，用“但”类词	＋	＋（强化式）[4]

二十世纪五十年代中期以来，在中学语法教学系统中，在一部分大学的语法教材中，不提让步句，“虽然”句和“即使”句被分离开来，分别归到转折句和假设句这两个复句类里面。为什么让“虽然”句和“即使”句分属两类呢？根据是，“虽然”句表示事实，而“即使”句表示假设。为什么让“即使”句归入假设句，从而取得同“如果”句并列的地位呢？根据是，“即使”句和“如果”句一样都表示假设。总而言之，“即使”句与谁分，与谁合，都是以表示假设为根据的。然而，这一根据能经得起检验吗？

首先，从事实方面来检验。有的“即使”句，说的是事实，而不是假设。虽然表示事实的“即使”句依赖一定的语境，在使用上有一定的条件，但毕竟不是表示假设。这一点，笔者已有专题论述[5]，这里只略举两例：

(3) 杨老是奋斗发家的，因此即使他后来家财万贯，也还始终保留着节俭的本色，有时未免给人有些过分的感觉。（陈祖德《超越自我》）

(4) 她不是不知道，李珊现在绝对不会构成对她的任何实际威胁，即使如此，她也不能善罢甘休。（柯云路《一个系统工程学家的遭遇》）

上例的“即使”都可以改成“虽然”，由它引出来的事情都是已然的。把这样的“即使……也……”叫作假设句，合适吗？

其次，从分类标准方面来检验。退一步说，即使所有的“即使”句都表示假设，上述的分合在标准上也是没有遵守同一律的，因而是混乱的。比较：

		p q之间的关系	
		p q顺 承	p q逆 承
p同事实的联系	p指事实	因为下雨，不能施工。	虽然下雨，也能施工。
	p指假设	如果下雨，不能施工。	即使下雨，也能施工。

从 p q 之间的联系来看同异，这是一个角度，一种根据；从 p 同事实的联系来看同异，这又是一个角度，一种根据。作为分类标准，它们是互相冲突的。比较：

	根据 p q 之间的联系	根据 p 同事实的联系
“因为”句和“虽然”句	不同类	同类
“因为”句和“如果”句	同类	不同类
“如果”句和“即使”句	不同类	同类
“即使”句和“虽然”句	同类	不同类

应该严格按照 p q 之间关系的异同来决定复句类的分合。因为这一标准可以贯彻到所有的复句，包括并列句、选择句、递进句等等。如果在同一个分类系统中忽而以 p q 之间的关系作为标准，如把“因为 p，所以 q”叫作因果句，把“虽然 p，但 q”叫作转折句，忽而又抛开这一标准，根据 p 同事实的联系来分类，如把“如果 p，就 q”和“即使 p，也 q”都归为假设句，把“只有 p，才 q”和“无论 p，都 q”都归为条件句，这就不能坚持标准的同一性和一贯性，导致了混乱。

从 p q 之间的关系来考察，“虽然”句和“即使”句有明显的共性。这一共性，决定了它们在复句系统中的地位[⑥]：

- 复句
  - 因果类复句
  - 并列类复句
  - 转折类复句
    - 转折句（纯转句）
    - 让步句（让转句）
      - 容认性让步句（“虽然”句）
      - 虚拟性让步句（“即使”句）
    - 假转句

二 让步句的范围

让步句的共性，是让步句的类特征，是让步句区别于非让步句的特性。作为类特征，这种共性既已从“虽然”句和“即使”句中归纳了出来，就可以成为演绎的依据。用来检验其他句式，看看是否具有让步句的特征，从而进一步从子类的审定上明确让步句的范围。

假设：M＝让步性＋转折性。那么，下面的演绎公式就可以用来审定“虽然”句和“即使”句以外的其他句式：

凡是具有 M 特性的都是让步句。
X 具有 M 特性，
———————————————
因此，X 是让步句。

先看“无论 p，都 q”句式。

第一，“无论 p，都 q”句式有让步性。“无论、不论、不管”之类是让步性的形式标志。单说 p，别人不知道尚未说出来的话到底是顺承还是逆承；只要说成“无论 p”，就立即形成“掉转之势”[7]，别人一听就知道这是故意让步，姑且承认，接下去将要说出来的话一定逆承[8]。比较：

天气多好！—┌顺承：让我带玲玲到公园去玩玩吧！
　　　　　　└逆承：我和玲玲却只能整天整天地待在家里！

无论天气多好，—┌顺承：——
　　　　　　　　└逆承：我和玲玲都只能整天整天地待在家里！

在这一点上，“无论”之类和“虽然”之类、“即使”之类是相同的。比较：

无论环境怎么险恶，—┌顺承：——
虽然环境特别险恶，—│
即使环境再险恶，　—└逆承：①他都愿意来。
　　　　　　　　　　　　　　　②他都坚持写作。
　　　　　　　　　　　　　　　③我都能挺得住。

第二，“无论 p，都 q”句式有转折性。前后分句之间往往可以加上“但”类词，这是最有说服力的证明[9]。可以只加一个连词“但、可”之类：无论天气多好，但我和玲玲都只能整天整天地待在家里！也可以只加副词“却”：无论天气多好，我和玲玲却都只能整天整天地待在家里！还可以同时并用连词和副词“但……却……”：无论天气多好，但我和玲玲却都只能整天整天地待在家里！下面分别举出作品中的实际用例。

单用“但、可”之类的，如：

(5) 敌人无论怎样对党进行恶毒攻击，造谣中伤，但铁一般的事实是怎样诬蔑也改变不了的。(沈醉《我这三十年》)

(6) 这女子，不管身上有些什么毛病，可干起工作来那股玩命劲，就像着了魔似的。(古华《相思树女子客家》)

单用“却”的，如：

(7) 不管蛇蚤在床上的遗迹究竟是什么，它在雯雯身上留下的却是非常明确：雯雯浑身都是疙瘩。(王安忆《68 届初中生》)

“但”和“却”并用的，如：

(8) 不管她平时对大学生有多少抱怨，但在这“外人”面前，她却忍不住反唇相讥了……(王如意《我是一片绿叶》)

第三，作为旁证，已被确认的让步句往往可以转化为“无论”句，如果具有可转化的语义基础的话。转化时，除了变动让步词和增添跟让步词配合使用的某个成分，基本的造句材料完全保留。例如：

(9) 他虽然笨，也晓得共产党历来主张集体化。(高晓声《陈奂生包产》)

(10) 即使别人对他说露骨的恭维话，他也毫无反应。(蒋子龙《拜年》)

把“虽然、即使”改为“无论、不管”之类，并且添加“怎么、多少”之类，就成为“无论”句：

(11) 他不管怎么笨，也晓得共产党历来主张集体化。

(12) 无论别人对他说多少露骨的恭维话，他也毫无反应。

再看，“宁可 p，也 q”句式。

第一，“宁可 p，也 q”句式有让步性。“宁可、宁愿、宁肯、宁”等是让步性的形式标志。单说 p，尚未说出的 q 顺承逆承都有可能；只要说成“宁可 p”，别人一听就知道这是姑且忍让，具有“掉转之势”，尚未说出的 q 一定是逆转的。比较：

别人不义，—顺承：我们不仁。
　　　　　　逆承：我们不可不仁。

宁可别人不义，—顺承：——
　　　　　　　　逆承：我们不可不仁。

在这一点上，“宁可”之类和“虽然”“即使”等相同。比较：

当时，他宁可被捕入狱，—
当时，他虽然被捕入狱，—
当时，他即使被捕入狱，—
顺承：——
逆承：①也不出卖朋友。
　　　②也不违背良心说瞎话。
　　　③也要把这部小说写下去。
　　　……

第二，“宁可 p，也 q”句式有转折性。最好的证明，还是前后分句之间往往可以加上“但”类词[10]。既可加上连词“但、可”之类，“宁可别人不义，但我们不可不仁”；也可以加上副词“却”，“宁可别人不义，我们却不可不仁”。下面是引自文学作品的几个实际用例。

加连词“但、可”的，如：

(13) 宁可慢些，但要好些！(李国文《花园街五号》)

(14) (芬酷爱花，) 她宁可几年不添一件新衣服，可房里决不能断了花卉……(程乃珊《蓝屋》)

加副词“却”的，如：

(15) 祖母宁可让她丫头打扮得妖里妖气，到前面门房找男仆们厮混，女仆则或由她们请假回去，多日不来，或由她们随意偷懒，却把个冢媳当作牛马一般支使起来。(苏雪林《棘心》)

第三，作为旁证，已被确认的让步句往往可以转化为“宁可”句，如果具有转化的语义基础的话。转化时，一般只需要改动让步词。例如：

(16) 虽然多花钱，他也不肯放过这个机会。

(17) 即使少睡点儿觉，也要把这篇文章写完。

把“虽然”“即使”改为“宁可、宁肯”之类，便成为“宁可”句：

宁可多花钱，他也不肯放过这个机会。

宁可少睡点儿觉，也要把这篇文章写完。(吕叔湘主编《现代汉语八百词》用例)

综上所述，可以知道，“无论”句和“宁可”句也应该归入让步句。这就是说，现代汉语让步句的子类，目前可以确定的有四个：①“虽然”句；②“即使”句；③“无论”句；④“宁可”句。这样，让步句的范围便在逻辑验证的基础上合理地扩大了。

三　实让、虚让、总让和忍让

让步句的四个子类可以分别叫作容认性让步句、虚拟性让步句、无条件让步句和忍让性让步句。它们既有共性，又有特性。形式上，它们所用的让步词有所不同；表达上，它们所起的作用有实让、虚让、总让、忍让的区别。看表：

让步句			
种类	代表格式	作用	举例
容认性让步句	虽然 p，但 q。	实让	他们虽然自己挨饿， 也要把口粮省下来。
虚拟性让步句	即使 p，也 q。	虚让	他们即使自己挨饿， 也要把口粮省下来。
无条件让步句	无论 p，都 q。	总让	他们无论自己怎么挨饿， 也要把口粮省下来。
忍让性让步句	宁可 p，也 q。	忍让	他们宁可自己挨饿， 也要把口粮省下来。

（一）关于实让

实让是对事实的让步。这种让步句承认 p 事实的存在，却不承认 p 事对 q 事的影响。它故意借 p 事来从相反的方向托出 q 事，使 q 事特别突出，引人注意。比较：

（18）李晖是高干子女，干起活来有种自视清高的娇气劲儿。

（19）李晖是高干子女，但是干起活来没那种自视清高的娇气劲儿。

（20）李晖虽说是高干子女，干起活来却没有那种自视清高的娇气劲儿。（郑万隆《红灯 黄灯 绿灯》）

例（18）是因果句，反映有些高干子女在人们的印象中造成的一般看法；例（19）是一般的转折句，即纯转折句，表明李晖这位高干子女不同于一般的高干子女；例（20）是容认性让步句，先让后传，借“虽说”明确认定李晖是高干子女的事实，造成欲擒先纵的气势，从而衬托出这位高干子女不同于一般高干子女的表现，产生积极的强调作用。

凡是实让都是从事实出发，为了取得强调的效果，在语句的选用上可以有各种各样的变化。但是，不管怎样，都以尊重客观事实为基点。从这一点上说，实让是一种理性的让步。

（二）关于虚让

虚让是对虚拟情况的让步，或者是带虚拟口气的让步。同实让一样，虚让也是故意从相反的方向借 p 事来托出 q 事，强调 q 事不受 p 事的影响。不同的是，实让的 p 一定指事实；虚让的 p 一般是假设，不是假设的也带上一定的虚拟口气。

虚让可以分为假言虚让和实言虚让。

假言虚让是纯粹假设的虚让，包括理性假言虚让和夸张假言虚让两种。理性假言虚让尽管不完全排除夸张的因素，但可以成为事实；夸张假言虚让完全是动了感情的夸张，不能成为事实。由于假言虚让是夸张的或包含夸张的因素的，因此总的说来强调的意味比实让更重。例如：

(21) 即使你头发全白了，我照样可以认得出来。(理性假言虚让)(可以成为事实)

(22) 即使你烧成了灰，我照样可以认得出来。(夸张假言虚让)(无法成为事实)

(23) 你即使讨个哑巴，我也不拦你！(理性假言虚让)(可以成为事实)

(24) 你即使讨个猪婆，我也不拦你！(夸张假言虚让)(无法成为事实)

实言虚让是实事虚说的一种虚让。p 指的是事实，但用“即使”使它带上了一定的虚拟口气。实言虚让里的“即使”一般都可以改为“虽然”，然而二者的表达效果有所不同[11]。总的说来，用“虽然”时是实事实说，直截了当，明确认定；用“即使”时所说的事显得若有若无，似实似虚，隐隐约约，如果脱离具体的语境就有可能被认为是假言的。比较：

(25) 平日，他少言寡语，只把心操在编辑工作上，虽然有点小小的不顺心，也常常就在肚子里消化了。

(26) 平日，他少言寡语，只把心操在编辑工作上，即使有点小小的不顺心，也常常就在肚子里消化了。(可这一回，他实在无法冷静了。)(毕力格太《周编辑外传》)

例 (25) 用“虽然”，一看便知“有点小小的不顺心……”是事实。例 (26) 用“即使”，以虚拟口气述说事实，须要联系“平日……可这一回……”的具体语境，才可以肯定“有点小小的不顺心……”是实言的。

(三) 关于总让

总让是对各种条件的总体性让步。“无论 p”提出各种可供选择的条件，统统认可，“一揽子”包下，又统统排除，“一揽子”甩开，这样，就特别强调了结果 q 的出现不受 p 的任何影响。前分句在格式上要求具有任指性和选择性。任指性，用任指词“谁、什么、怎么”之类表示出来；选择性，用选择词“或者、还是”之类表示出来。任指性和选择性互相蕴涵：任指性含选择性，选择性含任指性。用任指形式时，一定蕴含选择性；反之，用选择形式时，一定蕴含任指性。

对总让来说，所让步的情况是“虚”是“实”并不重要。p可以是假言的，也可以是实言的[12]。如：

(27) 不管别人再拿什么玩笑打岔，我也没兴致了。(张贤亮《肖尔布拉克》)

“别人再拿什么玩笑打岔”是情况的假设。

(28) 不管她如何地勤俭、刻苦、自励，日子总是过得十分艰难。(姜滇《清水湾，淡水湾》)

(29) 不管姐姐怎么数落、怨恨，小伙子只是低着头，不敢还腔。(常庚西《深山新喜》)

“她”如何如何“勤俭、刻苦、自励”，这是过去发生的事实，不是假设；“姐姐”怎么怎么“数落、怨恨”，这是正在发生的事实，也不是假设。

由于总让重在统统认可、统统排除，在要强调某种结果的出现不受所涉及的任何条件的规约时，采用这一句式效果最好。比较：

(30) 尽管反动派企图阻止历史车轮的前进，革命或迟或早总会发生，并且将必然取得胜利。

(31) 不管反动派怎样企图阻止历史车轮的前进，革命或迟或早总会发生，并且将必然取得胜利。(毛泽东《在最高苏维埃庆祝伟大的十月社会主义革命四十周年会议上的讲话》)

例(30)是实让，例(31)是总让。为了强调社会发展规律不以人们的意志为转移，加强语句的力量和气势，用总让比用实让更能给人以一种势不可挡的感觉。

(四) 关于忍让

忍让是心理上意志上的让步。“宁可”是表忍让之词，加“宁可”表明在别无选择的情况下对不乐意而为之的事情不得不有所忍让，以便实现某种决心。由“宁可p”转出的“也q”如果采用肯定形式，是强调决心“要怎么样”；如果采用否定形式，是强调决心“不怎么样”。例如：

(32) 宁可孤注一掷，也要弄个明白。(朱春雨《大地坐标上的赋格》)

(33) 宁可自己一个人担风险，也不能让王主任有个三长两短。(杨志杰《选拔》)

在虚指实指问题上，忍让跟总让相同。p所说的事可以是假设，也可以是事实。例如：

(34) 在必要的时候，我们宁可自己挨饿，也要让孩子们吃饱。

(35) 三年困难时期，他们宁可自己挨饿，把省下的口粮留给向红。(顾笑言《洪峰通过峡谷》)

例 (33)“我们自己挨饿”是假设，例 (34)“他们自己挨饿”已成为事实。

在理性与夸张的问题上，假言忍让跟假言虚让相似。所说的事可以是理性的，尽管往往带夸张口气，但不是不能成为事实——这是理性假言忍让；所说的事也可以是纯夸张的，尽管表达了十分真实的感情，但不能成为事实——这是夸张假言忍让。例如：

(36) 宁肯死，宁肯跳进山洪，也不让那俩坏蛋逮住。(王笠耘《春儿姑娘》)

(37) 宁可自己进地狱，也要成全她上天堂！(肖为《不能改正的错误》)

这两例的前分句都有不要活的意思。但前一例的“死”“跳进山洪”可以实现，只是语气上有所夸张；后一例的“进地狱”则是不能实现的纯夸张，只反映感情的真实。

从表达上看，在不得不有所抉择的情况下采用忍让句式，最能突出强调抉择的决心；如果所说的情况不要求有所抉择，就不能采用这一句式。例如：

(38) 宁可少生产一些，也一定要把设备维修好。（邓小平《关于发展工业的几点意见》）

(39) 宁可少生产一些，他也不会有意见。(?)

例 (38)“宁可”强调对“少生产一些”的忍让，从而突出“一定要把设备维修好”的抉择决心。“宁可”可以改为“即使”，但改为“即使”以后忍让意味就消失了。例 (39) 不能成立，因为不存在通过对“少生产一些”的忍让来实现“他不会有意见”的决心的关系。如果把“宁可”改为“即使”，说成“即使少生产一些，他也不会有意见”，这完全可以，但这便成了虚让句式，用来揭示事物之间的联系或关联，跟心理上意志上的让步无关。

注释：

①黎锦熙：《新著国语文法》，商务印书馆 1956 年版，第 299 页。

②吕叔湘：《中国文法要略》，商务印书馆 1957 年版，第 440 页。

③《新著国语文法》中只出现“即令、纵令”等词，未出现“即使”。不过“即令、纵令”和“即使”是相当的。

④邢福义：《复句与关系词语》，黑龙江人民出版社 1985 年版，第 162～164 页。

⑤邢福义：《现代汉语的“即使”实言句》，《语言教学与研究》1985 年第 4 期，第 34 页。

⑥对复句分类系统的比较具体的描述，参看拙作《复句与关系词语》，又可参看华萍：《复句问题论说》，《华中师范大学学报》1985 年第 1 期，第 37 页。

⑦马建忠说：“未转而姑然之，则掉转之势已成。”见马建忠：《马氏文通校注》，中华书局 1956 年版，第 397 页。

⑧“无论 p，都 q”句式中 p q 之间的顺逆关系比较复杂，加上“但”类词的可能性需要作具体分析。参看邢福义：《“但”类词和“无论 p，都 q”句式》，《中国语文》1984 年第 4 期，第 248 页。

⑨邢福义：《“但”类词和“无论 p，都 q”句式》，《中国语文》1984 年第4 期，第 248 页。

⑩邢福义：《“但”类词对几种复句的转化作用》，《中国语文》1983 年第 3 期，

第 167 页。

⑪“即使”和“虽然”在表达效果上的比较，拙作《现代汉语“即使”实言句》中有较具体的阐述。

⑫《现代汉语八百词》说：“‘不管……’表示一种假设……”这等于认为总让句式的 p 总是假言的。见吕叔湘主编：《现代汉语八百词》，商务印书馆 1980 年版，第 272 页。

（原载《汉语研究》1986 年第 1 辑）

转折词和“如果说p，那么q”句式

1. “如果说p，那么q”是假设句式的一种。“那么”有时不出现，但可以补上。一般的语法教科书上说，用“如果”引出的假设复句之中不能用转折词，否则就是病句。从一般的情况看，情况确是如此。然而，“如果说p，那么q”这种假设句式有时却是可以加上转折词“却”的。即：

如果说p，那么q。

→如果说p，那么却q。

例如：

(1) 如果说，职位尚可补偿的话，那么青春却是逝水难复了。(杨乐明《孤独的马克辛》)

(2) 如果说，大秀的心绪是可以谅解的，那么，那个吴老师——“我”和大秀停留于同一思想水平上，却是我们所不能满意的。(陈惠芬《相识在广袤的大地》)

(3) 如果说，全村人对王刚的胡来还仅仅是指责，现在对于李崮却是深恶痛绝了！(赵本夫《村鬼》)

例(1)(2)是“如果说p，那么却q”；例(3)是“如果说p，却q”，但可以加上“那么”。

2. “如果说p，那么q”这种句式表示说法上的假设和结论。

它总是以某种说法为假定的前提，引出有关联的某个结论，分句与分句之间具有比较性或注解性。运用这一句式，可以加深人们对事情的印象。

“如果说p，那么q”这种句式并不是任何时候都可以加上“却”

字的。这要分为比较性和解注性两类来观察。例如：

A 组

(4) 如果说在内战时期左倾机会主义路线统治苏区和红军党的时间并不算很长，在遵义会议以后已经基本上纠正过来了的话，那末，左倾机会主义路线统治白区党组织的时间是很长的。(刘少奇《六年华北华中工作经验的报告》)

(5) 如果说她是反毛泽东思想，你也同样是。(刘炜《弱者》)

B 组

(6) 如果说做学问有什么诀窍，那么最大的诀窍就是勤奋。

(7) 对于我，如果说也有幸福的时代，那就是在农村度过的童年岁月。(孙犁《澹定集·答吴泰昌同志》)

A 组的例 (4) (5) 是比较性的。p 和 q 是用来比较印证的两个说法、两种情况。B 组的例 (6) (7) 是解注性的。p 是提出一个说法、一种情况，q 用来对 p 做进一步的解释说明。

解注性的“如果说 p，那么 q”不具备转折的逻辑基础，因此不能加上转折词“却”。如例 (6) 不能说成“……那么最大的诀窍却是勤奋”，例 (7) 不能说成“……那却是在农村度过的童年岁月”。

比较性“如果说 p，那么 q”又有两种：一种表示相对性的比较，如例 (4)；一种表示类同性的比较，如例 (5)。表示相对性的比较的，可以加“却”，如例 (4) 可以说成“……那末，左倾机会主义路线统治白区党组织的时间却是很长的”。表示类同性的比较的，不能加“却”，如例 (5) 不能说成“……你却也同样是”。比较：

(8) 如果说他是一条龙，那么，你只是一条虫。

(9) 如果说他是一条龙，那么，你自然也是一条龙。

例 (8) 是相对性比较，可以说成“那么，你却是一条虫”。例 (9) 是类同性比较，不能说成“那么，你却也是一条龙”。

3. 表示相对性比较的“如果说 p，那么 q”，相对的内容又有不同的情况。有的，相对的事情分处两端，彼此对立；有的，相对的事情处于不同的等级，彼此有差距。不过，有对立、有差距都能形成矛盾，因而都具备转折的逻辑基础。从表面上看，只要有强调的必要，都可以加转折词“却”。如例（1）“尚可补偿”和“逝水难复”，两件事情完全对立，加了“却”；例（3）“指责”和“深恶痛绝”，两件事情在程度上形成差距，也加了“却”。又如：

（10）如果说，樊福林身上集中了小镇的一面，那么，他身上却恰恰集中了小镇的另一面……（周梅森《小镇》）

（11）如果说入学之初，她与都市同学的相形之下的寒伧，使她为自己的家乡而不平，那么，今天，她的寒伧却使她为自己的民族而哀痛了。（张曼菱《北国之春》）

例（10）“小镇的一面”和“小镇的另一面”，两个方面的情况形成对立，“却”起了强调作用。例（11）“为自己的家乡而不平”和“为自己的民族而哀痛”，激愤的情绪在程度上差距很大，“却”也起了强调的作用。

情况的对立有时可以不在词面上直接反映出来。比如：

（12）如果说，在这批镀金的中学生中，于少雄谁也不放在眼里的话，那么杨子丰却是一个例外。（谌容《散淡的人》）

不说“放在眼里”而说“是一个例外”，这是为了变换词面，避免用语的重复。

4.“如果说 p，那么 q”里的“说”有时不出现，但可以添上。因此，看起来是“如果 p，那么 q”，实际上还是“如果说 p，那么 q”。如：

（13）对于一个知识分子来说，如果字如其人，那么，书房也如其人。（德兰《求》）

这一例等于说“如果说字如其人，那么……”。这里不能加“却”，这是因为所作的比较是类同性的。

同样，“如果说 p，那么 q”里的“说”有时不出现，但可以添加。因此，看起来是“如果 p，那么却 q”，实际上还是“如果说 p，那么 q”。如：

（14）假如这张脸上曾有过一些美的东西的话，今天却已经荡

然无存了。(周梅森《小镇》)

“假如”就是“如果”。这一例等于说“假如说……那么今天却……”(“如果说……那么今天却……”)。由于两种情况存在对立，并且需要强调，所以这里用了“却”。

跟一般的假设句式“如果 p，那么 q”相比较，“如果说 p，那么 q”显然是一种特殊的假设句式。一般的假设句式“如果 p，那么 q”表示由假设推导出结果或结论，分句与分句之间有假设性的顺承因果联系，是不能加“却”的。因此，看到“如果 p，那么却 q”的现象时，应该知道是由“如果说 p，那么却 q”省“说”变成的，不要以为一般的假设句式“如果 p，那么 q”里可以用“却”。

5. “如果说 p，那么 q”句式里出现的转折词，常见的是“却”，但有时也可以用“可”。例如：

(15) 如果说，我们过去有点糊涂，可现在已经阵线分明，我们还能糊涂下去吗？(申文钟《山翠菊香》)

(16) 如果说是工作作风的问题，可我又觉得不尽然。(张晓明《青山遮不住》)

(17) 如果说当初我在彩画车间时，与罗家驹有一点潜在的紧张，可我去了罗长贵那组，我俩的关系没有丝毫冲突。(冯骥才《感谢生活》)

应该注意的是：用了“可”，“那么”不能再出现。

(原载《语文建设》1986 年第 3 期)

现代汉语的“要么p，要么q”句式

“要么”是现代汉语表示选择的重要关系词语，一般语法教科书讲得很少。本文打算讨论两个问题：1. 使用“要么”的几种情况；2.“要么p，要么q”句式和它的同义形式的细微差别。

1

1.0 先谈谈使用“要么”的几种情况：双用；多用；单用。

1.1 “要么”双用

复句里，“要么……要么……”一般成双配对，引带p q，成为前后两个选择项的标记。即：

要么p，要么q。

这一句式明确限定选择对象，强调二者择一，别无他物。所表示的选择，可以是可能性的，也可以是交替性的[①]。例如：

(1) 他不知道这是怎样造成的，要么是自己想得太多了，要么就是宋丹身上的一种什么东西征服了他。(黑子《阴影》)

(2) 是么！人家要么神气十足，要么高深莫测的，咱们还是远着点走吧！(乔雪竹《天边外》)

例(1)是可能性选择。提供选择的是两种可能的情况，未经证实。例(2)是交替性选择。所说的情况在不同人物身上发生，已成事实，语意跟“有的……有的……”相近。(“人家”指“穿着四个兜的制服”的“一群人”。)

有的语法书把成对的“要么……要么……”和成对的“不是……

就是……”同等看待，讲得很肯定，很绝对。如《汉语知识》说：“用‘不是……，就是……’‘要么……，要么……’关联的句子，只表示‘二者居其一’，语气更肯定些，这样的关联词语必须成对地用，不能单用一个。”②

1.2 “要么”多用

不管是可能性选择还是交替性选择，一个复句里“要么”所关联的选择项都不一定限于两个。有时出现三个或四个选择项，因此相应使用三个或四个“要么”。即：

要么 p，要么 q，要么 r，要么 s。

连用三个“要么”的现象，如：

(3) 曾经有过几种打算，把一应家具卖了，连同银行存款，要么一起寄交环珲河北老家的家属，要么全部交作党费，要么充作县委机关的职工福利。(古华《云烟街夜话》)

(4) 这一刻，家属院里的老夫老妻、少夫少妻破天荒地没有了甜言蜜语，儿女情长，感情不合的也没有斗嘴。要么相对无言，要么少言寡语，要么低声核计着今后的日子。(刘恒志《共和国在裁军》)

例 (3) 是可能性选择，例 (4) 是交替性选择。

连用四个“要么”的现象，如：

(5) 人们要么尊他孙老，要么唤他老孙，要么称他孙猴，要么就叫孙会计。(宏甲《龙脊》)

上例是交替性选择。

1.3 “要么”单用

选择项起码要有两个，否则无从选择，然而，“要么”有时可以单用，只出现在后选择项前头。在这种情况下，“要么”所关联的选择项并未全都带有标记。即：

∅p，要么 q。

例如：

(6) 我想回油田去，要么就提前退休，回老家，放放牛。(杜

峻《握手之后》)

(7) 你赶快拍个电报通知他，要么打个长途电话，可以说得详细些。(《现代汉语词典》1197 页用例)

这里的“要么”起着提引出可供选择的补充项目的作用，表示“要是非 p 那么（就）”的意思。前项 p 不带“要么”，是个无标选择项。它的选择项身份要经过 q 的反证才能确认。从说话人看，首先提出 p，只是述说某种情况或需求，由于感到可能不成立，于是补出一个可供选择的 q。既然 q 是选择项，与 q 相对的 p 自然也是选择项。就听话人说，光听 p 还意识不到是个选择项，等听了“要么 q”，才能反转去断定前面的 p 也是一个选择项。如例（6），光说“想回油田去”，并未确定为选择项，它只有在“要么就提前退休……”的反证下，才被认识到也是一个选择项。如果说成“我要么回油田去，要么提前退休……”，p 作为选择项是一开始就确定的。例（7）情况相同。

在“∅p，要么 q”的说法里，pq 的对立有两类：一类是并立式对立，如例（6）的基本对立是“回油田”和“回老家”，例（7）的基本对立是“拍个电报”和“打个长途电话”。另一类是条件与结果的对立。p 选择项对 q 选择项说来是一个条件；q 选择项表示某种不好的结果，“要么”强调如果非 p 就会面临 q 的不如意的选择。例如：

(8) 今夜晚，你们把这饭菜拿过去，明日就多待几席，要么剩下也吃不完。(贾平凹《腊月·正月》)

(9) 公社能看上叫我去迎接，咱便要知趣，要么，就失礼了。(贾平凹《腊月·正月》)

这里单用“要么”，把不好的结果作为选择项提出，可以反证采纳 p 选择项的重要意义。如果改用这样的说法：“要么多待几席免浪费，要么剩下吃不完。”“要么知趣去迎接，要么不知趣而失礼。”这便成了“要么 p，要么 q”，其中 p 与 q 的对立是并立式的。

单用“要么”，p 和 q 不一定出现在一个复句里头。换句话说，“∅p”可以属于 A 句子，“要么 q”可以属于 B 句子。如：

(10) 到乡下的第一天，我们在庄子上转了整整一个上午，也

没找到厕所。后来看到房子后边有一个玉米秆子搭的小棚子，心想，要么到那里去吧。（王安忆《69届初中生》）

（11）“我还是那句话，到上海去。……”圣荃说得简简单单。不过句句实在。翠翠摇着头只是不响。……“要么到乡下去？”奶奶另找了办法。（茹志娟《从那条路上来》）

例（10）包含这样的选择：“要么找到厕所，要么到那个小棚子里去。”但“∅p”的意思隐含在前一个句子里面，“要么q”的选择项则在后一个句子里头出现。例（11）包含这样的选择：“要么到上海去，要么到乡下去。”但前后两个选择项分别出现在圣荃和奶奶的话里头。

在几个人各提各的选择方案的场合，几对“∅p”和“要么q”可以交错使用，各自单说。下面是个有趣的例子：

（12）班级要成立红卫兵战斗队，红五类们聚在一起，讨论着应该给战斗队起什么名字。

姜爱国说：“叫作董存瑞战斗队。”

雯雯说：“叫作海燕战斗队。”

王彧说：“叫作尖刀战斗队。”

魏玉娥说：“叫作雄鹰战斗队。”

谁也不听谁的，吵个不休……

“要么干脆叫代代红战斗队。”姜爱国……又多出了一种意见。

“要么叫遵义战斗队。”雯雯也提出了一条。

“要么叫破旧立新。”

“要么叫……。”

没完没了了。（王安忆《69届初中生》）

四个人各有各的选择：在姜爱国，要么叫董存瑞战斗队，要么叫代代红战斗队；在雯雯，要么叫海燕战斗队，要么叫遵义战斗队……。由于p不加“要么”，“要么q”就可以跟它离析开来；然而，不管离开多远，由于有q前“要么”的关联，pq之间总存在着照应。

2

2.0 使用“要么”，最常见的说法还是“要么p，要么q”。为了加深对“要么p，要么q”的认识，有必要涉及它的几种同义形式：

不是p，就是q。

要不p，要不q。

或者p，或者q。

2.1 “要么p，要么q”和“不是p，就是q”

语法书在讨论表示选择关系的常用关系词语的时候，大都把“不是p，就是q”和“要么p，要么q”归为一类，指出它们都表示非此即彼，二者必居其一[③]。比如：

他肯定会提升：不是当主任，就是当处长。

他肯定会提升：要么当主任，要么当处长。

2.1.1 在结构组织上，“要么p，要么q”比较宽松，而“不是p，就是q”则比较紧固。

首先，“要么p，要么q”里，“要么”和p或q之间可以停顿，书面上加逗号。“不是p，就是q”没有这种情况。如：

(13) 问明了情况后，他皱紧了眉头。最后提出：要么，让张宗昌入赘；要么，让张宗昌立即滚蛋。（安家正《张宗昌卖妻》）

(14) 我的意思是说，要么，你骆大胡子连你的儿子一起，统统“枪毙”，要么，就连我一起批！（汤世杰《高原的太阳》）

其次，“要么p，要么q”里，可以插入按注性语句。“不是p，就是q”没有这种情况。如：

(15) 反正这两年来，书记段长都不在段上，要么在局里开会——如今有的是会要开，也都要负责人参加；要么在省城休病假，一休就是一二个月……（汤世杰《高原的太阳》）

(16) “那你为什么要选择这种工作呢?”“我又没有什么特长，要么当小学教员，可我不喜欢孩子；要么到服务行业去；要么干

这个。”（德兰《真》）

再次，“要么 p，要么 q”有“要么 p，要么 q，要么 r，要么 s”和“Øp，要么 q”等变化。“不是 p，就是 q”一定成双配对，形式固定，不能增减。比较：

要么考美院，要么考音专。　　　　不是考美院，就是考音专。

要么考美院，要么考音专，要么干脆待在文化馆。——

我想考美院。要么考音专！　　　　　　　　　　——

2.1.2 在词语搭配上，“不是 p，就是 q”比较多样，而“要么 p，要么 q”则比较单纯。

首先，“不是 p，就是 q”前边可以加上“若、要”之类表示假设的词语，使选择复句转化成为假设复句。“要么 p，要么 q”不能这么办。如：

(17) 对于一个自知丑陋的人讲漂亮之类的奉承话，若不是揶揄，就是出于恶毒的用心。（宋学孟《前面是太阳岛》）

(18) 他常常白天跑这儿，跑那儿，一刻不停地进行摄影采访，晚上要不是埋头些图片说明，采访纪录，就是在暗房一干就是大半夜……（黑子《阴影》）

其次，同“不是……就是……”搭配的 p q 可以是动词或其他谓词性词语，也可以是名词；同“要么……要么……”搭配的就 p q 一般是前者，不会只是典型的表示人物的名词。比较：

我不是当编辑，就是当记者。
我要么当编辑，要么当记者。

他不是编辑，就是记者。
他要么编辑，要么记者。

当“不是……就是……”里的 p q 是名词的时候，“是”是典型的判断动词。如果改说成“要么 p，要么 q”，必须保留“是”，说成“要么是……要么是……”：

他不是编辑，就是记者。

他要么是编辑，要么是记者。

2.1.3 在语义上，“要么p，要么q”和“不是p，就是q”有不同的表达范围和表达重点。

首先，“要么p，要么q”既可以表示析实性选择，即pq所说的情况是对事实的描述或反映，客观性较强；又可以表示意欲性选择，即pq所说的行为都跟人的意向欲望有关，主观色彩较浓。“不是p，就是q”则一般只表示析实性选择，不大能用来表示意欲性选择。比较：

{她的成绩要么第一，要么第二。（析实）
她的成绩不是第一，就是第二。（析实）

{要么把我排第一，要么干脆别排！（意欲）
*不是把我排第一，就是干脆别排！（意欲）

某些表示意欲的“要么p，要么q”，似乎不是不能改说成“不是p，就是q”，但只要一改说，意欲性就会变成析实性。如：

（19）（刘钊）“你要么答应，要么拒绝——”（丁晓）“你真是一只狼！”（李国文《花园街五号》）

这是意欲性选择。刘钊通过“要么……要么……”逼着丁晓在“答应”和“拒绝”之间迅速作出抉择。这里的“要么……要么……”不大能改成“不是……就是……”。即使能改成“你不是得答应，就是得拒绝”，“催逼”的意味和语气也随之消失，变成客观地说明利害关系了。

其次，在同是表示析实性选择的时候，“要么p，要么q”和“不是p，就是q”特别接近，但是意味上还是有所不同。

用“不是p，就是q”，断定更坚决，语气更坚定；用“要么p，要么q”，相对说来在口气上就显得灵活一些。比如，跟“要么当主任，要么当处长”比较起来，“不是当主任，就是当处长”断定性更强。又如：

候选人不是张辉，就是李良。

候选人要么是张辉，就要么是李良。

前一句口气特别坚定。相对地说，后一句在口气上略有估测性。

只要说话人觉得不必对事实作特别坚决的断定，就可以采用“要么p，要么q”的说法：

（20）她就是她，要么是火，要么是冰。（李斌奎《啊，昆仑》）

（21）那些不了解她的人，要么对他产生误解，要么被他的才华惊倒。（郑郊农《花鸟鱼市》）

2.2 “要么p，要么q”和“要不p，要不q”

“要么p，要么q”和“要不p，要不q”有时也可以互换：

（22）怎么办？要不认栽陪人家，要不找管理处去！交税就得受保护！（郑郊农《花鸟鱼市》）

“要不……要不……”可以说成“要么……要么……”。

这两种格式的不同之处主要表现在以下两个方面。

2.2.1 “要么p，要么q”既可以表示析实性选择，也可以表示意欲性选择；“要不p，要不q”一般只表示意欲性选择，不用来表示析实性选择。这一点，“要么p，要么q”和“不是p，就是q”恰好相反。比较：

要么你留下来，要么你赶快走。（意欲）
要不你留下来，要不你赶快走。（意欲）
* 不是你留下来，就是你赶快走。（意欲）

这一向他要么满不在乎，要么斤斤计较。（析实）
* 这一向他要不满不在乎，要不斤斤计较。（析实）
这一向他不是满不在乎，就是斤斤计较。（析实）

“要不p，要不q”也不是绝对不能表示析实性选择，但必须加上“就是”，说成“要不就是……要不就是……”，句子才站得稳。比如：

这一向他要不就是满不在乎，要不就是斤斤计较。

又如：

（23）可是找了一个，两个，三个，四个，赵艮皆未看中，要不就是家境不富裕，要不就是模样丑陋或一派委琐……（贾平凹《故里》）

这里用“要不”，后边跟着用“就是”。再如：

（24）老镇长……喜欢讲话。要么是几条合理化建议，要么是几句顺口溜的“喜歌”，倒也惹人发笑。（张武《三家集能人协会

联合会纪实》)

这里用“要么”，后面出现了“是”。但若把“要么”改为“要不”，还是得再加“就”字：要不就是几条合理化建议，要不就是几句顺口溜……

2.2.2 表示意欲性选择的“要么 p，要么 q”和“要不 p，要不 q”，基本意思相同。但在语气上，用“要么”显得较直较硬，用“要不”显得有所婉曲。

在表明决心怎么样的时候，需要借助于较直较硬的口气，因而宜用“要么”：

(25) 要么随波逐流，要么撞得头破血流滚下台！(王剑《二月潮》)

若改用“要不”，语气偏软。

在要求对方作出选择决定的场合，如果重在催促逼迫，多用“要么”；如果重在劝告商量，多用“要不”。比较：

(26) 要么答应我立即结婚，要么你我今后别再相见！

(27) 要不你写封信让我带走，要不你去找他当面谈谈。

前一句是紧催硬逼，后一句是委婉劝告。

顺便指出：凡是单用的“要么”都能改成“要不”，这可检验前面所举的例子。但是，并非凡是单用的“要不”都能改为“要么”。如：

(28) 幸亏他没当教练，要不我肯定不能参加甲级队。

(29) 可惜他没当教练，要不我肯定能够参加甲级队。

“要不”一般相当于“否则”，可以出现在好几种非选择句式里头[④]。

2.3 “要么 p，要么 q”和“或者 p，或者 q”

“或者 p，或者 q”有时用来表示“二者居其一”，意思也跟“要么 p，要么 q”基本相同。例如：

(30) 这样，就只有两条路走，或是袁沛文跟陶慧贞走，或是袁沛文跟陶慧贞断，这都是终英所不愿意的。(黄继树《女贞》)

这里的“或是”可换成“要么”。

尽管同是表示非此即彼，这两种说法也有细微差别。这表现在以下两个方面。

2.3.1 “或者 p，或者 q”是平叙，口气平实，情绪稳定；“要么 p，要么 q”是夸张，口气较铺张，情绪较活动。比如：

(31) 邹达海自认为是养蛐蛐的行家，决心在这小小的躯体上孤注一掷，要么发家，要么成为抱着瓢子要饭的花子。(从维熙《黄金岁月》)

(32) 我就像丢了魂，干哪样不像哪样！下午，我把饭煮糊了，糊得像焦炭！炒的菜，要么咸得要死，要么没盐味儿！(汤世杰《高原的太阳》)

例 (31) 是意欲性选择，用“要么”比用“或者”更能强调出不到黄河心不死的决心。例 (32) 是析实性选择，用“要么”比用“或者”更能强调出情绪不佳造成的后果。上例若把“要么”改为“或者”，就会使人感到话语的情绪性有所减弱。

例 (30) 用“或是……或是……”，表达者偏重于平实地说明情况。再看这个例子：

(33) 大家要是同意，我去找地方党组织，动员群众抬你们。抬回去或者当儿子，或者做女婿。(罗旋《红线记》)

说话人只需把两种可能性向大家作平实的交代，因此不必用“要么……要么……”。

2.3.2 在关系词的运用上，“要么 p，要么 q”的后项往往可以加个“就”字，借以显示前后项之间的推论关系，“或者 p，或者 q”不大能采取这样的说法。如：

(34) 自视甚高的人，往往容易走极端，要么对任何人的褒贬都不在意，要么就恰恰相反。(王意如《我是一片绿叶》)

要是连用三个“要么”，“就”可以在第三项出现：

(35) 以前，我总觉得，你们的心都很简单，要么是一团火，要么是一块石头，要么就是一摊稀脏的烂泥。(陆天明《第七个黑铁门》)

注释：

①关于可能性选择和交替性选择，参看邢福义：《复句与关系词语》，黑龙江人民出版社 1985 年版，第 129～138 页。

②张志公主编：《汉语知识》，人民教育出版社 1979 年版，第 213 页。

③黄伯荣、廖序东主编：《现代汉语》，甘肃人民出版社 1983 年版，第 432 页。

④邢福义：《试论“A，否则 B”句式》，《中国语文》1983 年 6 期，第 419 页。

（原载《世界汉语教学》1987 年第 2 期）

前加特定形式词的“一X，就Y”句式

0 前言

本文讨论四种前加特定形式词的“一X，就Y”句式。特定形式词，是指出现在“一……就……”前边的“刚、从、这么、只要”等词。即：

刚一X，就Y。

从一X，就Y。

这么一X，就Y。

只要一X，就Y。

如果把“一……就……”看作独用形式，则“刚一……就……”等便可以看作合用形式。采取独用形式的“一X，就Y”，显示“行为紧接”这一基本语义关系；采取合用形式的“刚一X，就Y”等，则既显示“行为紧接”的基本语义关系，又显示时点、时段、情态、条件等非基本语义关系。

“一X，就Y”句式里有时不出现主语，但也经常出现主语。若用S代表主语，那么，可能有“S一X，就Y”“一X，S就Y”“S_1一X，S_2就Y”等形式。不管实际上是否出现主语，本文都用“一X，就Y”来统括。

本文讨论的“一X，就Y”句式，限于“一”和“就”同时出现。“就”有时说成“便”，本文对它们不加区别。

1 “刚一X，就Y”

1.1 这是时点强调式。强调X于始发点同Y紧接。

时点有小有大。始发点可以是行为发生的头一两秒钟，也可以不限于头一两秒钟。不管怎样，由于“一……就……”已构成紧锁格局，强调“间不容发”[②]，再加“刚”，便特别能给人以极为迅速的感觉。例如：

(1) 老队长真敏捷，刚一沾地，就顺势地一滚一翻，正好躲过车沟。(浩然《晚霞在燃烧》)

(2) 田福堂的这个宝贝儿子刚一进城，就把干部子弟的派势都学会了。(路遥《平凡的世界》)

“一……就……”前边加“刚”，可以特别显示和强调X行为的始发点。这一点，从下面的例子里可以得到很好的证明：

(3) 讨论会一结束，人们刚一走，庄文伊就克制不住他的激烈情绪了……(柯云路《新星》)

这里出现两个“一X”，但只在“一走”前加“刚”，显示其始发点，强调其始发点。

孤立地看“讨论会一结束，庄文伊就克制不住他的激烈情绪了”，不是不能说成“讨论会刚一结束，庄文伊就……”，但从实际情况看，在讨论会结束之后、人们尚未走掉之前，庄文伊的激烈情绪还没有立即爆发，激烈情绪的爆发不在“讨论会一结束”的始发点，因此不能加“刚”。

1.2 “刚一X，就Y”一般反映一次性的已然行为。即：

某个时候，刚一X，就Y。

但如果同样的行为在同样情况下多次反复，每个时候都如此，就会变成带规律性的现象。即：

甲时候，刚一X，就Y。

+乙时候，刚一X，就Y。

+丙时候，刚一X，就Y。

……

=每每刚一X，就Y。

这就是说，“刚一X，就Y”有时也可以表示对反复多次成为规律的行为的总括。句子里一般要出现“每”字。如：

（4）每天清晨，溯源阁刚一开门，便会迎来不少顾客。（魏润身《私情》）

这类句子所作的概括，自然是根据过去多次出现的已然事实，但由于它说的是带有规律性的现象，因此意味着将来也会这样。总之，它是总结已然，但也指向未然。

1.3 “刚一X，就Y”里的“刚”，有时可以说成“刚刚”或“才刚”。这种说法，一般出现在表示一次性已然行为的句子里面。例如：

（5）汽车刚刚一到，他就来找我，带来师部曾参谋的信和一把小刀。（王星泉《白马》）

（6）可是，他才刚一动脚，丫丫的祖父就喊了一声：“你等等!”（李宽定《山林恋》）

“刚才”相当于“方才”，指说话以前不久的时间[②]，不等于“刚”，用在“一……就……”前边时不是强调X的始发点。例如：

（7）我刚才一推门，就听见有人仰在椅背上一边理牌一边拉着调儿说：“咱们这辈子就算彻底交代啰!”是吧?（柯云路《新星》）

若把“刚才”移到主语前边，还可以很自然地加上“刚”：刚才（方才），我刚一推门，就听见……

1.4 “刚一X，就Y”中，Y里往往可以加上“立即、猝然”之类副词，并且常常带有或者可以带上表示完成的“了”。“了”可以出现在句末，也可以出现在句中。“刚……就立即……了”，可以说是时点强调式的具有区别性特征的形式。如：

（8）……八个小时才下台，刚一摘口罩就（立即）晕倒了。（王永海《冷色、暖色》）

（9）方案刚一批下，县广播站便（立即）以头条新闻进行了报道。（张平《无法撰写的悼词》）

（10）两人的眼锋刚刚一碰，便像受惊的黄羊，猝然分开

(了)。(谭力、昌旭《蓝花豹》)

这一句式中,“立即”的位置上有时也可以出现“已经”:

(11) 那一小列队伍在远方的田埂上刚一出现,申丝的心就已经狂跳起来了。(乔雪竹《弟弟,妹妹,哥哥啊!》)

这是强调没等到行为再现、事态进一步发展,Y 就已成为事实。实际上,还是等于强调在 X 行为开始的一刹那,Y 已成为事实。这里的“已经”跟“立即”有相通之处。不过,如果 X 行为是不再继续出现或不会进一步发展的,Y 里就只能说“立即”,不能说“已经”。比较:

任命刚一宣布,就立即有人巴结送礼了。

任命刚一宣布,就已经有人巴结送礼了。

药刚一喝下,就立即吐了出来。

*药刚一喝下,就已经吐了出来。

1.5 在句法构造上,“刚一 X,就 Y”跟“一 X,就 Y”具有类同性,而跟“刚 X,就 Y”有所不同。

一般来说,“刚一 X,就 Y”说成“一 X,就 Y”或“刚 X,就 Y”都能成立,意思基本相同。如:

(12) 刚一开门,柜台前就出现了一长队人。(景风《菜市场里……》)

→ 一开门,柜台前就出现了一长队人。

→ 刚开门,柜台前就出现了一长队人。

但是,“刚 X,就 Y”里,前项可以含有“不久、几天”之类时段补语,或“不远、几步”之类地段补语;而“刚一 X 就 Y”却同“一 X,就 Y”一样,对时段、地段补语是排斥的。比较:

刚开门,柜台前就……

→刚开门不久,柜台前就……

 刚开门几分钟,柜台前就……

一开门,柜台前就……

→*一开门不久,柜台前就……

 *一开门几分钟,柜台前就……

刚一开门，柜台前就……

→*刚一开门不久，柜台前就……

*刚一开门几分钟，柜台前就……

再比较：

刚走出校门，他就发现有人盯梢。

→刚走出校门不远，他就发现有人盯梢。

刚走出校门几十步，他就发现有人盯梢。

一走出校门，他就发现有人盯梢。

→*一走出校门不远，他就发现有人盯梢。

→*一走出校门几十步，他就发现有人盯梢。

刚一走出校门，他就发现有人盯梢。

→*刚一走出校门不远，他就发现有人盯梢。

→*刚一走出校门几十步，他就发现有人盯梢。

"刚一 X，就 Y"有时可说成"一 X，就 Y"，不能说成"刚 X，就 Y"；相反，有时可说成"刚 X，就 Y"，不大能说成"一 X，就 Y"。例如：

(13) 他手刚一抓，这团子就被他捏成了一把碎渣子。(路遥《平凡的世界》)

(14) 没想到，他们刚一回去，老队长就被揪了出来。(杨啸《岩画探奇》)

例 (13)，"一 X"有"X 一下"的意思，整个儿作为 Y 的先导行为。"刚一抓"等于"刚抓一下"。可以说成"他手一抓，这团子就……"，不能就说成"他手刚抓，这团子就……"。例 (14)，前后行为的紧接具有巧合性。可以说成"他们刚回去，老队长就……"，这合乎原意；如果说成"他们一回去，老队长就……"，这跟原意有出入，似乎他们的回去和老队长的被揪存在什么内在联系。

即使是上述在内容上更接近于"刚 X，就 Y"的"刚一 X，就 Y"，仍然在句法上排斥时段、地段补语，不同于"刚 X，就 Y"。比较：

他们刚回去，老队长就……

→他们刚回去不久/半个月，老队长就……

他们刚一回去，老队长就……

→*他们刚一回去不久/半个月，老队长就……

2 “从一 X，就 Y”

2.1 这是时段强调式。强调 X 自始至今同 Y 紧接。

“从一 X”表明时段的起点，可加“起”，说成“从一 X 起”。时段的终点是隐含的，略带模糊性，可以肯定的是“至今”或“到说话时”仍然如此，但不排斥以后还会如此。

在形式上，划定终点的词语不能出现。如：

(15) 从一见面她就喜欢这个叔叔。（柯云路《夜与昼》）

(16) 好像从一生下来，我就想当个歌手，可总是当不上。（刘索拉《蓝天绿海》）

例（15）可以说成“从一见面起”，例（16）可以说成“（好像）从一生下来起”。下例出现了“起”：

(17) 金秋从一踏进门起便做东忙西地巴结干活。（叶文玲《小溪九道弯》）

“从一”是可分隔的。“从”和“一”之间可以出现主语等成分。如：

(18) 从她一踏上城市的街道，就觉得自己好像失去了根底……（李锐《凤女》）

(19) 爹！从我一出生，您就教导我：尽忠报国。（白桦《槐花曲》）

由于“从一 X，就 Y”强调自始至今的时段，它所表示的意思跟“刚一 X，就 Y”有着明显的不同。比较：

十年前参军。刚一参军，就当班长！

十年前参军。从一参军，就当班长！

前一句用“刚”强调时点，是说开始就如此，偏于褒：有板眼！

后一句用“从”强调时段，是说从开始到现在一直如此，偏于贬：没出息！

2.2 “从一X，就Y”反映已然行为，其中的X和Y都具有延伸性。如果X或Y不具有延伸性，这一句式不能成立。如：

从一上车，他就闭目养神。

*从一上车，他就转身跳下。

*从一上车，他就瞟我一眼。

第一例可以成立：“上车”有延伸性，人在车上；“闭目养神”也有延伸性。第二例不能成立：“上车”没有延伸性，人一上车就跳了下去，不在车上；“转身跳下”也没有延伸性。第三例也不能成立：人上车以后虽然一直在车上，但“瞟我一眼”只是迅速完成的行为，没有延伸性。

时点强调式“刚一X，就Y”不像时段强调式那样要求行为必须具有延伸性。如：

刚一上车，他就闭目养神。

刚一上车，他就转身跳下。

刚一上车，他就瞟我一眼。

这三例全都能说。

2.3 “从一X，就Y”里的“从”，有时说成“自从”。“自从”强调较长的时段。例如：

(20) 自从一戴上右派帽子，雷治邦就沉默寡言了。（鲍昌《神秘果》）

(21) 自从一进了省城踏进麦姑家的门，葛金秋就觉得自己变得畏畏缩缩而又十分迟呆。（叶文玲《小溪九道弯》）

时段长时，“从”和“自从”都可以用，作用稍有不同；如果时段很短，就只能用“从”，不能用“自从”。比较：

从一回家，他就抚育弟妹苦挣扎。

自从一回家，他就抚育弟妹苦挣扎。

从回家起到说话时起码已经“挣扎”了三几年，时段相当长。这里“从”和“自从”都可以用，但用“自从”更有强调作用。再比较：

从一回家，他就大声叫喊要吃饭。

* 自从一回家，他就大声叫喊要吃饭。

从回家起到说话时顶多不过“叫喊”几个小时，时段很短。在这种情况下，可以用“从”，却不能用“自从”。

“从、自从”也可以说成“打、打从、从打”，口语语体色彩较重：

(22) 打我一工作起，就一个心眼干、干，可到头儿落着个啥？(白小易《青史留名》)

(23) 从打代表团脚后跟一落地，就涌来大批各界人物……(杨大群《宋美龄的蓝纱巾》)

2.4 “从一X，就Y”里的Y，含有“一直如此”的意思，其否定说法可以采取“（一直）没……过”的形式。“从一……就一直……”和“从一……就没……过”，可以说是时段强调式的具有区别性特征的形式。如：

从一上车，他就一直坐着。

→从一上车，他就没走动过。

从一见面，我们就一直争吵。

→从一见面，我们的争吵就没停止过。

又如：

(24) ……这女的从一上山来，蒙住的脸，就一直朝着那个湖南兵。(海波《铁床》)

(25) 我对不起你。从你一过门，我就没对你笑过。(吴伸《三岔镇风波》)

Y不管采用肯定形式还是采用否定形式，都含有“一直”的意思，但有时会表现出不同的褒贬倾向。例如：

从一参军，就当班长。

从一参军，就没当过大头兵。

前一句等于说一直当班长，强调没出息；后一句等于说一直没当过大头兵，强调有板眼。采用肯定形式的Y，有时在可以出现“一直”

的地方出现“开始”，有时甚至让“开始（了）”单独充当谓语。但是，整个Y项实际上还是含有“一直如此”的意思。例如：

（26）从一当上干部，他就开始追求享受了。

（27）自从婚礼一结束，他的不幸就开始了。结婚虽然已经三个月，但他还是等于一个光棍。（路遥《平凡的世界》）

从……起开始如此，意味着接下去也一直如此。例（26）等于说一直追求享受，例（27）等于说一直是不幸的。

2.5 在句法构造上，“从一X，就Y”跟“从X，就Y”有不同之处。

“从一X……”全都可以说成“一X……”，有时却不能说成“从X……”。例如：

（28）从一进门，他就发现这还是独身女子的宿舍。（王永海《冷色、暖色》）

只说“一进门”，站得住；只说“从进门”，站不住。

“从一X……”里不能出现“后/以后/以来”，“从X……”里却能出现这类后附成分。如：

（29）从堂吉诃德被俘后，我就想借此寻找他的踪迹。（杨绛《丙午丁未记事》）

“从……后”能说，“从一……后”不能说。如果把上例改为“从一X，就Y”，就得删除“后”字：从堂吉诃德一被俘，我就想借此寻找他的踪迹。

3 “这么一X，就Y”

3.1 这是情态强调式。强调X在特定情况状态下同Y紧接。

“这么一X”一般有先行句。“这么”指代和统括特定的情况状态，所指的具体内容见于上文。如：

（30）（可是我又总这样想，……）这么一想，我的气就消了。（崔亚斌《我们是同行》）

(31)(黑妹在一旁话中有话地说:……)小韦无可奈何地一笑,说:“这么一讲,我就只好不走了。”(罗欣荣《青山绿水人家》)

具体怎么“想”,具体怎么“讲”,上文都有交代。原文较长,引例中用“……”代表。

有时没有先行句。“这么”所指的情态可以用某种动作来表示。比方可用手势:

(32)有些事情看起来是不沾边,用你两只手这么一摆弄,像捏饺子皮一样,也就沾到一块去了。(节延华《铜牌与幽灵》)

3.2 “这么一X”不考虑时点、时段,而重在对情态的指示和统括。统括到最抽象的程度,就成为“这么一来”。这里的“来”虽是动词,但无实义。如例(30)的“这么一想”可以说成“这么一来”,例(31)的“这么一讲”也可以说成“这么一来”。又如:

(33)(她学着捣蛋了……)这么一调皮,不知怎么,就有许多同学和她交上了朋友,和她一起捣蛋。(王安忆《69届初中生》)

(34)(这两件事加起来,李书记就给我扣了帽子,……)这么一分析批判,就把我到手的房批判走了。(程树榛《人约黄昏后》)

“这么一调皮”“这么一分析批判”都可以说成“这么一来”。运用中,常用“这么一来,就……”的说法:

(35)(事有凑巧,……)这么一来,他便更有些惶惶然了。(徐孝鱼《山风》)

(36)(这你们难道想不到?……)这么一来,歌舞团就更成了无源之水了。(陶正《明灭的星群》)

不过,具有抽象统括性的“这么一来”,前边一般不能出现主语。比较:

这么一忙,我就很少跟他通信了。

我这么一忙,就很少跟他通信了。

前一句可以说成“这么一来,我就……”,后一句不能说成“我这么一来,就……”。又如:

(37)气氛这么一变,边晓玲就觉得太扫兴。(罗学蓬《大河上》)

“气氛这么一变”，不能说成“气氛这么一来”。

有时，“这么一来”前边也可以出现主语。其中的“来”，除开跟“去”相对的这一种，也可以具有抽象统括性，但必须重读，而且带有“胡来”“胡搅蛮缠”“无理取闹”之类的意味。比如：

他这么一闹，会就没法开下去了。

→他这么一来，会就没法开下去了。

再看下面这个例子：

(38) 他冲我一乐：“过年了，哪那么多事。来两嗓子，我给你拉胡。”他这么一说，学生们就一齐拍手。(汤吉夫《小城旧事》)

按原意，这里的“他这么一说”不能说成“他这么一来”。如果说成“他这么一来”，“来”字重读，就有“胡闹、乱起哄”之类意味，这跟原意不符。

3.3 情态强调式通常指已然事实。“这么一X”和“就Y”之间存在因果联系，X对Y具有使成性。说“这么一X，就Y”，等于说“因为/由于这么一X，就Y”。如：

(39) (算了算了，……大姐你情愿背那丑名声就自家背去，……)这么一赌气，以后妹妹就再也不管大姐的事了。(吴雪恼《姐妹仨》)

(40) (老校长拉着儿子的手说：……) 老父亲这么一吩咐，他就变了态度，又是给律师们递烟，又是请律师们喝工夫茶。(陈安先《辩护律师》)

例(39)等于说“因为这么一赌气，以后妹妹就……”；例(40)等于说“由于老父亲这么一吩咐，他就……”。

表示结果的“就Y”，有时采用“可就……了”的形式。“可”是语气副词，略带夸张地强调原因对结果的决定性影响。如：

(41) 他仔细这么一看呀，可就禁不住高兴得心花怒放了。(杨啸《岩画探奇》)

(42) (我提醒他，……) 可是，这么一来，我可就引火烧身了。(杨沫《十年风雨家国事》)

情态强调式有时也表示对未然结果的推断。“这么一X”和“就Y”之间存在根据和推断的联系。如：

(43) 要不是早年练过武艺，有身好骨头，这么一折腾，没准就归了西。(王健和《天下第一吃》)

3.4 情态强调式对情态的指示和统括，也可以采用跟“这么”同义或近义的形式。

有时用“这样”：

(44) 这样一想，就觉得还是隐忍为上。(徐孝鱼《山风》)

(45) 这办法当然好嘛！这样一搞，就肯定没要奸溜滑的人了。(路遥《平凡的世界》)

有时用“那么”，指的是说话时已成为过去的事情。如：

(46) 所以，女娲走后，果然州河涨水，那两个泥人就变成了有血有肉的人，那么一配合，就儿儿孙孙全生下来了。(贾平凹《浮躁》)

(47) 你今天在台子上那么成功的一表演，得！好多人便向我打听你的情况……(罗继长《天，还是蓝蓝的》)

有时还可以只用“这”。比如“这么一来”可以说在“这一来”。又如：

(48) (只是这婚配，有点“冲喜”的味道，……) 这一结婚，就给天明拴上了已婚的徽号……(苏叔阳《故土》)

(49) (如今大空死了，说是畏罪自杀，……) 大空这一死，金狗我看也就活不了多久了！(贾平凹《浮躁》)

4 “只要一X，就Y”

4.1 这是条件强调式。强调X作为某种特定条件同Y紧接。

“只要一X”和“就Y”之间的条件性紧接，有两类：一是假言预测的，二是据实总括的。前者是对未然事情的推测，所说的事过去未曾出现；后者是对已然事实的总结，X和Y之间的联系已经多次反复，形成规律。例如：

（50）我们只要一倒手，……几十万票子哗哗淌就来了……（节延华《铜牌与幽灵》）

（51）时至今日，只要一想到那晚上的事，他的心就发颤……（王永海《冷色、暖色》）

例（50）是假言预测的，例（51）是据实总括的。

“只要一”可以分隔。“只要”和“一”之间可以出现主语等成分：

（52）只要这几家人一搬迁，就准备立即炸山。（路遥《平凡的世界》）

（53）只要她一出去，一宿就没有响动了。（王笠耘《春儿姑娘》）

“就Y”里，有时带上“能、会、要”之类具有推断性的词语：

（54）……恍惚她并没有走，还在我身边，只要一低头，就能瞧见她。（冯骥才《临街的窗》）

（55）从那以后，只要一听到他柔和和深沉的声音，她就要检查检查自己的门窗是不是关严了……（张辛欣《我们这个年纪的梦》）

4.2 表示假言预测的“只要一X，就Y”，“只要”可以换成“如果”，不能换成“每当/每逢”。如例（50）（52）（54）。又如：

（56）那俩娃娃，手持柳条鞭，猪倌似的，在我们左左右右盯住，好像只要一不如意，就准备再猛抽一气。（汤吉夫《小城的梦》）

（57）主任，让我们暂时上白班吧，只要一抓住流氓，我们就恢复倒班。（朱纯林《一桩毁容案的报告》）

按原意，可以说成“如果一不如意”“如果一抓住流氓”，但不能说成“每当一不如意”“每当一抓住流氓”。

语言运用中，有时有“如果一X，就Y”的说法。“如果”也可以换成“只要”。如：

（58）如果德国人一出现疏忽，就会立即给这些前锋钻空子……（华山边《欧洲队可望在拉美首夺桂冠》）

（59）同志们，我们的任务是艰巨的，我们推车时，如果一不小心，就会掉下去。（何亚京《蜀道行》）

这两例，也可以说成“只要德国人一出现疏忽”“只要一不小心”。

用“只要”，是把某种假设情况作为特定条件来强调。如果只需要提出一个假设，作为推断结果的前提，那么，不必用“只要”，而用“如果”。比如：

（60）如果一败，事情就将成定局，为父的纵然三头六臂，也无回天之力了……（袁浪《烟波黄鹤怨》）

显然，说话人偏重于对假设情况的预测，而不着意强调条件。

4.3 表示据实总括的“只要一 X，就 Y”，“只要”可以换成“每当/每逢”。如例（51）（53）（55）。又如：

（61）我们移民队走到哪里，歌就唱到哪里。只要我们一唱，男男女女、老老少少就立时把我们围起来。听着听着，他们的嘴也动起来，像是早就会唱这支歌，又像是早就想唱这支歌。（李增正《〈东方红〉的故事》）

语言运用中，有时有“每当/每逢一 X，就 Y”的说法。“每当/每逢”也可以换成“只要”。如：

（62）我所讨厌的破习惯就是每当第二节预备铃一响，大便就必在肛门附近挤压，大有非排不可之势，因此总得迟到几分钟。（余学先《人不是候鸟》）

（63）时间长了，每逢怀西往旁边一蹲，老喇嘛就递给他一张小氆氇……（同上）

用“每当、每逢”，是强调事实每每如此，成了规律；用“只要”，是把每每如此的带规律性的事实作为特定条件来强调。因此，“每当、每逢”和“只要”有相通之处。上文 1.2 里曾经提到“每每刚一 X 就 Y”的说法。这种说法，自然也跟据实性“只要一 X，就 Y”相通，因此可以加上“只要”，说成“每每只要刚一 X，就 Y”。如例（4），可以说成：

（64）每天清晨，溯源阁只要刚一开门，便会迎来不少顾客。

4.4 表示据实总括的“只要一 X，就 Y”，“只要”有时也可以换成“如果”。这要分以下三点来说明。

4.4.1 有的“只要一X，就Y”，所说的事多次反复，但只是偶然巧合。这时，“只要”不能换成“如果”。如：

（65）只要一搬家，天就下雨。（真怪！）

→*如果一搬家，天就下雨。（真怪！）

4.4.2 有的“只要一X，就Y”，针对眼前现象，特指当时发生的带规律性的事实。这时，“只要”不能换成“如果”。如：

（66）看看，只要一下班，他的精神就来了。（真不像话！）

→*看看，如果一下班，他的精神就来了。（真不像话！）

4.4.3 有的“只要一X，就Y”泛说一般规律，既总括已然，也蕴含未然。这时，“只要”可以换成“如果”。如：

（67）这一向，他只要一不顺心，就拿孩子出气！

→这一向，他如果一不顺心，就拿孩子出气！

看两个实际用例：

（68）他要是一上场，球场上就变成战场了……（李民发《马班长闲话》）

（69）水汉子们倘一歇憩，便要寻快活，嘴巴哗哗敞开了口，没遮没拦谈女人，相互拿老婆来开心。（罗学蓬《大河上》）

“要是”和“倘”都同“如果”相当。这两例，采用假设语气，但跟据实性“只要一X，就Y”相通。

应该指出：表示据实总括的“只要一X，就Y”，有的“只要”虽然能换成“如果”，却仍然可以改用“每当/每逢”，这跟表示假言预测的“只要一X，就Y”有所不同。如：他只要一上场→他如果一上场→每当他一上场｜水汉子们只要一歇憩→水汉子们如果一歇憩→水汉子们每逢一歇憩。

4.5 “只要一X，就Y”句式里，合用的“只要一”跟“就”都有关联作用。

一有空，我就动笔修改。

只要有空，我就动笔修改。

只要一有空，我就动笔修改。

第一句只用“一”，它和“就”互相关联；第二句只用“只要”，它和“就”相互关联；第三句合用“只要一”，它们和“就”都有关联。

不过，在下面两种格式里，情况有所不同：

4.5.1 “只要一 X_1，就 Y_1，一 X_2，就 Y_2”

(70) 只要一听到他的声音，她就会心跳；一看见他的眼睛，她就会脸红。（王雨谷《爱，迷失的号码》）

这样的格式中，“一”和“就”的照应更加明显。

4.5.2 “只要一 X_1，一 X_2，就 Y”

(71) 现在，只要车一停，门一开，他俩便可以大步流星回家去。（宏甲《龙脊》）

这样的格式中，“只要”和“就”的照应更加明显。

5 总结

5.1 “一……就……”前边有时出现“刚、从、这么、只要”等特定形式词，从而形成了时点强调式“刚一 X，就 Y”，时段强调式“从一 X，就 Y”，情态强调式“这么一 X，就 Y”，条件强调式“只要一 X，就 Y”。跟“一……就……”这种独用形式相对说来，这些合用形式既表示了行为的先后紧接，又强调了不同的语义侧面：

一接触，就感到这个人不简单。

→刚一接触，就感到这个人不简单。

→从一接触，就感到这个人不简单。

→这么一接触，就感到这个人不简单。

→只要一接触，就感到这个人不简单。

如果“一……就……”前边同现两个特定形式词，那么，它们便同时强调出两个不同语义侧面：

(72)（他曾闪过卖基宅的念头。）刚这么一想就收回去了……（马铭《三友茶寮》）

深入考察各种合用形式，弄清它们之间的微妙差别，有利于深化对“一X，就Y”句式的认识。

5.2 特定形式词的使用，受到句子的逻辑基础的制约。一个采用“一……就……”形式的句子，可以隐含多种非基本语义关系，也可以只隐含一种非基本语义关系，还可能不隐含本文所说的任何一种非基本语义关系。“一……就……”前边能否添加特定形式词，能够添加什么样的特定形式词，特定形式词能否同现，全都取决于句子里是否隐含相应的非基本语义关系。有的句子，所能添加的特定形式词是有限的；有的句子，添加不上本文所涉及的任何一种特定形式词。如：

(73) 我给咱做彩娥的工作！彩娥一同意，就把俊武家的缺口打开了！（路遥《平凡的世界》）

(74) 一楼第一展厅陈列的是清代山水画的临摹画展。一踏进去，就有一派清逸、宁静、淡泊的山光水色。（柯云路《夜与昼》）

例(73)可以添加“只要/如果”，不能添加“刚/从/这么”。例(74)“刚/从/这么/只要”都添加不上。

5.3 特定形式词的使用，还受到句子的语用要求的制约。现代汉语句法有个重要特点，这就是：对于基本句式来说，特定形式词可隐可现，隐现灵活，隐多于现。一般是能隐时尽量隐，含而不露，只是在特别有必要的时候，也就是在讲求语用价值的时候，才在句子中显现出来。比如：

(75) 一扬起脸，就被划了一刀。

→刚一扬起脸，就被划了一刀。（朱纯林《一桩毁容案的报告》）

后句加“刚”，强调行为的始发点，特别突出地表明了“极为迅速”的感觉。又如：

(76) 厂子一投产，他就调来当了书记。

→自从厂子一投产，他就调来当了书记。（李建纲《迪斯科》）

后句加“自从”，强调行为延续的时段，特别突出地表明了“长久如此”的感觉。

总之，在实际语言运用中，之所以添加某个特定形式词，是因为说话人感到需要对某种非基本语义关系给予特别的强调，跟心理因素不无关系。

5.4 “一……就……”前边出现的特定形式词，实际上不止本文所涉及的这一些。举些例子：

①“稍”＋“一……就……”→“稍一X，就Y”：

(77) 稍一挣扎，它就从那双抖得发软的脚下穿走了。（朱联忠《友谊地久天长》）

(78) ……稍一动摇，就会使这次战役一败涂地。（王星泉《白马》）

②“当”＋“一……就”→“当一X，就Y”：

(79) ……当她一抬头，便从他那黑汪的两眼中读懂了他文里的所有文字。（郑彦英《星星》）

(80) 当她一走进教室，听班长发出“起立”的口令，耳畔就回荡起陶行知的一句名言……（无口君《会“葡萄话”的女教师》）

③“等”＋“一……就……”→“等一X，就Y”：

(81) 等论文答辩一结束，我就开始编写，写一本用比较的方法阐述的经济史。（王小鹰《一路风尘》）

(82) 等这场风浪一过，就该轮到他回船队基地休假了。（刘佑平《三个故事，还有一个没讲出来》）

这些合用形式，跟本文讨论的“刚一X，就Y”等几类比较起来，有自己的特点。对它们作比较全面而细致的描写，需要另写一篇文章。

注释：

①吕叔湘：《中国文法要略》，商务印书馆1956年版，第382页。

②中国科学院语言研究所词典编辑室编：《现代汉语词典》，商务印书馆1973年版，第275页、第322页。

（原载《中国语文》1987年第6期；1986年9月，曾在美国俄亥俄州第19届国际汉藏语言学会议上宣读）

复句的分类

0.1 本文按顺序讨论下列有关复句分类的问题：分类原则与分类要求；一级复句类；二级复句类；三级复句类；复句的类交叉和无标复句。

0.2 单句和复句没有明显的界限，它们之间存在着一大片“可争议地带”。但是，从典型现象看，从两个极端看，单复句是有区别的。比如以“N 都 V”形式出现的一定是单句，以“如果 p，那么 q”形式出现的一定是复句。我们讨论有关复句分类的问题，不以单复句划界问题为前提。文中涉及的复句，一般都不会被大多数人认为是单句。

0.3 从 1980 年开始，笔者用较多的精力考察复句，主要是描写一个个具体的复句句式。由于认识的不断深入，本文的某些说法跟已出版或发表的书和文章里的说法略有不同。

1 分类原则与分类要求

1.1 原则：复句分类，从关系出发，用标志控制。

“关系”，指分句与分句之间的相互关系。“标志”，指联结分句标示相互关系的关系词语。如：因为……所以……；既……又……；虽然……但是……。

为什么要用标示来控制关系？一方面，关系属于隐含的语义范畴，理解起来有灵活性，而标志则是一种客观存在的形式实体，不会因人而异，因而可以成为客观标准。另一方面，关系和标志并非简单对应，从运用标志来标明关系的过程看，标志对关系有显示、转化和强化等不同的作用，只有抓住标志，让关系接受标志的控制，才能从语法上对复句的类属作出合理的判断。看下面的例子：

(1) 现在，许多事情都搞清楚了，许多人因而都觉得在精神上高大起来。

(2) 现在，不但许多事情都搞清楚了，而且许多人都觉得在精神上高大起来。(姜滇《清水湾，淡水湾》)

例 (1) 是显示，把本来隐含的因果关系直接显示出来；例 (2) 是转化，本来隐含的基本关系是因果，却通过"不但……而且……"转化成了递进。这两个例子表明：逻辑基础相同，由于用了不同的标志，就形成了不同的复句句式。如果不抓住标志，它们的类属就很难说清。

(3) 即使是个别情况，也是重要情况……

(4) 即使是个别情况，但也是重要情况……(周而复《南京的陷落》)

例 (3) 是显示，把本来隐含的转折关系通过"即使……也……"这种让转句式显示出来；例 (4) 是强化，用"但"进一步强化已由"即使……也……"显示出来的转折关系。这两个例子表明：逻辑基础相同，可以在显示式的基础上形成强化式。必须抓住标志，考察它们之间的联系，才能很好地揭示同一类属的复句在形式上的变异[①]。

怎样用标志来控制关系？办法可以归纳为以下三点。

其一，在关系上，明确"关系聚合"和"关系聚合点"。从关系出发划分出来的复句，任何一类都是"关系的聚合"。母类是子类关系的聚合。类越大，关系越复杂；反之，类越小，关系越单纯。每个聚合都有聚合点。把类差排除掉，求出类同点，就可以得到聚合点。比如因果类复句，反映了因果类的关系聚合；撇开差异性，剩下因果联系的共性，这就是聚合点。

其二，在形式上，明确"点标志"和"标志群"。"标志"，包括代表性标志和它的义同形式、类同形式[②]。代表性标志是表明关系聚合点的最一般最常用的形式，是"点标志"义同形式、类同形式围绕

“点标志”形成一个关系相同、相通或相近的群体，这就是“标志群”。相对地说，母类是大标志群，子类是小标志群。最小的子类可能只有一种形式标志或由一种形式标志及其义同形式组成的小标志群。

其三，根据聚合和聚合点、点标志和标志群来判别具体句类句式的归属。这是一种演绎的过程。比如，凡是属于某类聚合和某类标志群的句类句式，都划归某类复句。下文对各级各类复句的判定，都采用这一方法。

1.2 要求：分类原则必须具有同一性和彻底性，分类结果必须具有切实性和全面性。

“同一性”，指所持原则、所据标准始终同一，不应任意变动。目前在教学中比较通行的复句分类系统，不符合这一要求。请看下列复句类属的判定：

因为路不好走，今天不能赶到。（因果）
虽然路不好走，今天也能赶到。（转折）
如果路不好走，今天就不能赶到。（假设）
即使路不好走，今天也能赶到。（假设）
只有路不好走，今天才不能赶到。（条件）
无论路多么不好走，今天都能赶到。（条件）

这里，有时根据 p q 之间的逆顺关系判定复句的类属，如根据逆顺的不同把“因果”句和“虽然”句分别叫作因果句和转折句；有时又完全不管 p q 之间的逆顺关系，只看 p 是表示假设还是表示条件，如把“如果”句和“即使”句叫作假设句，把“只有”句和“无论”句都叫作条件句。其实，如果根据 p q 之间的逆顺关系，“如果”句和“即使”句、“只有”句和“无论”句就不应该是同类的；反之如果只看 p 是表示事实还是表示非事实的假设或条件，那么“因为”句和“虽然”句就不应该是不同类的。

“彻底性”，指所持原则、所据标准能贯彻到所有的复句，而不是只能使用于一部分的复句。显然，是从 p q 相互关系出发来考虑复句分类问题呢，还是只从 p 的表义情况来考察复句分类的问题，这代表着两种不同的原则、标准和角度。孤立地看，二者都无可非议；但根据“彻底性”的要求，只有前者才能在所有的复句中贯彻起来通行无阻。比较：

	看 p—q	只看 p（→q）
因为 p 所以 q	实言因果句	原因（因果句）
虽然 p 但是 q	让步转折句	原因（因果句）[3]
如果 p 就 q	假设因果句	假设句
即使 p 也 q	让步转折句	假设句
既 p 又 q	并列句	?
不但 p 而且 q	递进句	?
或者 p 或者 q	选择句	?

“切实性”，指分类结果切合语言事实，没有显现相悖之处。如果不符合这一要求，就可能是分类原则和标准存在问题。比如把“即使”句叫作假设句，造成了一种错觉，即凡是“即使 p”都是指假设的事。但事实并非如此。例如：

(5) 不行，要把海珍救出火坑，即使她嫁了人，生了孩子，我也要她。(罗继长《天，还是蓝蓝的》)

(6) 杨老是奋斗发家的，因此即使他后来家财万贯，也还始终保留着节俭的本色，有时未免给人有些过分的感觉。(陈祖德《超越自我》)

这里的“即使 p”相当于“虽然 p”，是实言的，而不是假言的。这种“即使”实言句的存在[4]，反证了根据 p 是否表示假设来判定复句归属存在着无法自圆其说的致命弱点。

“全面性”，指分类结果能统括所有语言事实，没有重大遗漏。如果有些重要语言事实在一个复句分类系统里找不到归宿，那么这个系统的分类原则和标准就可能存在问题。例如：

幸亏小张力气小，否则美华跑不了。

可惜小张力气小，否则美华跑不了。

只因小张力气小，否则美华跑不了。

目前在教学中比较通行的复句分类系统，包括并列句、连贯句、递进句、选择句、转折句、假设句、条件句、因果句、目的句等类型[⑤]。不管是哪一类型，上面几个用“否则”关联的复句都归不进去，即使硬归进去，也显得十分勉强。这是因为，这个分类系统在原则与标准上违反同一性，忽这忽那，而哪一个原则哪一种标准都没有贯彻到底，也无法贯彻到底，因而导致了“两不管”现象的存在，造成了分类结果的片面性。

2　一级复句类

2.1 复句可以划分为三大类：因果类复句、并列类复句和转折类复句。它们直接隶属于复句，是一级复句类。

因果类复句，在关系上是种种实言因果和种种假言因果的聚合，其聚合点是事物间乙由甲而导出的因果性；在标志上“因为……所以……”是标示因果关系的最一般最常用的代表形式，可以看作点标志，围绕这个点标志，可以把各个义同形式、类同形式组合拢来，形成一个因果类关系的标志群。如：

因为……所以……（“……因此……”“由于……因而……”等）
既然……就……　（“既……就……”）
如果……就……　（“要是……就……”“假如……就……”等）
只有……才……　（“唯有……才……”“必须……才……”）
只要……就……　（一部分“一……就……”）
越……越……　（“愈……愈……”）

如果减去有关现实的或假设的种种类差，就可以看到标志群里各种形式所标示的基本关系是相通的。如：（因为）用功，（所以）成绩好。（既然）用功，成绩（就）好。（如果）用功，成绩（就）好。（只有）用功，成绩（才）好。（只要）用功，成绩（就）好。（越）用功，成绩（越）好。

并列类复句，在关系上是种种合取并列和情况不同的析取并列的聚合，其聚合点是事物与事物之间的并列性；在标志上“既……又……”是标示并列关系的最一般最常用的代表形式之一，可以看作点标志，围绕这个点标志，可以把各义同形式、类同形式组合拢来，形成一个并列类关系的标志群。如：

既……又……（“又……又……”“也……也……”“一面……一面……”等）

先……接着……（“……然后……”等）

不但……而且……（“不仅……甚至……”等）

或者……或者……（“是……还是……”等）

要么……要么……（“不是……就是……”等）

如果减去有关合取或析取的种种类差，就可以看到各个形式所标示的基本关系具有相通之处。如：（既）学英语，（又）学俄语。（先）学英语，（接着）学俄语。（要么）学英语，（要么）学俄语。

转折类复句，在关系上是种种直截了当的转折和种种假言否定性转折的聚合，其聚合点是事物间的逆转性，或者说是事物间的矛盾对立；在标志上“……但/却……”是标示转折关系的最一般最常用的代表形式，可以看作点标志，以这个点标志为核心，可以形成一个转折类的标志群。如：

……但/却……（“……然而……”“……可是……”“……不过……”等）

虽然……（但）……　（“尽管……还是……”等）

即使……也……（“纵然……也……”等）

……否则……（“……不然……”等）

转折类关系标志群里的各个形式都表示 p q 逆转。不过，又可以分为两大类。

一类是“……但/却……”和能使用“但/却”的种种形式，包括“虽然……（但）……”“即使……（但）也……”等等。它们构成转折类复句的子类“直接转折句”。

另一类是以“……否则……”为代表的各种形式，它们构成转折类复句的子类“假言转折句”。严格地说，“否则”和“但/却”是两路不同的逆转词[⑥]，但在逻辑基础上它们有微妙的联系。这表现在：p，否则 q。＝本来（可能/可以）q，但是因为（如果/只要）p，所以（就）不 q。比较：

(7) 幸亏他及时抓住了床沿，否则就掉到地板上了。

(8) 他本来会掉到地板上的，但因为及时抓住了床沿，所以没掉。

(9) 除非你把道理讲清楚，否则他可能拒绝你的要求。

(10) 他可能拒绝你的要求，但是如果你把道理讲清楚，他就不会拒绝。

有时，“p，否则 q”可以直接变化为“q，但是 p”。比较：

(11) 幸亏被冻醒了，否则我就会连同生命和梦一同冻结在这棵古老的树洞内。（晓剑、严亭亭《雪痕》）

(12) 我本来会连同生命和梦一同冻结在这棵古老的树洞内的，可是，幸亏被冻醒了。

可见，在转折类关系的标志群里，有的形式同“但/却”有比较直接的联系，有的形式则只同“但/却”有间接的微妙的联系。

2.2 对复句的第一个级别的划分，一般采取二分法，划分为联合复句和偏正复句。不是联合复句，就一定是偏正复句；反之，不是偏正复句，就一定是联合复句。因此，联合复句和偏正复句，或者相当于联合复句和非联合复句，或者相当于偏正复句和非偏正复句。但是，这种分法有很多弊病，不宜采取，笔者已在《复句问题论说》一文中作过分析[⑦]。现在，我们采用三分法，把复句划分为因果类、并列类、转折类三大块，可能又会有人这么提出问题：跟“因果”相对的是非因果，跟“并列”相对的是非并列，跟“转折”相对的是非转折，怎么可以一次就分出三大块来呢？

给事物分类，A 和非 A 的分法和 A、B、C 的分法都是允许的。A 和非 A 的分法是矛盾概念分类法，A 是肯定概念，本身有明确的内涵；

非A是否定概念，它的内涵要依赖于A，即以否定A的内涵为内涵，它本身没有肯定的内涵。语法研究中，学者们往往采取并列概念分类法；有时由于特殊的需要，也采取矛盾概念分类法。比如：

陈述句、疑问句、祈使句和感叹句

——并列概念分类法。

陈述句和非陈述句

——矛盾概念分类法。分类者更多地注意陈述句。

把复句划分为因果类、并列类、转折类三大块，这意味着其中任何一大块都同其他两大块相对立。讨论问题时，如果立足于甲块，那么乙块和丙块可以看作非甲；如果立足于乙块，那么甲块和丙块可以看作非乙；同样，如果立足于丙块，那么甲块和乙块可以看作非丙。

3　二级复句类

3.1 因果类复句可以分为两大类：实言因果句（“因为p，所以q”等）和假设因果句（“如果p，就q”等）。它们是一级句类下属的二级复句类。例如：

因为天天打拳，所以身体很好。

如果天天打拳，身体就会很好。

实言因果句表示跟事实相联系的种种因果关系。“因为……所以……”既是因果类复句的点标志，也是实言因果句的点标志；各种标示实言因果关系的形式，围绕“因为……所以……”形成实言因果类的标志群。假设因果句表示跟假定情况相联系的种种因果关系。“如果……就……”是假设因果句的点标志；各种标示假设因果关系的形式，围绕“如果……就……”形成标志群。

3.2 并列类复句可以分为两大类：合取并列句（“既p，又q”等）和析取并列句（“或者p，或者q”等）。它们也是二级复句类。例如：

早晨他们既打拳，又练双簧。

早晨他们或者打拳，或者练双簧。

合取并列句表示把甲乙组合拢来共同收取的种种并列关系。“既……又……”既是并列类复句的点标志，也是合取并列句的点标志；各种标示合取并列关系的形式，围绕“既……又……”形成合取并列类的标志群。析取并列句表示把甲乙离析开来选取其一的种种并列关系。“或者……或者……”是析取并列句的点标志；各种标示析取并列的形式，围绕“或者……或者……”形成析取并列的标志群。

3.3 转折类复句可以分为两大类：直接转折句（“p，但/却 q”等）和假言转折句（“p，否则 q”等）。它们也是二级复句类。例如：

他们天天打拳，但是身体还是不好。
他们天天打拳，否则身体不会这么好。

你应该学打拳，但是不宜练双簧。
你应该学打拳，否则应该练双簧。

直接转折句表示直截了当的硬性的种种转折关系。“……但/却……”既是转折类复句的点标志，也是直接转折句的点标志；各种标示直接转折关系的形式，围绕“……但/却……”形成直接转折类的标志群。假言转折句表示假言否定性的种种转折关系。“……否则……”是假言转折句的点标志；各种标示假言转折关系的形式，围绕“……否则……”形成假言转折类的标志群。

3.4 几点说明。

3.4.1 实言因果句的 p 具有已然性。有时，p 指一种可能有的事，但人们是把这种“可能”当作具有已然性的“可能”来述说的。如：“因为可能会下大雪，我今天不能走。”“下大雪”并非已然，但整个“可能会下大雪”则是说话人从客观实际出发所作的判断。实言因果句的 q 可以是事实，也可以是一种推断。如：“因为天天打拳，身体一定会慢慢好起来。”

3.4.2 假言因果句是根据某种假设引导出某种结果。有时，孤立地看所说的事情本身，指的是事实，但由于加上了“如果……就……”，因而带有假设性。如：“如果一部分的商人、地主和官僚是中国资产阶级的前身，那么，一部分的农民和手工业工人就是中国无产阶级的前身了。”(毛泽东《中国革命和中国共产党》)

3.4.3 假言转折句的“假言”，是就关系词语“否则、要不然”之类具有假言否定性来说的。这类复句的 p 和 q，可以是已然的，也可以是未然的[8]。

3.4.4 各个二级复句类的标志群，由它们的各个下位复句的形式标志构成，这里不必一一赘列。

4 三级复句类

4.1 实言因果句主要有四类：一般因果句（“因为 p，所以 q”等)、目的句（“p，以便 q”等)、推断句（“既然 p，就 q”等）和反逼句（“尚且 p，何况 q”等)。它们都是三级复句类。例如：

因为面临困境，所以另找出路。

正准备另找出路，以便摆脱困境。

既然面临困境，就另找出路。

干部们尚且另找出路，何况我们！

一般因果句客观地述说事物间的因果联系，“因为……所以……”既是因果类复句和实言因果句的点标志，也是一般因果句的点标志；目的句从行动和目的的关系的角度揭示事物间的因果联系，“……以便……”是点标志；推断句根据某种理由来推断事物间的因果联系，“既然……就……”是点标志；反逼句用高层次的理由对低层次的意义作反逼性的推断，“尚且……何况……”是点标志。

假设因果句主要有五类：一般假设句（“如果 p，就 q”等)、条件句（“只有 p，才 q”等)、条件假设句（“只要 p，就 q”等)、条件倚变句（“越 p，越 q”等）和取舍推论句（“与其 p，不如 q”等)。它们也都是三级复句类。例如：

如果面临困境，就另找出路。

只有面临困境，才另找出路。

只要面临困境，就另找出路。

越是面临困境，越要另找出路。

与其面临困境，倒不如另找出路。

一般假设句根据某种假设来推断事物间的因果联系，“如果……就……”既是假设因果句的点标志，也是一般假设句的点标志；条件句从某种条件出发推断事物间的因果联系，“只有……才……”是点标志；条件假设句既从某种条件出发来推断事物间的因果联系，同时又有明显的假设意味，“只要……就……”是点标志；条件倚变句揭示条件与结果之间的成比例的倚变关系，“越……越……”是点标志；取舍推论句表示经过比较推导出结论的取舍关系，“与其……不如……”是点标志。

4.2 合取并列句主要有三类：一般并列句（“既 p，又 q”等）、连贯句（“先 p，接着 q”等）和递进句（“不但 p，而且 q”等）。它们也是三级复句类。例如：

既学开车，又学修理。

先学开车，接着学修理。

不但学开车，而且学修理。

一般并列句把两种或几种事物平排并举，“既……又……”既是并列类复句和合取并列句的点标志，也是一般并列句的点标志；连贯句按动作先后顺序列举情况，“先……接着……”是点标志；递进句表示以一种情况为基点向另一种情况层递推进，“不但……而且……”是点标志。

析取并列句主要有两类：一般选择句（“或者 p，或者 q”等）和有限选择句（“要么 p，要么 q”等）。它们也是三级复句类。例如：

或者学开车，或者学修理，或者学制造零件。

要么学开车，要么学修理。(二者必居其一!)

一般选择句表示项目不定口气灵活的选言关系，“或者……或者……”既是析取并列句的点标志，也是一般选择句的点标志；有限选择句通常表示二者择一非此即彼的选言关系，“要么……要么……”是点标志。

4.3 直接转折句主要有两类：单纯转折句（“p，但/却 q”等）和让步转折句（“虽然 p，但是 q”等）。它们也是三级复句类。例如：

他提交了论文，但是人家没有邀请他。

他虽然提交了论文，但是人家没有邀请他。

单纯转折句没有转折预示，“……但/却……”既是转折类复句和直转句的点标志，也是纯转句的点标志；让步转折句以特定的表示让步的形式预示后面将有转折，“虽然……但是……”是点标志。

假言转折句主要有三类：逆原因假转句（“因为 p，否则 q”等）、逆条件假转句（“除非 p，否则 q”等）和选择性假转句（“要么 p，否则 q”等）。它们也是三级复句类。例如：

因为他提交了论文，否则人家不会邀请他。

除非他提交论文，否则人家不会邀请他。

要么提交论文，否则只能列席旁听。

逆原因假转句表示结果与原因逆转，“因为……否则……”是点标志；逆条件假转句表示结果与条件逆转，“除非……否则……”是点标志；选择性假转句表示可供选择的情况之间具有逆转关系，“要么……否则……”是点标志。

“因为……否则……”的说法较少见，特从文学作品中举出一例作为补证：

(13) 只是因为他们早已把我许配给查家，要不他们也会……（郑理《傲骨》）

“要不”相当于“否则”。(例中的省略号是原有的。)

4.4 几点说明。

4.4.1 三级复句类同样有围绕点标示而形成的标志群。它们的标志当然是低级别的：有的很小，只包括点标志及其义同形式，还包括某些类同形式，如单纯转折句：

……但/却……　（“……然而……”“……可是……”等）

……反而……　（“……反倒……”“……相反……”等）

不是……而是……　（“是……而不是……”等）

“反而”重在“反”，是一种“反词”；“但/却”重在“转”，是一种“转词”。但是，“反而”之类往往跟“却”并用，说成“却反而”或“相反却”，而且，用“反而”之类的地方往往可以换用“却”[9]。从关系上看，“反而”之类联结的 p q 是矛盾对立的。因此，“反而”之类应看作“但/却”的类同形式，归入转折类。

“不是 p，而是 q”一般归入并列复句。但是，从关系上看，属于“矛盾对立”的聚合；从标志上看，“不是……却是……”一般都可以说成“不是……却是……”。例如：

(14) 给天狗过生日的，不是别人，却是师娘。(贾平凹《天狗》)

(15) 龙灯哥，照你的看法，香草阿妹的山歌，不是唱给我听，却是唱给你听？(孙健忠《醉乡》)

“不是……而是……”表示正反对立，“不是……却是……”强调正反两项之间的转折性，但应该承认它们是类同的形式。

4.4.2 本文确定复句类从 p q 之间的相互关系出发，尽管有的术语沿用通行说法，但含义已有所变动。如一般假设句，专指表示假设的 p 和表结果的 q 二者之间具有因果联系的复句；又如条件句，专指表示条件的 p 和表示结果的 q 二者之间具有因果联系的复句。这样，一般假设句就排斥了“即使 p，也 q”之类，条件句就排斥了“无论 p，都 q”之类。

4.4.3 “尚且 p，何况 q”一般归入递进复句，跟“不但 p，而且 q”同一大类。但是，“尚且 p，何况 q”是以 p 证 q，p q 间具有因果联系；凡是“尚且……何况……”都可以改说成“既然……就……”，这说明它属于因果类标志群。因此，应该归入因果类复句。比较：

(16) 对梁倩尚且如此这般，对别人又该如何呢？(张洁《方舟》)

(17) 既然对梁倩还如此这般，对别人又该如何呢？

4.4.4 “越 p，越 q”条件倚变句一般是假言的。有时表示实言，但对上下文有很大的依赖性，如果脱离上下文，可能会被理解为假言[10]。把它归入假设因果句，是根据其表示假言的基本倾向。

4.4.5 “与其 p，不如 q”一般归入选择复句或取舍复句，跟“宁可 p，也 q”同类。但是，“宁可 p，也 q”句式可以用“但”类词[11]，“与其 p，不如 q”根本不能。另一方面，“与其……不如……”的 pq 之间具有比较推论的关系，“与其”和“如果”之类往往相通[12]，它在关系上属于因果类的聚合，在标志上属于因果类的标志群，因此应该归入因果类复句。看这个例子：

(18) 与其让我活着去做一具僵尸，为什么不让我躺在这儿，用我仅有的短暂生命做一点贡献呢？（顾笑言《洪峰通过峡谷》）

前分句的“与其”可以改说成“要是”，后分句“为什么不……呢”显然是前分句推导出来的结论。

4.4.6 一般地说，复句的类别划到第三级就可以把有关各种现象反映出来，如果再往下划分，就可能过于细碎。但是，让步转折句情况复杂多样，还有必要进一步划分为：容认性让步句（“虽然 p，但 q”等）、虚拟性让步句（“即使 p，也 q”等）、无条件让步句（“无论 p，都 q”等）和忍让性让步句（“宁可 p，也 q”等）[13]。它们是四级复句类。例如：

虽然他们自己挨饿，但也要省下口粮支援别人。

即使他们自己挨饿，也要省下口粮支援别人。

无论他们自己怎么挨饿，都要省下口粮支援别人。

他们宁可自己挨饿，也要省下口粮支援别人。

5 复句的类交叉和无标复句

5.1 复句间存在类交叉现象。研究类交叉现象，有助于更好地揭示现代汉语复句丰富多彩、富于变化的特点。

以三大类复句来说，交叉现象主要产生于两个方面。

5.1.1 标志复用。常见的情况是标示并列关系或因果关系的标志同“但/却”之类复用。例如：

(19) 爱情既是一首优美的歌曲，但也是难谱的乐章，难弹的琴……（从维熙《北国草》）

(20) 更糟糕的不仅方圆圆没走，外面却又有谁在敲门。（罗继长《天，还是蓝蓝的》）

例(19)，“既……又……”标示一般的并列关系，加上“但”，就使得整个复句既表明属性的并列，又强调了两种属性之间的转折关系。例(20)，用“不仅”的复句一般是递进复句，以p为基点向q顺递推进；现在后分句用“却”，这就使整个复句成了递进中有转折的“反递句”[14]。

(21) 怪事也就在这儿，既然人们不相信接待员燕育民，却又偏偏跑来找他。（张凤洪《房管局长焦老头》）

(22) 假如这张脸上曾有一些美好的东西的话，今天却已经荡然无存了。（周梅森《小镇》）

(23) 他这人也怪：人家越冷淡他，他却越亲热。（徐绍武《孀居》）

例(21)，用“既然”的复句一般是推断句，就事物间因果相承的联系进行推断；现在后分句用“却”，就使整个复句成了转折性推断句。例(22)，用“假如”的复句通常是一般假设句，揭示事物间假定的因果联系；现在后分句用“却”，就使整个复句成了转折性假设句。例(23)，“越……越……”显示事物间有因果联系的条件倚变关系，加上“却”，就使得整个复句既表明条件与结果之间的倚变关系，又强调了二者之间的转折性[15]。

以上加“但/却”的说法使并列类和转折类、并列类和因果类发生了交叉。当然，远不是所有的用“既……又……”“不仅”“既然”“假如”“越……越……”等的复句都能加上“但/却”。

5.1.2 有的标志在表达关系上具有两可性。常见的有“一……就……”“万一……（就/也）……”等。例如：

(24) 一进门，他就看见了陈天寿。(肖为《钢挫将军》)

(25) 我刚当兵的时候，一听说要打仗，就紧张得连觉也睡不着。(顾笑言《洪峰通过峡谷》)

例 (24) 是连贯句，属并列类复句，它的 p q 之间只有单纯的先后关系，不能添加属于因果类标志群的“只要、如果”之类，如不能说成“只要一进门，他就看见了陈天寿”。例 (25) 是条件假设句，属因果类复句，p q 之间存在因果联系，可以添加“只要”：“只要一听说要打仗，就紧张得连觉也睡不着。”

(26) 万一下大雨，不能施工。(你要有思想准备!)

(27) 万一下大雨，也能施工。(你要相信咱们的技术力量!)

例 (26) 是假设句，属因果类复句，“万一”相当于“如果”；例 (27) 是让步句，属转折类复句，“万一”相当于“即使”。在实际语言运用中，相当于“如果”的可以跟“如果”复用，相当于“即使”的可以跟“即使”复用。例如：

(28) 万一如果考不好，那就麻烦了!(曹玉林《祠堂里的小学》)

(29) 我还是那句话：骑马找马! 即使万一出了问题，自己还能考一下。(王火《夜的悲歌》)

对具有两可性的标志在实际作用上的判别，要依靠具体语境，联系作用显明的标志来考虑。

5.2 有的复句无标志。如果着眼于“有标”和“无标”，自然可以把复句分为有标复句和无标复句；但是，如果“从关系出发”来考虑问题，无标复句仍然可以分别归入上述各种复句类。在这种情况下，更要“用标志控制”。办法是：首先，明确语境；接着，配上标志。例如：

(30) 我轻轻地放开朱钢的身躯，一点点地挪动着，小心翼翼地从他身边爬出睡袋。(晓剑、严亭亭《雪痕》)

(31) 秦疯子死命挣扎着，大骂着。(罗继长《天，还是蓝蓝的》)

前一例可配上“……接着……”，后一例可配上“一边……一边……”，可以分别归入连贯句和一般并列句，都是并列类复句。

(32) 王海珍靠久了，想活动一下身体。(罗继长《天，还是蓝蓝的》)

(33) 你不答应，我会难过一辈子的。(罗继长《天，还是蓝蓝的》)

前一例可配上“……因此……”，后一例可配上“如果……就……”,可以分别归入一般因果句和一般假设句，都是因果类复句。

(34) 我提出要见见海珍，他们不让。(罗继长《天，还是蓝蓝的》)

(35) 你想人家，人家不想你。(罗继长《天，还是蓝蓝的》)

这两例可配上“……但是……”，可以归入单纯转折复句，是转折类复句。

必须指出：

第一，有的复句不能“无标”。比如递进句和一般选择句、有限选择句，如果完全没有“不但……而且……”“或者……或者……”等标志，就会被当成一般并列句。

第二，有的复句很难“有标”。它本身无标志，也很难直接给它配上什么标志。例如：

(36) 院子里静悄悄的，淡淡的月光涂抹得景物若明若暗。(罗继长《天，还是蓝蓝的》)

(37) 原来肖疙瘩本是贵州的一个山民，年轻时从家乡入伍。(阿城《树王》)

这类复句为数不多，在关系上都属于并列类的聚合，可以叫作“无标并列句”，附于一般并列句。研究无标并列句的逻辑基础和 p q 间语义关系，很有必要，但这不是本文的任务。

5.3 有的复句介于“有标”和“无标”之间。p q 之间也用关系词语，但所用的关系词语并非跟一种或两种关系发生固定的联系，不是典型标志，只能说是“标准”。比较：

既 p，又 q。

p，又 q。

根据“既……又……”，可以断定是一般并列句，但只根据“……又……”，无法肯定地判别是什么复句。对于这样的复句，归类时还是得联系具体语境，配上典型标志。例如：

（38）金銮山连着几年风调雨顺，家家又听到鸡鸭叫……（宋学智《当白雪遮盖山头的时候》）

（39）他是学哲学的，又是教哲学的。（宋学智《前面是太阳岛》）

（40）猫头跳上那个用几根木头钉起来的干木工活的台子，又从台子跳上荆华后背。（张洁《方舟》）

（41）他早想除掉翁柯，又苦无借口。（王中才《龙凤观》）

例（38）可配成“因此（家家）又”，可归一般因果复句；例（39）（40）可配成“既……又……”和“接着又”，可分别归入一般并列句和连贯句，都属于并列类复句；例（41）可配成“但又”或“却又”，可归单纯转折句。

只用“准标”的复句，在跟具体关系的联系上具有多可性，因而反映了复句的更复杂的类交叉现象。

6　总结

6.1 复句分类，从关系出发，用标志控制。对这一原则的贯彻，有同一性、彻底性、切实性、全面性等方面的要求。

6.2 复句类是“关系的聚合”，每个聚合都有“聚合点”；跟“关系的聚合”和“聚合点”相关联。复句类有“标志群”，标志群中有代表性的形式“点标志”。相对地说，大类有较大的聚合，较大的标志群；小类有较小的聚合，较小的标志群。有的形式，既是大类大标志群中的点标志，同时也是小类小标志群里的点标志[16]。

6.3 下面是本文的复句分类系统：

- 复句
  - 因果类复句
    - 实言因果句
      - 一般因果句
      - 目的句
      - 推断句
      - 反逼句
    - 假设因果句
      - 一般假设句
      - 条件句
      - 条件假设句
      - 条件倚变句
      - 取舍推论句
  - 并列类复句
    - 合取并列句
      - 一般并列句
      - 连贯句
      - 递进句
    - 析取并列句
      - 一般选择句
      - 有限选择句
  - 转折类复句
    - 直接转折句
      - 单纯转折句
      - 让步转折句
        - 容认性让步句
        - 虚拟性让步句
        - 无条件让步句
        - 忍让性让步句
    - 假言转折句
      - 逆原因假转句
      - 逆条件假转句
      - 选择性假转句

注释：

①关于显示、转化和强化，参看华萍：《复句问题论说》，《华中师范大学学报》1985 年第 1 期，第 37 页。以下凡是不写明作者的书和文章，均为拙作。

②义同形式指意义相同或基本相同的形式，类同形式指表达的关系属于同一大类或同一较大的类的形式。如对“因为……所以……”来说，“由于……因而……”是义同形式，“如果……就……”是类同形式。

③洪心衡《复句的区分》把“虽然p，但q”归入因果句，见洪心衡：《汉语语法句法阐要》，吉林人民出版社1980年版。

④邢福义：《现代汉语的“即使”实言句》，《语言教学与研究》1985年第4期，第34页。

⑤不同的教材在所用术语和具体类别上略有不同，但处理问题的路子是相同的。

⑥邢福义：《试论“A，否则B”句式》，《中国语文》1983年第6期，第419页。

⑦华萍：《复句问题论说》，《华中师范大学学报》1985年第1期，第37页。

⑧邢福义：《试论“A，否则B”句式》，《中国语文》1983年第6期，第419页。

⑨邢福义：《试论“A，否则B”句式》，《中国语文》1983年第6期，第419页。

⑩邢福义：《“越X，越Y”句式》，《中国语文》1985年第3期，第178页。

⑪参看邢福义《复句与关系词语》，黑龙江人民出版社1985年版中的有关部分。

⑫参看邢福义《复句与关系词语》，黑龙江人民出版社1985年版中的有关部分。

⑬邢福义：《让步句的考察》，《汉语研究》第一辑，南开大学出版社1986年版。

⑭邢福义：《试论“A，否则B”句式》，《中国语文》1983年第6期，第419页。

⑮邢福义：《“越X，越Y”句式》，《中国语文》1985年第3期，第178页。

⑯这种现象并不奇怪。一个军的军长，可以同时又是这个军下面的一个师的师长。

（原载《句型与动词》，语文出版社1987年版）

【B组】

略论“把”字结构的句法地位

“把”字结构，是“介词‘把’＋名词、代词或词组”的一类语法结构。为了讨论的方便，我们管“把”字后边的名词、代词或词组叫作“把”字的后置成分。

一个词或者一个语言结构，一进入句子，就在句子里取得一定的句法地位。“把”字结构进入句子以后，取得什么样的句法地位呢？运用成分分析法来分析句子，对于“把”字结构的句法地位有两种说法：其一，“把”字的后置成分是宾语，即提前的宾语，或者说，前置宾语。其二，整个“把”字结构作状语。

前一种说法势力很大，至今持有这种说法的同志为数不少；然而，科学的说法应是后一种。本文的目的，是通过检验一些逻辑推论，分析一些语法事实，说明在语法分析中应该扬弃前一种说法，采取后一种说法。

一

说“把”字的后置成分是宾语，是立论于“把”字的后置成分表示动作的对象，即表示动作的承受者。将这一说法的逻辑论式明确起来，便是：

凡是表示动作对象的都是宾语。（大前提）

“把”字的后置成分表示动作的对象，（小前提）

因此，“把”字的后置成分是宾语。（结论）

先检查这一推理的大前提。

汉语里，宾语和动词谓语之间的关系多种多样。有时宾语表示动作的对象，但也有许多宾语不表示动作的对象。比方，“喝开水”和“烧开水”，前面的“开水”是动作的对象，后面的“开水”是动作的结果。又比方，“倒热水”和“洗热水”，前面的“热水”表示动作的对象，后面的“热水”则表示动作的凭借。这一点，不必多说。

那么，是不是凡表示动作对象的都是宾语呢？语言事实并非如此。比较：

(1) 打倒了“四人帮”，扫除了我们前进道路上的最大障碍。(华国锋《团结起来，为建设社会主义的现代化强国而奋斗》)

(2) 现在，“四人帮”打倒了，我们可以根据毛主席的指示，实现安定团结，达到天下大治了。(华国锋《在中国共产党第十一次全国代表大会上的政治报告》)

(3) 我们要通过实施新宪法，肃清“四人帮”的流毒和影响，加强社会主义法制，使我们的国家各方面的工作更加有秩序地向前发展。(叶剑英《关于修改宪法的报告》)

(4) 毛主席在讲到肃反时说过：“法制要遵守。按照法律办事，不等于束手束脚。”(叶剑英《关于修改宪法的报告》)

例(1)、例(2)的“四人帮”都是“打倒了”的对象，但在例(1)里充当了宾语，例(2)里充当了主语。例(3)、例(4)的“法制”同样都表示动作的对象，但在例(3)里充当了宾语，例(4)里充当了主语。

表示动作对象的词语在主语的位子上出现，成为“受事主语”，这是无法否认的语言事实。请再观察：

(5) 与人民为敌的，必定被人民打倒。(华国锋《在中国共产党第十一次全国代表大会上的政治报告》)

(6) 现在，部署已定，号令已经发出，向社会主义现代化强国这一伟大目标全面进军的新的长征开始了！(两报一刊社论《愚公移山 改造中国》)

前一例，“被”字清楚地表明了“与人们为敌的”是被动句的主语，而这个主语正是“打倒”的动作对象。后一例，三个分句并列，形成排比句式，它们的主语分别是“部署”“号令”和“长征”。其中，“部署”“号令”都是“受事主语”，都表示动作的对象。

表示动作对象的词语，不仅仅可以在主语的位子上出现。例如：

(7) 联系群众，……就要和群众呼吸相通，认真听取群众的批评和意见，特别是对于领导机关和领导者的批评和意见。(叶剑英《关于修改宪法的报告》)

这个例子中，“对于领导机关和领导者”是“批评和意见”的定语。在这一定语里，“领导机关和领导者”是动作的对象。

其实，只要全面考察一下主、谓、宾、定、状、补这六个成分，我们就可以发现，除了动词谓语之外，宾语、主语、状语、补语、定语全都可以表示动作的对象。(动词谓语本身表示了动作，当然不可能表示动作的对象。) 以“班长”一词为例，它可以进入下面几个句子，出现在不同的句法地位上：

(8) 大夫们正在抢救班长。

(9) 班长被救活了。

(10) 大家对班长表示热烈的欢迎。

(11) 我把李大夫介绍给班长。

(12) 大家都写信表示了对班长的思念。

这些例子里的“班长”全都表示动作的对象，但它们的句法地位是不同的。例 (8) 里，作宾语；例 (9) 里，作主语；例 (10) 里，同“对”一起作状语；例 (11) 里，同“给”一起作补语；例 (12) 里，同“对”一起作定语。

由此可见，“凡是表示动作对象的都是宾语”这一大前提是不真实的。

再检查这一推理的小前提。

不能否认，“把”字的后置成分有许多是表示动作的对象的。这一点，后面我们还要谈到。

但是，并不是所有的“把”字的后置成分都表示动作的对象。比方，“把”字结构经常出现在动词谓语“作为”的前边，在这种情况下根本不可能认为“把”字的后置成分是“作为”的对象。例如：

(13) 我们要彻底清除“四人帮”的流毒，把尽快地培养出一批具有世界第一流水平的科学技术专家，作为我们科学、教育战线的重要任务。(邓小平《在全国科学大会开幕式上的讲话》)

(14) 要把大型水电和坑口火电基地，以及大电网、超高压输电线路建设的技术关键作为主要课题。(方毅《在全国科学大会上的报告》)

(15) 应当把采用科学技术成果、革新工艺等作为对生产部门的考核内容。(方毅《在全国科学大会上的报告》)

(16) 要把开展科学实验运动作为学大庆、学大寨的一项重要内容。(两报一刊社论《神州九亿争飞跃》)

加点的都是“把”的后置成分。它们不是“作为”的对象，相反，它们实际上是“作为”的本体。再看其他的例子：

(17) 科学研究机构、高等学校和各种科学技术组织，要把开展学术活动形成制度。(方毅《在全国科学大会上的报告》)

(18) “四人帮”及其余党歪曲“友谊第一，比赛第二”的革命口号，把严肃的事业变成浅薄的空谈……(理由《扬眉剑出鞘》)

前一例，“把”字后边的“开展学术活动”不是“形成”的对象，而是其本体。后一例，“把”字后边的“严肃的事业”也不是“变成”的对象，而是其本体。

“把”的后置成分不是动作的现象，还可以从近代白话文作品中举出很多来。例如：

(19) 小红只装着和坠儿说话，也把眼去一溜贾芸。(曹雪芹《红楼梦》)

(20) 把那婆子心疼的只念佛。(曹雪芹《红楼梦》)

(21) 便又把凤丫头病了。(曹雪芹《红楼梦》)

(22) 瞅着把个妙人儿走了。(曹雪芹《红楼梦》)

（23）把个荀老爹气得有口难分。（吴敬梓《儒林外史》）

（24）把他低低的进了学吧。（吴敬梓《儒林外史》）

（25）到七日上，把个白白胖胖的孩子跑掉了。（吴敬梓《儒林外史》）

（26）把个西门庆吃得酩酊大醉。（兰陵笑笑生《金瓶梅》）

（27）你把火盆里多添点儿炭。（施耐庵《水浒传》）

例（19）至例（26），“把”字的后置成分都不是动作的对象，相反，却是动作的施行者。后一例，“把”字的后置成分“火盆里”也不是“添”的对象，它表示的是动作所涉及的处所。

由此可见，“‘把’字的后置成分表示动作的对象”这一小前提也是没有正确地反映语言事实的。

大小前提都不可靠，结论自然也不可靠。既然表示动作对象的不一定都是宾语，而“把”字的后置成分又不一定都表示动作的对象，那么，“把”字的后置成分是宾语的结论就没有成立的根据了。

二

如果承认“把”是介词，“把”字结构是介词结构，也不应该得出“把”的后置成分是宾语的结论。

让我们来检验一下下面这个推理：

凡是介词，都同它的后置成分一起组成介词结构，一起充当句子成分。（大前提）

“把”字是介词。（小前提）

所以，“把”同它的后置成分一起组成介词结构，一起充当句子成分。（结论）

这个推理的大前提是站得住的。

现代汉语里的介词，不能单独使用，没有单独充当句子成分的能力，它要跟它的后置成分一起，才能明确地表达意思。但是，介词本身毕竟保留着一定的实在意义。它和后置成分的结合，并不是纯粹的语法成分和词汇成分的结合。在表意上，二者是互相依赖，各有作用的。介词固然离不开它的后置成分，但后置成分也往往不能离开介词，离开了就难于表达出处所、方向、时间、对象、状态、方式、手段、原因、目的、比较、排除等等意义。比较：

(28) 他正向麦地走过来。

(29) 他正从麦地走过来。

(30) 他正沿着麦地走过来。

这三个句子都可以划分成四个部分。分别用 A、B、C、D 代表，便是：

A	B	C	D
他	正	向麦地	走过来
他	正	从麦地	走过来
他	正	沿着麦地	走过来

这四个部分都是相对独立的。不仅可以说成“A•B•C•D”，也可以说成“A•D”（“他走过来”），说成“A•B•D”（“他正走过来”），说成“A•C•D”（“他向麦地走过来”，“他从麦地走过来”，“他沿着麦地走过来”）。这里的 C 部，是介词带上后置成分组成的介词结构，它不能再分割了。如果把它分割开，不管是介词还是后置成分，在这里都无法独立表意：“他正麦地走过来”，不行；“他正向走过来”，“他正从走过来”，“他正沿着走过来”，也不行。可知，作为介词结构，“向麦地”也好，“从麦地”也好，“沿着麦地”也好，是结合在一起，作一个成分，共同表达一个意思的。这就说明，介词和它的后置成分一起组成介词结构、一起充当句子成分的判断，符合语言实际。

这个推理的小前提也是没有问题的。

“把”这个词不可能属实词。（“把门”的“把”是动词，但跟这里所说的“把”是两码事。）就虚词说，“把”不可能是副词，也不可能是连词，更不可能是意义特别虚灵的助词和只跟声音相联系的叹词。

在介词一类里，“把”确实可以找到它的“同类”。它具有一般介词所具有的任何特点。比较：

（31）我们从他的建议议论起。

（32）我们把他的建议议论了一番。

（33）我们对他的建议议论了一番。

（34）我们按他的建议议论了一番。

（35）我们为他的建议议论了好几个小时。

“把”和“从”“对”“按”“为”等一样，都带有名词、代词或词组充当的后置成分，都要同后置成分一起跟动词发生联系。“从”“对”“按”“为”等是介词，跟它们特点相同的“把”当然也应该是介词。

既然大前提、小前提都没问题，那么，结论也不会有问题了。就是说，既然承认“把”是介词，就得承认“把”字结构——介词结构的一种——是整个儿充当一个成分的。

“把”字结构整个儿充当一个成分的说法，同“把”的后置成分是宾语的说法，能不能统一起来呢？不能。郭翼舟同志的《副词、介词、连词》一书，曾经企图把二者统一起来。书里写道：

“把”字是个特殊介词，有表示前置宾语的作用。比如“我干完了活”，用了“把”，宾语“活”就可以靠“把”的帮助置于动词“干”之前，说成“我把活干完了”，这样对宾语“活”有加以处置的意味。单就“活”说，它是动词“干”的前置宾语，同时“活”和“把”组合在一起，又成了介词结构，作“干”的状语，在意义上也可以说是表示对象。（新知识出版社 1957 年版 40 页）

这里同时肯定了两个判断：其一，“活”是前置宾语，“把”有表示前置宾语的作用；其二，“把活”是状语。这是难以理解的。

逻辑常识告诉我们，两个不相容的判断是不能同时成立的。宾语和状语是两个不相容的概念；一个语言成分如果是宾语，就不可能同时又是状语，同样，如果是状语，就不可能同时又是宾语。在这一点上，《暂拟汉语教学语法系统》是自相矛盾的。在讲词法时，《系统》认为介词结构整个儿算一个成分，并且承认“把”是介词。据此，引出“把”字结构整个儿算一个成分——状语的结论，是十分自然的。然而，在讲句法时，《系统》又说“把”的后置成分是宾语，抛开了关于介词结构的句法地位的理论。结果，造成了词法理论和句法理论的矛盾。郭翼舟同志的书是阐释和发挥《系统》的。上面这段话的矛盾现象，反映了《系统》理论上的矛盾。至于说“把”是个特殊的介词，这完全是为了迁就“前置宾语”说。因为，只有说它特殊，才能解释为什么“把”的后置成分可以算是宾语，而不必同“把”一起算作一个成分。但是，“把”究竟特殊在哪里呢？回答只能是：因为它有表示前置宾语的作用。这样，就出现了一个有趣的论证：因为“把”是特殊的介词，所以它能作为前置宾语的标志；因为“把”能作为前置宾语的标志，所以它是特殊的介词。——这是一个循环论证，不能解决任何问题！

如上所说，“把”的后置成分是宾语这一说法的前提都是站不住的。那么，既然“把”是介词，就应认为它同其他介词一样，跟后置成分一起组成介词结构，一起充当句子成分。上面所举的几个例子中，“从他的建议”“对他的建议”“按他的建议”“为他的建议”都是状语，那么，“把他的建议”也应当是状语。这样，既可以避免词法理论和句法理论的矛盾，又可以避免对许多语言事实解释不通的现象。比如“把开展科学实验作为……重要内容”这样的句子，如果抱着“前置宾语”说不放，硬说“开展科学实验”是“作为”的宾语，这是无法叫人接受的。

三

让我们进一步考察一下“把”字后置成分和动词谓语之间的关系，借以进一步说明“状语”说比“前置宾语”说更能全面地、合理地解释各种语言事实。

“把”字后置成分和动词谓语之间的关系有四种：

第一，“把”字后置成分是动作的对象，同时又可以看作是动词谓语的宾语。这是一种最常见的情况，包括许多具体格式，这里只略举几类例子来谈谈。

（36）刘登华听到这里，伸手啪地把大腿一拍，说："唉！好话！好话！"（梁斌《翻身纪事》）

（37）说着，把门开了，说："天黑了，想不到是你来。"（梁斌《翻身纪事》）

前一例，动词谓语"拍"前带"一"，可以说成"（一）拍大腿"；后一例，动词谓语"开"后带"了"，可以说成"开（了）门"。这是"把"字后置成分可以直接搬到谓语后边成为宾语的例子。

（38）对于下放的企业，中央部门不能甩手不管，应该积极帮助地方把企业办好。（华国锋《团结起来，为建设社会主义的现代化强国而奋斗》）

（39）"四人帮"的骨干分子，只要他们同"四人帮"划清界限，把问题交代清楚，愿意悔改，可以从宽处理。（华国锋《团结起来，为建设社会主义的现代化强国而奋斗》）

这两例的动词谓语都带上由形容词充当的补语。前一例可以说成"办（好）企业"，后一例可以说成"交代（清楚）问题"。这是"把"字后置成分可以搬到谓语和补语后边成为宾语的例子。

（40）大力培养少数民族干部，把他们当中的优秀分子提拔到领导岗位上来。（华国锋《团结起来，为建设社会主义的现代化强国而奋斗》）

（41）无产阶级必须在一切思想文化领域中把领导权牢牢地掌握在自己手中……（华国锋《团结起来，为建设社会主义的现代化强国而奋斗》）

这两例的动词谓语都带上由介词结构充当的补语。例（40）可以说成"提拔他们当中的优秀分子（到领导岗位上）"，例（41）也勉强可以说成"掌握党权、政权、军权（在他们手里）"。这是"把"字后置成分可以搬到谓语和补语之间成为宾语的例子。

（42）（"四人帮"）把大量地方剧种、民族歌舞、话剧和优秀的中外音乐等判处死刑……（华国锋《团结起来，为建设社会主义的现代化强国而奋斗》）

这一例的动词谓语后边带有宾语，但还是可以勉强改成带双宾语的句式："判处大量地方剧种、民族歌舞、话剧和优秀的中外音乐等死刑。"这是"把"字后置成分可以搬到谓语和宾语之间成为近宾语的例子。

(43) 对于那些发表了学术上的错误意见的科学技术人员，不应加以歧视，而要帮助他们把工作做得更好。(方毅《在全国科学大会上的报告》)

这一例的动词谓语通过"得"带上了补语。要将"把"字后置成分移到动词谓语后边，使之成为宾语，就得将"得"及补语去掉，即只能说成"做工作"。这是必须减去原句的一些话才能将"把"字后置成分搬到谓语后边成为宾语的例子。不过，即使是这类例子，"把"字后置成分仍然可以看作是动词谓语的宾语。

第二，"把"字后置成分是动作对象，但不能看作是整个动词谓语的宾语。先看两例：

(44) ……把内地建成强大的战略后方基地。(华国锋《团结起来，为建设社会主义的现代化强国而奋斗》)

(45) ……把经济活动纳入有计划按比例发展的轨道。(华国锋《团结起来，为建设社会主义的现代化强国而奋斗》)

例(44)里的谓语是"建成"，例(45)里的谓语是"纳入"。在这样的例子里，"把"字后置成分还是可以看作是动作的对象，但已不能看作是整个谓语的宾语了，因为它只是跟谓语中的一半发生动宾关系。如果要让它在动词后边的宾语位置上出现，就得把谓语劈开来才行。比方："建内地成强大的战略后方基地"，"纳经济活动入有计划按比例发展的轨道"。然而，由于这类句子中的谓语的两部分结合得很紧，成了一个整体，因此把它们劈开来表述问题的语句是十分生硬、十分别扭的。再看更加明显的例子：

(46) 毛主席在这里总结了一百多年来帝国主义侵略我国和我国人民反侵略斗争的历史，把改变经济技术落后状况提到了关系国家生死存亡的高度……(华国锋《团结起来，为建设社会主义

的现代化强国而奋斗》）

(47) ……把工人、农民、革命军人、革命干部和知识分子中群众公认的确有贡献的优秀分子和各方面的代表人物选进了新的革命委员会，受到广大人民群众的热烈拥护。（华国锋《团结起来，为建设社会主义的现代化强国而奋斗》）

这两例里，“提到了”“选进了”是谓语，它们带上“了”，显得整体性更强。前一例里“把”字的后置成分只是跟“提”可以发生动宾关系，不能看作是“提到了”的宾语。后一例里“把”的后置成分只是跟“选”可以发生动宾关系，不能看作是“选进了”的宾语。再看更能说明问题的两例：

(48)“四人帮”攻击国务院务虚会是“右倾翻案风风源”，把十年规划纲要说成是“修正主义文件”，这完全是恶毒的诽谤和污蔑。（华国锋《团结起来，为建设社会主义的现代化强国而奋斗》）

(49) 世界上有的科学家，把发现和培养新的人才，看作是自己毕生科学工作中的最大成就。（邓小平《在全国科学大会开幕式上的讲话》）

这两例里，“说成是”“看作是”是谓语。带上了虚化的、语尾性的“是”，谓语的整体性特别强。前一例里“十年规划纲要”可以认为是“说”的对象，但它根本不可能成为“说成（是）”这个谓语的宾语。后一例里“发现和培养新的人才”可以认为是“看”的对象，但它根本不可能成为“看作（是）”这个谓语的宾语。在这类例子里，“劈开谓语”的办法也不行了。比如“说十年规划纲要成是……”“看发现和培养新的人才作是……”，不行。

第三，“把”字后置成分是动作对象，但不是动词谓语的宾语。请看两例：

(50) 各条战线都要抓住受“四人帮”影响最深、造成危害最大的问题，大打人民战争，把他们制造的种种混乱彻底加以澄清……（华国锋《团结起来，为建设社会主义的现代化强国而奋斗》）

(51) 他把冯文光、李乔、闻小玉、罗慧，一个个作了介绍。（梁斌《翻身纪事》）

前一例，谓语是“加以”。“加以”这个动词，后边一般跟着由动词充当的宾语。如何见得“加以”后边的动词是宾语呢？最明显的证据是“加以”后边的动词可以带上定语，从形式上被强化成为名物化用法。如前一例“加以”前边的状语“彻底”，若移到“澄清”前边，便成为定语“加以彻底的澄清”。即：“加以”是谓语，“澄清”是宾语，这个宾语带上了定语“彻底（的）”。这样，“把”的后置成分“他们制造的种种混乱”当然不可能是宾语了。这就是说，这个“把”字后置成分，只是“澄清”的意念上的动作对象，从句法地位上讲，已经不能再说是宾语。后一例情况相似。“作了”是谓语，“介绍”是宾语。最能证明“介绍”是宾语的，是它可以带上定语。如“作了介绍”可以是说成“作了具体的介绍”。既然“作了”是谓语，“冯文光、李乔、闻小玉、罗慧”当然不能说是它的宾语。在意念关系上，“冯文光、李乔、闻小玉、罗慧”是“介绍”的对象，但“介绍”既已成了宾语，“冯文光、李乔、闻小玉、罗慧”就不能再说是宾语了。

第四，“把”字后置成分不是动作的对象，根本谈不上是动词谓语的宾语。本文第一部分里好几个例子皆属这一情况。再举几个当代文学作品中的例子加以补充：

（52）人们光等着闹翻身呢，可是光听得楼梯响，看不见下来的人，把人盼急了！（梁斌《翻身纪事》）

（53）看见你们这些孽障，把老娘我心疼碎了！（梁斌《翻身纪事》）

（54）王海说：“告诉你说，你再到厨房里来，我就不做这个饭了！你把瓦罐里记上记号像是防贼！”（梁斌《翻身纪事》）

前两例，“人”和“老娘我”不但不是“盼急”和“心疼”的对象，反而是动作的施行者。后一例，“瓦罐里”也不是“记上”的对象，只是所施加影响的处所。“人”和“老娘我”也好，“瓦罐里”也好，当然都跟宾语毫无牵连。

综观四种情况，我们可以知道，“前置宾语”说具有很大的局限性。姑且撇开其他问题不管，仅就有可能成为原句谓语的宾语而论，这一说法充其量也只是在第一种情况下才能行得通，在另外三种情况下就碰了壁。可见，从这个角度看，这一说法也不可取。

我们不应把词语间的意念关系和词语在句子中的句法地位混为一谈。在句法地位上，应该对“把”字结构和其他介词结构一视同仁，肯定“把”字结构是充当状语。这样，既在理论上遵守了同一律，又在实践中能够全面地解释各种可能有的语言现象。

那么，“把”字结构充当状语，表示什么意思？回答是：一般表示动作的对象，具有对事物加以处置的意味。这包括前三种情况。有时，表示变化的主体或动作的施行者，或者表示动作所施加影响的处所；“把”近似“让”，有力求、强令或致使的意思。这指的是第四种情况。

（原载《语文函授》1978年第5期）

论意会主语“使”字句

现代汉语里，“使”字句使用十分频繁，情况也十分复杂。从主语隐现的角度看，许多“使”字句的主语是形义明晰的，我们管它叫明晰主语“使”字句；许多“使”字句的主语是潜在的，可以意会的，我们管它叫意会主语“使”字句。

长期以来，一部分意会主语“使”字句被判为病句。其中，经常受到指摘的有两类：

A 类：“使”字逻辑主语前头加上连词或介词，形成了“由于……使……”“通过……使……”之类句式。这类句式被判为“缺主语”。例如：

(1) 由于去年丰收，使农民的生活大大改善了。

(2) 通过这次……大会，使民族形式体育走向一个新的开端。

(3) 在党和国家的教育、科学前辈的认真指导下，使我在教学科学研究上获得了一个良好的开端。

例 (1)，萧东《作文讲话》说：“‘由于去年丰收’是另一个句子”，“不是‘使’的主语”，应“删去‘使’”。(上海教育出版社 1954 年版 60～61 页)。例 (2)，《中国语文》杂志社编《语文短评选辑》说：“缺主语。应取消‘通过’，让‘这次……大会’做主语；或保留‘通过’，取消‘使’，让‘民族形式体育’做主语。”(中华书局 1959 年版 101～102 页)。例 (3)，《中国语文》杂志社编《语文短评选辑》说：“原句缺主语。改法有两个：a. 去掉‘使’字。b. 不用‘在……下’，改为：‘党和……认真指导，使我……’。”(92～93 页)

B 类：前面分句的主语和“使”的对象所指相同，形成了

“我……，使我……”之类句式。这类句子被判为“不通”。例如：

（4）我认不出他是谁，呆望很久才使我认出他是和哥。

（5）今天能看见这条正路并踏上它，使我感到说不出的兴奋。

例（4），萧东《作文讲话》说：“第二句的主语就是第一句的主语‘我’，只是省略去了，如果把这个‘我’补出来成为‘我呆望很久才使我认出他是和哥’，这句话是不通的。”（60～61页）例（5），前分句的主语未出现，但明显是“我”。若把“我”补出来，就成为“今天我能看见这条正路并踏上它，使我……”因此，也是属于“我……，使我……”的类型，同样被认为是“不通”的。

本文的直接目的，是说明意会主语“使”字句是“合法”的句子。从事实上看，它已经取得合法地位；从作用上看，它应该取得合法地位；从理论上看，它也有理由取得合法地位。

本文的间接目的，是说明：逻辑主语和语法主语并不总是结合的。句子可以只有潜在的主语，而没有形式上的主语。现有的关于现代汉语主语的理论不完备，无法解释丰富多样的语言事实。

“使”有时采用“使得”或“逼使、迫使、促使”等复合形式。文中举例，对它们不加严格区别。

一

让事实来说话。

“判定认识或理论之是否真理，不是依主观上觉得如何而定，而是依客观上社会实践的结果而定。”（毛泽东《实践论》）语法学家只能从语言事实中归纳出语法规则，而不能让语言实践来迁就自己的“语法理论”。多年来，不管是A类句式还是B类句式，尽管在语法书里，在语文教学中，经常受到责难，但它们照样经常地、广泛地为人们所使用。

先看A类句式。

“使”字的逻辑主语前头可以加上不同的连词或介词，形成许多不同的格式。以X代表“使”字的逻辑主语，以Y代表“使”的对象，以“动”代表Y后边的动词或动词性结构，比较常用的格式就有下列十二种。

1. 由于X，使Y动。例如：

（1）由于蒋介石政府长期施行反动的财政经济政策，由于蒋的官僚买办资本在著名的卖国条约——中美商约中同美国的帝国主义资本相结合，使恶性通货膨胀迅速发展，中国民族工商业日趋于破产……（毛泽东《迎接中国革命的新高潮》）

（2）由于巴西会议和延安会议反对了张国焘的右倾机会主义，使得全部红军会合在一起，全党更加团结起来，进行了英勇的抗日战争。（毛泽东《中国共产党在民族战争中的地位》）

这两例，“由于”后边的主谓结构是“使”的逻辑主语。

（3）由于这两次党内斗争的胜利，使党获得了伟大的进步。（毛泽东《中国共产党在民族战争中的地位》）

（4）前几年，由于“四人帮”的干扰破坏，使不少地方的革命委员会陷于瘫痪。（华国锋《团结起来，为建设社会主义的现代化强国而奋斗》）

这两例，“由于”后边的偏正结构是“使”的逻辑主语。

2. 因为X，使Y动。例如：

（5）因为这类短评，在报上登出来的时候往往围绕一圈花边以示重要，使我的战友看得头疼……（鲁迅《花边文学序言》）

（6）不要因为有了军衔制度和其他一些制度，而使上下级、官兵、军民、军队同地方的密切关系受到损害。（毛泽东《坚持艰苦奋斗，密切联系群众》）

这里，“因为”后边的主谓结构、动宾结构是“使”的逻辑主语。

3. 如果X，使Y动。例如：

（7）如果我们集中兵力在一个狭小的阵地上作消耗战的抵抗，将使我军失掉地理上和经济组织上的有利条件，犯阿比西尼亚的错误。（毛泽东《论持久战》）

(8) 在这种情况下，如果我们把战略决战的方向，指向华北战场，则会使我军受到华北、东北敌人的两大战略集团的夹击而陷于被动；如果我们把战略决战的方向首先指向华东战场，则会使东北敌人迅速撤退，而实现他们的战略收缩企图。(叶剑英《伟大的战略决战》)

这里，“如果”后边的主谓结构是“使”的逻辑主语。

4. 只有X，使Y动。例如：

(9) 张国焘的机会主义，则是革命战争中的右倾机会主义，其内容是他的退却路线、军阀主义和反党行为的综合。只有克服了它，才使得本质很好而且作了长期英勇斗争的红军第四方面军的广大的干部和党员，从张国焘的机会主义统治之下获得解放……(毛泽东《中国共产党在民族战争中的地位》)

(10) 只有这样，才能使我们的队伍真正成为一个充满着阶级友爱，充满着阶级感情的革命大家庭，才会使我们团结得像一个人，成为不可摧毁的力量。(赖传珠《古田会议前后》)

这里，“只有”后边的动宾结构和谓词性代词“这样”之所指，是“使”的逻辑主语。

5. 只要X，使Y动。例如：

(11) 中国农民有很大的潜伏力，只要组织和指挥得当，能使日本军队一天忙碌二十四小时……(毛泽东《论持久战》)

这里，“只要”后边的“组织和指挥得当”是“(能)使”的逻辑主语。

6. 在X(上、下、中、里、后)，使Y动。例如：

(12) (本来我们是有共同认识的，但是在若干问题上，我们中间还是有不同意见的，经过这一次会议，统一了我们的认识。) 在这个基础上，在这个思想的、政治的以及许多政策的共同认识的基础上，就可以使我们党更好地团结起来。(毛泽东《在中国共产党全国代表会议上的讲话》)

这是“在X上，使Y动”。“这个基础”“这个思想的、政治的以及许多政策的共同认识的基础”，是“（可以）使”的逻辑主语。

（13）在毛主席的教导下，使我们认识到党的抗日统一战线政策的英明和伟大。（贺清华《随从毛主席在陕北》）

这是“在X下，使Y动”。“毛主席的教导”是“使”的逻辑主语。

（14）（许多人……不懂得）在不断地正确处理和解决矛盾的过程中，将会使社会主义社会内部的统一和团结日益巩固。（毛泽东《关于正确处理人民内部矛盾的问题》）

这是“在X中，使Y动”。“不断地正确处理和解决矛盾的过程”是“（会）使”的逻辑主语。

（15）（今年七月六日，是朱德同志逝世一周年纪念日，又值八一起义和秋收起义五十周年的前夕。）在这样的日子里，使我无限缅怀朱德同志在从八一起义到井冈山会师的艰苦创业的时期中坚持战斗的革命精神和动人事迹。（胡华《学习朱德委员长的革命精神》）

这是“在X里，使Y动”。“这样的日子”是“使”的逻辑主语。

（16）（平津战役中，在我大军包围下的北平、天津守敌，完全陷于绝境……。）在天津解放之后，迫使北平守敌不得不接受和平解决的方法，并且迅速地彻底地按照人民解放军的制度改编为人民解放军。（叶剑英《伟大的战略决战》）

这是“在X之后，使Y动”。“天津解放”是“迫使”的逻辑主语。

7.（从）X中，使Y动。例如：

（17）从《望乡》所引起的讨论，使我们联想到了当前尚存在的一些问题。（《光明日报》1978年11月10日）

（18）大哥呀，从你眼下的处境，倒使兄弟我想起一个人来，有道是前车之鉴，后车之辙呀！（俊然《长长的乌拉银河》）

这两例是“从X，使Y动”。“从”后边的偏正结构是“使”的逻辑主语。

（19）从汪老师和孩子们的交往中，使我们欣喜地看到崭新的革命的师生关系。（《光明日报》1978 年 10 月 13 日）

这是“从 X 中，使 Y 动”。“汪老师和孩子们的交往”是“使”的逻辑主语。

8. 通过 X，使 Y 动。例如：

（20）通过这件事情，使我进一步懂得了以平等态度对待同志的深远意义。（赖传珠《古田会议前后》）

（21）通过会演，将促使我国当前声乐作品的创作进一步繁荣。（程云《让民歌唱得更加嘹亮》）

这里，“通过”后边的“这件事情”“会演”是“使（促使）”的逻辑主语。

9. 经过 X，使 Y 动。例如：

（22）（从没有经验到有经验，要有一个过程。）去年六月到现在的短短时期内，经过反右和反“左”斗争，使大家都知道了反右、反“左”是怎么一回事。（毛泽东《对晋绥日报编辑人员的谈话》）

（23）会不会因为国际国内的大势所趋和人心所向，经过我们的奋斗，使内战限制在局部的范围，或者使全面内战拖延时间爆发呢？（毛泽东《抗日战争胜利后的时局和我们的方针》）

这里，“经过”后边的“反右和反‘左’斗争”“我们的奋斗”是“使”的逻辑主语。

10. 根据 X，使 Y 动。例如：

（24）根据去年的经验，使我们懂得，对于犯有错误的人们改造其思想，是应该有步骤的，大体上应该是：第一步，揭露错误；第二步，反省错误；第三步，改正错误。（谭政《关于军队政治工作问题》）

（25）根据上述陕甘宁边区部队一年工作的总结与全军历史上的一些总结（不是全部总结），使我们感觉到我们政治工作中现存的组织形式与工作制度，应有某些修改，并加入许多新的东西去，才能适合目前军队的需要。（谭政《关于军队政治工作问题》）

这里，“根据”后边的“去年的经验”“……总结……总结”是“使”的逻辑主语。

11. 依靠X，使Y动。例如：

(26) 依靠这三件，使我们取得了基本的胜利。(毛泽东《论人民民主专政》)

“依靠”后边的“这三件”，是“使”的逻辑主语。

12. 伴随X，使Y动。例如：

(27) 伴随着帝国主义的商品侵略，中国商业资本的剥蚀和政府的赋税加重等项情况，便使地主阶级和农民的矛盾更加深刻化，即地租和高利贷的剥削更加重了，农民则更加仇恨地主。(毛泽东《星星之火，可以燎原》)

这里，“伴随着”后边的“……等情况”是“使”的逻辑主语。

再看B类句式。

前面分句的主语和“使”的对象，或者都是自称，或者都是对称，或者都是他称，或者都是泛称。因此，又可以分为下面几种情况。

1. 用自称的：我（们）……，使我（们）……。——前面分句的“我（们）”，有时省略。例如：

(28) 我能回到延安，亲自向你祝寿，使我万分高兴。(周恩来同志在朱德同志六十寿辰时的祝词)

(29) 我自己在创作上，就仍然不能完全放开手脚，使我常常苦闷地感到，好像有一根无形的绳子捆绑在自己的身上。(杨沫《深入生活提高技巧》)

(30) 在这难忘的日子里，我回想起……心里特别激动，使我更加怀念和热爱伟大领袖和导师毛主席。(王首道《革命的摇篮》)

这三例，前后都出现表自称的代词。

(31) 接到你们的贺函，使我十分愉快和感谢。(毛泽东《永远保持艰苦奋斗的作风》)

(32) 追溯这一段历史，可以使我们更加清楚地认识到……(方毅《在全国科学大会上的报告》)

这两例，前面分句的自称代词"我"和"我们"省去了。

2. 用对称的：你（们）……，使你（们）……。——前边分句的"你（们）"也可以省略。例如：

（33）你们这样做，将使你们有可能健全地完成对于党的组织的全部整理工作。（毛泽东《在晋绥干部会议上的讲话》）

这里，前后都用对称代词"你们"，前一个可以省去。

3. 用他称的：他（们）……使他（们）……；它（们）……使它（们）……。——既可以用代词，也可以用名词或名词性词组。前一个不能省。例如：

（34）父亲在旧中国苦难的农村里，亲眼看到了许许多多黑暗不平的事情，使他从少年时期就产生了反抗压迫、追求光明的强烈愿望。（朱敏《回忆亲爱的父亲——朱德委员长》）

这一例，前边用名词，后边用代词。

（35）军队须和民众打成一片，使军队在民众眼睛中看成是自己的军队……（毛泽东《论持久战》）

这一例，前后都用名词。

4. 用泛称的：人（们）……使人（们）……。——前面分句的泛称代词"人"或"人们"一般不出现。例如：

（36）看了这篇文章，使人懂得维吾尔族的农民，对于走合作化道路，积极性是很高的。（毛泽东《〈中国农村的社会主义高潮〉的按语》）

（37）在过了几十年之后来看中国人民民主革命的胜利，就会使人们感觉那好像只是一出长剧的一个短小的序幕。（毛泽东《在中国共产党第七届中央委员会第二次全体会议上的报告》）

从意念上看，前边分句的主语应是"人""人们"，但都隐去不说。

B类句式，有时前面分句上头可以加上连词。这样，就跟A类句式结合起来了。例如：

（38）由于我党采取了彻底的土地政策，使我党获得了比较抗日战争时期广大得多的农民群众的衷心拥护。（毛泽东《目前形势

和我们的任务》)

(39) 在全国解放后的一段相当长的时间内，由于我们比较正确地处理了党内关系，并且执行了正确的纪律检查的路线、方针和政策，党内和人民内部的政治生活是正常的，广大党员和人民群众的革命积极性空前高涨，从而使我们能够比较顺利地完成了民主革命的扫尾任务，特别是完成了三大改造的历史任务……(《人民日报》1979 年 3 月 25 日)

例 (38) 是“由于＋我党……，使我党……”，例 (39) 是“由于＋我们……，从而使我们……”，实际上都是“由于 X，使 Y 动”。

在上面这些例子中，有毛泽东的，有周恩来的，有叶剑英的，还有其他领导人的；有鲁迅的，有杨沫的，还有其他作家的。它们既见于经典性的著作、权威性的文件，也见于一般性的文章。它们的使用面，是比较大的。可见，这样的用法不是某个人或少数人言语行为的特殊表现，而是具有比较广泛的社会性的。如果说所有这些例子统统都是病句，那就是无视语言事实了。

从数量上看，这类例子也不少。

这里有个小统计：毛泽东《中国共产党在民族战争中的地位》一文中《我们的党已经从两条战线斗争中巩固和壮大起来》一节，仅仅 1117 个字，就用了 5 个“使”字句。其中，“由于 x，使 y 动”两句，“因 x，使 y 动”一句，“只有 x，使 y 动”一句。还有一句，是不用连词或介词的意会主语句。这说明，这类“使”字句的使用频率相当高，绝不是偶然的、个别的现象。

二

谈谈主语问题。

既然无法从事实上否定 AB 两类“使”字句，我们就有理由怀疑现在常用的理论是否正确，是否完备。

根据现在常用的理论，A 类句式只能被戴上“缺主语”的帽子，因为确实找不到一个形式上的主语；B类句式只能被戴上“不通”的帽子，因为如果“使”的主语真的是省略了，那就是因跟前面分句的主语相同而省略，若把省略了的主语补出来，便成为“我使我”之类的说法，这显然是说不通的。至于AB两类句式结合使用的句子，自然是“双料货”，更该挞伐了。

但是，一个句子——这里不谈一般所说的“无主句”和“独词句”——若找不到形式上的主语，就一定是“缺主语”的病句吗？复句里，在后面的分句找不到形式上的主语时，一定能用现有的“省略”主语的理论解释得了吗？回答是否定的。

在人们运用语言表达思想感情的过程中，逻辑因素和语法因素紧密结合，但它们不是一一对应的。以主语来说，逻辑主语和语法主语的关系就不是单纯的。

关于什么是逻辑主语，什么是语法主语，各国逻辑学家、语法学家有许许多多的说法，意见很不一致。我们不想参加这方面的争论。为了避免混乱，我们把主语的含义限制在大家通常所理解的范围之内。按照现在大家都能接受的说法，在汉语里，主语是谓语陈述的对象，用于谓语前边。为了探讨汉语句子中逻辑主语和语法主语之间的关系，我们以这一大家都能接受的说法为基础，在这样的含义上使用逻辑主语和语法主语这两个术语：语法主语，是谓语前边表示陈述对象的**词语**，它不允许被隐没在别的分句或别的成分之中；逻辑主语，是可以成为语法主语的**人物事件**。

在大多数情况下，逻辑主语表现为语法主语。这时，逻辑主语和语法主语相结合，成为逻辑语法主语，使句子在形义上都具有一个明晰的主语。

少数情况下，逻辑主语可以不表现为语法主语，语法主语也可以只是纯形式主语。下面分三点作进一步的说明。

第一，逻辑主语不是表现为语法主语，而是“潜”入分句或状语，成为潜在的主语，意念上的主语，即意会主语。在这种情况下，虽然句子缺乏一个形式上的主语，但由于逻辑主语发挥其潜在作用，人们可以意会，因此句子照样能够清楚地表达意思，顺利地起到交际和交流思想的作用。

下面是逻辑主语“潜”入状语的例子：

(1)（本来我们是有共同认识的，但是在若干问题上，我们中间还是有不同意见的，）经过这一次会议，统一了我们的认识。（毛泽东《在中国共产党全国代表会议上的讲话》）

(2) 通过这次战斗，锻炼了我们的军队，涌现了大批卓越的领导干部和英雄战士……（中共中央、人大常委会、国务院、中央军委《给广西、云南边防部队的慰问信》）

(3) 对于我们无产阶级革命者来说，实事求是地说明情况，认真地去分析造成这种情况的历史的和现实的原因，才能够正确制定我们的战略规划，部署我们的力量。（邓小平《在全国科学大会开幕式上的讲话》）

(4) 特别是由于电子计算机、控制论和自动化技术的发展，正在迅速地提高自动化的水平。（邓小平《在全国科学大会开幕式上的讲话》）

(5) 由于林彪、“四人帮”的干扰破坏，也造成科技人员分配制度上的混乱……（《光明日报》1978 年 10 月 19 日）

以上例子里，加直线条的都是逻辑主语，它们本来可以成为语法主语，但这里却成了状语的一部分。这样，句子里就找不到形式上的主语了。然而，句子的表意作用并未受到任何影响。由于潜在的逻辑主语在起作用，因而“统一了我们的认识”“锻炼了我们的军队”“实事求是地说明情况……”等的主语是什么，人们是完全可以意会的。

从这些例子可以知道，逻辑主语“潜”入状语的条件，是加特定的语法成分——主要是介词。对于这样的句子，不能说它们是“缺主语”的病句。

下面是逻辑主语潜入分句的例子：

(6) 如果你不这样做，势将引起不良后果。（毛泽东《第十八集团军总司令给蒋介石的两个电报》）

(7) 如果我们党有一百个至二百个系统地而不是零碎地、实际地而不是空洞地学会了马克思列宁主义的同志，就会大大地提高我们党的战斗力量，并加速我们战胜日本帝国主义的工作。(毛泽东《中国共产党在民族战争中的地位》)

(8) (如果在出版前对它求全责备，辞书就很难编成；) 如果在出版后碰到新的情况就封存禁锢，则是违反历史唯物主义的愚蠢的作法，是不相信广大人民群众识别力的突出表现。(《中国语文》编辑部《铭记周总理教诲 做好语言文字工作》)

以上例子里，“如果”清楚地表明加线的部分是表示假设的分句。那么，后面分句的主语又是什么呢？显然，“引起不良后果”的，“提高我们党的战斗力量……”的，“是违反历史唯物主义的愚蠢作法……”的，还是前面加直线条的部分。可见这样的分句没有形式上的主语，而是以前面的分句作为意念上的主语。对这样的分句，既不能说它犯了“缺主语”的错误，也不能用“省略”主语的理论来解释。

逻辑主语“潜”入分句的条件，不像“潜”入状语时那么严格。有时，固然需要添加特定的语法成分——连词，如上面三例；但很多时候并不需要。在这样的情况下，“省略”说同样行不通。例如：

(9) 粉碎了“四人帮”，我们的党避免了一次大分裂，我们的国家避免了一次历史的大倒退，保证了我国人民沿着毛主席指引的社会主义方向继续前进。(华国锋《团结起来，为建设社会主义的现代化强国而奋斗》)

(10) 早在民国十六年(一九二七年)，蒋介石就忘恩负义地背叛了国共两党的革命联盟，背叛了孙中山的革命的三民主义和三大政策，从此建立独裁统治，投降帝国主义，打了十年内战，造成日寇侵略。(毛泽东《中国人民解放军宣言》)

“保证了”的主语，“造成”的主语，人们都可以从前面的分句去意会。如果抱着“省略”说不放，“保证了”前边无法说明省略了什么；“造成”的前边，也得说是省略了“蒋介石”，这样就得把整句理解为“早在民国十六年（一九二七年），蒋介石就……从此建立独裁统治，打了十年内战，结果蒋介石造成日寇侵略”，这是不符合原意的。

第二，意会主语是“潜在”的、意念上的东西，因此它有时不那么明显，不那么确定，表现了一定的模糊性。从这个意义上说，它有时是一种模糊主语。

意会主语的模糊性，表现在两个方面：

一方面，有时很难明确指出它是由哪些词语来表达的。在它被隐含在前面几个分句中时，似乎是指其中一个分句，又似乎是指几个分句。如例（10），“造成”的逻辑主语很难肯定是由前边的一两个分句来表示，还是由前边所有的分句来表示。再说，在它被隐含在一个分句之中时，似指前一部分，又似指后一部分，又似指整个部分，有时还似乎只指其中的某个词语。例如：

（11）他将中国人民推入了十年内战的血海，因而引来了日本帝国主义的侵略。（毛泽东《评蒋介石发言人谈话》）

“因而”清楚表明有两个分句。第二分句没有出现语法主语，它的逻辑主语隐含在第一分句之中。但“引来了”的逻辑主语究竟是什么呢？是“他”？是“十年内战”？是“他将中国人民推入了十年内战的血海”？似乎都可以说。这正反映了意会主语的特点。它是潜在的，意会起来就往往具有一定的灵活性。

另一方面，有时虽然能指明它由哪些词语来表达，但它的实际内容却似乎不限于这些词语所表达的意思本身。例如：“经过这次会议，统一了我们的认识。”“这次会议”显然是“统一”的逻辑主语。这个逻辑主语若直接充当语法主语，它的含义是固定的，范围是确定的；现在让它跟“经过”结合，使之潜在化，意思就丰富多了，除了原有的含义之外，似乎还包括了我们所作的努力和会议召开的过程等方面的意思。再看一例：

（12）经有关部门和本报调查，证明两封信反映的情况属实。（《光明日报》1978年10月28日）

“证明”没有形式上的主语。它的逻辑主语“潜”入状语了。跟“有关部门和本报调查的材料，证明……”相比较，“经有关部门和本报调查，证明……”使人感到内容多些，范围广些。这也反映了意会主语的特点。它既然可以意会，读者就可以结合自己的知识、经历去理解，因而可以比字面上的意思想得更多。

第三，语法主语“这、那”之类，有时是潜在主语的代替形式，本身是虚灵的。这样的语法主语，只是纯形式主语。例如：

(13) 如果一辈子都不同工人农民见面，这就很不好。（毛泽东《在中国共产党全国宣传工作会议上的讲话》）

(14) 如果要使革命半途而废，那就是违背人民的意志，接受外国侵略者和中国反动派的意志……（毛泽东《将革命进行到底》）

这里的“这、那”都是纯形式的语法主语，而不是逻辑语法主语。跟它们相应的逻辑主语已经潜入前面的分句。潜在的逻辑主语模糊到什么程度，它们也就模糊到什么程度。它们只是“空壳子”，纯形式的、可有可无的东西。

让我们用下图表明逻辑主语和语法主语的关系：

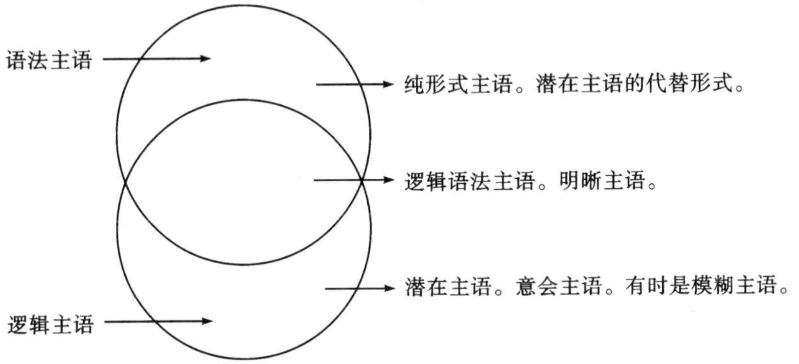

对于逻辑主语和语法主语的关系的认识，就是我们进一步讨论“使”字句问题的理论基础。

三

谈谈“使”字句的意会主语。

先说“使”字句意会主语的范围。

早在二十多年前，吕叔湘、朱德熙二位先生在《语法修辞讲话》中就已指出：“‘使’字是个动词，一般是有主语的，或是一个词，或是一个短语；形式上没有主语的时候，我们的了解是它拿前面的分句做意念上的主语。”（开明书店1952年版146页）这里，吕、朱二位先生敏锐地观察到了两点重要的事实：第一，“使”字句可以“形式上没有主语”；第二，可以“拿前面的分句做意念上的主语”。这就是说，他们承认了有潜在的意念主语存在的现象。他们的见解是独到的、精辟的。可惜的是，他们没有发挥这一理论，并且把这一理论的使用范围似乎限制在极小的圈子之内，因而仍然把大量的“形式上没有主语”，可以从上文看到“意念上的主语”的句子说成了病句。

按照逻辑，既然可以“拿前面的分句做意念上的主语”，就应该别管前面的分句是否用了连词，或者用了什么样的连词。如果说，不用连词时不是病句，用了连词便是病句，或者说，用这类连词时不是病句，用那类连词时便是病句，这都是叫人无法理解的。比较：

(1) a. 事变是发展得这样快，以至使很多人感到突然，感到要重新学习。（毛泽东《论人民民主专政》）

(1) b. 因为事变发展得特别快，使很多人感受到突然，感受到要重新学习。

(1) c. 由于事变发展得快，使很多人感受到突然，感受到要重新学习。

例(1) a，“以至”清楚表明前面是原因分句，后面是结果分句。“使”没有形式上的主语，它以前面分句里的“事变发展得快”作为意念上的主语。这种句法大概不会有人认为有毛病，站不住。然而，既然例(1) a站得住，例(1) b能被说成病句吗？既然例(1) a、例(1) b

站得住，例（1）c能被说成病句吗？

同样，按照逻辑，既然可以拿前面的分句做意念上的主语，就可以拿前面的状语做意念上的主语。因为，在这个问题上，以是否分句来划界，是很难行得通的。以“由于……”来说，用“由于＋主谓结构”时，得承认是分句；用“由于＋名词性偏正结构”时，在一般情况下只能说是状语。对它们，难道能够作不同的处理吗？比较：

（2）a. 由于汉字繁难，使少年儿童在识字上不得不花费较多的时间和精力。

（2）b. 由于汉字的繁难，使少年儿童在识字上不得不花费较多的时间和精力。（《人民日报》1977年12月20日）

既然例（1）c站得住，例（2）a当然也能站得住。例（2）a站得住，例（2）b能被说成病句吗？

同样，按照逻辑，“由于……使……”既然无法否定，那么，“根据……使……”“通过……使……”“在……使……”“从……使……”之类也就没法否定了。因为这些格式往往是彼此相通的，比方，叶剑英《伟大的战略决战》一文中的“在天津解放之后，迫使北平守敌不得不接受和平解决的方法”［第一部分例（16）］，可以说成“由于天津解放，迫使……”，我们决不能只承认后者而否定前者。又如：

（3）通过学习毛主席著作，使我懂得了革命的道理，逐渐树立了革命人生观，成为一名光荣的共产党员。（朱敏《怀念亲爱的父亲——朱德委员长》）

“通过学习毛主席著作，使我……”可以说成“由于学习毛主席著作，使我……”，我们决不能只承认后者而否定前者。

至于B类句式，同样可以用“拿前面的分句做意念上的主语”的理论来解释。即：“我……，使我……”，前一分句以“我”为主语，后一分句的“使”以前一分句做意念上的主语；“你……，使你……”，前一分句以“你”为主语，后一分句的“使”以前一分句做意念上的主语。其他类推。前面说过B类句式和A类句式。应该认为，B类句式里“使”的主语也是意会的，它已潜入了前边的分句，而不是什么承前面分句的主语而省略。请再看这个例子：

(4) 我于是用了种种法，来麻醉自己的灵魂，使我沉入于国民中，使我回到古代去……（鲁迅《〈呐喊〉自序》）

不抱语法理论上的成见的读者，一看就理解鲁迅的这句话，能够意会到“使我……”的是什么，决不会机械地理解为“我”“使我”的。

到此，我们可以把“使”字句意会主语的范围明确起来了。我们认为，“使”字句意会主语有两大类。

第一类，是加上连词或介词的。这就是A类句式。在这类句式里，意会主语有时见于前面的分句，有时见于前面的状语。

第二类，是不加上连词或介词的。这又有两种情况。一是前面分句的主语和“使”的对象所指相同。这就是B类句式。二是前面分句的主语和“使”的对象所指不同。这可以称之为C类句式。在B类句式和C类句式里，“使”字前头必须是可以成为分句的结构——主谓结构，或者跟主谓结构相当的具有表述功能的动宾结构、兼语结构、连动结构等。在B类句式和C类句式里，意会主语总是见于前面的分句。

本文用很多篇幅讨论A类句式和B类句式，是因为它们经常受到指责，这并不等于说C类句式是罕见的。事实上，C类句式使用率是相当大的。略举几例：

(5)（至于个人的缺点，如果不是与政治的和组织的错误有联系，）则不必多所指摘，使同志们无所措手足。（毛泽东《关于纠正党内的错误思想》）

(6) 集中主力于一个方向，其它方向剩下钳制力量，自然不免使土地受到损失。（毛泽东《中国革命战争的战略问题》）

(7) 所有这些因素和其他的因素配合起来，就使我们能够对日本占领地的堡垒和根据地，作最后的致命的攻击……（毛泽东《论持久战》）

(8) 一个国家，农村人口多，存在封建势力，有不好的一面，但是，对于无产阶级领导的革命来说，又是好事，使我们有农民这个广泛的同盟军。（毛泽东《我们党的一些历史经验》）

这些例子中，“使……”是分句，它的前边是另外的分句。“使”的主语，都见于前边的分句，可以意会。

下面，再说“使”字句意会主语的作用。

用意会主语，跟用明晰主语相比，至少有三个方面的好处。

第一，可以在主谓关系的基础之上，明显地强调出因果、条件等关系，从而能够更好地说明客观事物在发展过程中的相互联系。比较：

(9) a. 敌人的封锁，使得我们的货物出口发生困难。

(9) b. 因为敌人的封锁，使得我们的货物出口发生困难。（毛泽东《我们的经济政策》）

例（9）a，是明晰主语“使”字句，只让我们注意到什么“使”什么的关系；例（9）b，是意会主语“使”字句，不仅交代了什么“使”什么的关系，而且强调出了事物间的因果联系。这种联系，如有必要，还可再加别的语言形式，作进一步的强调。例如：

(10) 正是由于毛泽东同志根据战争形势的发展，进行了灵活的战略指示，由于中国人民解放军严格遵循了和灵活运用了毛泽东同志所规定的战略战术原则，因而使我们在三大战役中取得了战略决战的胜利。（叶剑英《伟大的战略决战》）

(11) 正因为这个不同的表现形式，所以使游击战争的作战方法区别于正规战争的作战方法……（毛泽东《抗日游击战争的战略问题》）

“由于”前加“正是”，后用“因而”呼应，“因为”前加“正”，后用“所以”呼应，都使事物间的因果联系显得非常鲜明。

第二，可以通过使用不同的连词或介词，形成多种格式，使句法更加灵活多样，富于表现力。

客观事物在发展过程中是有着原因与结果、理由与推断，以及方位、时间等等方面的联系的。需要强调的重点不同，就可以选取不同的格式：

强调因由的：由于……，使……；因为……，使……；……，因而使……。

强调假设的：如果……，（就）使……。

强调条件的：只有……，（才）使……；只要……，（就）使……。

强调方位或时间的：在……（上、下、中、后），使……；随着……，使……。

强调起点的：从……（中），使……。

强调过程的：通过……，使……；经过……，使……。

强调依凭的：根据……，使……；依靠……，使……。

这许许多多的格式，给造句带来更大的选择余地。比方说：

（12）a. 由于重点明确、力量集中，使科研工作较快地搞出成果。（《光明日报》1978年10月18日）

这是在逻辑主语前头加“由于”，强调内因。如果不需要强调因由，而要强调假设，或者强调条件，就可以把“由于”换为“如果”或“只有”：

（12）b. 如果重点明确、力量集中，就可以使科研工作较快地搞出成果。

（12）c. 只有重点明确、力量集中，才能使科研工作较快地搞出成果。

可见，由于句法的多样化，“使”字句的表现力更强了。

第三，可以使逻辑主语模糊化，增强理解的灵活性。

前面说过，意会主语的模糊性表现在两个方面。“使”字句的意会主语也是这样。

首先，“使”的逻辑主语有时很难明确指出。这就促使读者灵活地理解，注意掌握句子的整体意义。例如：

（13）这个宪法草案，结合了少数领导者的意见，公布以后，还要由全国人民讨论，使中央的意见和全国人民的意见相结合。（叶剑英《关于中华人民共和国宪法草案》）

这个“使”的逻辑主语是什么？很难从字面上直接指出。必须灵活地通过掌握句子的整体意义才能理解。在几个“使”字句连续使用时，这一情况更加明显。例如：

(14) 只有开展经济战线方面的工作，发展红色区域的经济，才能使革命战争得到相当的物质基础，才能顺利地开展我们军事上的进攻，给敌人的"围剿"以有力的打击；才能使我们有力量去扩大红军，把我们的战线开展到几千里路的地方去，使我们的红军毫无顾虑地在将来顺利的条件下去打南昌，打九江，使我们的红军减少自己找给养的这一部分工作，专心一意去打敌人；也才能使我们的广大群众都得到生活上的相当的满足，而更加高兴地去当红军，去做各项革命工作。(毛泽东《必须注意经济工作》)

这里有五个"使"。三个"（才能）使"的逻辑主语比较明显，是条件分句中的"开展经济战线方面的工作，发展红色区域的经济"。第二个"（才能）使"后边的两个"使"，它们的逻辑主语就已模糊化，必须灵活地结合上文来理解。如果用"省略"的理论来解释，那就非碰壁不可了。

其次，"使"的逻辑主语有时可以指出，但是实际含义似乎超出字面含义。这样，就更能开拓读者的思路。比方"从《望乡》所引起的讨论，使我们联想到了当前存在的一些问题"。光是"从《望乡》所引起的讨论"，范围和内容都有明确的界限，加上"从"，理解就可以灵活一些了：既指"从《望乡》所引起的讨论"本身，似也包括作者对"讨论"的分析和感触。再如，"经过反右和反'左'斗争，使大家都知道了反右反'左'是怎么一回事"。不用"经过"，含义就限于"斗争"本身，用了"经过"，就不仅指"斗争"这件事，还似乎有人的因素在起作用。

再如：

(15) 在战争的过程中……使中国军队的装备逐渐加强起来。因此，中国能够在战争的后期从事阵地战，对于日本占领地进行阵地的攻击。(毛泽东《论持久战》。省略号是原有的。)

按原意，"使"的逻辑主语是"战争的过程"。加上"在……中"之后，就使这个逻辑主语模糊化，在理解上，也可以认为是"人"在起作用了。

“使”字句的意会主语，有时也可以用指示代词“这、那”表示出来。这时，意会主语“使”字句就具有一个纯形式主语。由于这种纯形式主语本身不能表达明晰的意义，因此，“使”的逻辑主语是什么，还是得靠意会。这就是说，有了这种纯形式主语，并不改变意会主语“使”字句的基本性质。例如：

（16）由于遵义会议以后，全党确立了以毛泽东同志为首的党中央的正确领导，这才使得张国焘的错误没有能够发生更大的危害。（刘伯承《回顾长征》）

许多意会主语“使”字句，“使”的前边都可以添上“这、那”之类。这种指代形式，可以帮助我们证明，“使”不是以前边分句的主语为主语，而是以前边分句所表示的意思为主语，只能从前边的分句里去意会。

四

谈谈意会主语“使”字句中的“使”字。

许多同志，不论是评论 A 类句式还是 B 类句式，都要求把“使”去掉，似乎它是个赘疣。这是不正确的。

在这个问题上，吕叔湘、朱德熙二位先生也提出过相当精彩的见解。在《语法修辞讲话》中，虽然他们一方面认为，“现在人特别爱用‘使’字，有时候找不出它的主语，有时候找出来了，意思讲不通，有时也讲得通，但‘使’字并非必要”，并且举了三类例子，认为是不对的，或不好的；但是，另一方面，他们又提出：“从以上的例子，我们看到一个很有意思的现象。一方面，好些行为的主动者（而且这里面大多数是‘我’或‘我们’），可以或应该让它做主语，却在前面加个‘使’字，让它带上一半被动性质，好像什么事情都不由自主，要人推动。另一方面，有好些可以或应该直截了当处置的事物，却又不敢在它前面用个动词或‘把’字，只敢‘使’它一下，让它自己去完成那个行为。综合这两方面，倒像世界上既没有积极的主动者，也没有纯粹的被动者。对于这个现象，语言心理学者一定会感觉很大的兴趣。”这说明，他们重视了“使”字句运用中一种值得注意和研究的事实，他们对这个“使”并不是持全然否定的态度的。当然，根据我们的探索，情况还要复杂得多，但他们的话确能启发我们思考，起了很好的先导作用。

如果把潜在逻辑主语所代表的事物称为“客体”，把“使”字后边的兼语所代表的事物称为“本体”，那么，“使”字便是用在“客体”和“本体”之间，表明“客体”对“本体”起制约作用时二者的微妙关系。这可以从两个方面来看。

第一，从“客体”起作用的方面看，“使”字表明“本体”的变化是受“客体”的影响，被“客体”所带动的。比较用不用“使”字的句子，这一点就可以看得很清楚：

(1) a. 时至二十世纪三十年代的日本帝国主义，由于内外矛盾，不但使得它不得不举行空前大规模的冒险战争，而且使得它临到最后崩溃的前夜。(毛泽东《论持久战》)

(1) b. 时至二十世纪三十年代的日本帝国主义，由于内外矛盾，它不但不得不举行空前大规模的冒险战争，而且临到最后崩溃的前夜。

(2) a. 通过面对面的揭露矛盾，提出解决办法，使各部门的领导干部受到很大的教育。(《光明日报》1978 年 10 月 28 日)

(2) b. 通过面对面的揭露矛盾，提出解决办法，各部门的领导干部受到很大的教育。

例 (1) a 表明“它”受到“内外矛盾”的强烈影响，例 (1) b 似乎“它”的变化是自我完成的；例 (2) a 表明“各部门的领导干部”受到“面对面的揭露矛盾，提出解决办法”的强烈影响，例 (2) b 似乎“各部门的领导干部”的变化是自我完成的。

正因为表明本体处于受影响、被带动的地位，所以使人感到，变化的“功”“过”可以归之于客体。有意思的是，与此相联系，在本体是“我”时，这种句法往往用来表达谦逊的态度或管束不了自己的心情。

在“我”把“功”让给客体时，往往是为了表示谦逊的态度。这时的“使”，可以使“我”不显得那么突出。比较：

(3) a. 接到你们的贺函，使我十分愉快和感谢。

(3) b. 接到你们的贺函，我十分愉快和感谢。

(4) a. 通过学习毛主席著作，使我懂得了革命的道理……

(4) b. 通过学习毛主席著作，我懂得了革命的道理……

(5) a. 在科学前辈的认真指导下，使我在科学研究上取得了一些成绩。

(5) b. 在科学前辈的认真指导下，我在科学研究上取得了一些成绩。

从这些例子可以知道，用不用“使”意味不同。用了“使”就能避免过于突出“我”。在上对下时，显得亲切、谦和；在下对上时，显得谨慎、谦恭。

在“我”把“过”推给客体时，往往是为了表示“管束不了自己”。这时的“使”，可以使“我”显得不由自主。比较：

(6) a. 由于“四人帮”反革命修正主义路线的影响，使我放松了文化知识的学习。

(6) b. 由于“四人帮”反革命修正主义路线的影响，我放松了文化知识的学习。

(7) a. 在这个坏家伙的教唆下，使我逐渐走上了犯罪的道路。

(7) b. 在这个坏家伙的教唆下，我逐渐走上了犯罪的道路。

从这些例子可以知道，用不用“使”意味也有所不同。用了“使”，就显得事出有因，责有攸归，自己似乎是情有可原的。

第二，从“本体”起作用的方面看，“使”字又使人感到，本体并不是完全无所作为，它的变化仍然有主观因素在起作用。不过，在这一点上，不能一概而论，还得作进一步的说明。

首先，要看本体是否有意识。如果是人，就可能有主观因素起作用；如果是事物，就看不到什么主观因素。例如：

(8) 由于政策的落实，使大家越干越有劲。

(9) 由于政策的落实，使各项工作出现了欣欣向荣的新气象。

例（8）的本体是“大家”。这个例子使人感到，在“政策的落实”的影响下，“大家”发挥了主观能动性。例（9）的本体是“各项工作”。这个例子只使人感受到，在“政策的落实”的影响下，“各项工作”起了变化。

其次，还要看对本体加以陈述的谓语的内容。

对本体加以陈述的谓语，有的表示动作行为，有的表示心理活动；有的表示如意的、具有积极意义的行为活动，有的表示不如意的、具有消极意义的行为活动。比方，“取得、丢失，成功、失败，前进、后退，团结、分裂”，这是表示动作行为的，其中，“取得、成功、前进、团结”表示如意的、具有积极意义的行为，“丢失、失败、后退、分裂”表示不如意的、具有消极意义的行为；“热爱、憎恶，高兴、悲伤，记起、忘掉”，这是表示心理活动的。其中，“热爱、高兴、记起”表示如意的、具有积极意义的心理活动，“憎恶、悲伤、忘掉”表示不如意的、具有消极意义的心理活动。一般说来，谓语表示动作行为时，如果是属于如意的、具有积极意义的动作行为，本体的主观因素就显得比较活跃；如果是属于不如意的、具有消极意义的动作行为，本体就显得完全处于无能为力的境地。比较：

(10) 由于党的教育和关怀，使他们迅速成长为新型的知识分子。

(11) 由于“四人帮”的干扰、破坏，使他们长期无法开展研究工作。

例（10），“迅速成长……”既受“党的教育和关怀”的影响，也是“他们”主观努力的结果。例（11），“长期无法开展研究工作”并非他们之所愿，他们是全然被动的。正因如此，这类“使”字句有时跟“被”字句结合使用。例如：

(12) 只是在林彪、“四人帮”横行的时期，由于他们的破坏和摧残，才使得绝大部分科协组织及其所属团体，被迫完全停止

了活动。(《光明日报》1978年11月21日)

谓语是表示心理活动时，本体一般都有主动性；只是在少数情况下，才有上述的区别。例如：

(13) 读了你的信，使我非常高兴。

(14) 听了他的话，使我非常气愤。

这两句没有区别："我"既受影响，也有主动性。

(15) 读了你的信，使我想起一件事。

(16) 由于长期离家，使我连家乡的方言也忘记了。

这两句有区别："想起"既受"你的信"的影响，也有"我"的主观作用；"忘记"只是受"长期离家"的影响，"我"本人是不由自主的。

总之，"使"字具有特定的作用。它把本体置于客体的强烈影响的笼罩之下，但也不完全抹煞本体的主观能动作用。由"使"字造成的"谦逊"说法和"管束不了自己"的说法，更具特殊情味。

五

谈谈意会主语"使"字句的分析。

分析意会主语"使"字句，首先要明确"使"的词性。

作为动词，"使"不表示具体的动作行为，意义本来比较虚；在意会主语"使"字句里，它着重表明客体和本体之间的联系，意义就更虚了。十多年前，高庆赐先生在一篇未发表的文章中，曾经提出"连词"说。他认为，在"由于……，使……"之类句式里，"使"已虚化为连词，相当于"以致"。

如果连词说能成立，问题就迎刃而解。因为把它看作连词，就可以按照现有的理论把这类"使"字句分析顺当了。比方，"由于……，使我……"，说"我"是表结果的连词，"使"后边的"我"便是第二分句的主语，这样，这个分句便是"有主语"，而不是"缺主语"了。又比方，"我……，使我……"，说"使"是表结果的连词，"使"后边的“我”便是第二分句的主语，这样，这个复句就可以解释为“我怎么样，以致我怎么样”，因而就能“说得通”，而不是“说不通”了。应该说，这是在维护现有主语理论的权威的条件下，为这类“使”字句辩护的一种方法。在对待这类“使”字句的态度上，已经大大地向前跨进一步了。

但是，语言事实并不支持“连词”的假设。

首先，就“使”的替换形式和复合形式说：

1. “使”可由“令”替换，“……使人……”的格式可以替换为“……令人……”的格式。例如：

（1）走进土围子一瞧，使人大失所望。（曹丹辉《伟大的历程》）

（2）看了这种情况，令人十分高兴。（毛泽东《〈中国农村的社会主义高潮〉的按语》）

这两例，“使”“令”可以互换。若无法证明“令”是连词，也就无法证明“使”是连词。

2. “使”有时说成“迫使”、“逼使”或“促使”，它们的词性应该是相同的。如第一部分的例（16）用“迫使”，例（21）用“促使”。又如：

（3）由于这种总危机，逼使各资本主义国家走入新的战争，首先逼使各法西斯国家从事于新战争的冒险。（毛泽东《论持久战》）

很难说“逼使”“促使”“迫使”是连词，因而也很难把“使”说成连词。

其次，就“使”同别的词语的关系来说：

1. “使”的前边常用副词或副词性词语。例如：

（4）正是由于这个原因，几乎使我们忘记了时间……（陈大远《韩家山庄》）

（5）长征开始，由于“左”倾路线在军事行动中逃跑主义的错误，继续使红军受到重大的损失。（刘伯承《回顾长征》）

（6）走了不少曲折的道路，终于使我们懂得：只有在党的正确领

导下，革命事业才能蓬勃地向前发展……（杨秀山《七大的光芒》）

这几例中的“使”能够受“几乎”“继续”“终于”这些词修饰，不可能是连词。

2.“使”的前边常用助动词。例如：

（7）由于我之领导错误或敌之强大压力的结果，可以使上述的情形发生相反的变化，即根据地化为游击区，游击区化为敌之比较稳固的占领地。（毛泽东《抗日游击战争的战略问题》）

（8）反对战争问题中的唯心论和机械论的倾向，采用客观的观点和全面的观点去考察战争，才能使战争问题得出正确的结论。（毛泽东《论持久战》）

（9）如果不是采取强迫命令、欲速不达的方针，而是采取耐心说服、典型示范的方针，那末，几年之内，就可能使大多数农民都组织在农业生产的和手工业生产的互助团体里面。（毛泽东《必须学会做经济工作》）

“使”前边用了助动词，更不可能是连词。如果是连词，何必“助动”？

3.“使”的后边可以用“之”。例如：

（10）中国农民有很大的潜伏力，只要组织和指挥得当，能使日本军队一天忙碌二十四小时，使之疲于奔命。（毛泽东《论持久战》）

（11）敌之优点可因我之努力而使之削弱，其缺点亦可因我之努力而使之扩大。（毛泽东《论持久战》）

代词“之”肯定是宾语。带宾语的“使”，不可能是连词。

由此可见，“使”尽管虚化，但还是动词。

作为动词，“使”是谓语，它后边的成分是兼语。突破现有的主语理论的框框，从实际出发，“使”字句是不难分析的。

设X为逻辑主语，Y为“使”所支配的对象（兼语），那么明晰主语“使”字句可以这样分析：

X	使	Y	动
主	谓$_1$	兼	谓$_2$

意会主语“使”字句可以这样分析：

1.

通过 X	使	Y	动
状	谓$_1$	兼	谓$_2$

（说明：逻辑主语“潜”入状语。意会。）

2.

如果 X	使	Y	动
	谓$_1$	兼	谓$_2$
分句	分句		

（说明：逻辑主语“潜”入分句。意会。）

3.

（我）X（我……）	使	Y（我）	动
	谓$_1$	兼	谓$_2$
分句	分句		

（说明：逻辑主语“潜”入分句。意会。）

4.

如果 X	这	使	Y	动
	主	谓$_1$	兼	谓$_2$
分句	分句			

（说明：逻辑主语“潜”入分句。“使”前用纯形式主语。）

结语

本文的主要观点，归纳如下。

1. 逻辑主语和语法主语的关系复杂多样。逻辑主语可以表现为语法主语，也可以表现为潜在主语；语法土语可以表现为逻辑主语，也可以只是纯形式主语。

2. 汉语里有意会主语句。这类句子，逻辑主语表现为潜在主语，包含于前面的分句或状语之中，可以意会。

潜在主语，即意会主语，往往具有一定的模糊性。从这个意义上说，它们有时是一种模糊主语。

意会主语句是“缺”形式上的主语的句子，但不是“缺主语”的病句。这类句子的主语，也不能用“省略”说来解释。

3. “使”字句可以分为明晰主语“使”字句和意会主语“使”字句两种。意会主语“使”字句有两个类型：第一类，包含“使”的逻辑主语的分句或状语用了连词或介词。这就是文中所说的 A 类句式。第二类，包含“使”的逻辑主语的分句不用连词。这就是文中所说的 B 类句式和 C 类句式。

4. 意会主语“使”字句不仅大量存在，从事实上无法否定，而且具有特定的表达作用，从作用上也不应否定。

运用意会主语“使”字句，可以在表达主谓关系的基础上，进一步表明事物在发展中相互间的因果、条件等方面的联系；可以造成多种多样的句式，为造句提供更大的选择余地；有时还可以使逻辑主语模糊化，增强句子表意的灵活性。

意会主语“使”字句中的“使”，绝不是多余的成分。尽管不用“使”，因果、条件等关系照样可以表达，但用了“使”，就可以更好地显示客体事物对本体事物的影响与推动。“谦逊”或“管束不了自己”的带修辞色彩的说法，就是在这样的基础上形成的。

5. 意会主语“使”字句中的“使”，已经虚化，但它仍然具有动词的特点。在句子里，它是谓语，它后边的名词或名词性结构是兼语。一般说来，意会主语“使”字句是形式上没有主语的兼语式句；有时形式上有个主语“这、那”之类，但不是典型的主语，而是纯形式主语。

（原载《江汉语言学丛刊》1979 年第 1 集）

后分句主语的省略与意会

一

“后分句”是同“前分句”相对的概念。复句里，前边的分句就是“前分句”，后边的分句就是“后分句”。

组成复句的各个分句，在意义上紧密联系，在结构上互相依赖。因此，有的分句可以省略某些成分，而意思仍然清楚明白。成分省略的基本条件，是前后分句有全然同一的概念，有纯属重复的成分。

后分句主语的省略，是最常见的省略现象之一，在实际语言运用中是复杂多样的。下面谈谈几个主要类型。

1. 承主省。——后分句的主语，承前分句的主语而省略。例如：

（1）赵满喜坐在喂牲口的大院里，咿咿呀呀地哼着小曲儿，正在筛草。（贾大山《取经》）

（2）林部长走下公共汽车，解下脖子上的毛巾，把脸上的汗擦了擦，便急急地扛起行李往工地上走。（王愿坚《普通劳动者》）

例（1）有三个分句，例（2）有四个分句。因各分句主语相同，主语只在第一分句出现。

承主省，是后分句主语省略的最典型的情况。其省略的条件，就是各分句主语相同。此外，没有任何附加的条件。

2. 承定省。——后分句的主语，承前分句主语的定语而省略。例如：

（3）林大娘的脸色立刻变成灰白，瞪出了眼睛望着她的丈夫……

(茅盾《林家铺子》)

(4) ……道静的心突然被这种崇高而真挚的友谊激动了，以致不能自抑地流下了眼泪。(杨沫《坚强的战士》)

例 (3)，后分句省略的主语是“林大娘”，它在前分句里是主语“脸色”的定语。例 (4)，后分句省略的主语是“道静”，它在前分句里是主语“心”的定语。

承定省的基本条件，是后分句的主语跟前分句主语的定语相同。此外，还有两个附加条件：其一，前分句主语的定语表示人物，它和中心词（主语）之间具有领属关系。其二，前分句的主语表示无意识的事物，通常指人体的一部分，它跟后分句的谓语部分之间不可能发生主谓关系。如例 (3)，“林大娘”和“脸色”之间是领属关系，“脸色”和“瞪出了眼睛望着……”之间不可能被理解为主谓关系。

如果不符合上述两个附加条件，承定省就不能成立。请看这个例子：

(5) 她的身份是贵族夫人，但和别的贵族夫人有所不同，生活在一个学术文艺气息非常浓厚的家庭里，而且十分认真地参加研究和创作的工作。(胡云翼《宋词选》)

后分句省略主语“她”。“她”在前分句作定语，和“身份”之间是领属关系，而“身份”跟“和别的贵族夫人有所不同，生活在……”之间不可能被理解为主谓关系。如果把“她的身份”改为“她的妹妹”，情况就会起变化：“她”和“妹妹”之间虽然也是领属关系，但“妹妹”是有意识的人物，跟“和别的贵族夫人有所不同，生活在……”之间可以形成主谓关系，因此只能认为后分句的主语是承主省，而不可能认为是承定省。

3. 承宾省。——后分句的主语，承前分句的宾语而省略。例如：

(6) 前天早上我（上地去，才上到岭上）碰上个骑驴媳妇，穿了一身孝……(赵树理《小二黑结婚》)

(7) 为了叫井冈山变得更快，党派来了两千好儿女，同井冈山人一起来开发这座万宝山。(袁鹰《井冈翠竹》)

例(6)，后分句省略的主语是“(骑驴)媳妇”，它在前分句里是宾语。例(7)，后分句省略的主语是“(好)儿女”，它在前分句里也是宾语。

承宾省的基本条件，是后分句的主语跟前分句的宾语相同。此外，还有两个附加条件：其一，前分句里带宾语的动词，表示“逢遇”、“使令”或“存现”的意义。其二，前分句的主语和后分句的谓语部分之间不会被理解为主谓关系。如例(6)，“碰上”有“逢遇”意义，前分句的主语“我”不会被理解为“穿了一身孝”的人。例(7)“派来了”有“指令”意义，前分句的主语“党”不会被当作是“同井冈山人一起来开发这座万宝山”的主语。

前分句里带宾语的动词有时表示“存现”的意义。这样的前分句一般是存现句，属无主句，因此不存在后分句主语承主省的问题，不可能引起误会。例如：

(8) 就在他说话的当儿，刮来一阵风，把灯吹灭了……(王宗仁《夜明星》)

这里，前分句是存现句。后分句的主语承宾省，这是明显的。

运用承宾省时，如果不符合上述两个附加条件，就会产生歧义，就会成为病句。例如：

(9) 一天，小红放羊，大羊生小羊，走不动路。

按原意，“走不动路”的是“小羊”，可见是承宾省。但前分句的主语“大羊”可以跟“走不动路”发生主谓关系，因此读者也可以认为是承主省。这样，句子就产生歧义，不能清楚明白地表达思想。后分句应补上“小羊”。

除了以上三种情况之外，还有一些别的情况。不过，都跟这三种情况有关，可以说是由这三种情况演变出来的。例如：

(10) 党把我送进矿上办的养老院，欢度幸福的晚年。(佚名《毛主席把我救出火炕》)

这个复句里，后分句省略的主语是“我”，“我”在前分句里虽然跟“把”组成介词结构作状语，但在意念上它是“送”的逻辑宾语，因此仍然可以认为是承宾省。

二

跟后分句主语省略现象相近似的，是后分句主语的意会用法。这是指：后分句没有出现主语，在意念上拿前分句作为自己的主语，可以意会。例如：

(1)（如果在出版前对它求全责备，辞书就很难编成。）如果在出版后碰到新的情况就封存禁锢，则是违反历史唯物主义的愚蠢作法，是不相信广大人民群众识别力的突出表现。(《中国语文》编辑部《铭记周总理教诲 做好语言文字工作》)

“如果……则……”清楚地表明“在出版后碰到新的情况就封存禁锢”是假设分句，后边的“是……愚蠢作法，是……突出表现”是结果分句。那么，“是……愚蠢作法，是……突出表现”的主语是什么呢？显然，在意念上是拿前分句“在出版后……就封存禁锢”作主语的。由于前后紧接，后分句的意念上的主语人们完全可以意会。若把“省略”的范围放宽，这种主语意会用法也可以叫作“意会省”。再看一例：

(2) 如果我们党有一百个至二百个系统地而不是零碎地、实际地而不是空洞地学会了马克思列宁主义的同志，就会大大地提高我们党的战斗力量，并加速我们战胜日本帝国主义的工作。(毛泽东《中国共产党在民族战争中的地位》)

这个复句里，“我们党有一百个至二百个……学会了马克思列宁主义的同志”是假设分句，它同时又是后边结果分句“会大大提高……”和“加强……”的意念上的主语。后边结果分句的主语可以依靠前分句而意会。

这种主语意会用法，有三点值得注意。

第一，在结构上，前分句具有明显的分句身份，不可能被分析为后分句的主语；但在意念上，前分句所表示的意思，却是后分句的潜在的逻辑主语。

前分句的分句身份有时是由特定的关联词语（如“如果”“因为”等）表示出来的；不过，有时也可以不用关联词语。

第二，后分句有时有主语“这”或“那”，但“这”或“那”所指的还是前分句的内容。可见“这”“那”只是纯形式的主语。它们的使用，并不改变后分句拿前分句作为意念上的主语的性质。例如：

(3) 如果一辈子都不同工人农民见面，这就很不好。（毛泽东《在中国共产党全国宣传工作会议上的讲话》）

后分句的主语是“这”，而“这”指的是前分句“一辈子都不同工人农民见面”。可见，实际上“就很不好”还是以前分句作为意念上的主语。

第三，充当后分句谓语的词，常见的有：表示断定的“是”；表示评价的“好”“坏”“对”“错”；表示跟结果、目的有关的意义的“促使”“造成”“引起”“证明”“证实”“保证”等动词。

一个复句里，后分句如果是“使”字句，“使”字句的主语许多时候是只能意会的主语，它被包含在前分句之中，实际上就是前分句所表达的内容。例如：

(4) 由于我党采取了彻底的土地政策，使我党获得了比较抗日时期广大得多的农民群众的衷心拥护。（毛泽东《目前形势和我们的任务》）

这是因果关系的复句。“使……”是结果分句，它的主语见于原因分句，可以意会。

“使”的前边也可以用“这”“那”之类。例如：

(5) 由于遵义会议以后，全党确立了以毛泽东同志为首的党中央的正确领导，这才使得张国焘的错误没有能够发生更大的危害。（刘伯承《回顾长征》）

用了“这”，后分句便有了形式上的主语，但从意念上说，主语的内容还是隐含于前分句之中。

吕叔湘、朱德熙二位先生曾经指出：“‘使’字是个动词，一般是有主语的，或是一个词或是一个短语；形式上没有主语的时候，我们的了解是它拿前面的分句做意念上的主语。”（见《语法修辞讲话》第三讲第九段）这段话，他们没有发挥，但说明了他们认为后分句可以“形式上没有主语”，可以“拿前面的分句做意念上的主语”。他们的见解是精当的。

（原载《中学语文教学》1979 年第 5 期）

略论“结构”研究中的几个问题

一

撇开具体问题的分歧不说，张寿康同志的《说“结构”》（《中国语文》1978 年第 4 期）和李人鉴同志的《对〈说“结构”〉一文的看法》（《中国语文》1979 年第 3 期，以下简称《看法》）在结构类型的研究上代表着两种不同的倾向。《说“结构”》比较重视结构的个性，强调结构的“丰富多彩”，认为“可能还有一些结构，我们现在还没有认识到。对结构的特点和功能也摸得不透”。《看法》则注重共性，强调“归并”，认为除虚词结构外，其它结构完全可以归并到“主谓结构”“联合结构”“偏正结构”“正补结构”这四种结构之中，作者用相当大的篇幅对《说“结构”》所列举的一些结构进行了“归并”。

这里出现了一个问题：在目前，用“可以归并”的办法，能否解决现代汉语“结构”的问题？

事物有共性，有个性。不管是着重研究共性，还是着重研究个性，都无可非议。问题是，目前人们对现代汉语里各种“结构”的个性研究不够，认识极少。这是矛盾的主要方面。过分强调共性，容易忽视个性，容易抹煞个性特点，不利于深入研究现代汉语语法的结构规律，无助于结构问题的解决。诚然，《说“结构”》所列举的二十一种结构是否都能成立，这确实可以讨论，但作者提出要允分探讨、深入研究“结构”的类型和功能，则是十分正确的。在这一点上，《看法》把问题简单化了。

光是一个“能愿结构”，就不那么简单。让我们解剖一下这个“麻雀”。

《看法》认为：“像‘判断结构’‘能愿结构’等，实际上也都是‘正补结构’。”何以见得“实际上也都是”呢？文章没有说。文章所说的“正补结构”，包括一般所说的述宾结构和述补结构。文章把能愿结构归入正补结构，可能是同意能愿结构属述宾结构的说法。

认为能愿结构不是状述结构而是述宾结构，并且用推导式作了证明的，是朱德熙先生[①]。但是朱先生所用的推导式实际上不能证明能愿结构就是述宾结构。

设：M＝施事者；Y＝动词或动词性结构；X＝Y 前的助动词、动词或副词。朱先生所用的推导式是：

X 不 Y　　X 不 XY　　XY 不 X　　不 X 不 Y

这四个推导式可以分为两组：“X 不 Y”“不 X 不 Y”，是一组；“X 不 XY”“XY 不 X”，是一组。前一组用来证明述宾结构没有用处，因为一般的述宾结构都不能采用这样的推导式。后一组很有用，但所起的作用是有限的。比较：

		（M）X 不 XY	（M）XY 不 X
能愿结构	（我）能劳动 （他）应该看这场电影	（你）能不能劳动？ （他）应该不应该看这场电影？	（你）能劳动不能？ （他）应该看这场电影不应该？
连述结构	（我）去劳动 （他）来看这场电影	（你）去不去劳动？ （他）来不来看这场电影？	（你）去劳动不去？ （他）来看这场电影不来？
述宾结构	（我）喜欢劳动 （他）想看这场电影	（你）喜欢不喜欢劳动？ （他）想不想看这场电影？	（你）喜欢劳动不喜欢？ （他）想看这场电影不想？
状述结构	（我）马上劳动 （他）反复看这场电影	—	—

从这里的推导可以知道：第一，状述结构不能用“X不XY”“XY不X”的推导式。能用“X不XY”“XY不X”的推导式的，不是状述结构。第二，凡是能采取“X不X（Y）”“X（Y）不X”的变换形式的，“X”都具有述语性。因此，能愿结构中的“X”具有述语性。

但是，从这里的推导中，我们无从知道“Y”是宾语。因为，并不是凡能采用这两个推导式的都是述宾结构。这两个推导式对述宾结构说来并非必要而充足的条件。如果认为这两个推导式中的“Y”都是宾语，就得承认在“去劳动”里“劳动”是“去”的宾语，在“来看这场电影”里“看这场电影”是“来”的宾语，这显然是不合理的。再看下边的推导：

		M不Y不X	M（所）X的（正）是Y
能愿结构	我能劳动。 他应该看这场电影。	我不能不劳动。 他不应该不看这场电影。	—
述宾结构	我喜欢劳动。 他想看这场电影。	—	我喜欢的是劳动。 他（所）想的（正）是看这场电影。

从这里的推导中可以知道：第一，能愿结构不同于述宾结构；第二，能愿结构中的“Y”具有述语性。

许多述宾结构是有采用“M（所）X的（正）是Y”这一推导式的。这一推导式表明，一般动词的宾语能转化为“是”的宾语。例如：

（1）A. 大头人要我们打谁呀？

（1）B. 大头人要我们打的是谁呀？（朱光亚《风雪阿拉苍》）

（2）A. 我想不通，为什么我们不主动出击？

（2）B. 我想不通的是，为什么我们不主动出击？（武剑青《云飞嶂》）

例（1）A里“谁”是“打”的宾语，例（1）B里变换成了“是”的宾语。例（2）A里“为什么我们不主动出击”是“想不通”的宾语，例（2）B里转变成了“是”的宾语。通过这样的转化，根据类比法，我们可以知道“喜欢劳动”中的“劳动”、“想看这场电影”中的“看这场电影”是宾语。能愿结构不能这样转换。能愿结构中的“Y”无法证明是宾语。

相反，“M 不 X 不 Y”的推导式却能帮助我们看到能愿结构中的“Y”具有述语性。这种凡是能愿结构都能采用的推导式表明，主语相同的“X”“Y”可同时受“不”的否定。双重否定的结果，使“Y”的述语作用特别突出，而“不 X 不”只起到强调某种意义、某种语气的作用，接近于一个副词。如“这个责任就不得不落在无产阶级的肩上”，《现代汉语语法讲话》就指出：“‘不得不落在无产阶级的肩上’是说‘必然落在无产阶级的肩上’。”②绝大多数的述宾结构是不能采用“不 X 不 Y”的推导式的。只有极少数述宾结构能行，如：“赞成看这场电影→不赞成不看这场电影”。但是，这类述宾结构中“Y”或“不 Y”的主语不一定是“M”，换句话说，“Y”可以另有主语，“X”和“Y”不一定共一个主语“M”。明显的证据是，用这类述宾结构的句子可以扩展成“M 不 Xm 不 Y”。比如：“他不赞成不看这场电影。→他不赞成大伙儿不看这场电影。”能愿结构不能这么扩展。能愿结构中的“Y”或“不 Y”总是对“M”起述说作用，不可能另有主语“m”。可见能愿结构和这类述宾结构也是有区别的。

我们还可以从许多语言事实中观察到能愿结构中“Y”的述语性质。举个例子：

(3) 它取得了和可能取得数百万产业工人，数千万手工业工人和雇佣农民的同意。(毛泽东《论联合政府》)

“可能取得”这个能愿结构跟“取得了”并列使用，只能分析为：

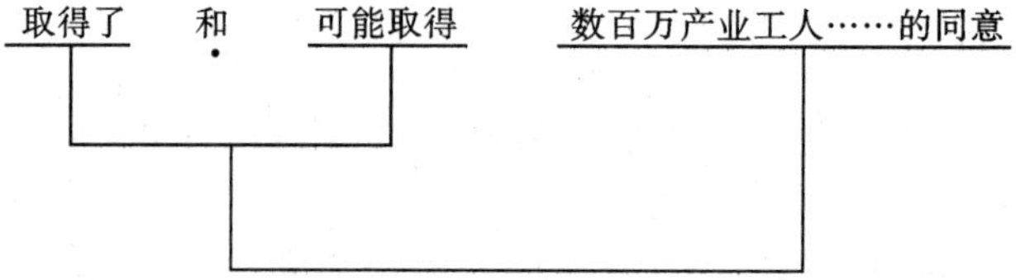

两个“取得”，一个带“了”表示已然，一个加“可能”表示未然，都具有述语性。它们和“数百万产业工人……的同意”之间，都

是述宾关系，即“取得（了）”以“数百万产业工人……的同意”为宾语，“（可能）取得”也以“数百万产业工人……的同意”为宾语。如果认为能愿意结构是述宾结构，这里的“可能取得”便是述宾结构，其中的“取得”便是宾语，而后边的“数百万产业工人……的同意”便是“取得”这个宾语的宾语了。这样一来，岂不是导致了宾语可以带宾语这种奇怪的提法吗？

总之，既要看到能愿结构中“X”的述语性，也要承认能愿结构中“Y”的述语性。然而，能愿结构也不是连述结构。再看下边的推导：

		MX，MY	M一X就Y
能愿结构	我能劳动。 他应该看这场电影。	—	—
连述结构	我去劳动。 他来看这场电影。	我去，我劳动。 他来，他看这场电影。	我一去就劳动。 他一来就看这场电影。

从这里的推导中可以知道，连述结构的“X”和“Y”是可分离的。“X”和“Y”分别连着主语单说也好，“X”和“Y”之间插入某种关联成分也好，都不改变原义。能愿结构则是一种“结合物”，不能让它们的“X”和“Y”分离为同时存在而又各自独立的两个述语。

那么，能愿结构是一种什么样的结构？我们认为，能愿意结构是一种“辅助性述语＋述语”的结构。在能愿结构中，助动词——一种辅助性的动词，起的是充当辅助性述语的作用。这可以从两个方面来看。

第一，在表意上，助动词对“Y”具有附加性。“Y”是表意的重点，而助动词往往不是十分必要的成分。例如：

（4）“这种事倒是要好好考虑一下！”

“早考虑过了，没啥关系！”（《收获》1979年第1期）

“考虑”是正意之所在。“要”和“早……过了”，都只有表示附加的意义。不用“要”，说成“好好考虑一下吧”，也未尝不可。

在复句中，在“如果……就会……”“只有……才能……”之类句式里，“会、能”等助动词的附加性也非常明显。比较：

(5) 因为下了一场雨，庄稼长得很好。

(6) 如果下一场雨，庄稼就会长得很好。

例(5)是因果句，结果已经实现，所以直接说“长得很好”；例(6)是假设句，结果是推测的，所以说“就会长得很好”。“长得很好”是正意所在，跟“下一场雨”之间存在着因与果的依赖关系。“会”是用来帮助表示推测的，起着附加的作用。这种助动词，它后边的动词性结构越多、越长，它的附加作用就越发明显。例如：

(7) 对于他们，只要不是反党反社会主义的，也要团结教育，发挥他们的专长，尊重他们的劳动，关心和热情帮助他们进步。(邓小平《在全国科学大会开幕式上的讲话》)

这里的“要”，作用接近于“将”。如果说它是述语，它后边的“团结……”整个儿是宾语，恐怕是太勉强了。

第二，在结构上，助动词对“Y”具有依赖性。尽管助动词可以单独成为述语，但要依赖于“Y”。只有“Y”已在前边出现，成为“先行词”，助动词才能单独成为述语；不然，意思是不清楚的。例如：

(8) 宝玉笑道：“再不说了，那是我小时候儿不知天高地厚信口胡说的，如今再不敢说了。”(曹雪芹《红楼梦》)

(9) 宝玉方住了手，笑问道：“你还说这些不说了?”黛玉笑道：“再不敢了。”(曹雪芹《红楼梦》)

这里出现了“再不敢说了”(既有“X”，也有“Y”)、“再不说了”(只有“Y”)、“再不敢了”(只有“X”)。“再不说了”，不必有“敢”；“再不敢了”，就一定要依赖于“说”。如果不是上文有“你还说这些不说了”，那么，突然说“再不敢了”是不明确的：人们不知是“不敢说了”，还是“不敢写了”，还是别的什么意思。可见，即使是在单独成为述语的情况下，助动词仍然带有“辅助”的性质。

助动词本是一种性质特殊的动词。在能愿结构中，一方面，作为“动词”，它具有述语的性质，不同于状语，另一方面，作为“辅助性”动词，它对后边的由动词或动词性结构充当的述语具有附加性和依赖性，不同于一般的述语。综合这两方面，把它说成辅助性述语，是能如实反映语言事实的。

“暂拟汉语教学语法系统”把能愿结构分析为“（能愿）合成谓语”，是在“状语＋述语”“述语＋宾语”等说法之间进行调和折中，未能揭示能愿结构的特点，未能说明能愿结构的内部关系；但是，如果对这种“合成谓语”作新的解释，解释为谓语部分由辅助性述语和述语组合而成，那么，“合谓”的说法也许不是不可取的。

当然，我们对能愿结构所作的分析是否合理，还可以讨论；但是，这些分析至少可以说明，结构问题是复杂的，采取简单归并的办法是不行的。“就人类认识运动的秩序说来，总是由认识个别的和特殊的事物，逐步地扩大到认识一般的事物。人们总是首先认识了许多不同事物的特殊的本质，然后才能更进一步地进行概括工作，认识诸种事物的共同的本质。”[3]归并显然必要，但是，只有在摸透各种结构的特性的基础上，才能进行准确的归并。不然，就只能是“仓猝概括”。

二

结构问题，有的是分析某些句子、某种成分的具体问题，有的是带理论性、原则性的一般问题。具体性问题体现一般性问题，一般性问题寓于具体性问题之中，但二者毕竟代表两个不同的侧面。在目前，多研究具体性问题是很有必要的，因为这样有助于摸透汉语的各种结构。然而，另一方面，也应该花力气讨论一般性问题，以便取得问题的理论上、原则上的共同认识。《说“结构”》和《对〈说“结构”〉一文的看法》涉及了好些一般性问题，这里提出五个，略加讨论。

（一）“结构”同句子成分、句子的关系是什么

《说“结构”》说：“什么是‘结构’？词和词按照一定的方式组织起来，作句子里的一个成分的，叫作‘结构’。‘结构’是造句的一种单位。”又说：“这种用词组合起来的结构，有的书叫‘语’或‘短语’，有的书叫‘仂语’、‘词组’或‘结构’。”按照所下的定义，结构

或词组只能充当句子成分；一成了句子，就不能算是结构或词组。《看法》也是在这样的界说下讨论问题的。

对结构或词组作这样硬性的规定，可能是受“词、词组、句子”三级论的影响。这种三级论，认为词、词组、句子这三种单位一个比一个大。这就是说，结构或词组是比词大、比句子小的单位。既然比句子小，如果不规定一下只能充当句子成分，那就不能体现其“小”了！

这样的规定，对于认识结构功能是不利的。

词和词组一组合，就形成一定的结构，就被成块儿地运用。一个结构和一个词一样，都是被当作造句材料来使用的。一个词可以充当一个成分，也可以成为一个句子——独词句，为什么一个结构只能成为一个成分，而不能成为一个句子？比方，一个主谓结构为什么只能成为一个成分，而不能成为一个句子——主谓句？又比方，一个动宾结构为什么只能成为一个成分，而不能成为一个句子——动宾句？

词和词组同句子成分和句子，应是从不同的角度划分出来的概念。它们之间的关系是这样的。

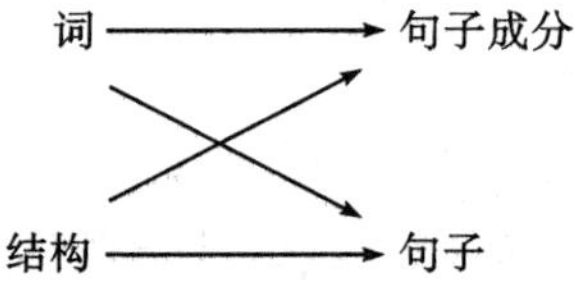

词和结构是“材料”，句子成分或句子是运用这些材料的结果——“成品”。词和结构之间，是不存在量的关系的。比如：“好聪明的孩子！”从“材料”的角度，我们说它是偏正结构；从“成品”的角度，我们说它是句子；把“材料”和“成品”结合起来看，我们说它是一个由偏正结构充当的句子。显然，在说它是由偏正结构充当的句子的时候，结构和句子只有着眼点的不同，却不存在量的区别。

事实上，许多语法著作都这么阐述问题。比方，《现代汉语语法讲话》谈到主谓结构时说：“主谓结构常常独立使用，成为句子。但是有时候并不独立，只作句子的一个成分。”[4]北大中文系汉语教研室编《现代汉语》上册说：“词组可以是句子的一部分，也可以自己形成句子。”[⑤]在谈无主句时又说：“由主谓结构以外的词组形成的句子叫‘无主句’。例如：下雨了。打雷了。上课了。（动宾结构）禁止吸烟。小心触电。（动宾结构）你的自行车呢？（偏正结构）疼得他直掉眼泪。(动补结构)”[⑥]胡裕树主编的《现代汉语》更是明确指出：“在人类交际的过程中，词和词组都是被当作建筑材料来使用的。”“词、词组同句子的区别不在‘量’的上边，而在它们的性质不同。”[⑦]所有这些说法，全都非常正确。尽管在用语上有所不同，但它们的观点是一致的。

张寿康同志在这个问题上还是有些犹豫的。《说“结构”》附注②说：“如‘火车开了’，可以理解为一个名词、一个动词造成了一句话；也可以理解为一个主谓结构构成了一句话。这里只提出一个问题：能否以‘构件’为单位来分析语言，能否完全从‘结构’造成句子或句子成分的角度对语言进行语法分析，这还须进一步研究。”其实，对“火车开了”的两种理解完全可以统一：“火车开了”是由主谓结构充当的句子，这个主谓结构由一个名词和一个动词构成。这样的分析不是很自然，很容易理解吗？以“构件”为单位来分析语言，不应受是不是句子成分这种条件的限制，这是合乎逻辑的，不必迟疑。

如果要维护“三级”论，就得像高名凯先生那样对“词组”作很多限定。高先生说：“我们也应当把‘词的组合’，和‘词组’区别开来，词组是一种词的组合，但不见得一切的词的组合都是词组。”“词组是句子的成分，不是句子。换句话说，词组这种言语结构本身不是句子，只是构成句子的句子成分。”“句子是主谓的结构，……词组却不是主谓结构……”“正如我们可以把词当作句子成分用，而不因此而说词是词组似的，我们也不能因此把作为句子成分用的主谓结构看成词组。……句子的特点在于有主谓结构……”[⑧]高先生规定句子只能是主谓结构，充当句子成分的词组不是主谓结构，充当句子成分的主谓结构不是词组，说来说去似乎只是为了从理论上把词组和句子作为两级大小不同的单位区别开来，至于有多少实用意义，对指导语法分析实践有多少好处，那是令人怀疑的。

（二）词组的结构同单句的结构、复句的结构之间的关系是什么

《看法》说："我们进行语法教学，从词法讲到句法，也无非是讲合成词的结构、词组的结构、单句的结构、复句的结构等等。"作者这样列举"语言中的各种结构"，似乎是为了区别"等级"，这显然也是受了"词、词组、句子（单句、复句）""三级"论的影响。

合成词的结构，是指词的内部结构，它跟词组的结构并列，没问题。把词组的结构同单句的结构、复句的结构并列起来，则容易造成理论上的混乱，使人产生误解。

"词组的结构"，包括词和词组合所能产生的一切结构，它们自然也包括单句所具有的一切结构。我们不能说，凡词组的结构都是单句的结构，因为有的结构不能成为单句；但是可以说，所有的单句结构都属于词组的结构。我们无法在"词组的结构"之外，找到单句所特有的一些什么结构。

复句也是词和词组合而成的。因此，复句也不存在词和词组合所能产生的结构之外的一些什么结构。《现代汉语语法讲话》在"句法结构"这一章中谈"分析句子的步骤"时，举了这么个例子：

东方红，太阳升，中国出了个毛泽东。

书里分析道：这句话由三个并列的主谓结构组成，得先把它分成三部分，然后一个一个地分析。这是并列结构多分法的例子。这也就是说，复句并没有另外一套什么结构⑨。《看法》在分析"肯干就有成功的希望"时也说："这是一个省略了主语的省略句。这个句子，谓语部分是一个表示了条件关系的偏正结构，它的意思等于'如果肯干，就有成功的希望'，或者'只要肯干，就有成功的希望'。句子里用了一个'就'字，它表明了这个复杂的偏正结构中前后两部分之间的关系，足以证明这是一个偏正结构，而决不是主谓结构。"这就是说，"如果……就……""只要……就……"等表示假设、条件关系的复句，不管它是否紧缩，实际上属于偏正结构。可见李人鉴同志自己也以为复句的结构还是"偏正结构"之类。

词的结构和词组的结构是从同一个角度划分出来的概念；句子成分的结构和单句的结构、复句的结构才是从同一个角度划分出来的概念。前者说的是“材料”本身的结构方式，后者说的是“成品”由什么结构来充当。如果把“句子成分”“单句”“复句”并列，分别研究它们在结构上的特点，这是应该的，因为这样可以更好了解它们的结构情况。然而，正像不能从等级上把词、词组（结构）同句子并列起来那样，也不能从等级上把词的结构、词组的结构同单句的结构、复句的结构并列起来。

（三）怎样表述结构的功能

综合地说，一种结构可以形成句子，也可以充当句子成分；可以充当这种成分，也可以充当那种成分。但是，就一个个具体的结构说，恐怕绝大多数结构都不是全能的。《说“结构”》提出“主谓结构是全能结构”的论断，很有启发性，但是应该以结构的哪一级为对象来判别全能与非全能，还可以进一步讨论。

笼统地谈一大类结构的功能似乎不行。主谓结构还可以分类。各种主谓结构的功能不是整齐划一的。比方，有的主谓结构能独立成句，如“小张拉着小李”；有的就只能充当成分，如“手拉着手”。又比方，“肩并肩”可以充当状语（“肩并肩地前进”），但不能充当补语；“肚子痛”可以充当补语（“笑得肚子痛”），但不能充当状语。在结构关系上，它们是相同的，但在功能上，它们并不是等同的。

再以偏正结构来说，它只是一个“杂烩”。以名词为中心的偏正结构和以动词、形容词为中心的偏正结构在功能上可以说有“质”的不同。就是以名词为中心的偏正结构内部，也有各种情况。比方“数量名”结构，就很有特点。如可以受副词修饰（“又一场暴雨”，“再一个问题”），有的可以成为叙述性分句，跟由主谓结构充当的分句连用（“一场暴雨，大河涨水了”），等等。吕叔湘先生还指出：“数量组合和名词之间的关系是否一般修饰关系，还有待进一步研究。在一定的环境，数量组合可以替换数量名组合，跟‘X 的’与‘X 的 Y’的情况相同。”[10]可见，同是偏正结构，在功能上存在着大同小异、小同大异等复杂情况。

如果不管内部分类，恐怕全能的结构还不只是主谓结构。如偏正结构、动宾结构、兼语结构等等何尝不是既能单独成句，又能充当各类成分呢？据此，偏正、动宾、兼语等等不能说不是全能结构。这样来断定全能与非全能，是没有多少实际意义的。

表述结构的功能，必须“深入”到各种具体的结构。以偏正结构来说，起码要深入到“数量名”这一级，才能把问题表述清楚。《说“结构”》列举二十一种结构，《看法》嫌多了。我们以为，如果能真正揭示结构功能，只要“种”与“属”的逻辑关系清楚，别说二十一种，就是二百一十种也可以立。如果我们能够有把握地告诉人们，现代汉语里的结构充其量有多少，它们各有什么功能，那么，现代汉语语法的结构规律大概接近于认识清楚了。至于归纳成几大类，只要有这个基础，那是很容易的。

（四）怎样断定结构的类型

一种结构是什么类型的结构，依据不同，结论就不一样。《看法》说：“如‘方位结构’‘指量结构’等，那毫无疑问地都是一种偏正结构。”作者断定方位结构、指量结构是偏正结构，似乎是根据类推的原则：名词性偏正结构的后一部分是名词性的词或结构；方位结构、指量结构的后一部分是名词性的，因此属偏正结构。

然而，林焘同志早就对把方位结构看成是偏正结构的正确性表示怀疑，认为看成偏正结构“显然是过分强调了方位词的名词性”，“忽略了方位词所特有的方位作用、引申作用和轻音现象”，因而主张将其看成“名补结构”⑪。林焘同志根据的是方位词本身的语音特点和意义特点。

采取简单类比的方法，很难有说服力；但是，“方位作用、引申作用和轻音现象”是否就是确定这种结构类型的充足而必要的条件？再说，这种条件适用性并不大，断定别的结构类型时是用不上的。

通过分析能愿结构，我们体会到：断定结构类型的最有效的东西恐怕还是推导式。它能从形式上把这一结构和那一结构区别开来，同时，又反映了一种结构的逻辑基础，便于理解和认识结构。如果我们能够为具有不同功能的各种结构都找出一些有效的推导式来，那么，对各种结构类型的断定可能更有把握。因此，研究结构类型时，似乎应该把重点放在推导式的确立和运用上。

（五）怎样确定“多层次结构”的第一个层次

《看法》说：“必须让学生敏捷地看出这第一个层次应该划在什么地方，前后两个部分之间的关系如何，从大处看出是一个什么性质的结构。这一点弄清楚了，进一步分析下去就不成什么问题了。”诚然，对于多层次结构来说，划出第一个层次，弄清它是什么性质的结构，这是非常必要的。但是，做到这一点很不容易。困难在于，有些结构，不管第一层次划在哪里，都可能既得到某种现象的支持，又受到某种现象的反驳。像兼语式这种“老大难”结构，且不碰它，只拿“状语＋述语＋宾语”这种结构（《说“结构”》叫作“附状的动宾结构”）来说说。

《看法》指出，“所谓‘附状的动宾结构’，实际上是应该这么分析的：

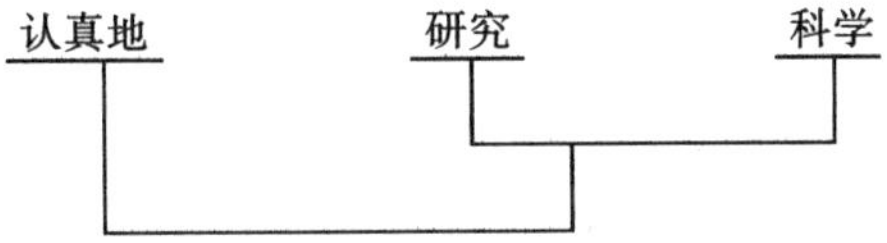

这分明是一种偏正结构，根本用不着给它另起一个名称。”

“分明”吗？是不是“状述宾”结构一定只能分析为“状/述宾”呢？在划分结构层次问题上，《看法》对《说“结构”》的好些批评是中肯的。但在这一点上，似乎也有些简单化。

比方“不研究科学”，是“状述宾”结构。它就可以分析为“状述/宾”。证明可以这样分析的是“研究不研究科学”。比较：

不研究	科学

研究 不研究	科学

又比方"认真学习马列主义"，也是"状述宾"结构。我们可以用"认真学习马列主义，学习文化科学知识"这样的结构来证明应该分析为"状/述宾"，但也可以用"认真学习、刻苦钻研马列主义"这样的结构来证明应该分析为"状述/宾"。比较：

认真	学习马列主义

认真	学习马列主义 学习文化科学知识

认真学习	马列主义

认真学习 刻苦钻研	马列主义

可见，"状述宾"结构的切分，不是不可以争辩的。

看来，究竟怎样确定第一层次，在进行充分的、深入的研究之前很难做出准确的结论。应该针对实际情况，一类类、一种种、一组组地进行分析，分别提出解决问题的办法来。至于结构的名称，这只是"阿猫、阿狗"的叫法问题，至少在目前不是主要的问题。

注释：

①朱德熙：《论句法结构》，《中国语文》1962年第8期，第357页。

②丁声树等：《现代汉语语法讲话》，商务印书馆1961年版，第201页。

③毛泽东：《矛盾论》，人民出版社1964年版。

④丁声树等：《现代汉语语法讲话》，商务印书馆1961年版，第9页。

⑤北京大学中国语言文学系汉语教研室编：《现代汉语》上册，高等教育出版社1958年版，第147页。

⑥北京大学中国语言文学系汉语教研室编：《现代汉语》上册，高等教育出版社1958年版，第173页。

⑦胡裕树主编：《现代汉语》，上海教育出版社1964年版，第248页。

⑧高名凯：《语法理论》，商务印书馆1960年版，第191页、第196页、第197页。

⑨丁声树等：《现代汉语语法讲话》，商务印书馆1961年版，第17页。

⑩吕叔湘：《关于“语言单位的同一性”等等》，《中国语文》1962 年第 11 期，第 491 页注①。

⑪林焘：《现代汉语轻音和句法结构的关系》，《中国语文》1962 年第 7 期，第 310～311 页。

（原载《华中师范学院学报》1980 年第 1 期）

谈“点”“面”并列

“这个经验值得文教工作者和中小学教师重视”这句话有逻辑错误。正如《练好基本功》（《中学语文教学》1979年第3期）一文所指出，“文教工作者”是种概念，“中小学教师”是属概念，中小学教师也是文教工作者，两者不能并列。

但是，在语言运用中，种概念和属概念是不是绝对不能并列使用呢？不是。先看两例：

(1) 这是要把资本主义制度和一切剥削制度彻底埋葬的一场革命。（毛泽东《党在过渡时期的总路线》）

(2) 对当年支持和援助我们留学生进行正义斗争的美国朋友和一切外国朋友，他们的真挚的友谊，中国人民也是永远不会忘记的。（《光明日报》1979年9月12日）

“剥削制度”包括“资本主义制度”，“外国朋友”包括“美国朋友”。显然，这里种概念和属概念并列使用了。

这种并列，可以叫作“点面并列”。它和一般的有逻辑错误的种属并列不同，不能相提并论。我们可以从两个方面对这种并列法进行观察。

首先，内容上点面兼顾。

在这种并列法里，属概念以“点”的身份出现，种概念以“面”的身份出现，它们并列以后，既突出了必须着重强调的“点”，也统括了应该顾及的“面”。如例（1），“一切剥削制度”是面，“资本主义制度”是有必要突出地加以强调的点；例（2），“一切外国朋友”是面，“美国朋友”是需要强调突出的点。再如：

(3) 在解放战争中最艰苦的年月，主席一直没有离开陕北，是他亲自在这里指挥着西北战场和全国各战场的战事。（袁学凯《英明的预见》）

在“全国各战场”中“西北战场”是当时的主要战场。这样的并列，点面结合，重点突出。

点，当然可以不止一个。如果有必要，突出强调的“点”可以是两个或更多。例如：

(4) 向付出辛勤劳动，作出贡献的教练员、裁判员和全体体育工作者致以崇高的敬意！(《光明日报》1979 年 10 月 1 日)

(5) 我代表党中央、国务院，向受到迫害的科学家、教师、工程技术人员和一切知识分子，致以亲切的慰问。(《光明日报》1979 年 9 月 12 日)

同是向人们表示某种心意，前一例从“全体体育工作者”中突出了两个重点“教练员、裁判员”；后一例从“一切知识分子”中突出了三个重点“科学家、教师、工程技术人员”。它们都是从实际需要出发，做到了点面兼顾，有所侧重。

其次，形式上点面分明。

在这种并列法里，“点”和“面”之间用“和”，“面”上加“一切、全体”之类全称限定。

“和”的作用是联结和划界。它联结点与面，也在点面之间划界，标明前边是点（一个或几个），后边是面。有时，也可以不用“和”，而用“及”或“以及”，使“点”的地位更加突出。例如：

(6) 我们……要和日本的、英国的、美国的、德国的、意大利的以及一切资本主义国家的无产阶级联合起来……（毛泽东《纪念白求恩》）

“一切资本主义国家的”是面，“日本的、英国的、美国的、德国的、意大利的”是点。用“以及”联结，“点”的地位更加引人注意，而“面”的地位显然是不被强调的。

“一切、全体”等的作用是统括全面。它对“面”进行限定，能使

"面"的身份明朗化。如果不加这种全称限定，点面关系就会模糊不清。如：美国朋友和一切外国朋友→美国朋友和外国朋友。

"……和一切……"，这是一种常用的点面并列的语言形式。采用这种特定的形式，人或事物的点面界限是清楚的，点面关系是分明的。

诚然，"……和一切……"也可以说成"……和其他……"。如"教练员、裁判员和全体体育工作者"可以说成"教练员、裁判员和其他体育工作者"，基本意思不变。但是，在意味上，二者并不完全相同。"……和一切……"注重事物的整体性，从整体中突出一个或几个重点；"……和其他……"则着眼于事物的分支，把事物分为重点部分和非重点部分。在要表示既突出点又重视面的场合，用"……和一切……"效果最好。比方，在文学创作会议上可以说"向作家、诗人和全体文艺工作者致敬"，在关于演出的会议上可以说"向导演、演员和全体文艺工作者致敬"，尽管针对性不同，有不同的着重点，但都强调了"文艺工作者"是一个整体，不显得过于厚此薄彼；要是说成"作家、诗人和其他文艺工作者"或"导演、演员和其他文艺工作者"，就把重点部分与非重点部分明显地区别开来，显得太强调后者是非重点了。至于"……及一切……"和"……及其他……"这两个格式，也有同样的区别：一个用"及"联结点与面，尽管面的地位不被强调，但还是比较重视事物的整体性；一个用"及"联结主与次，比较注意事物组成部分的不同，并且更加显出后一部分是次要的组成部分。

个别点面并列，也可以不在"面"上加"一切"之类的限定，即不采用"……和一切……"的形式。其条件，是事物的点面关系已为人们所熟知，不会引起误解。例如：

> (7) 叶剑英同志的讲话，高度评价了我们的伟大领袖和导师毛泽东同志和他的亲密战友周恩来、朱德同志及老一辈无产阶级革命家的不朽功绩……（《人民日报》1979年9月29日）

毛泽东同志、周恩来同志、朱德同志是老一辈无产阶级革命家的杰出代表，这是家喻户晓的。所以，这里的点面并列可以不用"一切、所有"这类的词。不过，由于不用"一切、所有"之类，"面"的周遍意味相对减弱，“面”的身份也就不那么明显。

总起来说，种概念和属概念是不同等级的概念，一般不能并列使用，这是首先应该肯定的。但是，也应看到，在特定条件下，属概念表现为点，种概念表现为面，它们并列使用具有特殊的表现力。“这个经验值得文教工作者和中小学教师重视”的说法有毛病，但如果改为“这个经验值得中小学教师和一切文教工作者重视”，这就无可指责了。当然，点面并列毕竟只是一种特殊的种属并列现象，我们固然不能因“一般”而抹煞“特殊”，但也不能用“特殊”来否定“一般”。

（原载《中学语文教学》1980 年第 2 期）

【邢按】

本文所说的种概念，是上位概念；所说的属概念，是下位概念。

“种”和“属”是拉丁文 genus 和 species 的译名。过去，逻辑书上一般把 genus 译为“种”，把 species 译为“属”；现在，为了跟生物学的译名相统一，把 genus 译为“属”，把 species 译为“种”。因此，现在看到的逻辑书，一般都用属概念指上位概念，用种概念指下位概念。在汉字的使用上，倒过来了。

为了避免理解上的分歧，我们在表述概念之间的关系时，也可以干脆采用“上位概念”和“下位概念”的说法。（2016 年 2 月 10 日）

关于“从……到……”结构

《中国语文》1980年第3期上刊出了张文周同志《能在判断句中作主语的一种介词结构》一文，我们读后，有些不同意见。

“从……到……”结构是联合结构。“从……”和“到……”意思并重。但是，“从……”和“到……”这两个部分之间不是横的联合关系，不是平面上的并列；而是纵的联合关系，具有时间上、空间上或某种逻辑关系上的系列性。“从……到……”只是基本格式。在“从……到……”的基础上，还可以略有变化。主要的变化有：

1. “从……到……，到……”——加一个“到……”。例如：

(1) 从小学到初中，到高中，语文课一点什么作用都没起，语文老师对自己一点什么帮助都没吗？（张志公《向〈中学语文教学〉提点希望》）

2. “从……直到……”或“从……又到……”或“从……到……，直到……”——“到”前加“直”“又”之类。例如：

(2) 连续作战，辛勤操劳，从黎明直到傍晚，从深夜又到明朝。（石祥《周总理办公室的灯光》）

(3) 前不久我有机会到西北、中州和南方去了几个地方。我看了从大学到中学、小学，直到幼儿园的语言教育。（张志公《向〈中学语文教学〉提点希望》）

3. “从……起直到……”——不仅“到……”前加“直”，“从……”后还加“起”。例如：

(4) 从学前教育起直到大学基础教育这全过程的语言教育，必须全面规划，统筹办理。（张志公《向〈中学语文教学〉提点希望》）

所有这些，都强调突出了这种结构的纵的联系，使它的系列性更加明显。

形式上，这种结构跟一般联合结构的最大不同，在于它在联合项之间可以用介词“从”和“到”。两个介词互相呼应，表明起讫。但是，能不能因而说这种结构还是介词结构呢？张文周同志说，这种结构“两部分地位相等，构成联合式词组”，这是对的；但又说可以“看作是一种固定格式的介词结构”，并由此引出“在现代汉语中，介词结构并非绝对不能充当句子的主语”这样的结论来，这是不正确的。

“从……”是介词结构，“到……”是介词结构，“从……到……”连用以后还能算是介词结构吗？正如“上街”是动宾结构，“买菜”是动宾结构，“上街买菜”连用以后还能算是动宾结构吗？连动结构和“从……到……”结构是很相似的。比较“离北京赴西安”和“从北京到西安”，可以看到它们的相似之处。如果把介词叫作次动词，“从……到……”结构实际上是一种准连动结构。连动结构是可以归入联合结构的①，故“从……到……”结构也可以归入联合结构。

作为联合结构，从词性上说，这种结构是体词性的。它表示一段距离中所包含的形成系列的人、事物、情况、时间、地点和数量等。如“从战士到司令员”“从幼儿园到大学”，表示人和事物；“从早到晚”“从头到尾”，表示时间和位置；“从发生到发展”“从小到大”，表示情形或状况；“从几米到几十米”“从七八岁到十一二岁”，表示数量。这种结构充当句子成分的能力，跟它在意义上所具有的人物性、时空性、数量性等有很大的关系。比如，表示人或事物的可以充当主语，而且表人的容易成为施事主语，表物的容易成为受事主语。比较：

(5) 教师们都热烈发表意见。
(6) 从青年教师到老教授都热烈发表意见。

(7) 各类学校都在兴建。
(8) 从幼儿园到大学都在兴建。

可见，“从青年教师到老教授”和“教师们”性质相当；“从幼儿园到大学”和“各类学校”性质相当。

又如，表示时间、处所的“从……到……”结构也可以充当主语，但和一般的时间词、处所词一样，受到一定条件的限制，如谓语用“是”，用形容词，或表示被动关系等。比较：

(9) 宿舍周围是一条柏油马路。
(10) 从宿舍到校门口是一条柏油马路。

(11) 宿舍周围安静极了。
(12) 从宿舍到校门口安静极了。

(13) 宿舍周围都被打扫干净了。
(14) 从宿舍到校门口被打扫干净了。

可见，“从宿舍到校门口”和“宿舍周围”性质相当。

又如，表示数量的“从……到……”结构，跟一般的数量结构相当接近。如数量结构可以作谓语，表示数量的“从……到……”结构也可以作谓语。比较：

(15) 每班学生一般二十多个。
(16) 每班学生一般从二十五个到三十个。

可见，“从二十五个到三十个”具有跟“二十多个”相同的性质。

至于“从发生到发展”“从小到大”之类，虽然联合项是动词形容词，但整个结构已不具有谓词性。它表示有系列性的一些情况，也是体词性的。

总之，“从……到……”结构是联合结构，在关系上具有系列性，在词性上具有体词性。这种结构跟介词结构有很大的不同。介词结构根本不能表示人或事物，因而不能充当各种各样的主语。我们可以把这种结构叫作“介词结构的复合”“介词结构的连用”，或径直叫作“连介结构”，却不能说是“复合的介词结构”[②]，或什么“固定格式的介词结构”。把作为联合结构的“从……到……”结构和介词结构混为一谈，不利于正确认识语言事实。

注释：

①吕叔湘：《汉语语法分析问题》，商务印书馆 1979 年版，第 58 页。范晓：《关于结构和短语问题》，《中国语文》1980 年 3 期，第 170 页。

②张寿康：《说“结构”》，《中国语文》1978年4期，第242页。

（原载《中国语文》1980年第5期）

【邢按】

“从……到……”有时是介词结构“从……”用在动宾结构“到……”的前边。例如：“一溜小跑就从行署到了地委。”（刘震云《官场》）这个句子也可以说成：“一溜小跑就从行署到地委了。”这里的“从……到……”，不属于本文讨论的现象。（2016年1月20日）

略说标点和语气

某些标点符号的运用，同语气有一定的关系。句子的语气不同，所用的标点符号也有所不同。请看：

(1)“你看不见我正在这里洗菜吗？洗脸到下边洗去！”这声音是那么严厉，我听了很不高兴。(孙犁《山地回忆》)

这里有三句话：第一句用问号，表示质问的语气；第二句用感叹号，表示命令的语气；第三句（复句）用句号，表示陈述的语气。

句号，经常用在陈述句的末尾。这是一般用法，不必多说。

句号也可以用在祈使句的末尾。这是为了表明，句子虽然是祈使句，但不带明显的命令口气。例如：

(2) 周朴园：好，你先下去吧。(曹禺《雷雨》)

(3) 婆婆在厨房唤道：“不要耽搁太久了。早些回来吃饭。”(王汶石《新结识的伙伴》)

例(2)是一个肯定形式的祈使句。例(3)引句里有两个祈使句，前一个是否定形式的，后一个是肯定形式的。它们不带明显的命令口气，因此都用句号。

句号还可以用在感叹句的末尾。这是为了表明，句子虽然是感叹句，但说话时并未带上强烈的感叹语气。例如：

(4)(心里不由得说：)这可真是个怪人。(马烽《我的第一个上级》)

(5) 哎呀，真是，这可真有点那个，太那个啦。(马烽《太阳刚刚出山》)

这两个都是感叹句，句中用了“可真”“太”这类带强调语气的词。因为不表示强烈的感叹，所以都用句号。

问号，经常用在疑问句的末尾。这也是一般用法，不必多说。

有时，问句也可以用在一个独立成分的后边。比较：

(6) 哦，很远了，提起来大家都忘了。(曹禺《雷雨》)

(7) 哦？你说说看。(同上)

这里的“哦”都是独立成分。后一个“哦”加问号，带上了疑问的语气。再比较：

(8) 呃，别看他上了年纪，干劲可大呢。(孙谦《南山的灯》)

(9) 呃？不信？来试试看！(王汶石《新结识的伙伴》)

这里的“呃”都是独立成分。后一个“呃”加问号，带上了疑问的语气。就例 (9) 来说，共用了两个问号，前一个是用在独立成分后边，后一个才是用在疑问句的后边。

有时，问号也可以用在选择问句的分句与分句之间。例如：

(10) 站在他们的前头领导他们呢？还是站在他们的后头指手画脚地批评他们呢？还是站在他们的对面反对他们呢？每个中国人对于这三项都有选择的自由，不过时局将强迫你迅速地选择罢了。(毛泽东《湖南农民运动考察报告》)

这里是一个选择问句，它是一个包含三个分句的复句。一共用了三个问号：第三个用在句末，作为句子的标志，兼表疑问语气；前两个分别用在一、二分句之后，强调有疑问的语气。一般说来，在整个选择问句较长，并且各选择项都需要着重强调的时候，才有必要在分句之间用问号。

另外，必须注意，如果一个“问句”充当了宾语，不要求回答，句末应用句号，因为就整个句子说，是个陈述句。例如：

(11) 我听不清他们在说些什么。

“他们在说些什么”是“听不清”的宾语，不要求回答。整个句子是陈述句，因此用句号，不用问号。

感叹号，经常用在感叹句和祈使句的末尾。这也是一般用法。

有时，陈述句的末尾也可以用感叹号。这是为了表明，句子虽然是陈述句，但说话时带上了一定的情绪。例如：

(12) 周朴园　你知道她现在在哪儿？

鲁侍萍　我前几天还见着她！(曹禺《雷雨》)

(13) 徐国梁迷惑地问："你家也住这院里？"

"这院里就住我们一家。"

"那冯在山……"

"他是我爸爸！"(孙谦《南山的灯》)

例 (12)，"我前天还见着她"是陈述句，加感叹号说明鲁侍萍说话时心情苦痛。例 (13)，"他是我爸爸"是陈述句，加感叹号表明说话时冯有梅带有一种得意、自豪的心情。

有时，反问句的末尾也可以用感叹号。这是因为反问句本来不要求回答，为了加强语气，可以用感叹号，而不用问号。例如：

(14) 哟！你怎么能不入党！(王汶石《新结识的伙伴》)

(15) 在那黑暗的岁月里，哪里有科学的地位，又哪里有科学家的出路！(郭沫若《科学家的春天》)

这两例都是反问句。用感叹号，加强了反问中的感叹语气。

感叹号还常常用在独立成分的后边。如例 (14) 的"哟"是独立成分，后边用感叹号。再比较：

(16) 好神神哩，嘴也说干了，快过秤吧！(西戎《宋老定进城》)

(17) 好神神哩！走吧！走吧！(西戎《宋老定进城》)

这里"好神神哩"都是独立成分。后一个"好神神哩"后边加感叹号，感叹意味显得重些。就例 (17) 说，共用了三个感叹号：前一个用在独立成分后边，后两个用在祈使句后边。

在一个句子里，有时同时出现两种经常用于句末的符号。这样的句子是哪一类型的句子，要着重从结构关系上来判定。例如：

(18) 谁不喜欢呢？从心里，从灵魂深处。(吴伯箫《歌声》)

(19) 就在这一刹那，砰！砰！又是两枪。(任斌武《开顶风船的角色》)

例（18）是反问句。“从心里，从灵魂深处”是倒装的状语，尽管后边用了句号，但不能算一句。例（19）是陈述句。“砰”“砰”是插在句子中间的独立成分，尽管后边都用感叹号，但不能算两个句子。

问号和感叹号，有时在一起连用，表明问中有叹，或叹中有问。例如：

（20）千古奇冤，江南一叶；

同室操戈，相煎何急!?

这是周恩来同志1941年亲笔为重庆《新华日报》写的题词。用“!?”表明了极大的义愤和沉痛，表示了最强烈的抗议和责问。再如：

（21）徐国梁又吃惊了：“准备了两年啦?!”（孙谦《南山的灯》）

（22）徐国梁吃惊地放下茶杯，急急问道：“你说什么!?”（孙谦《南山的灯》）

这里用“?!”“!?”，都表达了徐国梁不敢相信的“吃惊”心理和十分喜悦、兴奋的心情。

句中使用的标点，有时也跟语气有一定的关系。先举一个用逗号的例子：

（23）电，减轻了农民的体力劳动；电，改变了农村的自然面貌。（孙谦《南山的灯》）

主语“电”后边用个逗号停顿了一下。这样，在语气上就强调突出了这个主语。再看几个用破折号的例子：

（24）我——我——我只要见见我的萍儿。（曹禺《雷雨》）

（25）他很大了，——（顿）并且他以为他母亲早就死了的。（曹禺《雷雨》）

（26）星期天，他坐着商业局小吉普车去找冯有梅和徐为民——两个人都不在，徐国梁就独自坐着车去了。（孙谦《南山的灯》）

例（24）用破折号，帮助表达了鲁侍萍想提出要求又一下说不出口的凄苦犹豫的状况；例（25）用破折号，帮助表示了周朴园说话时的沉吟语气，同时帮助表达了一种递进的语势；例（26）用破折号，帮助表达了一种转折的语势。破折号和语气表达、感情表达的关系，是相当微妙的。

（原载《语文教学与研究》1980年第5期）

现代汉语里的一种双主语句式

0.1 众所周知，汉语里有双宾语句式。有没有双主语句式？有。本文试图分析现代汉语里的一种双主语句式，从结构材料、结构关系等方面揭示其特点。

0.2 朱德熙先生在《“的”字结构和判断句》中曾提到过双主语的概念，他说：“‘这把刀我切肉’里的‘切’有一个宾语，两个主语。通常把‘我给你一本书’里的‘一本书’叫直接宾语，把‘你’叫间接宾语，相应地，我们可以把‘这把刀我切肉’里的‘我’叫直接主语，‘这把刀’叫间接主语。”所举的例子还有“这个杯子我喝酒”，“这间屋子咱们堆东西”，“这件事我不发生兴趣”，等等[①]。朱先生从动词的“向”的观念出发提出双主语的问题，无疑有开拓意义。不过，本文所说的双主语句式跟朱先生所提的现象并不相同。

0.3 联合结构作主语，不管联合项有多少，都只能整个儿算一个主语。有人把作主语的联合结构的两个联合项说成是两个主语，这跟双主语的现象无关。

1

1.0 本文所说的双主语句式，指的是这类现象：“你这是干什么?”“他这是晕过去了。”它们包括“人·事·判·动”四个组成部分，即：

人	事	判	动
你	这	是	干什么
他	这	是	晕过去了

下面先分别描写这四个组成部分的结构材料。

1.1 这类句子的第一个组成部分是指人主语。可代为 S_1。

S_1一般用人称代词表示。常见的是用第二人称代词，但其他人称代词也用。用第二人称代词“你”“您”及其复数形式“你们”的，例如：

（1）你这是故意跟我开玩笑了。（曹禺《日出》）

（2）您这是怎么嚓？（老舍《龙须沟》）

（3）你们这是说什么哪？（浩然《艳阳天》第一部）

用第一人称代词“我”（或“咱”）及其复数形式“我们”（或“咱们”）的，例如：

（4）我这是恨我自己。（崔雁荡《郑师傅的遭遇》）

（5）我们这是练习打游击战。（孙犁《风云初记》）

（6）咱们这是讨论事情，你何必动那么大的肝火？（丁仁堂《嘎拉胡镇黄昏之后》）

用第三人称代词“他”（或“她”）及其复数形式“他们”（或“她们”）的，例如：

（7）他这是发什么疯呀？（内蒙古自治区文化局《内蒙古话剧选集》）

（8）他们这是欺负人呀！（崔雁荡《郑师傅的遭遇》）

用旁称代词“人家”的，例如：

（9）人家这是在写大论文哪！

S_1也可以用表人名词表示。所用的名词包括专用名词和一般名词。例如：

（10）余新江这是第一次听到了许云峰的下落。（罗广斌、杨益言《红岩》）

（11）芒种这是吃大锅饭去吗？（孙犁《风云初记》）

（12）山脚下，一队持枪的敌兵叫喊着追来。大兴：“敌人这是追谁？”（杨佩瑾、刘仁德《雾江帆影》）

S_1还可以用一个结构来表示。或者用由人称代词和数量词组成的同位结构，或者用以名词为中心的偏正结构，全都是简短的。例如：

(13) 你们俩这是怎么啦？（浩然《艳阳天》第一部）

(14) 你舅舅这是领着你表弟上你们纺织厂报到去了。（刘武《绵绵的雨丝》）

1.2 这类句子的第二个组成部分是指事主语。广义地说，也可以认为是指物主语。可代为 S_2。

S_2一定由指示代词充当。一般用近指代词“这”，直接指代客观事实。看例子：

(15) 小杏冒火了，……她眉头一竖，突然抓过鱼叉，抵到大兴胸口上。大兴吃了一惊：“你这是做什么？”（杨佩瑾、刘仁德《雾江帆影》）

(16) 章炳华走过来问：“小冯，小赵，你们这是干什么？”冯卫东：“在这搭个小厨房。”（马林梦《厨房交响曲》）

例（15），“你”是指人主语，代小杏；“这”是指事主语，指代抓起鱼叉抵到大兴胸口的事实。例（16），“你们”是指人主语，代小冯、小赵；“这”是指事主语，指代在搭小厨房的事实。

S_2有时也用远指代词“那”，指代不在眼前的事实。请读下面这段叙述，比较其中的“你这……”和“他那……”：

(17) 有一天，四个孩子都睡下了，大翠从被窝垛下面掏出一个用毛巾包着的贴饼子，悄悄塞给丈夫。王老大接过一看，火了，冲着她大声嚷嚷：“你这是干啥？”气得大翠第二天跑去找队长媳妇诉说。队长媳妇打趣地说：“咳，他那是疼孩子，舍不得吃！他疼孩子，不就是疼你嫂子吗？……”（锦云、王毅《笨人王老大》）

这里出现了两个双主语句。前一句的指事主语用“这”，指眼前发生的事实，即塞贴饼子；后一句的指事主语用“那”，指已过去的夜里发生的事实，即发火大嚷。若把“他那……”改为“他这……”，就不贴切。

1.3 这类句子的第三个组成部分是起断定作用的词语。一般用判断词“是”。可用“是”作为这一部分的代表。“是”字前边有时加上表示时间、范围、语气等的修饰语，帮助对人和事作肯定性断定。例如：

(18) 马大娘已经是第三次被提审了。(李晓明、韩安庆《平原枪声》)

(19) 杏妹子，我这都是为了你，为了我们以后的好日子呀。(杨佩瑾、刘仁德《雾江帆影》)

(20) 您这简直是搬家了。(曹禺《北京人》)

(21) 陈大人，我这实在是为你好！(凌力《曹州府捻军斩僧妖》)

(22) 我这可是随便猜猜。(老舍《女店员》)

"是"字前边有时加否定词"不"，形成否定句式。这有两种用法：一种是表示对事情的否定，大都跟肯定句式对照使用，借以加强映衬的效果。例如：

(23) 看！你这不是挡日本，你这是挡自己人的进路。(孙犁《风云初记》)

(24) 我这不是写信，我这是做开会记录。(孙犁《风云初记》)

另一种是句末有反问语气，构成反问句式，借以加强肯定的意思。例如：

(25) 咳，你这不是瞎掰吗？(马林梦《厨房交响曲》)

(26) 吴科长，他们这不是欺侮老实人吗？(马林梦《厨房交响曲》)

有时，这一部分也可以不用"是"，而用"算"或"叫"。"算"或"叫"同样具有判断作用，一般带上修饰语。例如：

(27) 我们这就算换了礼啦。(杨佩瑾、刘仁德《雾江帆影》)

(28) 人家那才真叫请客哩，山珍海味摆了满满一桌。(乔典运《雪夜奇事》)

有时，"是"和"算"结合，说成"算是"。这是一种复合判断形式。例如：

(29) 咱们这算是干什么？(马林梦《厨房交响曲》)

1.4 这类句子的第四个组成部分表示动作行为，是句子的真正有所谓的部分。对指人主语说，它说明人物的具体行动；对指事主语说，它表明事情的具体内容。可代为 V。

V 一般是一个动词性结构，也可以是一个动词，或一个动词性的代词。

V 所用的动词性结构是多种多样的。只要符合表达的需要，任何动词性结构都可以出现于这一部位。略举几例：

(30) 谁不正经啦，我这是很严肃地跟你讨论问题。（马林梦《厨房交响曲》）

(31) 我这是星期天加班干工作。（马林梦《厨房交响曲》）

(32) 我这是一桌酒席招待一方客人。（马林梦《厨房交响曲》）

前边同是“我这是”，V 部却用了不同的动词性结构。例（30）的 V 是动宾结构前加状语，例（31）的 V 是连动结构前加状语，例（32）的 V 可以说是主谓结构。

V 所用的如果是一个词，不管是动词还是动词性代词，都要求句末用“了”“啦”之类助词。例如：

(33) 我这不是来了！（浩然《艳阳天》）

(34) 你们这是怎么啦？（浩然《艳阳天》）

这类带双主语的句子，最常见的是陈述句，其次是疑问句或反问句。V 部所包含的词语的性质，对这类句子的语气类型起决定作用。

V 部如果包含“怎么、什么、哪儿”之类疑问代词，整个句子就成为疑问句。例如：

(35) 你这是忙些什么？（冯德英《女飞行员》）

(36) 你这是为什么呀？（曹禺《北京人》）

(37) 你们这是把我弄到哪啦？（李晓明、韩安庆《平原枪声》）

V 部不用疑问代词，而用一般的动词或动词性结构，整个句子就会成为陈述句，或者成为反问句。（成为反问句的，“是”字前边加“不”。）比较：

(38) 你这是搞什么鬼？

我这是开沟。

你这不是故意捣乱吗？

第一句是疑问句，第二句是陈述句，第三句是反问句。

1.5 这类句子的四个组成部分，全用代号和代表字排列出来，便是：

S_1S_2是 V。

从结构层次上说，四个部分并不是处在一个平面上的。S_1和 S_2组成双主语，“是”和 V 是句子的谓语部分。但切分双主语的层次地位会碰到问题，这同切分双宾语结构碰到的问题差不多。吕叔湘先生曾提出宾语结构有两种切分法[②]：

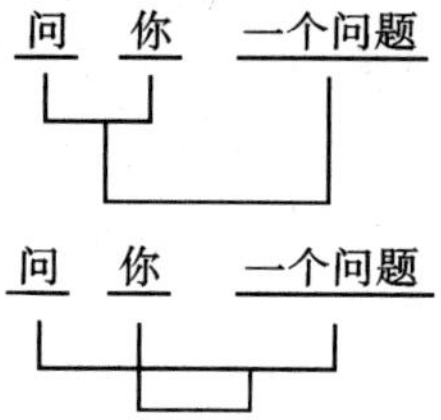

套用吕先生的切分法，双主语句也可以这么切分：

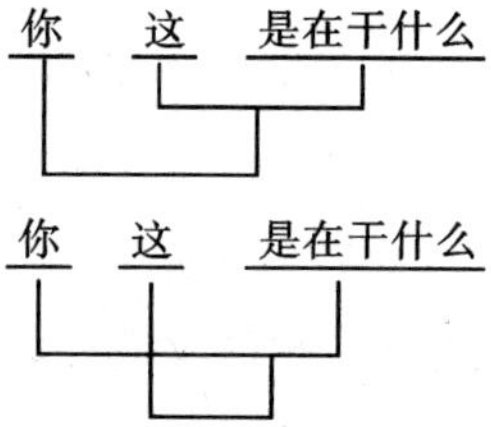

怎样切分才合理？还有没有别的切分法？这需要考察清楚这类句式的逻辑基础。让我们在下文再来回答这个问题。

2

2.0 双主语句式在结构关系上有着不同于非双主语句式的特点。最根本的不同，首先是这类句子具有双主语；而由于具有双主语，也就使这类句子具有一系列的句法特点。这一部分，我们要证明这类句子的确具有双主语，不能作别的解释；同时，通过证明，也可以看到这类句子的一系列的句法特点。

2.1 “双主”同谓项可以任意单连。或者说，指人主语和指事主语可以任意隐去其中一个而句子仍然站得住。即：

S_1S_2是 V。→ S_1是 V。

S_2是 V。

如：

你这是怎么搞的？→你是怎么搞的？

这是怎么搞的？

“S_1是 V”，这是指人主语同谓项单独连用的句式。运用这种单主语句式，实际上是隐去了指事主语，换句话说，实际上包含着指事主语，因此，完全可以把指事主语添加上去。观察下面的例子可以看到这种有趣的现象：

(39) 春儿说：“你这是干什么，你不愿意叫我们抗日吗?”“我是为你好。”客人嘻嘻的笑着说。(孙犁《风云初记》)

(40) 我这不是挑拨你们父子不和，我全是为你们好。(浩然《艳阳天》)

例(39)，前边的问句用“你这是干什么”，后边的答句自然也可以用“我这是为你好”；例(40)前边的否定句用“我这不是挑拨你们父子不和”，后边的肯定句自然也可以用“我这全是为你们好”。这说明，S_2是否出现，是任意的，而且是不影响句子的含义的。说话人如果感到有强调一下的必要，完全可以将它补出，使句子成为双主语句。

“S_2是 V”，这是指事主语同谓项单独连用的句式，运用这种单主语句式，实际上是隐去了指人主语，在意思上仍然包含着指人主语，完全可以将指人主语添加上去。分析下列例子，也挺有趣味：

(41) 她从兜里拿出一把票子，借灯光数出七十元，递给拗相公，拗相公道：“这是做什么呀?”(周宜地《拗相公出山》)

(42) 我用大口罩遮掩了大半个面庞，紧握着大扫把，使劲地扫着，大扫扬起了滚滚的烟尘，来往行人都掩面捂鼻跑过。……“哪见过这样扫地的?”“这不是扫地，是在扬灰!”(贺景文《马路天使》)

例（41）也可以说成“你这是做什么呀”。“你”指递钱的“她”，“这”指递七十元钱的事实。这里单说“这是做什么呀”，显然隐含着“你”，只要说话人觉得有必要，就可以补说出来。例（42）也可以说成“她这不是扫地，是在扬灰”。“她”指扫地的“我”，“这”指用大扫把使劲扫地扬起滚滚烟尘的事实。这里单说“这不是扫地，是在扬灰”，显然隐含着“她”，只是没有说出来罢了。

可见，对谓项说来，S_1S_2都是主语。现S_1隐S_2时，S_1无疑是主语；隐S_1现S_2时，S_2无疑是主语；那么，S_1和S_2同时出现时，双主语的现象就形成了。

2.2 双主句式可以分化为两个分句，指人主语和指事主语各做一个分句的主语。这时，四个组成部分分裂为两半，两个分句各得一半。即：

S_1S_2是V。→S_1V，S_2是。

例如，“他这是怎么啦？”可以分化为：

（43）他怎么啦，这是？（周骥良《我们在地下作战》）

应该指出，并不是所有的“S_1S_2是V”都可以变换为“S_1V，S_2是”。能不能采取这一变换式，跟疑问句、陈述句、反问句等语气类型有很大的关系。

“S_1S_2是V”如果是疑问句，一般都可以分化成“S_1V，S_2是”。例如：

（44）他发什么疯呀，这是？[例（7）的变换式]

（45）你们要干什么，这是？[例（58）的变换式]

（46）你们把我弄到哪啦，这是？[例（37）的变换式]

有时，V所用的词语直接跟S_1搭配起来站不住。在这种情况下，“S_1S_2是V”疑问句自然不能说成“S_1V，S_2是”。比如“你这是为什么？”不能说成“你为什么，这是？”

有意思的是，“是”前若用修饰语，分化后修饰语便离开“是”，向V靠拢。比较：

（47）你这到底是忙些什么呀？

(48) 你到底忙些什么呀，这是？

(49) 他这已经是三到工地了吧？

(50) 他已经三到工地了吧，这是？

“S_1 S_2是 V”如果是陈述句，V 必须包含有表明时间因素的词语，才能顺当地分化为“S_1V，S_2是”。例如：

(51) 我这是在开沟！→我在开沟，这是！

(52) 他这是第二次考大学了。→他第二次考大学了，这是！

(53) 你们这是要害人呀！→你们要害人呀，这是！

例 (51) 的 V 包含“在”，表明行动还在持续；例 (52) 的 V 包含“第二次”和“了”，表明行动到现在才完成，可能还在持续；例 (53) 的 V 包含“要”，表明行动即将发生。不包含表明时间因素的词语的，并非完全不存在分化的可能性，但分化起来总使人感到不如包含时间因素词语的分化得顺当自然。

在陈述句里，“是”前后若用修饰语，分化后修饰语也离开“是”，向 V 靠拢。例如：

(54) 马大娘已经第三次被提审了，这是。[例 (18) 的变换式]

否定式陈述句，不能分化。比如“她这不是在扫地，（是在扬灰)”，不能说成：

(55) 她在扫地，这不是！

“$S_1$$S_2$是 V”如果“是”前加“不”构成反问句，反而能够分化，让“这不是”起反问的作用。例如：

(56) 她在扫地，这不是？

(57) 我已经画好了，这不是？（比较：我这不是已经画好了？)

综上所述，可知在许多情况下“$S_1$$S_2$是 V”可以分化为“$S_1$V，$S_2$是”。分化后，$S_1$$S_2$分别作主语；结合起来，$S_1$$S_2$就共同作主语，形成了双主语。

2.3 “双主”同时出现时，指人主语后边可以有一定的停顿，并且还可以带上语气词“啊”。换句话说，指人主语和指事主语在语音上可以分离开，不一定结合成一个音段。即：

S_1S_2是V。→S_1（啊），S_2是V。

有时，S_1后边有一定的停顿，书面上可以加逗号或省略号；S_1也可以在加逗号以后再反复一遍。例如：

(58) 你们，这是在干什么？（高尔品《律师之家》）

(59) 我……这不是正要走吗？（杨佩瑾、刘仁德《雾江帆影》）

(60) 你，你这是做什么？（杨佩瑾、刘仁德《雾江帆影》）

有时，S_1带上语气词“啊”再略有停顿，书面上用逗号。例如：

(61) 他呀，那是做梦！（浩然《艳阳天》）

只要是停顿和语气的需要，“S_1S_2是V”都可以采取以上的变换方式。这些变换，从否定方面说，说明S_1S_2在主语位置上的结合并非结构关系的组合，它们可以不组合成一个音段，不能认为是组合成了偏正结构，即不能认为S_1是S_2的定语③；从肯定方面说，说明S_1可以被强调突出，使其主语身份十分明显，而另一个主语S_2的身份也是不容置疑的，因此，应该承认它们都是主语。

2.4 指人主语有时可以融入谓语部分，出现于“是”后V前，使指事主语单独作为全句主语而显得突出。变换过程是：

S_1S_2是V。→S_2是S_1 V。

例如：

(62) 在我们的记忆里，这是他第一次没有拒绝别人的搀扶。（马林梦《厨房交响曲》）

(63) 方达从舷梯上跨了两步，紧盯着老刘喃喃自语：“这么快，这是他在作最后的冲刺。”（马林梦《厨房交响曲》）

例(62)，“这是他第一次没有拒绝别人的搀扶”，等于说“他这是第一次没有拒绝别人的搀扶”。例(63)，“这是他在作最后的冲刺”，等于说“他这是在作最后的冲刺”。

由名词充当的指人主语也可以融入谓语部分。例如：

(64) 这不是平常的信，是一封封的遗书。她（范熊熊）在给几个同事的信上写着：“这是小范向你们四位长辈最后一次问

好。……”（任斌武《无声的浩歌》）

“这是小范向你们四位长辈最后一次问好”也可以说成“小范这是……最后一次问好”，或者“我这是……最后一次问好”。

“S_1S_2是V”并非都能变换为“S_2是S_1V”。疑问句和否定式陈述句不能这么变换。肯定式陈述句也只是一部分能这么变换。能变换的，都符合两个条件：一是S_1和V能配搭得拢，二是S_2之所指可以是S_1V。看例子：

(65) 这可是我随便猜猜。[例(22)的变换式]

(66) 这已经是马大娘第三次被提审了。[例(18)的变换式]

这两句都行。再看例子：

(67) 我这全是为了你。→* 这全是我为了你。

(68) 您这简直是搬家了。→* 这简直是您搬家了。

前一句的变换式不行，因为S_1和V配搭不拢；后一句的变换式也不行，因为S_2之所指只是V，而不包括S_1V。

否定式反问句相当于肯定式陈述句，因此也能变换，条件跟肯定式陈述句相同。例如：

(69) 他这不是来了？→这不是他来了？

“S_2是S_1V”的变换式，使我们看到了S_2可以单独成为全句的主语。在“S_1（啊），S_2是V”这样的变换式里，S_1是突出的；而在“S_2是S_1V”这样的变换式里，则轮到S_2突出。这表明，一方面固然不能把S_1看作定语，依附于S_2，另一方面也不能把S_1看作全句的大主语，而把S_2看作隶属于谓语部分的小主语。

顺带指出，把S_2看作小主语是解释不通的。用“怎么样”之类的提问来划定谓语部分，S_2划不进去。看这个例子：

(70) 他们这是要用火药枪害志伟啊！（越国庆《救救她》）

如果问：“他们怎么样？”针对“怎么样”只能回答“要……”或“是要……”，决不能回答“这是要……”。显然，只有把“他们”和“这”看作双主语，句子才好分析。

2.5 以上谈了双主语句式可能有的四种变换：

S_1S_2是 V→1. a. S_1是 V。b. S_2是 V。
2. S_1V，S_2是。
3. S_1（啊），S_2是 V。
4. S_2是 S_1V。

这四种变换式，可以帮助我们了解双主语句式四个组成部分之间的微妙关系，进而了解这种句式的逻辑基础。2、4 两种虽非全真式，但在相当大的程度上揭示了双主语句式的内在关系。我们认为，对这种句式不能采用简单的层次分析，应该图示为：

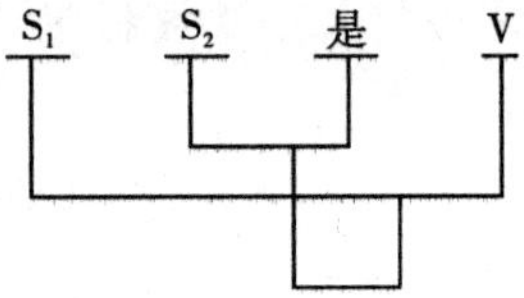

这一图示，跟 1.5 的第二种图示是基本上相同的。指明这一点，也许不无意义。句子里词与词的组合显然是有层次的，但层次的判明如果只是按照一种简单化、机械化的办法由大到小往里分割，而不考虑到各种复杂情况，恐怕对说明句子格局、确定汉语句型意义不大。吕叔湘先生在《汉语语法分析问题》中所作的一些图示，是很有启发性的④。为了找到更好的出路，各种办法似乎都可以试一试。

2.6 有些句子，形式上跟双主语句式近似，甚至十分相似。常见的有两种：

一是句子前半段连用人称代词和指示代词“这”，但指示代词“这”表示时间，后边不用“是”。例如：

（71）她这才放下心来。（杨容方《沅水奇尸案》）

（72）小洁，我们这就开始。（高尔品《律师之家》）

前一个“这”表示“这时”，后一个“这”表示“马上”，都是句子里的状语，跟时间副词“才、就”之类配合使用。这类句子不是双主语句。

二是句子前半段连用人称代词和指示代词“这”或“那”，接着还用“是”字，但“是”字后边是名词或名词性结构（N），而不是动词或动词性词语（V）。例如：

（73）不对！你这是假话，不是心里话！（韩少功《西望茅草地》）

（74）她这是给鱼送来的泔水。（韩映山《塘水清清》）

“假话”是名词，“给鱼送来的泔水”是以名词为中心的偏正结构。这类句子跟双主语句的区别，就决定于第四部分词语性质的不同。由于第四部分用了不同性质的词语，这类句子不具有双主语句的变换形式。比较：

双主语句：		非双主语句：
你这是在说假话。	→	你这是假话。（＋）
你是在说假话。（＋）		你是假话。（－）
这是在说假话。（＋）		这是假话。（＋）
你在说假话，这是！（＋）		你假话，这是！（－）
你呀，这是在说假话！（＋）		你呀，这是假话！（?）
这是你在说假话！（＋）		这是你假话！（－）

这类非双主语句里，“你这”之类是偏正结构，“这”是主语，“你”是定语。正因如此，从变换式中可以看到，谓语“是 N”跟作为主语的“这”能够组合，跟作为定语的“你”却不能发生组合关系。

结语

本文讨论的双主语句式，可以说是尚未为学者们所注意与分析的特殊句式。从书面语看，这种双主语句式常见于文学作品，特别是常见于小说戏剧里的对话。这显然是一种口语句式。在近代白话小说和五四时期的文学作品中，这种句式并不多见，但在近年来发表的小说、剧本中却越来越多了起来。笔者以为，这是近年来文学作品的语言更加口语化的缘故。

跟双宾语句式相比，这种双主语句式能产力较差，这是因为“双主”所受的限制要比“双宾”大。在“双主”里，指人主语可以是一个词或一个简短的结构，指事主语则只限于“这”或“那”这两个单音词。而在“双宾”里，指人宾语可以是一个词或一个简短的结构，指物宾语则不限于词和简短的结构，有时可以由一个很长的结构来充当。这样，总的说来，“双主”要比“双宾”简短得多。

跟非双主语句式相比，这种双主语句式最突出的特点是可以分解为谓语相同的两个单主语单句，还可以分化为具有解证关系的两个单主语分句。指人主语有时比指事主语显得突出，主语资格特别明显；指事主语有时又比指人主语显得突出，主语资格特别明显。这可以进一步说明，既不能把指人主语看成定语，也不能把指事主语看作小主语，总之很难否定它们是“双主”。

注释：

①朱德熙：《“的”字结构和判断句》，《中国语文》1978 年第 1 期，第 23 页。

②吕叔湘：《汉语语法分析问题》，商务印书馆 1979 年版，第 57 页。

③少数双主语句，“双主”之间可以插入状语性成分。例如：“你今天这是怎么啦？”（话剧《深夜静悄悄》）在这种情况下，S_1 更不可能是 S_2 的定语。

④例如该书第 56 页有如下的图示：

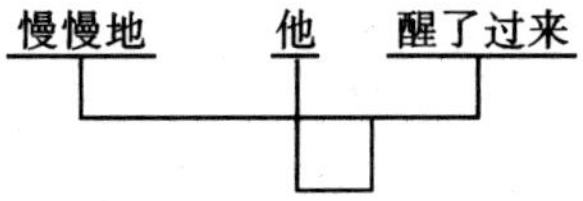

（原载《语言研究》1981 年第 1 期）

句子成分辨察

1 从概念间的关系看句子成分

1.1 分析句子，就得讲句子成分。讲句子成分，就离不开主语、谓语、宾语、补语、定语、状语这些基本概念。应该说，这些基本概念人们是并不陌生的，但是它们之间的关系到底如何，却不是每个运用它们的人都明确的。举个简单的例子：

小苔的声音更加温和了。(茹志娟《草原上的小路》)

让一个学过语法的中学生分析这个句子，他会毫不费力地分析为："声音"是主语，"温和"是谓语，"小苔（的）"是定语，"更加"是状语。但是，如果进一步问他：主语为什么是"声音"而不是"小苔的声音"，谓语为什么是"温和"而不是"更加温和"？主语是什么，谓语是什么，它们之间有什么关系？定语是什么，状语是什么，它们同主语、谓语之间又有什么关系？这会使他糊涂了起来。这说明，他虽然用了这些概念，但对这些概念的相互关系却不是真正明确的。

1.2 能不能说，主语是"声音"，也可以认为是"小苔的声音"，谓语是"温和"，也可以认为是"更加温和"呢？不能。含混的说法不能成为科学的命题。

有同志一方面坚持句子有六个成分，另一方面又坚持对一般的句子以主语和谓语相对待。按照前一观点，包含六种成分的主谓句可以同时一分为六；按照后一观点，只要是主谓句，不管是否包含六种成分，第一步都只能一分为二。怎样调和这一矛盾呢？办法是教学中在讲了句子有六种成分之后加个说明："主语和谓语并非单指它们的中心词，同时也包括连带成分和附加成分。"这一来，主语、谓语便成了含混的、忽大忽小的概念。它们有时外延较小，跟宾、补、定、状是并列概念，是六种成分之中的两种；有时外延较大，包括宾、补、定、状这些连带成分和附加成分。这是两种不能相容的互相否定的说法。承认前一说法，就等于肯定主语谓语在外延上同宾、补、定、状之间不发生任何重合关系，那么，怎么能说它们也"包括"连带成分和附加成分呢？承认后一说法，就等于肯定一般的句子由主语和谓语组成，其他成分都被"包括"在主语、谓语之内，都是隶属于主语谓语的成分，那么，怎么能说句子可以分为主、谓、宾、补、定、状六种成分呢？科学术语的含义应该具有单一性和确定性，而不应该是多义的、忽闪不定的。不然，在语言事实面前就无法坚持理论和说法的一贯性。

1.3 为了避免含混的忽闪不定的说法，必须认真考察一下句子成分各基本概念之间的关系。

我们认为，主、谓、宾、补、定、状不是从同一角度同时划分出来的概念。句子成分实际上有五组，每组两个，配成五个对子。此外还有一种"失偶"的成分，我们称为"独立语"，第三节再讨论。

下面让我们一一考察"五个对子"。

1.4 主语——谓语

主语部分和主语，谓语部分和谓语，是上下位关系，还是同一关系？实际上只存在这两种可能。要么A，要么B；不是A，便是B。

如果认为是上下位关系，那么可以采用两种说法：

一种是：主语部分里的中心词是主语，主语表示谓语所陈述的对象；谓语部分里的中心词是谓语，谓语表示陈述主语的内容。（各人的措词可能有不同，但不影响判断的基本意思。）这一说法的最大毛病是不能合理地解释客观存在的语言事实，因为事实上光两个"心"往往不存在被陈述和陈述的关系。这正如排球赛中一道网隔开的甲乙两队，尽管各自都有队长，在进攻和防守中起组织核心的作用，但比赛起来是整个甲队对整个乙队，而不仅仅是甲队的"心"对乙队的"心"。大量实例说明，把两个“心”摘出来尽管有时能拼得拢，有时则或者不能成句，或者把意思弄反，对帮助人们正确理解句子的结构关系极为不利。

另一种是：主语部分表示谓语部分所陈述的对象，主语部分里的中心词是主语；谓语部分表示陈述主语部分的内容，谓语部分里的中心词是谓语。这种说法的最大毛病是抽空了“主”“谓”的内容，使从关系的角度划分的概念成了不反映关系的“中心词”，导致了“主不主、谓不谓”的矛盾现象。以谓语来说，“谓”者述说也，作为谓语而不是起述说作用的成分，仅仅是其中的一个中心词，岂不是空有“谓”字之称号吗？

显然，上下位关系的观点不能成立。主语和主语部分、谓语和谓语部分，应该是同一关系的概念，是所指相同的。它们可以定义为：

主语是表示谓语的陈述对象的成分；谓语是表示对主语加以陈述的成分。

这样明确“主”“谓”概念，可以解释通各式各样的句子。只要是主谓句，纵使结构上千变万化，关系上千差万别，都可以概括无遗。略举几例：

(1) 战马/奔驰。(梁信《从奴隶到将军》)

(2) 生产力的基本因素/是生产资料和劳动力。(邓小平《在全国科学大会开幕式上的讲话》)

(3) 人们的心情/很不平静。(方纪《挥手之间》)

(4) 父亲王福来，/早就死了老伴。(杨沫《东方欲晓》)

(5) 你/给地主害死爹，我/给地主害死娘。(刘白羽，转引自李临定《“被”字句》)

(6) 桂权那小子/十八棒子也打不出来个屁来。(王子硕《评工会上》)

总之，主语和谓语是句子中互相依存的“一对”。“主语部分”“谓语部分”这两个术语可以取消。析句时也可能出现这样的说法：“这个句子有两个组成部分，这是主语部分，这是谓语部分。”但这里的“主语部分”“谓语部分”只是临时采用的“主语”“谓语”的另一种称说，不能看作是两个术语。

1.5 宾语——？

宾语是跟什么成分相对的成分？换个角度说，带宾语的是什么？

是谓语？谓语是表示对主语加以陈述的成分，包括宾语在内。如果承认谓语是同主语相对待的成分，就不能再认为谓语是同宾语相对待的成分；如果承认谓语是同宾语相对待的成分，就得回到谓语是谓语部分里的中心词的说法，而这种说法是已经被证明不能成立的。例如：

(1) 他死了老婆。(潘保安《老二黑结婚》)

“他”是主语，“死了老婆”是谓语。在“死了老婆”里，“老婆”是“死了”的宾语。我们当然不能忽而说“死了老婆”是谓语，忽而说“死了”是谓语。

是动词？首先，“宾语”是句子成分系统中的类，“动词”是词类系统中的类，把两个不同系统中的概念搅到一起，在理论上是混乱的。人们要问：“动词”是不是句子成分？是，为什么在列举出来的成分中没有它？不是，为什么能同“宾语”这种成分相对待？其次，带宾语的成分固然可以由一个动词充当，但充当带宾成分的不一定就是一个动词。例如：

(2) 孔乙己便涨红了脸……(鲁迅《孔乙己》)

(3) 你能怎么样人家？

前一句，“涨红（了）”带宾语“脸”。“涨红”虽然以动词“涨”为中心，但它毕竟是比词大的结构，整个儿带宾语。后一句，“怎么样”带宾语“人家”。这里的“怎么样”虽然相当于动词，但它毕竟不是动词，而是代词。

可见，宾语的对立物既不能说是“谓语”，也不应称之为“动词”。比较好的叫法是：“动作语”。这一叫法，一方面可以把宾语的对立物跟“谓语”和“动词”这两个概念严格区别开来，另一方面又保留着“动”的意义，容易理解和掌握。

动作语和宾语是句子中又一对互相依存的成分。它们可以定义为：动作语是带宾语的动词性成分；宾语是动作语后边的表示相关的人物、情况的成分。

1.6 补语——？

补语的对立物是什么？说是“谓语”，就像说宾语的对立物是谓语一样，站不住；说是“动词”或者“形容词”，就像说宾语的对立物是动词一样，也不恰当。只看一例：

> 这些年来我逆来顺受得够了。（涛沙《工程师》）

“够了”是“逆来顺受”的补语。“逆来顺受得够了”整个儿跟主语“我”相对待，是谓语，不能再说其中的“逆来顺受”是谓语；“逆来顺受”尽管有动词性，但毕竟不是一个动词。

补语的对立物应该是它的中心语。要不要立个术语，可以研究。就叫作补语中心语，也容易理解和接受。这一对成分，同样是互相依存的。它们可以定义为：

补语是动形性中心语后边的补充成分；带补语的动形性成分叫作补语中心语。

1.7 状语——？

跟状语相对的成分同样不能说是谓语，也不能说就是动词、形容词。最好还是揭示对立关系，叫作状语中心语。这一对成分可以定义为：

> 状语是动形性中心语前边的修饰成分；带状语的动形性成分叫作状语中心语。

这里需要说明两点：

第一，充当状语中心语的词语，有的不是动形性的。但状语和中心语之间实际上隐含着“是”“有”之类。例如：

（1）小黑已经两岁了。

（2）今天已经星期五了，（他怎么还没到呢？）

（3）我们单位就一辆卡车。

（4）两个人不一个想法。

(5) 你的衣服净泥巴，(怎么搞的?)

我们不滥用省略说。但应承认，这是一种由于“是”“有”之类隐而不现造成的习用格式，整个谓语还是陈述性的，而不是指称性的。

第二，状语中心语和它的状语一起，可以再受另一个状语的修饰，成为较大的中心语；它们又可以一起再受第三个状语的修饰，成为更大的中心语。这是一种状语递加用法，为了便于称说，可以把不带状语的中心语叫作“(状语的)纯中心语”。例如：

(6) 小苔似乎比来的时候更快活。(茹志娟《草原上的小路》)

(7) 他们正在慌慌张张到处找将军。(安静《将军的故事》)

例(6)，“更”是“快活”的状语，“比来的时候”是“更快活”的状语，“似乎”是“比来的时候更快活”的状语。“似乎”“比来的时候”“更”是递加的状语，“快活”是“(状语的)纯中心语”。例(7)，“到处”是“找将军”的状语，“慌慌张张”是“到处找将军”的状语。“正在”是“慌慌张张到处找将军”的状语。“正在”“慌慌张张”“到处”是递加的状语，“找将军”本身不再带状语，是“(状语的)纯中心语”。

1.8 定语——?

定语同样有它的对立物。但定语的对立物不能说是主语和宾语。如果说是主语和宾语，就得采用主语是主语部分里的中心词的说法，并且得另立一个“宾语部分”，说宾语是宾语部分的中心词。这样，既在理论上造成混乱，也在实践中产生麻烦。不仅如此，定语所修饰的有时根本扯不上是主语还是宾语。例如：

(1) 这样的婆婆!(鲁迅《祝福》)

(2) 多好多美的花!(秦牧《花城》)

定语的对立物也不能说是名词。例如：

(3) 我的突然出现，并没有引起人们的惊异。(露菲《高高的山梁》)

(4) 微风拂过铁窗，带来几声清脆的狗叫。(罗广斌、杨益言《红岩》)

由于出现在主语、宾语的语法环境之中，“突然出现”“惊异”“狗叫”具有一定的事物性或指称性，但它们不是名词。

较好的办法，是把跟定语相对的成分叫作定语中心语。这又是一对互相依存的成分，可以定义为：

定语是名物性中心语前边的修饰成分；带定语的名物性成分叫作定语中心语。

用“名物性”的说法，可以概括名词以外的词或词组。

定语和中心语的组合，也有递加用法。例如：

(5) 多可爱的小生灵啊！（杨朔《荔枝蜜》）

“小”是“生灵”的定语，“多可爱（的）”是“小生灵”的定语。“多可爱（的）”“小”是递加的定语，“生灵”可以叫作“（定语的）纯中心语”。

1.9 综上所述，句子成分是配对的。有五对：

主语——谓语

宾语——动作语

补语——补语中心语

状语——状语中心语

定语——定语中心语

这一来，岂不使句子成分由六个增加到十个吗？

首先，“配对”是事实。如实地反映客观存在，无可非议，而且揭示这种配对关系，有利于分析说明句子结构的层次性。

其次，从术语的数目说，以前实际上不止六个：①大家都用的主语、谓语、宾语、补语、定语、状语，六个；②大多数人用的主语部分、谓语部分，两个；③为有的语法书所添加、为相当多的人所采用的宾语部分、谓语动词部分，两个；④大家在析句中不得不用的中心语或中心词，一个。——共十一个。现在是五对十个，相互关系明确了，成分系统清晰了，所用的术语实际上也减少了。

2 从层次间的关系看句子成分

2.1 句子结构有层次。

我们所说的“层次”，是指语言成分间一层层地发生组合关系的“层次”，是指句子结构的自然层次，自然纹理。讨论“层次”问题，不能把两种不同的“层次”概念混为一谈。

有同志说，句子有六个成分，至多只有三个层次，根据黎锦熙先生的体系来分：主、谓是一个层次，宾、补是一个层次，定、状是一个层次。这里所说的“层次”跟我们所说的“层次”所指不同。

首先，这里所说的“层次”不是句子结构的自然层次。看例子：

(1) 幸亏他来了，(不然我们就要倒楣了。)

(2) 他幸亏来了，(不然他就要倒楣了。)

按这里所说的“层次”，(1)(2)里的“幸亏”都是状语，都属第三层次；按句子结构的自然层，(1)(2)里的“幸亏”则分属第一层次（A_1）、第二层次（A_2）。

其次，这里所说的“层次”只是成分职能等级的带有一定主观随意性的层次。假设有人以为主、谓是主要成分，其他都是附加成分，那么句子就只有两个层次：主、谓是一个层次，其他又是一个层次；假若有人以为主、谓、宾是主要成分，其他都是附加成分，那么句子也只有两个层次，但划分的结果不一样：主、谓、宾是一个层次，定、补、状是另一个层次；如果有人以为主、谓、宾虽然可以看成主干，但宾要比主、谓低一级，那么句子就有三个层次，但跟黎氏的体系有不同：主、谓是一个层次，宾是另一个层次，补、定、状又是一个层次。非常清楚，这样给句子分层次，实际上是给句子成分划分职能等级，是可以为语法学家的语法体系所左右的。这种“层次”带有一定的主观随意性，跟句子本身的结构层次不是一回事。

再次，这里所说的“层次”仍然是会导致搅乱和抹煞真正的层次关系的层次。请看下面的分析：

我‖买到了|（最近非常流行的）一本语法书。

这里显然对句子作了三次划分：先分为“我”和“买到了最近非常流行的一本语法书”两部分，又分为“买到了”和“最近非常流行的一本语法书”两部分，再分为“最近非常流行的”和“一本语法书”两部分。为什么不继续切分下去呢？“一本语法书”还可以切分为“一本”和“语法书”两部分，承认不承认这又是一个层次呢？承认，这个句子就有四个层次，就会导致对单句至多只有三个层次这一说法的否定；不承认，就得认为“最近非常流行的”和“一本”都是定语，都是第三层次，这一来就把不同层次上的东西搅到同一平面上来了，真正的层次关系就被搅乱和抹煞了！

总之，职能等级的“层次”概念不应用来混淆自然结构的“层次”概念。

2.2 层次间有一定的关系。

在我们看来，层次间的关系往往表现为句子成分间的关系。假设“abcd”为一个句子。第一次切分为“ab/cd”。“ab”是主语，“cd”是谓语，“ab”和“cd”之间的关系，即第一个层次的关系，便是主谓关系。第二次切分为：“a/b”，“c/d”。ab 分别是定语和中心语，cd 分别是动作语和宾语，那么第二个层次的关系便分别是定心关系和动宾关系。

层次分析能够而且必须采用句子成分的概念。在明确句子成分的配对关系之后，成分和层次便谐调一致了起来。任凭什么成分都出现在一定的层次上，成分就是层次的组成部分。从这一点上说，任何成分都是层次成分，任何成分间的关系都反映某种层次关系。

2.3 五组成分都可以构成句子的第一个层次。

一个句子，从层次分析上说，第一次切分出来的两个部分可以是主语和谓语，动作语和宾语，定语和定语中心语，状语和状语中心语，或者补语和补语中心语；从层次关系说，第一次切分出来的两个部分之间可以是主谓关系、动宾关系、定心关系、状心关系或者心补关系。例如：

主·谓：风停了。

动·宾：刮风了。

定·心：好大的风！

状·心：好说！(兄弟一定帮忙！)

心·补：疼得他直掉眼泪！

这说明，任何一组配对成分都可以成为句子的直接成分。当然，最容易并且最经常成为句子直接成分的是主语和谓语，但不能因而说只有主语和谓语才能成为句子的直接成分。

2.4 五组成分互相包含，交错使用，就会构成多层次的句子。

一般的句子都不只包含两个直接成分，而是直接成分中又包括间接成分，间接成分中还包括更间接的成分。在这种情况下，甲组成分被包含在乙组成分之内，乙组成分又为丙组成分所包含。这种成分关系，体现了句子的多层次关系。例如：

二十年来，我以为她牺牲了。(谌容《永远是春天》)

这个句子的直接成分是状语和中心语。中心语包含主语和谓语，谓语包含动作语和宾语，宾语又包含主语和谓语，这些都是间接成分。它们的包含关系，如图：

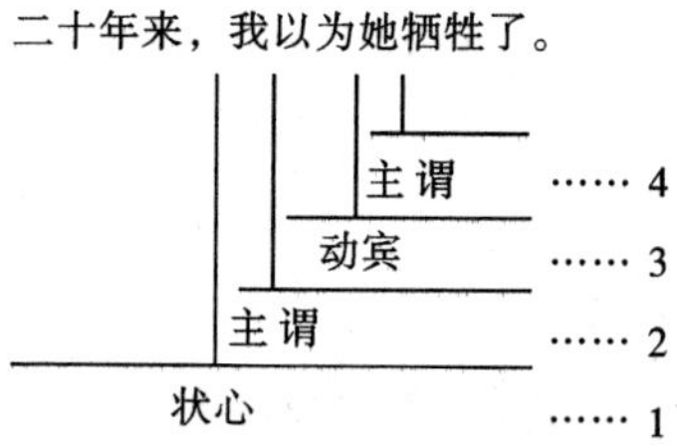

如果说，从概念间的关系来观察，我们看到了句子成分是分组成对的，那么，从层次间的关系来观察，我们便看到了句子成分是成对地在不同层次上形成平面，表明一定的层次关系的。

2.5 在多层次的句子中，句子成分的组合关系有远近亲疏的分别。

由于句子成分在不同层次上形成平面，同层次同平面的成分之间的关系自然是亲密的，不同层次不同平面的成分之间的关系自然是相对疏远的。如上面的例子，“她”和“牺牲了”在一个平面上，关系亲近；“她”或“牺牲了”同“以为”不在一个平面，关系就相对疏远。

有时远近亲疏关系不很明显，因此切分起来不知先从哪里下刀。这就需要深入分析研究，找出规律性的东西来。

比如谓语有时包含“状·动·宾”，是切分成“状·/动·宾”（动和宾更亲近，“动·宾”成了中心语），还是切成“状·动·/宾”（状和动更亲近，“状·动”成了动作语）呢？仔细分析，可以知道不能一概而论。

一般应分析为“状·/动·宾”。例如：

（1）柳明呆呆地望着香兰。（杨沫《东方欲晓》）

（2）父亲王福来，早就死了老伴。（杨沫《东方欲晓》）

（3）她从小没有亲人。（谌容《永远是春天》）

例（1），“呆呆（地）”是状语，“望着香兰”是中心语；例（2），“早就”是状语，“死了老伴”是中心语；例（3），“从小”是状语，“没有亲人”是中心语。最好的证明是可以把“动·宾”部分扩展成几个相同的结构：“呆呆地/望着香兰，望着这个烈士的后代”；“早就/死了老伴，失去了所有的亲人”；“从小/没有亲人，没有朋友”。既然X同时跟“Y_1Y_2”发生关系，那么减去Y_1剩下Y_2，或者减去Y_2剩下Y_1，都必然是整个儿跟X发生关系的。当然，“呆呆地望着香兰”也可以扩展成“呆呆地望着并且紧紧地抓住香兰”，但这种扩展式比不上前面所说的扩展式自由、灵活和常用。这是“五四”以来发展起来的比较特别的动宾句式，不必用来证明“状”只管到“动”，而管不到“宾”。

有时应分析为“状·动·/宾”。例如：

（4）他不知道该怎么办。

（5）您高抬贵手吧！

这是一种“状心带宾”的句式，“不知道”“高抬”都是动作语。两个例子又代表两种情况：

其一，状语是“不”字。从肯定概念和否定概念的对立关系看，“不”加于动词，形成动词的否定式，显示否定概念同肯定概念的对立。如“他知道不知道该怎么办?”在这样的句子里，V和不V是并用等值的。不妨认为，“不+动”是动词的否定概念的一个形式，因此在层次上“不”跟动词的关系比宾语要亲近。

其二，状语是单音形容词，中心语是单音动词，“状+心”有一定的凝固性，因此在层次上“状”跟动词的关系比宾语要亲近。像“高举红旗”“紧闭眼睛”等，也是同类句式。如果说成“高高地举起红旗”“紧紧地闭着眼睛”，情况就起了变化，就得分析为“状·/动·宾”了。

“状·动·补”的切分也不能一概而论。一般应分析为“状·/动·补”，即“动+补”作状语中心语；有时应分析为“状·动·/补”，即“状+动”作补语中心语。例如：

(6) 担架已经绑好了。(马烽《我的第一个上级》)

(7) 将军向大家扫视了一眼。(安静《将军的故事》)

(8) 石均紧跟在后面。(茹志娟《草原上的小路》)

(9) 小苔大笑一阵。(茹志娟《草原上的小路》)

“状+动”成为中心语的，一般是“单音形容词+单音动词”，结合较紧，有一定的凝固性。

我们应该划清成分间的远近亲疏关系。经过深入研究之后实在划不清的，一定具有这样那样的特殊性，可以作为特殊的句式来处理。

2.6 在多层次的句子中，句子成分的构成单位有大小松紧的分别。

词和词组都是造句的单位。有的词，可以成为句子成分（“娘来了!”)，也可以成为句子（“娘!”)；有的词组，可以成为句子成分（“你知道他走了?”)，也可以成为句子（“他走了。”)。仅从成分的角度看，所有的词组都是可以和词一样充当句子成分的。这样，同平面的成分就可能都由词充当，或者都由词组充当，或者分别由词和词组充当。相对地说，由词充当的，成分的构成单位就“小”，由词组充当的，成分的构成单位就“大”。例如：“她难受得哭了一夜。”（冰心《空巢》）这个句子的主语是“她”，构成单位小，谓语是“难受得哭了一夜”，构成单位大。

由词组充当的句子成分，有的可以进一步分析出新的配对成分，揭示出新的对立平面；有的不能进一步分析出新的配对成分，或者难于分析出新的配对成分。这样的不同，姑且称为“松紧”的分别。比如“难受得哭了一夜”这个谓语，可以分析出中心语（“难受”）和补语（哭了一夜）；“哭了一夜”这个补语，又可以分析出中心语（“哭了”）和补语（“一夜”）。这属于前一种情况。

不能或难于进一步分析出新的配对成分的，限于一定的格式。这里略提四种。

2.6.1 联合式。例如：

（1）他孤独而霸道。（杨柳《春潮》）

（2）我的个子又高又大。（谌容《永远是春天》）

“孤独而霸道”“又高又大”都是联合式谓语。虽然联合项本身有的可以再加分析，但联合项之间已不存在成分配对的关系，不管联合项有多少，都平列在一个平面上。

2.6.2 连动式。例如：

（3）大儿子上山砍柴。（王杏元《铁笔御史》）

（4）妈妈坐汽车上街买回了江生喜欢的各种食品。（白桦《一束信札》）

“上山砍柴”“坐汽车上街买回了江生喜欢的各种食品”都是连动式谓语。虽然连动项本身有的可以再加分析，但连动项之间不存在成分配对的关系，不管连动项有多少，都顺列在一个平面上。

2.6.3 兼语式。例如：

（5）恶奴命士兵抢人。（梁信《从奴隶到将军》）

（6）党支部派出青壮劳力参加修渠。（肖兵《太行青松》）

“命士兵抢人”“派出青壮劳力参加修渠”都是兼语式谓语。兼语式是一种凝缩性的特殊结构。比较：

（7）我诚恳地请求你不要降低了你的身份。

（8）我诚恳地请求你，南后，你不要降低了你的身份。（郭沫若《屈原》）

这里，“你”有分有合。分，一个作宾语，一个作主语；合，就成为一个宾主混合体——“兼语”。由于“兼语式”是在“动·宾”和“主·谓”的基础上形成的特殊结构，不能再划分出单纯的配对成分，应看成一个整体，教学中应重在揭示它在结构上的特殊性。

2.6.4 能愿式。例如：

（9）北方的荒山应当绿化。（毛泽东《农业合作化的一场辩论和当前的阶级斗争》）

（10）我不能这样不明不白地死去。（谌容《永远是春天》）

“应当绿化”“不能这样不明不白地死去”都是能愿式谓语。能愿式包括前项和后项。前项是能愿动词或包含能愿动词；后项是动词或形容词，或者包含动词或形容词。能愿式谓语的前项、后项之间是什么关系，学者们有不同的认识。有人认为是“动·宾”，理由是：“买书”，可以说成“买不买书，买书不买”，“买书”是动宾；“能去”，可以说成“能不能去，能去不能”，变换形式一样，所以“能去”也是动宾。但是，这样的类比证明是不成功的。因为有些结构明显不是动宾结构，也可以这么变换。如：“来看戏→来不来看戏，来看戏不来”。再说，在很多句子里能愿动词具有明显的辅助作用，说它是带宾语的动作语很难令人信服，如：“只有他去，才能解决这个问题。”然而，有人认为是“状·心”，这也有困难。“能不能去，能去不能”这样的变换尽管不能证明“能不能去”中的“去”是宾语，却能证明能愿式的前项具有状语所不具备的语法特点，而且在后项不出现时前项就很自然地单独成为句子的谓语，如“你能不能去？——我能！”结合变换形式和意义关系，我们认为：能愿式谓语里后项具有谓语的功能，前项具有辅助性谓语的功能；在后项出现时，前项老老实实地起辅助作用，接近于状语，但在语法特点上又不同于状语，在后项不出现时，前项就理直气壮地成为“代理”谓语。这就是说，能愿式的前项、后项之间至少不是一般的成分配对关系，把它看成一个整体，在教学中着重揭示它在结构关系上的特殊性，这是可以的。

2.7 句子成分的组合方式，决定句子的格局。

描述句子格局，要按层次、分级别地揭示成分构成、成分组合的状况。

主语、谓语形成句子的基本格局。在五组成分中，主语和谓语是最基本的成分。根据是否包含主语、谓语两部分，句子可以分为：主谓句；非主谓句。

除了由一个词构成的句子，句子总是由不同的成分组成。假设一个句子由 A 成分和 B 成分组成，那么深入描写句子的格局不外乎要注意这几个角度：第一，看 A；第二，看 B；第三，看 AB 之间的联系；第四，看跟 AB 相对待的另一成分。

以主谓句来说，它的具体格局可以从不同的角度去描述：

根据主语的构成，可以描述为名词主语句、动词主语句、数量词主语句、定心式主语句、主谓式主语句等等。

根据谓语的构成，可以描述为动词谓语句、状心式谓语句、心补式谓语句、动宾式谓语句、主谓式谓语句、兼语式谓语句等等。

根据主语和谓语之间的关系，可以描述为施事主语句、受事主语句和中性主语句。

根据主语、谓语出现的特殊位次，可以把主语倒装到谓语后边的句子描述为倒装主谓句。如：“多么好，祖国！多么好，生活！多么好啊——物理！”（柯岩《奇异的书简》）

根据主语或谓语的临时省略，可以把在特定的语言环境中省略主语或省略谓语的句子叫作省略主谓句。如：“书记他们哪?”“都上堤哪!”（管桦《暴风雨之夜》）前面的问句是省谓句，后面的答句是省主句。

根据主语谓语前边的修饰成分，可以把带上状语的主谓句描述为带状主谓句。如：“午睡起来以后，小秦给我简单介绍了一下工作情况。”（马烽《我的第一个上级》）这类句子，实际上是由状心式词组充当的句子。由于状语和中心语相比重心在中心语，而中心语又包含主语和谓语这两种基本成分，所以在基本格局上这类句子仍是主谓句；但为了全面反映这类句子的结构关系，所以叫带状主谓句。

如果有必要，当然可以同时着眼于两个或更多的角度。比如，可以描述为名词主语主谓式谓语句、动词主语兼语式谓语句等。

从理论上说，任何一类句型都可以一直描述到句子的一个个具体的模式。但从教学的角度看，只需要抓住若干重要的句型继续深入下去就行。比如，状心式谓语句是比较复杂的，应该让学生掌握一些基本的格局。

我们可以侧重于中心语，揭示出“状＋动”“状＋形”“状＋心补”“状＋动宾”“状＋心补・宾”“状＋动宾・补”“状＋主谓式结构”“状＋连动式结构”“状＋兼语式结构”“状＋能愿式结构”等格局。

我们也可以侧重于状语，说明状语有“单状”“多状”的区别，说明状语有构成材料的不同，等等。像“把”字句，实际上是带“把”字结构的动词性谓语句，显然是侧重于状语的构成，在一定的级别上揭示出来的格局。

在层次分析的基础上能不能建立句型、说明格局，这是相当多的同志表示怀疑的。实事求是地说，纯层次分析确实很难做到这一点。但是，要是能合理地有效地运用句子成分的概念，通过按层次、分级别地揭示成分构成、成分组合状况的途径，一个既能保住句子格局又能反映句子结构层次性的句型系统是可以建立起来的。关于这个问题，笔者另写《论现代汉语句型系统》一文，这儿不能细说。

2.8 既然句子成分在不同层次上配对组合，检查句子成分的搭配关系就应该采取分层观察的方法。除非是十分简单的句子，一般都需要一步步、一层层地进行观察。有时，同一平面上的两个成分（或其中一个成分）比较复杂，这就需要采用抓住关键字眼对句子加以简缩的办法去理解。但简缩要能保持基本意思，不得把意思弄反，更不能简缩到“不成话”的程度。

3 一种“失偶”的成分

3.1 除了五组配对的成分之外，还有一种在结构上不跟别的成分发生配对关系的成分。这是一种“失偶”的成分，可以借用大家用过的一个术语，管它叫“独立语”。所谓“独立”，是就不“配对”的意义说的。

独立语有两种。也可以借用大家用过的术语，一种叫作“游离语”，另一种叫作“外位语”。

3.2 游离语的特点是不跟配对成分发生结构关系上的联系，位置灵活，可以在句子的前、中、后三处游动，至少可以在其中的两处游动。主要包括提醒按注语、呼语、感叹语、象声语四种。例如：

(1) 你看，我的身体不是很好吗！（张锲《祖国之恋》）

(2) 我的身体，你看，不是很好吗！

(3) 我的身体不是很好吗，你看！

(4) 大叔，人的航海日志，要比船的航海日志复杂得多。（雁翼《航海者》）

(5) 人的航海日志，大叔，要比船的航海日志复杂得多。

(6) 人的航海日志要比船的航海日志复杂得多，大叔。

(7) 嗐，昨晚他又熬了个通宵！（张锲《祖国之恋》）

(8) 昨晚他，嗐，又熬了个通宵！

(9) 昨晚他又熬了个通宵，嗐！

(10) 就在这一刹那，砰！砰！又是两枪。（任斌武《开顶风船的角色》）

(11) 砰！砰！就在这一刹那，又是两枪。

(12) 就在这一刹那，又是两枪，砰！砰！

“你看”是提醒按注语，“大叔”是呼语，“嗐”是感叹语，“砰！砰！”是象声语，它们都是游离语。

3.3 外位语的特点是用于句外，不跟句中的配对成分发生结构关系，但所指的事物为句中的一个词语（一般是代词）所指称。包括前外位语和后外位语两种。

前外位语，例如：

(1) 我们的部队，我们的战士，我感觉他们是最可爱的人。

（魏巍《谁是最可爱的人》）

（2）可爱而又可怜的谢惠敏啊，她单纯地崇信一切用铅字新排印出来的东西，而在“四人帮”控制舆论工具的那几年里，她用虔诚的态度拜读的报纸刊物上，充塞着多少他们的“帮文”，喷溅出多少残害青少年的毒汁啊！（刘心武《班主任》）

后外位语，例如：

（3）什么都有：稻鸡、角鸡、鹁鸪、蓝背……（鲁迅《故乡》）

（4）以后女孩子就学习纺织的全套手艺了：纺，拐，浆，落，经，镶，织。（孙犁《山地回忆》）

关于前外位语，近年来有些同志主张处理为主语。这种处理办法值得考虑。首先，对于好些现象，主语说很难解释得圆通。看这个例子：

（5）“你瞧，咱们的这位女战友，”有一次，他这样评论刚进厂的化验员钟玲玲，“她如果更善于把天然美、健康美同装饰美结合起来的话，她将变得更美！……”（王江《炉台上的美学家》）

说“咱们的这位女战友”是外位成分，用特殊的眼光看待它，人们容易接受；说它是主语，后边引号里的全都是谓语，这就难于理解了。其次，前外位语若归主语，后外位语怎么办？它们除了位置上前后有别之外，基本特点是相同的，立个“外位语”把它们统起来，有好处。第三，不管是前外位语还是后外位语，都有突出思想对象、简化句子结构、使句法富于变化的特殊表达效果，把它们作特殊的处理，利于学习者对这类现象的理解和掌握。再看这个例子：

（6）芩芩觉得自己突然与他生疏了，陌生得好像根本不认识他了，这个恋爱一年已经成为她未婚夫的人。（张抗抗《北极光》）

这里，“这个恋爱一年已经成为她未婚夫的人”是后外位语。如果它出现在句子前边，便是前外位语。要是采用主语说，这里的“这个恋爱一年已经成为她未婚夫的人”就得解释为倒装的主语，就必然使主谓倒装的问题复杂化了。

外位语有“内应”，位置一般比较固定。有的既能出现在句前，也能出现在句后，但绝对不能出现在句中。这是外位语跟游离语的不同之处。

3.4 独立语是特殊的句子成分。它既然是“独立”的，那么，不管出现在什么位置上，切分层次时都可以将它放过。讲句型，在讲完一般的句子格局之后，指出有一些句子是带独立语的句子，这就行了。当然，带独立语的句子又有各种不同的情况，如有必要，可结合独立语的不同类型加以说明。

4 结语

本文的主要意思，归结如下：

4.1 应该弄清楚句子各种成分之间的关系。句子成分有五组，它们各自成对，互相依存。不能把各种成分看成是并列的概念。

4.2 句子结构有层次，层次间有一定的关系。在多层次的句子里，句子成分成对地在不同层次上形成平面，表明一定的层次关系。

4.3 句子一般可以分析出成对的直接成分，并且往往可以进一步分析出一对一对的间接成分。五组成分都可以成为句子的直接成分，也都可以充当句子的间接成分。在这一点上，各组成分只有经常与不经常的量的差别，没有能与不能的质的不同。

4.4 句子成分可以由词充当，也可以由词组充当。由词组充当的句子成分，有的可以进一步分析出新的配对成分，有的不能或不必作进一步的分析。

4.5 句子成分之间的关系有远近亲疏的分别。要判明句子成分的组合方式，就要弄清句子成分之间的远近亲疏关系。

4.6 句子成分的组合方式，决定句子的格局。

4.7 除了五组成分之外，还有一种成分——独立语。这是一种特殊的句子成分。

（原载张志公主编《教学语法论集》，人民教育出版社 1982 年版）

句子成分的配对性、层次性和连环套合

分析句子成分，对弄清句子结构、了解句子含义、检查句子正误，都具有十分重要的意义。对于句子成分的认识，近来通过多次讨论，大家在一些问题上逐渐趋向一致。这篇短文，简略谈谈三个问题。

一、一般的句子成分是配成对儿的

一般的句子成分，是指在句子结构中彼此间具有组合关系的成分。它们具有配对性，即它们在组成句子结构时是配成对儿的。有下列五个对儿。

①主语和谓语

主语是表示谓语的陈述对象的成分；谓语是表示对主语加以陈述的成分。例如：

他 ｜ 死了老婆。

(潘保安《老二黑结婚》)

路曼和小肖 ｜ 焦急万分。

(徐怀中《西线轶事》)

汽车的马达声 ｜ 清晰地传来。

(方纪《挥手之间》)

“他”是主语，“死了老婆”是谓语；“路曼和小肖”是主语，“焦急万分”是谓语；“汽车的马达声”是主语，“清晰地传来”是谓语。

②宾语和述语

宾语是表示动作所关涉到的人或事物的成分；宾语前边表示动作的成分，叫作述语。这种述语，是带宾语的述语，是跟宾语相对待的成分。例如：

死了 ｜ 老婆

“死了”是述语，“老婆”是宾语。

③补语和述语

补语是表示对动作性状加以补充的成分；补语前边表示动作性状的成分，叫作述语。这种述语，是带补语的述语，是跟补语相对待的成分。例如：

焦急 ｜ 万分

“焦急”是述语，“万分”是补语。

带补语的述语和带宾语的述语往往有所不同。例如：

洗干净了衣服

“衣服”是宾语，跟这个宾语相对待，“洗干净了”是述语；“干净”是补语；跟这个补语相对待，“洗”是述语。

④状语和中心语

状语是对动作性状加以修饰的成分；状语后边表示动作性状的成分，叫作中心语。这种中心语，是描述性的。例如：

清晰地 ｜ 传来

“清晰（地）”是状语，“传来”是中心语。

⑤定语和中心语

定语是对事物性词语加以修饰的成分；定语后边的事物性词语，叫作中心语。这种中心语，是指称性的。例如：

汽车的 ｜ 马达声

“汽车（的）”是定语，“马达声”是中心语。

应该看到汉语句子结构中句子成分的成双配对现象，但也有不配对的成分，那就是“独立语”，如插说语、呼语、感叹语等。独立语是特殊的句子成分。

二、句子成分是出现在不同层次上的

任何一对句子成分都可以直接组合起来成为句子，它们都可以是句子的直接成分。例如：

(1) 主谓

战马｜奔驰。

(2) 述宾

有｜蛇！

(3) 定心

这样的｜婆婆！

(4) 状心

莫｜喧哗

(5) 述补

好｜极！

例（1）是“主语＋谓语”，主语和谓语都是这个句子的直接成分。例（2）是“述语＋宾语”，述语和宾语都是这个句子的直接成分。例（3）是“定语＋中心语”，定语和中心语都是这个句子的直接成分。例（4）是“状语＋中心语”，状语和中心语都是这个句子的直接成分。例（5）是“述语＋补语”，述语和补语都是这个句子的直接成分。

任何一对句子成分都可以被句子的直接成分所包含，成为句子的间接成分。例如：

(6) 定心 主谓 主谓

这种‖产品｜式样‖新颖。

(7) 述宾 述宾

禁止｜吸‖烟！

(8) 状心 定心

好‖聪明的｜孩子！

例（6），“这种产品”是主语，“式样新颖”是谓语，它们都是句子的直接成分；主语里，“这种”是定语，“产品”是中心语，它们都是句子的间接成分；谓语里，“式样”是主语，“新颖”是谓语，它们也都是句子的间接成分。例（7），“禁止”是述语，“吸烟”是宾语，它们都是句子的直接成分；宾语里，“吸”是述语，“烟”是宾语，它们都是句子的间接成分。例（8），“好聪明（的）”是定语，“孩子”是中心语，它们都是句子的直接成分；定语里，“好”是状语，“聪明”是中心语，它们都是句子的间接成分。

间接成分里，还可以包含更间接的成分。懂得这个道理，就可以类推。不必赘举各种现象，只看一例：

主谓　　述宾　主谓

我 | 知道 ‖ 他 ||| 好。

“我”是主语，“知道他好”是谓语，它们都是句子的直接成分。谓语里，“知道”是述语，“他好”是宾语，它们都是间接成分；宾语里“他”是主语，“好”是谓语，它们都是更间接的成分。

由于句子成分是一对一对的，它们在组成句子结构时就一般都会在不同的层次上出现，在不同的层次上形成平面。以 A 代表一个句子，一对对成分组合而成的不同层次、不同平面可用下图表示：

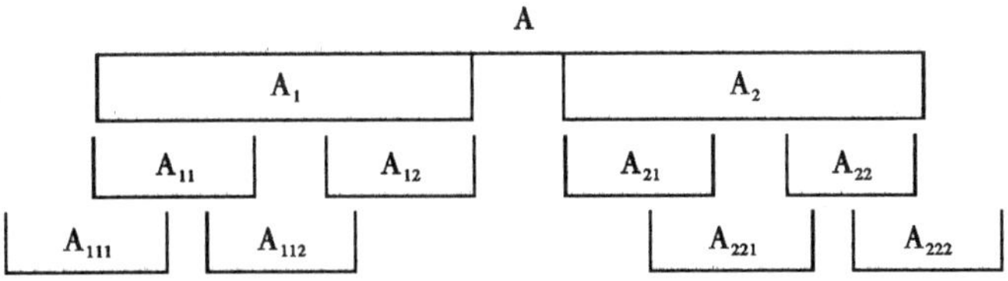

《暂拟汉语教学语法系统》的修订要点指出：“只要不是由一个词构成的句子，任何句子都是用词和词组一层一层地组成的。对于句子，在理解它的时候，除非是十分简单的，也往往需要一步一步、一层一层地去观察，并且认清每一步每一层的主要组成部分。这样，对句子，特别是比较复杂的句子，才能理解得透彻。”（见《中国语文》1981 年 6 期）这些话是非常精当的。

三、句子成分有时是连环套合的

由于句子成分经常一对儿一对儿地出现，因此分析句子成分时一般可以用“二分法”一层层地分解句子。但是，语言现象是复杂的。有时，各对成分之间出现一种连环套合的现象。对于这种现象，析句时应作特殊的处理。举两种现象来说。

①述宾式＋主谓式→兼语式。如：

述宾

请 ｜ 他

主谓

他 ｜ 来

述宾　主谓

请 ┆ 他 ┆ 来

“请他来”是兼语式。在层次关系上，不好硬切为“请｜他 ‖ 来”或“请 ‖ 他｜来”，即：

这两种切法都不合理。因此，在三者之间用竖虚线，表示是连环套合现象。

②状心式＋述宾式→状述宾式。如：

状心

又 ｜ 来了

述宾

来了 ｜ 客人

状心　　述宾

又 ┆ 来了 ┆ 客人

“又来了客人”是状述宾式，在层次关系上，似乎可以切为“又｜来了‖客人”，又似乎可以切为“又‖来了｜客人”，即：

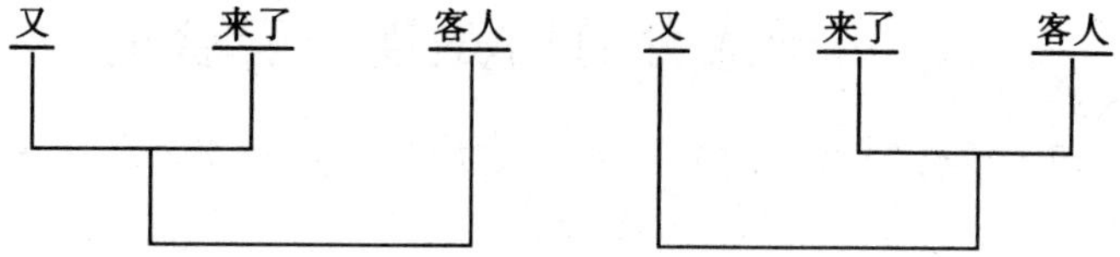

这两种切法哪一种更合适？很难断定。为什么难断定？这是因为“来了”和“又”的关系、“来了”和“客人”的关系都十分密切，实际上是两种格式的连环套合。因此，在三者之间用竖虚线，表示不必强分层次，只要理解彼此间的关系就行了。

连环套合现象当然不止这两种。总的精神是，对于难以断定层次关系的一些格式，不必强行二分；把它们看作多合格式，彼此连环相扣，对它们采取特殊的分解办法，这对理解句子是有积极意义的。

（原载《语文教学与研究》1982 年第 7 期，署名：华萍）

论现代汉语句型系统

0 说明

0.1 现代汉语里各种各样的句型是根据什么标准划分出来的？能不能把现代汉语的句型系统描述清楚，让所有句型各归其类，一目了然？能不能避免抹煞层次关系的句型描述方法，做到既反映一种句型的基本面目，又跟句子结构的自然层次相吻合？这些是本文试图解决的主要问题。

0.2 为了能说明问题，本文有重点地列举了各级各类的句型。由于本文主要是想说明句型可以这样确定，句型系统可以这样建立，而不是想无遗漏地说明现代汉语的句型一共有多少，具体有哪些，因此，文中所列句型并不是穷尽遍举的。

0.3 为了“一目了然”，应该有个句型系统的“总表”。但考虑到印刷的困难，只好“化整为零”，分别列表，分散地出现于各有关的部分。

0.4 本文所用的术语，除了新提的和特别作了新的解释的之外，其内涵和外延都采用比较通行的说法。如出现在“存现句”句首的处所词、时间词归状语。状语这一术语用的是目前教学中通行的说法。

1 基本理论和基本方法

1.1 句子有一定的结构，有一定的语气。

1.2 在结构上，句子具有分层向核性。

1.2.1 关于“核”。

一般的句子都包含有“结构核”。结构核指通常所说的谓语核心词，或者相当于谓语的语言片段（参看3.2.5）的核心词。例如：

午睡起来以后，小秦给我简单介绍了一下工作情况。（马烽《我的第一个上级》）

“介绍（了）”是这个句子的结构核。

1.2.2 关于“层”。

一般的句子都具有“结构层”。结构层是包绕着结构核的层层发生组合关系的语言成分。如上面这个句子，出现在“介绍（了）”后边的“一下”“工作情况”，出现在“介绍（了）”前边的“简单”“给我”“小秦”“午睡起来以后”，都是结构层。

1.2.3 关于“分层向核”。

只要出现两上以上的结构层，它们就分层向核。即：紧靠结构核的近层次，直接跟结构核发生组合关系；相对的远层次，包绕结构核和相对的近层次，同结构核和相对的近层次发生组合关系。这就是句子结构的分层向核性。如图：

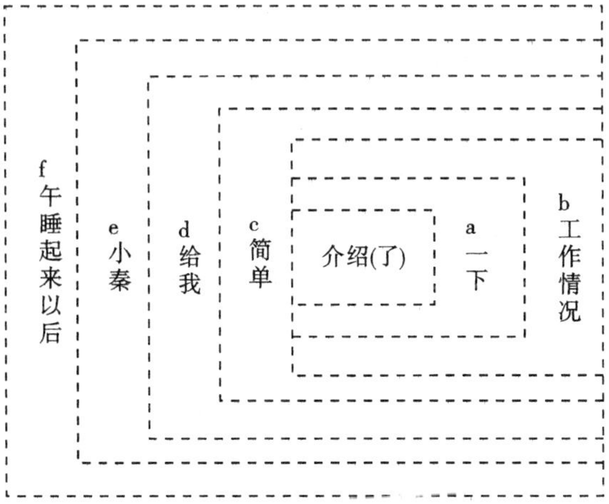

1.2.4 结构层对结构核的包绕，由里到外，由近及远。即：首先，“核”为a所包绕；接着，“核+a”组成一个“包核层”，为b所包绕，

成为“（核＋a）＋b”；再接着，为c所包绕，成为“〔（核＋a）＋b〕＋c”；……如上例，在“介绍了一下”中，“介绍（了）”是“核”；在“介绍了一下工作情况”中，“介绍了一下”是“包核层”；在“简单介绍了一下工作情况”中，“介绍了一下工作情况”是更大的“包核层”，等等。

分析结构，剖开结构层，找寻结构核，则要由外到里，由远及近。只要把结构层一一剥开，不断缩小“包核层”，最后就可以得到结构核。例如：

午睡起来以后/小秦给我简单介绍了一下工作情况
小秦/给我简单介绍了一下工作情况
给我/简单介绍了一下工作情况
简单/介绍了一下工作情况
介绍了一下/工作情况
介绍了/一下
介绍（了）

1.2.5 远近层次的出现有一定的顺序。一般地说，结构核后边先出现近层次，然后在前边出现远层次。换句话讲，核后层次先包绕结构核，核前层次再包绕结构核和核后层次。当然，不管是核后层次还是核前层次，只要出现两个以上，就会分层包绕，就有近远之别。如上面的例子，“一下”“工作情况”都是核后层次，一个比一个远，但总的说来比核前层次近；“午睡起来以后”“小秦”“给我”“简单”都是核前层次，一个比一个近，但总的说来比核后层次远。

通常所说的“状·动·宾”或“状·动·补”，一般都是把“动·宾”或“动·补”部分扩展成几个相同的结构。例如：

简单介绍了一下工作情况
汇报了一下基本想法
在床上打开了那卷破衣服
打开了那个旧箱子

既然X同时跟“Y_1＋Y_2”发生关系，那么减去Y_1剩下Y_2，或者

减去 Y_2 剩下 Y_1，都是整个儿跟 X 发生关系的。

有时，也应分切为“(状·动)·宾”或“(状·动)·补”，这需要一定的条件。6.2.2，6.3.1 将要谈到。

1.3 在具体的结构关系上，句子又包含具有不同功能的结构成分，这就是“句子成分”。

1.3.1 句子成分有五组：

甲	乙
①主语	谓语
②动作语	宾语
③定语	定语中心语
④状语	状语中心语
⑤补语	补语中心语

此外，还有一个“独立语”。

五组成分本身的组合，分别产生主谓式结构、动宾式结构、定心式结构、状心式结构、心补式结构。

从概念间的关系看，五组成分内部，甲乙两种成分是并列概念，或者说是对立统一的结构成分；五组成分之间，甲组成分和乙组成分不是并列概念，可以发生包含或交叉组合的关系。组合的结果，每种结构的各个结构成分又可能是同类的或异类的小结构。小结构里又可能还有更小的结构。这样，就产生了分层组合的结构关系。例如：

主 + 谓　　　　定 + 心
│　　│　　　　│　　│
定+心　状+心　　主+谓　定+心
　　　　　│
　　　　动+宾

从所指范围看，主语和谓语、动作语和宾语在具体的句子里所指的范围是确定不变的。比如“AB | CD”，“AB”为主语，“CD”就是谓语，“AB”为动作语，“CD”就是宾语；定语和定语中心语、状语和状语中心语、补语和补语中心语，所指的范围则是不确定的，有灵活

性的。比如“ABCD”，“A”为状语，“BCD”就是状语中心语，“B”为状语，“CD”就是状语中心语，“C”为状语，“D”就是状语中心语。这就是说，在一个具体的句子里，中心语可大可小，具有相对性。

1.3.2 主语在句子成分中占有特殊的地位，或者说，具有特殊的身份。

一方面，主语属结构层，不是核，不及谓语重要。我们以为，事件的发生或情况的出现，有一定的情态、方式、范围、程度，跟一定的时间、地点和人物有关。结构核有如基点，各个结构层是对它的情态限定、方式限定、范围限定、程度限定、时间限定、地点限定、人物限定等等。从这一点上说，主语只是对结构核或包核层的人物限定。再从语言事实看，主语可以没有，可以省略，可以泛指，可以模糊化，这也说明主语不是表意的核心所在，跟包含结构核的谓语是不能平起平坐的。

但是，另一方面，主语又是结构层诸成分里最硬实最稳定的成分。这是因为，句子是能够表达一个完整意思的言语单位，一个句子如果没有主语或者缺乏明确的主语，在许多情况下会影响句子的表述性，使句子不能完整地体现一个特定的意图。从这个角度看，应该认为，主语是结构层诸成分中配合结构核对句型基本面目有决定性影响的成分。

1.3.3 为了区别句型，我们把句子成分分为质成分和一般成分。凡是对句型基本面目有决定性影响的成分，是质成分；不属于质成分的，是一般成分。具体地说：①谓语是质成分，主语在决定句型基本面目上起配合作用，也算质成分；②进一步分析谓语（或相当于谓语的语言片段），动作语或中心语是质成分，跟它们相对的宾语、补语、状语、定语是一般成分。

一种事物，总要有决定其不同于其他事物的质的东西。比如甲乙丙三个国家，可能在很多方面千差万别，但我们说它们都是资本主义国家，根据的就是它们之所以成为资本主义国家的本质属性。同样，甲乙丙三个句子，可能在具体的层次结构上有许多不同，但我们可以判定它们基本同型。这是根据什么呢？我们认为，可以根据“质成分”。

1.4 本文建立句型的基本方法，可以归结为：侧重结构核，依据质成分，兼顾一般成分。具体作法有以下要点。

1.4.1 跟结构核或包核层相对的成分如果是主语，那么结构核或包核层便是谓语，句子就具备主谓对待的两种质成分，句子便是主谓型。

1.4.2 跟结构核或包核层相对的成分如果不是主语，那么结构核或包核层便是动作语或中心语，只有一种质成分，这时就得根据结构核的性质定句型：动词性句型，形容词性句型，名词性句型（结构核也可以是名词，见3.2.4，3.2.5）等。

1.4.3 独词成句，这是一种光秃秃的只有一个核的句子，自然根据这个词的性质判定为名句、动句、形句等句型。

1.4.4 依据质成分建立的句型，是一些最基本的结构句型。结构句型的千差万别，往往通过各种一般成分的运用反映出来。因此，固然“求大同”可以只看质成分，“看小异”则不能不看一般成分。一般地说，具体的或比较具体的句型都要“兼顾一般成分”才能建立。如“带状主谓句”“带定名句”等，都是兼顾了一般成分的。

1.4.5 不管是质成分和质成分的组合，还是质成分和一般成分的组合，结果都成为一种对立统一体。假设AB为对立统一的两个方面，那么A或B本身都会各有特点，A与B之间也会有特定的关系或某种标志。因此，句型的建立，为了描述清楚基本句型的各种下属句型，往往需要分别从三个方面入手：看A，看B，看AB之间。

1.4.6 主谓句是由主语和谓语两种质成分组合而成的，它的下属句型的建立，同样得看各个方面。但是句子具有向核性，重心在核。根据“侧重结构核”的原则，主谓句下属句型的描述以谓语为重点。

1.4.7 由于各种下属句型是从不同的角度来建立的，它们之间就存在一种“加合孳生”的关系。即A型和B型可以加合起来孳生为AB型，A型、B型、C型可以加合起来孳生成ABC型。本文中采用了“加合孳生”的概念，但由于加合孳生的句型可以有规律地类推，文中只在适当的地方略加说明，一般不在句型表中一一列出。

2 单句和复句

2.1 句子首先可以分为单句和复句。单句、复句都是一级句型。

2.2 大多数的单句只有一个结构核。少数单句包含两个或两个以上的结构核，但核与核或包核层与包核层之间没有明显的语音停顿，连成一体（见 5.1.5，5.1.6，5.1.7，5.1.8，5.2.4，7.2.4，7.2.5）。

2.3 复句是由两个以上的单句形式复合而成的言语单位。组成复句的每个单句形式都是分句。分句与分句之间有明显的语音停顿。

2.4 本文主要讨论单句的句型系统。

3 单句的结构型和语气型

3.1 单句可以从结构和语气两个角度分类。分出来的类，都是单句下属的二级句型。看表：

单句
- 1：主谓句　动句　形句　名句
- 2：陈述句　疑问句　祈使句　感叹句

3.2 主谓句、动句、形句、名句，是单句的结构型，是本文描述的重点，其中主谓句又是重点的重点。

3.2.1 凡是结构成分中出现主语同谓语相对待的，就是主谓句。看下面两个例子：

我怎么向我父亲介绍你呢？（茹志鹃《草原上的小路》）

散会以后，小苔便向石均笔直地走去。（茹志鹃《草原上的小路》）

分析第一句的结构层次，一上来就可以看到主谓对待的层次关系，这是由主谓式结构直接充当的主谓句。分析第二句的结构层次，首先看到的是状语和状语中心语，但状语不是质成分；进一步分析状语中心语，就可以看到主谓对待的层次关系了。这是由状心式结构充当的主谓句。

3.2.2 凡是以动词为结构核，并且不存在主谓对待现象的，是动句。一般是动词核包绕有别的层次成分，有的则只是一个动词，光有核。例如：

又下雪了！

请！

3.2.3 凡是以形容词为结构核，并且不存在主谓对待现象的，是形容句。一般是形容词包绕有别的层次成分，有的则光有一个形容词核。例如：

真糟糕！（怎么又下雨了呢？）

好！（我就去。）

3.2.4 凡是以名词为结构核，并且不存在主谓对待关系的，是名句。一般是名词核包绕有别的层次成分，有的则光有一个名词核。例如：

好一派迷人的秋色！（峻青《迷人的秋色》）

多好多美的花！

牦牛！

3.2.5 跟主谓句相对，动句、形句、名句都是非主谓句。充当非主谓句的语言片段，都是相当于谓语的语言片段。

必须特别指出，上面所举的“好一派迷人的秋色”“多好多美的花”之类，应该承认是相当于谓语的语言片段，因此它们的核心词也是结构核。有人说这类句子是无谓句，不恰当。首先，它们对客观事实直接表述，是有所谓的；其次，同类的结构也是经常充当谓语的，如“他好长的胡子”中的“好长的胡子”。

3.3 陈述句、疑问句、祈使句、感叹句，是单句的语气型。它们都可以往下分类，建立起完整的句型系统。但这不是本文的任务，下文不再讨论。

3.3.1 这里应该指出，各类语气句型都带有特定的语气，各种语气往往都可以用语气词表示出来，但语气词究竟附着于什么语言成分，这个问题是相当复杂的。

一般以为语气词附着于整个句子。其实，严格地说，恐怕语气词主要是附着于谓语的。例如：

为了我们的孩子，你快走吧！

你快走吧，为了我们的孩子！

快走吧，你！

从第一句到第二句、第三句的变化，可以看到，语气词和谓语的联系是最密切的。再看一个例子：

回溯一下吧，六十年代中期我们生活中骤起的无比的剧烈的风暴！（冯骥才《铺花的歧路》）

如果说成“回溯一下六十年代中期我们生活中骤起的无比剧烈的风暴吧！”语气词“吧”同时附着于动作语“回溯一下”和宾语“六十年代中期我们生活中骤起的无比的剧烈的风暴”，这是没有疑义的。但在上面这个例子里，“六十年代中期我们生活中骤起的无比的剧烈的风暴”是受事主语，一倒装，就清楚表明语气词“吧”管不到它了。

我们认为，语气词属于语气句型系统，在切分句子结构，考察结构句型系统时，可以不管，以免造成先切后切之类的麻烦问题。

3.3.2 这里还应该指出，各种结构句型和各种语气句型之间，包括它们的各级下属句型之间，总是具有“加合孳生”的关系，即“结构型＋语气型＝结构语气型”。看图：

	主谓句	动句	形句	名句
陈述句	陈述主谓句	陈述动句	陈述形句	陈述名句
疑问句	疑问主谓句	疑问动句	疑问形句	疑问名句
祈使句	祈使主谓句	祈使动句	祈使形句	祈使名句
感叹句	感叹主谓句	感叹动句	感叹形句	感叹名句

例如：

客人来了。（陈述句；主谓句；陈述主谓句）

客人来了？（疑问句；主谓句；疑问主谓句）

又如：

雷声。（陈述句；名句；陈述名句）

蛇？（疑问句；名句；疑问名句）

说明句型时，如果需要兼顾结构、语气两个方面，可以采取上面的描述方法。对于它们的下属句型，也可以照样处理。例如：

客人来了？（是非问句；施事主语句；是非问施事主语句）

3.4 复句可以根据最后一个分句的语气来确定其语气类型，但是，每个分句实际上都是保留着各自原来的语气的。例如：

下雨了。

你怎么能走呢？

下雨了，你怎么走呢？

一、二两句都是单句，分别是陈述句和疑问句。第三句是复句。这个复句固然可以根据最后一个分句的语气，认为是一个表示因果关系的疑问句，但是仔细观察起来，前一分句还是陈述事实，说明推论的根据，后一分句才真正提出疑问。所以，在我们看来，陈述句、疑问句、祈使句和感叹句从根本上说还是单句的语气型分类。

4 主谓句的下属句型

4.1 主谓句可以从六个角度分类。它们是三级句型。看表：

主谓句

- 1
  - 动词性谓语句
  - 形容词性谓语句
  - 体词性谓语句
  - 主谓式谓语句
- 2
  - 体词性主语句
  - 动词性主语句
  - 形容词性主语句
  - 主谓式主语句
- 3
  - 施事主语句
  - 受事主语句
  - 中性主语句
- 4
  - 顺装主谓句
  - 倒装主谓句
- 5
  - 完全主谓句
  - 省略主谓句
- 6
  - 纯主谓句
  - 带状主谓句

4.2 进一步分析谓语，暂且不管一般成分，只看质成分，主谓句可以分为：动词性谓语句，形容词性谓语句，体词性谓语句，主谓式谓语句。分别简称为：动谓句，形谓句，体谓句，主谓谓句。例如：

这孩子跑得快。（动谓）

这孩子很机灵。（形谓）

这孩子好大的脾气！（体谓）

这孩子的确胆子小。（主谓谓）

4.3 进一步分析主语的结构材料，主谓句可以分为：体词性主语句，动词性主语句，形容词性主语句，主谓式主语句。也可以分别简称为：体主句，形主句，主谓主句。例如：

这孩子不好。（体主）

乱拿东西不好。（动主）

粗暴不好。（形主）

性子太急不好。（主谓主）

主语和谓语在层次关系的分析上有很大的不同。谓语是包核层，可以分析出两个或几个层次成分，如动作语、宾语、补语、状语等等；主语，对整个句子说来，不是包核层，不存在核与非核的区别。它本身的结构不管多么复杂，都只有起包绕作用的一个层次成分。

4.4 根据主谓两种质成分之间的施受关系，主谓句可以分为：施事主语句，受事主语句，中性主语句。例如：

他把我批评了一顿。（施事）

他被我批评了一顿。（受事）

他很有情绪。（中性）

4.5 根据主谓两种质成分出现的位次，主谓句可以分为：顺列主谓句，倒装主谓句。例如：

圆满的果子多么可爱啊！（顺列）

多么可爱啊，圆满的果子！（郭沫若译《橘颂》）（倒装）

4.6 根据主谓两种质成分的隐现情况，主谓句可以分为：完全主谓句，省略主谓句。例如：

书记们都上堤哪！（完全主谓句）

“书记们哪？”“都上堤哪！”（管桦《暴风雨之夜》）（省略主谓句。前面的问句现主隐谓，是省谓句；后面的答句现谓隐主，是省主句）

省谓句是省核句，需要特别说一说。除了对话省（如上例）之外，限于下列情况。

第一，在“尚且……何况……”的反逼递进句式中，后面分句的谓语大都承前省。例如：

小伙子尚且搬不动，何况你呢？

北京都下雪了，何况哈尔滨！

第二，在“不仅……就连……”这样的递进句式里，前面分句的谓语可以蒙后省。例如：

不仅小孩，就连大人也爱看。

不仅妇女，就连铁柱他们也都感动得掉了眼泪。

第三，在一定的语言环境中，保留状语“不”，省去结构核或包核层。例如：

（那么，“委员长”是不是感谢我们呢？）他不！（此人历来是不知感恩的。）（毛泽东《抗日战争胜利后的时局和我们的方针》）

第四，在主语后边用叹词，让读者或听者通过一定的语言环境领会谓语的意思。例如：

（他又打呼噜又磨牙……）那种声音，哎呀，啧啧！（和他头靠头地睡了一夜，我吓得赶紧把枕头搬到另一头去了。）

省主句很常见，而且大家谈得很多，这儿不说。

4.7 根据主谓两种质成分同一般成分的对待关系，主谓句可以分为：纯主谓句，带状主谓句。例如：

我以为她牺牲了。（纯主谓句）

二十年来，我以为她牺牲了。（谌容《永远是春天》）（带状主谓句）

纯主谓句是由主谓式结构直接充当的主谓句。带状主谓句是由“状·(主·谓)”或“状·〔状·(主·谓)〕”的状心式结构充当的主谓句。同“状·(主·谓)”充当的，可叫“单状主谓句”，如上例。由“状·〔状·(主·谓)〕”充当的，可叫“多状主谓句”。它的两个或几个状语分层向核。例如：

渐渐的，不由自主地，我想起了我和钟奇在一起的日子。(陈建功《流水弯弯》)

4.8 在这六种分类中，着眼于谓语的分类（下面简称为“谓语类”）是最重要的，对它们作深入的描述，最能揭示句子多样化的结构特点。学者们一般都很重视这方面的分类。但是，有的学者把句子结构型的分类局限在这一方面，这对于帮助人们全面地认识句型、说明句型、掌握句型是不利的。因为如果仅仅局限在这一方面，“受事主语句”“主谓主语句”等概念就出不来，而这些概念都是经常用到、回避不了的。

4.9 以上六种不同角度的分类，彼此间同样具有“加合孳生”的关系。如“二十年来我以为她牺牲了”这个句子，着眼于主谓语，是动词性谓语句；着眼于主语，是体词性主语句；着眼于主谓之间，是施事主语句；着眼于跟一般成分的对待，是带状主谓句；四者加合起来，就孳生成带状施事体词性主语动词性谓语的主谓句。

在句型分析中，当然一般不会同时着眼于六个方面，而且一般也不会同时着眼于三四个方面。但是，这种“加合孳生”的可能性事实上是存在的。从学校语法教学上来说，揭示句型的这种“加合孳生”关系，对于帮助学生提高分析句型和归纳句型的能力是大有好处的。

5 主谓句谓语类的再分类

5.1 动词性谓语句

这是谓语类句型中最活跃的句型。它的下属句型，即四级句型。如表：

动谓句

独词动谓句　动宾式动谓句　心补式动谓句　状心式动谓句　联合式动谓句　连动式动谓句　兼语式动谓句　助动式动谓句

5.1.1 独词动谓句，谓语只有一个动词或动代词，只是一个动词核。例如：

战马奔驰。

十多年后的今天，他怎么了？（安静）

5.1.2 动宾式动谓句，例如：

他爱您吗？

5.1.3 心补式动谓句，中心语是动词核或者包含动词核。例如：

他的身躯挺得笔直。

5.1.4 状心式动谓句，中心语是动词核或者包含动词核。例如：

许多人向他道贺。

你为什么爱我？

5.1.5 联合式动谓句，谓语包含两个或两个以上联合并用的动词核，形成一个多核联合的包核层。例如：

小苔洗着感叹着。（茹志鹃[1]）

5.1.6 连动式动谓句，谓语包含两个或两个以上连续使用的动词核，形成一个多核连用的包核层。例如：

我抓住树枝爬上去。

少量连动式动谓句，谓语层里前面用动词核，后面用形容词核。例如：

他看了很不舒服。

这孩子学习科学知识很用心。

5.1.7 兼语式动谓句，谓语包含两个或两个以上连续使用的动词核，而且核与核之间出现了一个“兼语”成分，形成了一个多核连用并带有“兼语”的包核层。例如：

恶奴命士兵抢人。(梁信)

党支部派出青壮劳动力参加修渠。(肖兵)

兼语式是一种凝缩性的特殊结构，切分层次应考虑它的特殊性。先看这个例子：

我诚恳地请求你，南后，你不要降低了你的身份。(郭沫若)

这里，前一个“你”作宾语，后一个“你”作主语。如果去掉“南后”，说成“……请求你不要降低了你的身份”，两个“你”就合成了一个宾主混合体——“兼语”。可见兼语式是在动宾式结构和主谓式结构的基础上形成的凝缩性特殊结构，不管是切成“动·兼/动”还是切成“动/兼·动”，都使人感到不够合理。我们认为，“兼”同时跟前后两个成分相对待，兼语式结构在一般情况下应该多分。根据前面所说的“剖开结构层，找寻结构核”的办法，分析兼语式动谓句的结果可以得到连续使用的动词核。如：

党支部/派出青壮劳力参加修渠

派出/青壮劳力/参加修渠

派/出　　参加/修渠

派　　参加

从这个句子得到“派”和“参加”两个核，再以这两个核为基础变换成“派出青壮劳力参加修渠”这样的连动式动谓句，这就很自然了。

有的兼语式动谓句，谓语里前面用动词核，后面用形容词核。例如：

我爱他刻苦用功。

他嫌我太老实。

5.1.8 助动式动谓句，助动式结构是“助动词＋动词、动词结构(或形容词、形容词结构)”的结构。例如：

北方的荒山应当绿化。(毛泽东)

我不能这样不明不白地死去。(谌容)

你要坚强些，梅嫂子。(陶承)

学者们对助动词的句法地位有不同的认识，因而处理的办法有所不同。一种处理办法是把助动词算动作语，后边的动词或动词性结构算宾语。理由是："买书"可以说成"买不买书，买书不买"，"买书"是动宾；"能去"可以说成"能不能去，能去不能"，变换形式一样，所以"能去"也是动宾。但是，这样的类比证明是不成功的。因为，有些结构明显不是动宾结构，也可以这么变换。如："来看戏→来不来看戏，来看戏不来"。再说，在很多句子里助动词具有特别明显的辅助作用，说它是动作语很难令人信服。如："只有他去，才能解决这个问题。"然而，能不能说它是状语呢？这也有困难。"能不能去，能去不能"这样的变换尽管不能证明"能不能去"中的"去"是宾语，却使我们看到"能不能去"中的"能不能"和"买不买书"中的"买不买"一样处于谓语核心的地位。状语不具备这样的特征。而且，在助动词后边的动词不出现的时候，助动词就会成为句子的谓语核心词，如"你能不能去？——我不能！"这也说明助动词具有谓语核心词的性质。结合变换形式和意义关系，应该认为：助动词是辅助性动词。在谓语里，助动词是辅助性结构核，跟后边的动词核或形容词核一起组成一个性质比较特殊的多核层；当后边的动词或形容词核不出现时，它就起"代理"作用，成为"代"结构核。这样，既看到它具有辅助性的一面（接近于状语），又看到它近似结构核、能成为"代理"结构核的一面（接近于动作语），这对于揭示助动式动谓句的句型特点是有利的。

5.2 形容词性谓语句

形谓句也是谓语类句型中重要的一类。它的下属句型也是四级句型。如表：

形谓句			
独词形谓句	心补式形谓句	状心式形谓句	联合式形谓句

5.2.1 独词形谓句，谓语只有一个形容词或（形）代词，只是一个形容词核。例如：

我的历史清清楚楚。(谌容)

伤势怎么样？

5.2.2 心补式形谓句，“心”是形容词核。例如：

北京的长安街美极了。(谌容)

我的脸烫得灼人。(杨贵云)

5.2.3 状心式形谓句，“心”是形容词核或包含形容词核。如：

草屋很破旧。(吉学沛)

5.2.4 联合式形谓句，谓语包含两个或两个以上联合并用的形容词核，形成一个多核联合的包核层。例如：

那盆米兰，更加葱郁、更加茁壮了。(杨柳)

5.3 体词性谓语句

体谓句是比较特殊的一类句型。这类句型的形成，一般是由于“是”“有”等隐而不现，使体词成为谓语，或成为谓语的核心词。它的下属句型也是四级句型。如表：

体谓句

独词名谓句　单纯数量体谓句　定心式体谓句　状心式体谓句

5.3.1 独词名谓句，谓语只有一个名词，只是一个名词核。例如：

今天阴天。

明天中秋。

5.3.2 单纯数量体谓句，谓语只用数量词或准数量词，只有数量词核。例如：

晨曦绚丽，彩霞万朵。

新郎王永泰三十五岁。（杨沫）

5.3.3 定心式体谓句，谓语是定心式结构，“心”是名词。也可以叫带定体词谓语句，或带定名词谓语句。例如：

他小矮个儿。

一颗枣儿一颗心。（歌词）

5.3.4 状心式体谓句，“心”是名词或数量词。也可以叫带状体词谓语句。例如：

她的衣服净泥巴。

今天又星期五了。

那时她已经六岁了。（谌容）

我们单位就一辆卡车。

两个人不一个想法。

5.4 主谓式谓语句

主谓谓语句，谓语又是主谓对待现象。从结构上说，这也是一类比较特殊的句型。它的下属句型也是四级句型。如表：

主谓谓语句

- 1
  - 动词性主谓谓语句
  - 形容词性主谓谓语句
- 2
  - 纯主谓谓语句
  - 带状主谓谓语句

5.4.1 动词性主谓谓语句，结构核是动词，作用相当于动词性谓语句。例如：

具体业务谁领导？(马烽)

这件事，总理对谁都没有讲过。(朱敏)

5.4.2 形容词性主谓谓语句，结构核是形容词，作用相当于形容词性谓语句。例如：

凌云山和乌尤山，林木葱笼。(郭沫若)

老婆的话甜酸苦辣俱全。(王蒙)

5.4.3 纯主谓谓语句，谓语直接由主谓式结构充当，即谓语一上来就可以切分为“主语·谓语”。以上所举的例子都是纯主谓谓语句。

5.4.4 带状主谓谓语句，谓语是状心式结构，其中的“心”是主谓式结构。谓语一上来只能切分为“状语·中心语”；进一步切分，才能得到“主语·谓语”这两种质成分。例如：

他家一向客人不多。(王蒙)

——杨途舒再次脸红了。(杨柳)

5.4.5 动词性主谓谓语句和形容词性主谓谓语句是从结构材料的性质功能的角度分出来的类，纯主谓谓语句和带状主谓谓语句是从质成分跟一般成分的对待关系上分出来的类。这两组句型之间，具有“加合孳生”关系。如：“形容词性主谓谓语句＋带状主谓谓语句＝形容词性带状主谓谓语句”。

6 几类动谓句的再分类

6.1 下面选择动谓句中动宾式动谓句、心补式动谓句、状心式动谓句这三类作进一步的描述，以便说明句型还可以继续往下分类，越往下越具体，模式越多样。各种句型尽管情况不同，但只要有必要，都可以采用同样的方法一级级地分下去，一直分到最具体的句型。因此，选择这三类，当然并不意味着其他句型（包括其他动谓句）不能再往下分类。

6.2 动宾式动谓句，可以从不同角度分类。分类的结果，得出下列各组五级句型。看表：

动宾式动谓句

- 1
  - 行为自动词带宾动谓句
  - 行为他动词带宾动谓句
  - 心理活动动词带宾动谓句
  - 进行类动词带宾动谓句
  - 有类动词带宾动谓句
  - 像类动词带动动谓句
  - 判断类动词带宾动谓句
- 2
  - 单词带宾动谓句
  - 心补带宾动谓句
  - 状心带宾动谓句
  - 联合带宾动谓句
- 3
  - 体词性宾语动谓句
  - 动词性宾语动谓句
  - 形容词性宾语动谓句
  - 主谓式宾语动谓句
- 4
  - 受事宾语动谓句
  - 施事宾语动谓句
  - 中性宾语动谓句
- 5
  - 主宾相对动谓句
  - 主宾相属动谓句
  - 主宾相等动谓句
  - 主宾间整体部分关系动谓句
- 6
  - 单宾语动谓句
  - 双宾语动谓句

6.2.1 第1组是着眼于动词的特点和意义划分出来的类。行为自动词带宾动谓句，动作语或动作语的基本构成材料是行为自动词。所带的宾语限于受事宾语中表示处所的宾语（“我俩睡地板”）和某些施事宾语（“他死了老婆”），总是体词性的。

行为他动词带宾动谓句，动作语或动作语的基本构成材料是行为他动词。所带的宾语，包括表示各种意义的受事宾语，也包括某些施事宾语（“老王晒太阳”），一般是体词性的。其中“给、送、告诉”等意义的行为他动词，可以带双宾语。

心理活动动词带宾动谓句，动作语或动作语的基本构成材料是心理活动动词。带体词性受事宾语（“他喜欢物理”），也常带动词性、形容词性和主谓式的受事宾语（“他喜欢打排球/清静/一个人待着”）。

进行类动词带宾动谓句，动作语或动作语的基本构成材料是“进行、继续、开始、结束、停止”之类动词。所带的宾语，一般是动词性的受事宾语（“我有早起的习惯”），可简称为“有字谓语句”。

像类动词带宾动谓句，动作语或动作语的基本构成材料是“像、如同、仿佛、似”之类动词。常带体词性中性宾语（“中秋的月亮像一面白玉的镜子”），也可带动词性中性宾语（“借他的东西像要他的命”）。

判断动词带宾动谓句，动作语由“是”或“不是”充当，一般带体词性中性宾语（“你不是三闾大夫吗?”），也可带其他词性的中性宾语（“我们的任务是过河”）。可简称为“是字谓语句”。

6.2.2 第2组是着眼于动作语的结构材料分出来的类。

单词带宾动谓句，动作语只有一个动词。例如：

我爱我母亲。

心补带宾动谓句，动作语是包含动词核的心补式结构。例如：

我瞪大眼睛。(李惠薪)

杨萌按了一下她的鼻子。(茹志鹃)

状心带宾动谓句，动作语是包含动词核的状心式结构。例如：

他不知道该怎么办!

你高抬贵手吧!

“状·动·宾”一般应分切为“状·（动·宾)”，即“动宾带状”；有时应切分为“（状·动）·宾”，即“状心带宾”。

“状心带宾”有两种情况：

第一，状语是“不”字。从肯定概念和否定概念的对立关系看，“不”加于动词，形成动词的否定式，显示否定概念同肯定概念的对立。如“他知道不知道该怎么办?”在这样的句子里，V和不V并用，地位相当。不妨认为，“不+动”是动词的否定概念的一个形式，因此在层次关系上“不”跟宾语相比是更近的层次。

第二，状语是单音形容词，中心语是单音动词，“状+心”有一定的凝固性，因此在层次关系上状跟宾相比是更近的层次。比较：

A	B
高高地抬起你的手	高抬贵手

高高地举起红旗　　　　　　高举红旗

紧紧地闭着眼睛　　　　　　紧闭双眼

紧紧地跟着伟大的党　　　　紧跟伟大的党

显然，A 组应为“状·（动·宾)”，而 B 组应为“（状·动）·宾”。

联合带宾动谓句，动作语包含两个以上联合并用的动词核，包括“V_1+V_2”“状 V_1＋状 V_2”“V_1补＋V_2补”等多种形式，存在“V_1和V_2”“V_1或 V_2”“V_1并 V_2”等多种联系。例如：

朱总司令关心和勉励我们。

他们修复或新建了许多小型工厂。

6.2.3　第 3 组是着眼于宾语的结构材料划分出来的类。

体词性宾语动谓句，宾语或宾语的基本构成材料是名词、名代词、表示物量的数量词、“的”字结构等等。

动词性宾语动谓句，宾语或宾语的基本构成材料是动词。

形容词性宾语动谓句，宾语或宾语的基本构成材料是形容词或形代词。

主谓式宾语动谓句，宾语或宾语的基本构成材料是主谓式结构。

6.2.4　第 4 组是着眼于动宾之间的动作关系分出来的类。

受事宾语动谓句，宾语是动作语的受事。受事宾语包括对象宾语、结果宾语、工具宾语、处所宾语、反身宾语等。

带受事宾语的一般是行为他动词。心理活动动词和进行类动词也可以带对象宾语，某些单音行为自动词也可以带处所宾语。

反身宾语（如“他眨巴着眼皮”）是受事宾语中有点特殊的一类。把它移到动作语之前，像施事，似乎是操纵动作的主体（如“他眼皮眨巴着”），但用在动作语之后，则像受事，似乎是被操纵的客体。

施事宾语动谓句，宾语是动作语的施事。行为自动词、行为他动词都可以带施事宾语，但不多。前者如“一张大床睡十多个人”，后者如“我们淋了雨了”。

中性宾语动谓句，宾语对动作语说来既不是施事也不是受事。有类动词、像类动词、判断动词带中性宾语。例如：

他有一个哥哥。

他像他哥哥。

6.2.5 第5组是着眼于宾语和主语的联系划分出来的类。

主宾相对动谓句，主语、宾语指相对的两种事物，它们的相对关系是临时发生的。例如：

宾客们围着新娘。(梁信)

主宾相属动谓句，主语所指的事物为宾语所指的事物所包含。例如：

你是北方人？

这个词是不是动词呢？

主宾相等动谓句，主语、宾语所指相同。往往从姓名、称谓、数量等方面表明这种同一关系。例如：

我叫秦德贵。

破布糊了十多层。

主宾间整体部分关系动谓句，主语表示整体，宾语表示整体构造的一部分或整个数量的一部分。例如：

小苔低下了头。

三十张桌子搬走了二十张。

6.2.6 第6组是着眼于宾语的数目分出来的类。

单宾动谓句，宾语或指人，或指物，只有一个。

双宾动谓句，宾语有两个，一指人，一指物。一般指人宾语在前，指物宾语在后。例如：

这个时期母亲教给我许多生产知识。(朱德)

有时指物宾语在前，指人宾语在后。这种格式多见于报纸的标题。例如：

齐亚·哈克总统复信乔森潘主席(《人民日报》标题)

6.3 心补式动谓句，也可以从不同角度分类。分类的结果，得出下列五级句型。看表：

心补式动谓句

- 1
  - 单词带补动谓句
  - 动宾带补动谓句
  - 状心带补动谓句
- 2
  - 带动词性补语的心补动谓句
  - 带形容词性补语的心补动谓句
  - 带数量词补语的心补动谓句
  - 带主谓式补语的心补动谓句
  - 带介词结构补语的心补动谓句
  - 带比况结构补语的心补动谓句
- 3
  - 带结果补语的心补动谓句
  - 带度量补语的心补动谓句
  - 带可能补语的心补动谓句
  - 带动量补语的心补动谓句
  - 带趋向补语的心补动谓句
  - 带时地补语的心补动谓句
- 4
  - 有“得”心补式动谓句
  - 无“得”心补式动谓句

6.3.1 第1组是着眼于中心语的结构材料分出来的类。

单词带补动谓句，中心语只有一个动词。例如：

煤油灯照得通亮。（吴伯箫）

动宾带补动谓句，中心语是动宾式结构。例如：

夏一雪斜了老伴一眼。（谌容）

状心带补动谓句，中心语是包含动词核的状心式结构。例如：

石均紧跟在后面。（茹志鹃）

小苔大笑一阵。（茹志鹃）

“状·动·补”一般应分切为“状·（动·补）”，即“心补带状”；有时应分切为“（状·动）·补”，即“状心带补”。“状心带补”的结构（“紧跟在后面”“大笑一阵”），“状”为单音形容词，“心”为单音动词，“状·心”结合较紧，有一定的凝固性。

6.3.2 第2组是着眼于补语的结构材料分出来的类。

带动词性补语的心补动谓句，补语是动词或动词性结构。如：

她笑得弯了腰。(周文海)

带形容词性补语的心补动谓句，补语是形容词或形容词性结构。例如：

这棵丁香长得真不错。(茹志鹃)

带数量词补语的心补动谓句，补语是表示动量的数量词或准数量词。例如：

冲儿找你一晚上。(曹禺)

带主谓式补语的心补动谓句，补语是主谓式结构。例如：

山妮长得个子挺高。(谌容)

带介词结构补语的心补动谓句，补语是介词结构。例如：

十多年来，他们摸爬滚打在一起。

带比况结构补语的心补动谓句，补语是比况结构。例如：

头发盘得好像一座小山似的。

6.3.3 第3组是着眼于补语对中心语所起的作用分出的类。

带结果补语的心补动谓句，补语表示动作行为的结果。例如：

他跑远了。

带度量补语的心补动谓句，补语表示动作行为的度量。例如：

他跑急了!

带可能补语的心补动谓句，补语表示动作发生的可能或不可能。例如：

他跑不快。(别让他跑!)

带动量补语的心补动谓句，补语表示行为的次数或时量。例如：

他跑了三次了。

带趋向补语的心补动谓句，补语表示行为的趋向。例如：

他跑过去了。

带时地补语的心补动谓句，补语表示跟行为有关的时间或处所。例如：

他跌倒在地。

6.3.4 第4组是着眼于心补之间用不用“得”分出来的类。

有“得”心补式动谓句，指心补之间用了“得”的心补式动谓句，包括必须用“得”的心补式动谓句（“我写得不好”）；无“得”心补式动谓句，指心补之间未用“得”的心补式动谓句，包括根本不能用

“得”的心补式动谓句（“我写不好”）。

6.4 状心式动谓句，也可以从不同角度往下分类。分类的结果，得出下列五级句型。看表：

状心式动谓句

- 1
  - 单词带状动谓句
  - 动宾带状动谓句
  - 心补带状动谓句
  - 动宾补带状动谓句
  - 动补宾带状动谓句
  - 联合带状动谓句
  - 连动带状动谓句
  - 兼语带状动谓句
  - 助动式结构带状动谓句
- 2
  - 带副词状语的状心动谓句
  - 带形容词性状语的状心动谓句
  - 带动词性状语的状心动谓句
  - 带名词状语的状心动谓句
  - 带数量词状语的状心动谓句
  - 带主谓结构状语的状心动谓句
  - 带介词结构状语的状心动谓句
  - 带比况结构状语的状心动谓句
- 3
  - 带情态性状语的状心动谓句
  - 带非情态性状语的状心动谓句
- 4
  - 有“地”状心动谓句
  - 无“地”状心动谓句
- 5
  - 单状状动谓句
  - 多状状动谓句
- 6
  - 位次正常的状心动谓句
  - 状语倒装的状心动谓句

6.4.1 第1组是着眼于中心语的结构材料分出来的类。

单词带状动谓句，中心语只有一个动词。例如：

春雨刷刷地下着。（柳青）

动宾带状动谓句，中心语是动宾式结构。例如：

将军亲切地问候他。（安静）

心补带状动谓句，中心语是包含动词核的心补式结构。例如：

担架已经绑好了。（马烽）

动宾补带状动谓句，中心语是“（动·宾）·补”这种动宾带补的多层心补式结构。例如：

将军注意地看了陈老实一眼。（安静）

动补宾带状动谓句，中心语是“（动·补）·宾”这种动补带宾的多层动宾式结构。例如：

我已经做好了思想准备。

联合带状动谓句，中心语包含两个以上联合并用的动词核，各联合项可以是动词，也可以是包含动词的结构。例如：

她对我比“文化大革命”以前更体贴、更关心。(谌容)

连动带状动谓句，中心语是连动式结构。也可以叫做带状连动式动谓句。例如：

(铁算盘) 赶紧绕到大门边拦住满喜说好话。(赵树理)

兼语带状动谓句，中心语是兼语式结构。也可以叫做带状兼语式动谓句。例如：

我赶紧扶他坐在沙发上。

助动式结构带状动谓句，中心语是助动式结构。也可以叫做带状助动式动谓句。例如：

你怎么能这样?

6.4.2 第 2 组是着眼于状语的结构材料分出来的类。

带副词状语的状心动谓句，状语由副词充当。例如：

太阳已经出山了。(马烽)

带形容词性状语的状心动谓句，状语是形容词或形容词性结构。例如：

淑兰温顺而坦率地说。(王汶石)

带动词性状语的状心动谓句，状语是动词或动词性结构。例如：

苏大嫂深受感动地说。(李云德)

带名词状语的状心动谓句，状语由名词充当。例如：

我星期天走，咱们北京见!

我工人出身。她师范毕业。

带数量词状语的状心动谓句，状语由数量词充当。例如：

妈妈一下变了一个人。

带主谓结构状语的状心动谓句，状语由主谓式结构充当。例如：

罗处长心情紧张地点点头。(安静)

带介词结构状语的状心动谓句，状语由介词结构充当。例如：

小艇箭出弦一般窜到淀里。（孙犁）

6.4.3 第3组是着眼于状语的作用分出来的类。

带情态性状语的状心动谓句，状语以主语的某种情态对中心语起修饰作用。情态性状语一般是形容词性状语、动词性状语和比况结构状语。例如：

小秦慌慌急急跑来了。（马烽）

腊月带笑地质问。（王汶石）

带非情态性状语的状心动谓句，状语起表示时间、处所、对象、范围、数量、频率、肯定、否定等意思的作用，跟主语的情态无关。例如：

小李从那边跑来了。

腊月一次一次地质问。

6.4.4 第4组是着眼于状心之间用不用“地”分出来的类。

状心之间用了“地”的，是有“地”状心动谓句；状心之间未用“地”的，是无“地”状心动谓句。比较：

小苔心神不定地坐了起来。

小苔一下坐了起来。（茹志鹃）

6.4.5 第5组是着眼于状语的数量分出来的类。只带一个状语的，是单状动谓句；带两个或两个以上状语的，是多状动谓句。比较：

他们到处找将军。

他们正在慌慌张张到处找将军。（安静）

凡是多状动谓句，状语都分层包绕中心语。如：“正在｛慌慌张张〔到处（找·将军）〕｝。”

6.4.6 第6组是着眼于状语和中心语的位次分出来的类。状语出现在中心语前边的，是位次正常的状心动谓句；状语倒装在中心语后边的，是状语倒装的状心动谓句。比较：

这叫声永远永远留在堂林嫂心里。

这叫声，留在堂林嫂心里，永远永远。（艾明之）

凡是倒装的状语，都可以无条件地还原；它的前边，一定有停顿，书面上一般用逗号表示出来。

6.5 以上各类五级句型，好些还可以继续往下分类，从而得到更具体的六级句型。比如说，带介词结构的状心动谓句，就可以进一步分为“带‘把’字结构的状心动谓句”“带‘被’字结构的状心动谓句”等等。这样，“把”字句、“被”字句等句型到“第六级”就都出来了。

“把”字句、“被”字句还能不能进一步分类？当然可以。从理论上说，任何一类句型都可以一直分到句子的一个个具体的模式，但是，从应用上说，要不要继续分下去，这就要看是否需要了。

7 非主谓句的下属句型

7.1 现在我们回转头来，粗线条地谈谈动句、形句、名句这几类二级句型的下属句型。

7.2 动句。看表：

动句

独词动句　带宾动句（动宾句）　带状动句　连动句　兼语句

7.2.1 独词动句，单独一个动词或（动代词）成句。例如：

谢谢。请！

行了，行了，（你好，你民主！）（王子硕）

怎么？（老夫老妻的又干上了？）（谌容）

7.2.2 带宾动句，即动宾句，动宾式结构直接成句。即一个句子一上来就可以切分为“动作语、宾语”。例如：

结冰了？

打击流氓、扒手和一切犯罪分子!

7.2.3 带状动句。带有状语的动句。主要有两类。

一是单词带状。这类句子不多。例如:

不行!(你不能去!)

好说!(兄弟一定帮忙。)

二是动宾式结构带状。可以叫做带状动宾句。其使用频率较高。一般所说的存现句，是典型的带状动宾句。例如:

处处飘散着不知名儿的花草香味。(杨朔)

车上跳下周恩来同志和王若飞同志。(方纪)

有时状语不止一个。它们分层起修饰作用。例如:

稻场上和小溪边顿时少了那些女人们的踪迹。

“顿时”修饰“少了……踪迹”，“稻场上和小溪边”修饰“顿时少了……踪迹”。这种带状动宾句，也可以叫做多状动宾句。

7.2.4 连动句，连动式结构直接成句。一般只见于成语。如：坐井观天/探囊取物。

7.2.5 兼语句，兼语式结构直接成句。例如:

有人敲门。(刘心武)

让我们共同努力吧!

7.3 形句。(附：1. 象声句；2. 叹词句。)

在非主谓句里，形句使用频率最低。能够成句的形容词限于“好”“糟”“对”“错”等几个。例如:

好哇!(你敢谩骂造反派!)(谌容)

糟了!(你怎么能这样说呢?)

“好”也可以说成“好极了”，“糟”也可以说成“真糟糕”，因此，从结构上说，自然也可以分为“独词形句”“带状形句”和“带补形句”。不过，由于实例就那么几个，这样的分类已显得没有什么必要了。

倒是象声句和叹词句的归属问题应该略提一下。

象声词单独成句，就是象声句。如：“轰隆!”象声词性质接近形容词，象声句应归入形句，算作一个附属的小类。

叹词单独成句，就成为叹词句。如：“哦!”由“好”“糟”之类形容词形成的形句，感叹意味很浓，跟叹词句有相通之处。因此叹词句也可以归入形句，算作另一个附属的小类。

7.4 名句。看表：

名句

独词名句	带定名句	[附]呼语句

7.4.1 独词名句，单独一个名词或名代词成句。例如：

灯!

死人!

什么?(这样的人又猖狂起来了!)(谌容)

7.4.2 带定名句，带有定语的名句。例如：

远处的雷声。(曹禺)

这样的婆婆!(鲁迅)

好香的干菜。(鲁迅)

有时定语不只一个，它们分层起修饰作用。例如：

多可爱的小生灵啊!(杨朔)

“小”修饰“生灵”，“多可爱的”修饰“小生灵”。

7.4.3 呼语句（如：“罗顺成!”“老师!”），性质比较特殊；特别是一些感叹性的呼语句（如：“我的妈!”“老天爷!”），性质更为特殊。但它们的基本材料是名词，似乎可以归入名句，算作一个附属的小类。

8 带独立语的各种句型

8.1 独立语是结构上不跟别的成分发生配对关系的成分。有两类：1. 游离语；2. 外位语。根据所带的独立语类别的不同，句子又可以分为：1. 带游离语的句子；2. 带外位语的句子。

8.2 游离语的特点是位置灵活，可以在句子的前、中、后游动。包括提醒按注语、呼语、感叹语、象声语四种。因此，带游离语的句子又可以分为：1. 带提醒按注语的句子；2. 带呼语的句子；3. 带感叹语的句子；4. 带象声语的句子。例如：

你看，这一片麦子长得多好！
这一片麦子，你看，长得多好！
这一片麦子长得多好，你看！

同志们，思想问题是必须解决的。
思想问题，同志们，是必须解决的。
思想问题是必须解决的，同志们。

哼，这伙坏东西蹦跶不了几天了！
这伙坏东西，哼，蹦跶不了几天了！
这伙坏东西蹦跶不了几天了，哼！

刷——，风拥着浪花不断向堤上猛扑。
风拥着浪花，刷——，刷——，不断向堤上猛扑。
风拥着浪花不断向堤上猛扑，刷——，刷——，刷——。

8.3 外位语的特点是用于句外，但所指的事物为句中的一个代词所指代。包括句前外位语和句后外位语两种。因此，带外位语的句子又可以分为：1. 带句前外位语的句子；2. 带句后外位语的句子。例如：

我们的部队，我们的战士，我感觉他们是最可爱的人。（魏巍）

什么都有：稻鸡、角鸡、鹁鸪、蓝背……（鲁迅）

8.4 由于独立语不跟别的成分发生结构关系，带上独立语的句子跟一般的结构型句子有很大的不同，它们只能算准结构型的句子。

8.5 各种结构型或语气型的句子都可以带上独立语。带独立语的各种句型，跟各种结构句型或各种语气句型之间，同样存在“加合孳生”的关系。

9 结语

9.1 建立一个完整的现代汉语句型系统，是有可能的。句型教学帮助人们从整体上掌握句子，是语法教学的一个十分重要的方面。但是，假如我们提出几十个或者一二百个句型来进行教学，却搞不清它们是怎么出来的，它们在句型系统中各站在什么位置上，结果就可能给人以“一盘散沙”的印象。相反，假如掌握一个完整的句型系统，我们就可以根据学生的不同情况“摘”出一部分句型来进行教学，并且能从不同角度联系整个系统来进行教学，讲清各个句型的上下左右关系，做到胸有成竹，有的放矢，避免盲目性。

那么，建立一个完整的句型系统到底有没有可能呢？我们认为完全有可能。世界上万事万物都存在着联系，都处在一定的关系之中。各种句型也肯定不是散乱的、毫无联系的东西。关键是要揭示这种联系。我们的主要作法是：第一，明确句型的不同级别；第二，明确句型分类的不同角度和标准；第三，明确由不同标准划分出来的各种句型之间的“加合孳生”关系。通过这几个方面组成一张“网”，形成一个系统，让各种各样的句型都有“归宿”。

9.2 在重视层次分析的基础上建立现代汉语句型系统，是有可能的。

成分分析法把句子一分为六，把不同层次上的句子结构成分放到一个平面上来分析，结果抹煞了层次，不能科学地反映语言结构的真实面目。因此，运用这种方法来建立句型，说明句子格局，只能对语言事实作出歪曲性的反映。

但是，层次分析法能够建立句型、说明格局吗？我们认为，“纯层次”分析确实很难做到这一点。然而，既然句子结构有层次是客观事实，科学的句型系统就不应该是抹煞层次的东西，这一点也是不容怀疑的。关键是要在重视层次分析的前提下找到有效的方法。我们的主要作法是：第一，重视句子结构的分层向核性，明确结构层对结构核的包绕作用和包绕顺序；第二，吸收句子成分的概念，略加改造，借以进一步明确层次间的具体关系；第三，紧扣结构核，紧抓质成分，同时也不放过一般成分，作到既“顾此”又不“失彼”。通过这些作法，使所建立的句型既能反映出句子结构的层次性，又能反映出句子结构关系的基本面目。比如成分分析法所说的“主‖状—谓—宾”句型，我们判定为：一般是“动宾带状动词谓语句”，有时是“状心带宾动词谓语句”。这就是为了既说明层次，又反映关系。

9.3 本文第一部分简述理论与方法。第二至第八部分按级别、有重点地对现代汉语句型系统画了一个粗略的草图，是对第一部分的理论与方法的实践。分类可能不够合理，解说可能不够准确，句型名称可能不够贴切，其他方面的问题也可能还很多。但是，如果本文的尝试能证明以上所说的两个“有可能”，那么，本文的主要目的也算达到了。

注释：

①原文例句仅标明作者名，后同。——编辑注

（原载《语法研究和探索（一）》，北京大学出版社 1983 年版）

说"NP了"句式

1. 一个名词或名词短语，带上"了"，可以成为一个分句，跟别的分句合成复句。NP代表名词和名词短语，S代表跟"NP了"连用的分句，可以列出两个基本格式：

Ⅰ NP了，S。

Ⅱ S，NP了。

格式Ⅰ，"NP了"充当前分句；格式Ⅱ，"NP了"充当后分句。例如：

（1）大姑娘了，要注意整洁！

（2）大姑娘了，一件像样的衣服也没有！

（3）要注意整洁，大姑娘了！

（4）一件像样的衣服也没有，大姑娘了！

（5）转眼春妞已有十八岁，大姑娘了！

前两例是"NP了，S"，后三例是"S，NP了"。

2. "NP了"成为分句的关键是助词"了"。如果不用"了"，NP和S就不构成复句，或者连起来说站不住。如：

（6）大姑娘，要注意整洁！

（7）大姑娘，一件像样的衣服也没有！

（8）要注意整洁，大姑娘！

（9）一件像样的衣服也没有，大姑娘！

*（10）转眼春妞已有十八岁，大姑娘！

这里的"大姑娘"都不能分析为分句。前两项，"大姑娘"可以分析为主语或呼语；后两例，"大姑娘"可以分析为呼语；最后一例，连着前边的分句说“大姑娘”，站不住。再比较：

(11) 哼，二十几岁的姑娘，这么不要脸，以后还能嫁得出去？(竹林《水潺潺》)

(12) 哼，二十几岁的姑娘了，还这么不要脸，以后还能嫁得出去？

前一例，“二十几岁的姑娘”可以分析为主语；后一例加了个“了”，“二十几岁的姑娘了”便是明显的一个分句。

3. 作为分句，“NP了”叙述情况的变化。“了”是表示情况变化的语法成分；配合“了”，“NP了”前边常常用副词“都”，成为：

都NP了，S。

S，都NP了。

这里的“都”是时间副词，相当于“已经”。如：

(13) 都大姑娘了，要注意整洁！

(14) 都大姑娘了，一件像样的衣服也没有！

(15) 要注意整洁，都大姑娘了！

(16) 一件像样的衣服也没有，都大姑娘了！

(17) 转眼春妞已有十八岁，都大姑娘了！

按说也可以用“已经NP了”，但口语中常说“都NP了”。看这几个例子：

(18) 都老大不小的人了，还跟个孩子一样。(申文钟《山翠菊香》)

(19) 都什么年代了，还在搞什么边设计、边施工、边准备投产？(张锲《改革者》)

(20) 都什么时候了，还在睡觉！

这几个例子是“都NP了，S”。“都NP了”也可以移到后边：

(21) 还跟个孩子一样，都老大不小的人了。

(22) 还在搞什么边设计、边施工、边准备投产，都什么年代了？

(23) 还在睡觉，都什么时候了！

这三例是“S，都NP了”。

4. 包含“NP了”分句的复句，分句与分句之间有因果、转折、倒置因果、倒置转折、归结按注等关系。“NP了，S”格式和“S，NP了”格式需要分开来讨论。

4.1 “NP了，S”格式，可以分为因果式和转折式两种。

因果式，“NP了”和S间可以用表示因果关系的关联词语。如例(1)是因果式，可以说成：“大姑娘了，所以要注意整洁！”再比较：

(24) 高等动物了，黄牛、水牛都欺生……

(25) 但或者因为高等动物了的缘故罢，黄牛、水牛都欺生……(鲁迅《社戏》)

“高等动物了”表示原因，后一例加上“因为……的缘故”，作为原因分句的身份就十分明显。

为了强调结果或结论，因果式里S常用反问句。例如：

(26)（快过来，）一个部队的老战友了，还用我介绍么！(宇心《雾中鼓声》)

“还用我介绍么”是反问，等于说“不用我介绍了”。

转折式，“NP了”和S之间可以用表示转折关系的关联词语。如例(2)是转折式，可以说成：“大姑娘了，可是一件像样的衣服也没有！”又如：

(27) 快六十岁的人了，看上去却只有五十岁左右……(张廷竹《五十四号墙门》)

(28) 别看二十几的人了，却爱脸红……(申跃中《清水河畔一盏灯》)

前一例前后分句之间用“却”，后一例前后分句之间用“别看……却……”。

不管是因果式还是转折式，“NP了”后边都可以加“嘛”，借以表示情况明显。如：“大姑娘了嘛，要注意整洁！”“大姑娘了嘛，一件像样的衣服也没有！”又如：

(29)（不准罗嗦噢，你给我“啥也没看见”！）老兵了嘛，

该……（朱苏进《引而不发》）

这里用了“NP了嘛”，跟S“该……”之间有因果关系。

4.2 “S，NP了”格式，可以分为倒置因果式、倒置转折式、归结按注式三种。

倒置因果式，S表果，“NP了”表因，是因果式“NP了，S”的变换式，“NP了”也可以带上“嘛”。如例（3）是倒置因果式，是例（1）因果式的倒置。又如：

（30）补发了九百块钱工资，也该买块好表、换辆好车啦，老大不小的人了……（遇罗锦《天使》）

（31）搞政工的都板起面孔来说教，不变成孤家寡人才怪呢，八十年代了嘛！（曾果伟《生活在呼唤》）

这两例都是“S，NP了”，都是因果倒置。例（30），“老大不小的人了”表原因，移到前边就成为“NP了，S”因果式；例（31），“八十年代了”表原因，带“嘛”，移到前边也成为“NP了，S”因果式。

倒置转折式，S指明某种事实，跟“NP了”所说的事实有转折关系，是“NP了，S”转折式的变换式。如例（4）是倒置转折式，是例（2）两个转折项的倒置。又如：

（32）还住这么小的房子，大干部了！

（33）连家信也写不好，都中学生了！

这里转折项倒置。如果把“大干部了”“都中学生了”移到前边，就成为“NP了，S”转折式。

一般的转折复句不容易把前项和后项直接倒置，但把“NP了，S”转折式倒置为“S，NP了”却是自由的，没有条件限制的。比较：

（34）四十多岁的人了，说话跟穿开裆裤的孩子差不离！（赵新世《鸡为媒》）

（35）说话跟穿开裆裤的孩子差不离，四十多岁的人了！

例（34）是“NP了，S”转折式，例（35）是“S，NP了”倒置转折式。

归结按注式，S表明事实，“NP了”是对S所说的事实的归结，也是对S有关内容的按注。S可以是一个分句，也可以是两个或几个并列的分句。如例（5）是归结按注式，S本身是一个分句。又如：

（36）同学六年，同厂十一年，十七年的朋友了。

“十七年的朋友了”表示归结与按注，前边的S包含两个并列的分句。

有时，归结按注式中的“NP了”复用S中的某个词语。例如：

（37）往事越十年，十年了！（陈海萍《清清的矿泉水》）

“十年”前后复用。“十年了”仍然可以看作是一种归结，一种按注。

4.3 “NP了”有时单独出现，实际上是隐去了S。这有两种情况。

第一，只说“NP了”，S没有说出但可以领会。“NP了”和隐去的S之间有因果关系或转折关系。例如：

（38）苏南和李兴对马长风和曾淑贤的相遇感到惊奇。问：“你们认识？”马长风笑笑说：“老同学，老朋友了。”（杨燮仪《无名小卒》）

（39）宋延焯……声音低沉，“拿我的枪上岗，会用不？”西丹石半晌才挤出一句：“老兵啦。”（朱苏进《引而不发》）

例（38），“老同学，老朋友了”后边显然隐去了“当然认识”，补说出来就成为“NP了，S”因果式。例（39），“老兵啦”等于“老兵了啊”，后边隐去了“当然会用”。“老兵了啊”是因，“当然会用”是果，“NP了”和隐去的S之间有因果关系。假说一位教师看学生作文，发现错别字连篇，摇头叹道：“咳，高中生了！”后边显然隐去了“还写这么多的错别字”。在这种情况下，“NP了”和隐去的S之间便是转折关系了。

第二，“NP了”是个问句，隐含着对某一事实的评价和赞叹，作用相当于因果式的“NP了，S”。例如：

（40）中学生了？

（＝中学生了，真不错！

中学生了，真了不起！）

(41) 大干部了？

(＝大干部了，真有出息！

大干部了，提升得真快!)

5. 能进入“NP了”句式的NP具有推移性。它所表示的概念，是由相对的概念推移而来的，原来并非如此。就词语的性质说，NP有三种。

5.1 NP是表示人或事物的名词或名词短语。带上“了”，意味着人或事物发生由小到大、由新到老、由低级到高级、由存现到消失等的变移。如“大姑娘了”(小姑娘→大姑娘)，“老兵了”(新兵→老兵)，“中学生了”(小学生→中学生)，“高等动物了”(低等动物→高等动物)。又如：

(42) 我老了，废物了，忘性比记性好。(浩然《老人和树》)

(43) 我真想命令他把帽子摘下来，可又想，要走的人了，算了，只当没看见。(龚绍东《他，就这样走了》)

例(42)，“NP了”是“名词＋了”。“废物”是“年轻力壮的人——年富力强的人”之类概念变移而来的概念。例(43)，“NP了”是“名词短语＋了”。“要走的人”是由“或走或不走的人——批准走的人”之类概念变移而来的概念。

表示人或事物的NP，有的并列两个名词，表示一对关系概念。这一对关系概念是由另一对级别较低的关系概念变移而来的。例如：

(44) 夫妻了，还分那么清干什么？

(45) 老夫老妻了，还讲这个？

例(44)“夫妻”关系是由非夫妻关系变移而来的；例(45)“老夫老妻”的关系是由非老夫老妻的关系变移而来的。

5.2 NP是表示时点的名词或名词短语。带上“了”，意味着由甲时点移到乙时点。如“八十年代了”是“名词短语＋了”，表示：七十年代→八十年代。又如：

(46) 暑假了，有的是时间……(鲍力、昌旭《黄果兰，更娇艳的黄果兰》)

(47) 春天了，可是这儿仍然满地积雪。

(48) 都十点钟了，他为什么还没到？

“暑假了”“春天了”是“名词＋了”，表示：寒假后一学期→暑假；冬天→春天。“都十点钟了”是“(都) 名词短语＋了”，表示：九点钟→十点钟。

时点有大有小。“八十年代”是大的时点，“暑假”“春天”是较大的时点，“十点钟”是较小的时点，“十点一刻”是更小的时点。有时，NP 用“什么年代”“什么时候”这样的名词短语，分别表示大的时点和小的时点，但都是说话人当前所处的时点。如例 (19)“都什么年代了”，例 (20)“都什么时候了”。由于 NP 中用了“什么”，“(都) NP 了”带有比较重的反问和感叹的语气。

时点若直指当前的时间，“NP 了”可以说成“这时候了”。例如：

(49) 这时候了，还不回来！(遇罗锦《天使》)

5.3 NP 是表示时段的名词短语。带上“了”，意味着时段由短到长的推移。

表示具体的时段，NP 用“时段数量 (的) ＋名词‘时间’”的名词短语。如：

(50) 整整三年的时间了，他没来过一封信！

名词“时间”一般隐去。因此，常见的 NP 是用表示时段的数量词 (量词是“准量”)。如：

(51) 三年了，临走时总算知道了指导员希望了解一个战士，真不容易啊！(龚绍东《他，就这样走了》)

(52) 唉，谁知道，要块地盘这么多道手续，这么难呢？都三年了！(浩然《误会》)

如果不需要说明时段的具体数量，NP 可以用“这么长时间”“这么多的年头”之类的名词短语。其中的形容词只能用“长”，不能用“短”；只能用“多”，不能用“少”。例如：

(53) 这么长时间了，难道半路出了故障？(《解放军文艺》1973 年第 4 期)

(54) 这么多年了，谁知道他在不在？(映泉《白云深处》)

5.4 NP不管是指人物、指时点或指时段，如果没有推移性，就不能说成“NP了”；如果没有由彼到此的推移性，也不能说成“NP了”。例如：

(55) 百把斤的猪了，哪能随便卖出去？

*(56) 猪了，哪能随便卖出去？

“百把斤的猪”是由“不到百把斤的猪”变来的，有推移性，因此能说成“百把斤的猪了”；“猪”不是由别的什么东西变成的，没有推移性，因此不能说成“猪了”又如：

(57) 大孩子了，对大人要有礼貌！

*(58) 小孩子了，对大人要有礼貌！

“大孩子”跟“小孩子”相对，并且是由“小孩子”变来的，因此能说成“大孩子了”；“小孩子”跟“大孩子”相对，但不是由“大孩子”变来的，因此不能说成“小孩子了”。

6 本文所说的“NP了”句式，是非主谓句句式。

6.1 “NP了”具有自足性，不需补上主语，也不能直接补上主语。要补主语，只能说成：

NP(主语)是NP了。

这是主谓句式，中间必须用“是”。例如：

(59) 我们是老夫老妻了，还讲这个？

单说“老夫老妻了”，本身自足，意思明显，是非主谓句；改成主谓句，就得加“是”，说成“我们是老夫老妻了”。

6.2 有个例外，就是有的“NP了”前边可以直接补上主语“天”，但这个主语并非实指，是可有可无的。例如：

(60) 天啥时候了，还泡在车间里……(康云、杨长瀛《滚球记》)

“天”可以不用。“啥时候了”和“天啥时候了”同“下雨了”和“天下雨了”情况相似。

6.3 “NP了”不能直接采用否定形式。如果要用否定形式表达跟

"NP了"同义的内容，就得将NP换成表示相对概念的NP，并且得说成：

(NP—主语) 不是NP了。

这是主谓句式，"NP了"前边加"不是"。比较：

(61) 大人了，还这么爱哭！

(62) 不是小孩子了，还这么爱哭！

"大人了"是"NP了"充当分句；"不是小孩子了"是"(NP—你) 不是NP了"充当分句。"(NP) 不是NP了"实际上是"(NP) 是NP了"的否定形式，因此，作为一种句式，"NP了"实际上没有否定形式。

(原载《语文研究》1984年第3期)

数量名结构的叠用解注格式

0.1 本文讨论“数量名”和“数量名”相叠使用并具有解注关系的格式，如“一支蜡烛一毛钱”“一个人一把锄头”等等。前后项互相解注，可以对调的，叫对注；后项对前项作单方面的解注，不能对调的，叫单注。“数量名/数量名”齐备的，是完整式；有所简省的，是简略式。“数量名”中的“名”，包括名词和名词性结构。

凡是叠用解注格式，前项和后项一定有所不同。如果全同，就不会具有解注关系，因而不属于本文讨论的范围。例如：

(1) 我低下头，一个字一个字地细细读起来。（王安忆《迷宫之径》）

“一个字一个字”不是叠用解注格式。

叠用解注格式前后项之间不能插入“和”类词，如果能插入就不会具有解注关系，也不属于本文讨论的范围。例如：

(2) 他凭着自己的两个肩膀一张嘴，使全家有温有饱，度过了那灾难的三年。（张秋华《东湖洼之晨》）

“两个肩膀一张嘴”不是叠用解注格式。

0.2 李临定、范方莲《试论表“每”的数量结构对应式》一文（《中国语文》1960 年 11 月号）涉及三类现象：一是出现一个动词的，如“一盆水养三条金鱼”“两个人抬一筐土”；二是出现两个动词的，如“做十天歇一天”“上一堂课休息十分钟”；三是不出现动词的，如“一组三个人”“一尺布五毛钱”。第三类正是本文所讨论的数量名结构的叠用解注格式。

该文在列举三类现象之后讨论它们的共同的语法意义，分析它们共同的语法特点和用法特点；对于第三类现象本身，只简略地指出："这类句子大都也可以倒换，……但倒换后，有些句子能插入的动词和未倒换时能插入的不一样。"本文的任务，是对这类现象本身作进一步的分类考察，从几个不同的方面对它们加以描写。

0.3 从数量名结构的叠用解注格式的运用，可以看到汉语口语里的数量表达上的简练、明快、富于变化的特点。这种格式相当复杂，本文只讨论了其中的五个小类。所谓"分类考察"，就本文说，不是穷尽遍举的。

1

1.0 这一部分讨论下面的现象：

一支蜡烛一毛钱｜一斤酒八角钱｜一台电视机三百元人民币｜两顶帽子二十块美金｜一张死契六十块大洋

这些例子都是由货物数量论价钱多少。为了方便，称为"物价式"。

1.1 物价式是对注的，货物项和价钱项可以自由交换位置。如上面的例子可以对调成"一毛钱一支蜡烛"等。比较：

（1）一张死契，六十块大洋。咱们到哪儿挖出个金坛银罐子？（刘绍棠《草莽》）

（2）十八块大洋，一张死契。……桑大爷，您把我赎出来……（刘绍棠《草莽》）

两例见于同一篇作品。例（1）"……死契"是前项，"……大洋"是后项，例（2）"……大洋"是前项，"……死契"是后项。再如：

（3）开头一斤一毛八，你是五大牙子；现在降到五分一斤了，你怎么还是五大牙子？（张武《瓜王轶事》）

两个简式见于同一个复句。在前分句里，"一斤"是前项，"一毛八"是后项；后分句里，"五分"是前项，"一斤"是后项。

可见，前项可以指货物，也可以指价钱；后项可以指价钱，也可以指货物。

在以物易物的场合，可以采用“一件背心一个椰子”之类的说法。哪是货，哪算价，由于前后项都可以是货物或价钱，因而单凭结构本身的先后顺序不能断定，得看具体的交换环境。比如，以“背心”为货物出售，“椰子”便是折价交换物，相当于钱；反之，以“椰子”为货物出售，“背心”便是折价交换物，相当于钱。

1.2 物价式包含有“买、卖”的意思。但是，它和“（物）卖（钱)”或“（钱）买（物)”的格式并不完全等同。

孤立地看，顺序为“货物·价钱”时可以插入动词“卖”；顺序为“价钱·货物”时可以插入动词“买”。如：一斤酒八角钱→一斤酒卖八角钱｜八角钱一斤酒→八角钱买一斤酒。然而，在具体的语境中，却往往不允许“买、卖”机械的插入。这包括下面两种情况。

首先，在意思上，物价式的前后项之间并不机械反映“（物）卖（钱)”“（钱）买（物)”的关系。例如：

(4)“（鱼网）你要什么价钱?”“四元一把。”能大嫂切葱一样地果断回答，她不再犹豫了。(吴晨笳《卖网记》)

“四元一把”作为整体回答“什么价钱”的问题，它尽管具有买、卖的含义，但如果硬加动词“买”，反而答非所问。

其次，在结构上，物价式可以整个儿出现在“买、卖”之类动词后边，这时根本不能再插入“买、卖”这样的词。例如：

(5)（我叫你妈到火车站卖茶水，……）人家三分钱一碗，五分钱两碗，她偏卖两分一碗，三分两碗。(铁凝《短歌》)

后分句的“两分一碗”和“三分两碗”出现在“卖”的后边，自然不能再插入“买”；依句意，前分句的“三分钱一碗”和“五分钱两碗”前边可以加上“卖”，却不能插入“买”。

可见，物价叠用式在表意上、运用上都要比“（物）卖（钱)”“（钱）买（物)”的格式灵活得多。

1.3 物价式可以成句；它的简略式经常可以成为谓语和定语。成句时独立出现，本身意思相对完整，不需别的成分补足。例如：

(6) 一支蜡烛一角钱，可点三小时；一晚上约需两支蜡烛，就是两毛钱。(张抗抗《在丘陵和湖畔，有一个人……》)

这里的“一支蜡烛一毛钱”是分句。把后边的话全都去掉，它就可以成为单句。

充当谓语的一般是简略式，其主语常常是由货物项名词往前移位构成的。例如：

(7) 这扣子七分钱一颗还贵呀?(戴厚英《高的是秫秫 矮的是芝麻》)

(8) 养够了尺寸，公貂一只一百二十元，母貂一只九十六元，好大一捆十元钞票。(刘绍棠《小荷才露尖尖角》)

“七分钱一颗扣子→扣子七分钱一颗”，“扣子”成了主语，剩下的简略式是谓语；“一只公貂一百二十元，一只母貂九十六元→公貂一只一百二十元，母貂一只九十六元”，“公貂”“母貂”成了主语，剩下的简略式是谓语。

充当定语的一般也是简略式，其中心语大都是货物项名词前加“的”字之后构成的。例如：

(9) 每次都是看守他们的那个长得跟大姑娘一样的小伙子偷偷给买酒，买那种一元钱一斤的酒。(张林《你是共产党员吗》)

(10) 她只渴求着哪一天将肚子填饱，再一粒一粒地品尝二分钱一小袋的盐金桔。(姜滇《清水湾，淡水湾》)

“一元钱一斤酒→一元钱一斤的酒”，“二分钱一小袋盐金桔→二分钱一小袋的盐金桔”，通过加“的”，“酒”“盐金桔”成了中心语，剩下的简略式是定语。

1.4 物价式出现于宾位，前项往往是主要的，后项往往是伴从的。如果动词是“卖”，前项便是价钱，后项便是货物。例如：

(11) 好气派，怪不得卖八角钱一张票呢。(邓友梅《“铁笼山”一曲谢知音》)

(12) (蟹子) 上年卖到两角钱一斤，今年一开市就涨到五角了，还在涨。(王润滋《卖蟹》)

就跟“卖、卖到”的联系说，“八角钱”“两角钱”是主要的，“一张票”和“一斤”是伴从的。这里的货物项可以分离开来移到动词前边，如：“怪不得一张票卖八角钱”“上年一斤卖到两角钱”。

如果动词是“买”，物价式的前项便是货物，后项便是价钱。例如：

(13) 买了一对兔子三块钱，是准备送给李伯伯的。

从跟“买了”的联系看，“兔子”是主要的，“三块钱”是伴从的。这里的价钱项可以分离开来移到动词前边，如：“三块钱买了一对兔子。”

出现在“买、卖”后边的物价式，前项才是真正的宾语，后项只是对前项的追加解注，是宾语的解注语，或者说是宾语的补足语。应当看到这种宾语的特殊性。当然，在“票价标明八角钱一张”“票价标明一张八角钱”的说法中，“八角钱一张”或“一张八角钱”整个儿做“标明”的宾语，这是无须多说的。

1.5 物价式里的货物项，既可以都有“每”的意思，也可以都没有“每”的意思。如果价钱项是可以重复出现、可以成倍计数的事实，货物项就有“每”的意思；如果价钱项是偶然出现、孤立存在的事实，货物项就没有“每”的意思。例如：

(14) 黑市的猪肉要卖两块钱一斤哩！(叶文玲《小溪九道弯》)

(15) 刘方贵三元钱买了一对沙发，一元钱一个大立柜。(韦君宜《平常疑案》)

前例“一斤”有“每”的意思，后例“一个大立柜”没有“每”的意思。

由于物价式本身没有表“每”的标志，有没有“每”的意思要在一定的语境中才能确定。

2

2.0 这一部分讨论下面的现象：

一小时两块钱｜一个星期十二块钱｜一个月八十元人民币｜（公

共汽车）一站路四分钱｜（出租小汽车）一公里五角钱

这些例子都是由时间或路程的分段论价钱的多少。为了方便，称为“段价式”。

2.1 段价式也是对注的。分段项和价钱项，可以自由变换位置。如上面的例子可以对调成：两块钱一小时｜十二块钱一个星期｜八十元人民币一个月｜四分钱一站路｜五角钱一公里。比较：

（1）整个基建队停工，还得一天五十块钱供着他们。（张承志《北望长城外》）

（2）他伸出五指：“五十块一天，不用下手——祖传手艺，恕不外传。”（张承志《北望长城外》）

两例见于同一篇作品。例（1）分段项在前，价钱项在后；例（2）价钱项在前，分段项在后。这表明前后项都可以是分段或论价。

2.2 段价式包含有“收、得、付、给”的意思。前项分段、后项论价时，中间可以插入“收、得”或“付、给”。如：

一小时两块钱→ {一小时<u>得</u>两块钱 / 一小时<u>给</u>两块钱}

一公里五毛钱→ {一公里<u>收</u>五毛钱 / 一公里<u>付</u>五毛钱}

就收入的一方说，是收，是得（如：我们在伐木场干活，一小时两块钱｜我们为基建公司搬木材，一公里三毛钱）；就支出的一方说，是付，是给（如：请他干活，一小时两块钱｜请他运木材，一公里三毛钱）。可见，段价式既可以表示“收”的意思，也可以表示“支”的意思。在两项对调以后，前项论价，后项分段，二者之间不能插入“收、支”之类动词，只能插入反映行为事实的动词（如：两块钱<u>干</u>一小时｜三毛钱<u>运</u>一公里），不过，收、支的意思仍然存在，只是被潜化了。

2.3 段价式不能单独成句；能够充当谓语和定语，但不像物价式那样可以从自身自由地抽取出主语和中心语。先看充当谓语、定语的例子：

(3) 家里要是没人站岗，就得雇人。官价，一个钟头三块钱。(老舍《四世同堂·饥荒》)

(4) 他住过五块钱一夜的高级房间。(高晓声《陈奂生上城》)

例 (3)“一个钟头三块钱”是谓语，主语是“官价”，它不是从段价式本身抽取出来的词语。例 (4) “五块钱一夜”是定语，中心语是“高级房间”，它也不是从段价式本身抽取出来的词语。

段价式本身无法演化出“定语＋中心语”，没有“一个钟头三块的钱”这样的说法。也不能自由地演化出“主语＋谓语”。“三块钱一个钟头”不能说成“钱，三块一个钟头”。“一个钟头三块钱”可以说成“钱，一个钟头三块”。但“钱”的后边有明显停顿，表明它是被突出强调的对象。

段价式本身只表示分段论价，缺少论价的主体，因此不能单独成为表示完整意思的句子。有些现象，似乎是单句或分句，但实际上省去了或隐去了主语，因而实际上还是充当谓语。例如：

(5) 不管吃好吃赖，一天三毛钱……(马烽《结婚现场会》)

“一天三毛钱”像是分句，实际上只是谓语，它的主语“伙食费”隐去了。脱离具体的语言环境，“一天三毛钱”的意思是不清楚的。

2.4 段价式出现于宾位，前后项也往往有“主”有“从”。

常见的是动词用“做、干、运、搬”等，接着用先分段后论价的段价式。如：做一天两块钱 | 扛一公里八角钱。从跟动词的联系看，“一天”“一公里”是“主”，“两块钱”“八角钱”是“从”。可以认为，前项“一天”“一公里”是准宾语，后项“两块钱”“八角钱”是准宾语的解注语或补足语。

有时动词用“花”，接着用先论价后分段的段价式。例如：

(6) 她不乐意叫瑞宣来守门，他第二天还有课；她也不乐意花三块钱一小时雇个人来替她守住。(老舍《四世同堂·饥荒》)

从跟动词的联系看，前项“三块钱”是“主”，是真正的宾语：后项“一小时”是“从”，实际上只是一种解注语或补足语。值得注意的是，“花＋段价式”的结构整个儿具有状语性，它的后边还得出现别的动词结构，否则站不住。

段价式也有整个儿充当宾语的，如：“伙食费规定一个月十五块钱。”从动宾关系上看没有什么特殊性，不必多加讨论。

2.5 段价式里的分段项，一般都带有“每”的意思。因为是从时间上或路程上一段一段地计算价钱，不大可能只指孤立的一段，因而不大可能不表“每”。

3

3.0 这一部分讨论下面的现象：

一日三餐饱饭｜一时一个行情｜三天一次动员大会｜几十步一个岗哨｜百把里一个小客店

这些例子都是由时间或路程的分段说明存在、出现或消失的事物。为了方便，称为“存现式”。

3.1 存现式是单注的，分段项总是在前，存现项总是在后，它们的位置不能对调。如上面的例子，不能说成：三餐饱饭一日｜一个行情一时｜一次动员大会三天｜一个岗哨几十步｜一个小客店百把里。

3.2 存现式包含有“存在、出现、消失”之类的意思。例如：

（1）一日三餐饱饭不必说，还有竹笋、金针配菜……（叶文玲《小溪九道弯》）

（2）桑铁瓮的两腿，也像坠上了石屯子，一步一个坑。（刘绍棠《草莽》）

（3）妞妞很聪明，就是太娇气。一天一块巧克力。（谌容《独自怎生得黑》）

例（1）等于说“一日有三餐饱饭”，表示存在；例（2）等于说“一步留下一个坑”，表示出现；例（3）等于说“一天吃一块巧克力”，表示消失。

有的存现式表示的具体意思，要在特定的语言环境中才能显示出来。比如“一天一块巧克力”，孤立地看，很难说是表示存在、出现还是消失。

3.3 存现式有的可以单独成句；大多数可以从自身抽取出主语和中心语，使剩下的简略式充当谓语和定语。

可以成句的，本身能表达相对完整的意思，相当于一般所说的存现句。如：

(4) 一时一个行情，瞅机会就得快捞！(田芬《金钥匙》)

“一时一个行情”独自成为分句，它不做后面分句的什么成分，它的前边也不须添加什么。

把存现项的名词抽出移到前头，剩下的简略式就成为谓语。如：一时一个行情→行情一时一个｜五天一次动员大会→动员大会五天一次｜几十步一个岗哨→岗哨几十步一个｜百把里一个小客店→小客店百把里一个。也有存现式整个儿充当谓语，主语不是存现项名词的，例如：

(5) 姓袁的则一天一个“揭发”，处处表现同他“划清界限”……(韩少功《西望茅草地》)

主语“姓袁的”与存现式本身的词语没有瓜葛。

通过加“的”使存现项的名词变成中心语，剩余下的简略式就成为定语。多数可以这样。如：五天一次动员大会→五天一次的动员大会｜几十步一个岗哨→几十步一个的岗哨｜百把里一个小客店→百把里一个的小客店。再如：

(6) 只有到了一年一度的清明节去给母亲扫墓时，才表现出她火样的性格。(从维熙《黄金岁月》)

“一年一度清明节”可以演化成“清明节一年一度”，也可以演化成“一年一度的清明节”。

3.4 存现式的量词有时前边是时量，后边是动量。时量和动量的配合使用，使这种存现式具有较强的动作性。例如：

(7) 工厂里三天一次动员大会，十天半月一次会战，热火朝天地夺损失……(郑万隆《红灯　黄灯　绿灯》)

“三天一次动员大会”和“十天半月一次会战”都没有出现动词，

但因为时段之后出现动量，所以动作性较强。

如果在存现项名词前边插入一个动词，构成动宾结构，剩下的时量和动量配合使用的简略式就很自然地成为动词前边的状语。如：三天一次召开动员大会｜十天半月一次搞会战。

时量和动量配合使用的存现式，有的后项补不出名词或名词性中心语。这样的存现式总是做状语。例如：

(8)（老韩）一日三回走出来，和大家聊天聊地。（王安忆《迷宫之径》）

“一日三回”是“走出来”的状语。后项“三回”实际上指称行为活动，但补不出中心语。

3.5 存现式有时充当主语和宾语，性质近似名词性偏正结构。例如：

(9) 弟弟的一日三餐，起居洗刷，她都得操持。（航鹰《明姑娘》）

(10) 圆月不但要忙一日三餐，包揽全家四口针线，而且还要在场子上打钱。（刘绍棠《草莽》）

例（9）“一日三餐”和“起居洗刷”充当句子的主语。例（10），“一日三餐”做“忙”的宾语。这儿的“一日三餐”可以勉强说成“一日三餐饭”，跟“一日三餐招待他”中的“一日三餐”性质有些不同。

3.6 和段价式一样，存现式的分段项一般表“每”。

4

4.0 这一部分讨论下面的现象：

一个人一把锄头｜一个战士两套军装｜两个办公室一份报｜两个小组一套学习材料｜三个人一把椅子

这些例子都表示一定数量的人物和一定数量的事物之间的分配关系。为了方便，称为“分配式”。

4.1 分配式一般是单注的。人物项一般在前，事物项一般在后。

如前四例，不能说成：一把锄头一个人｜两套军装一个战士｜一份报两个办公室｜一套学习材料两个小组。

“分配式”有的是对注的。有两点值得注意：第一，事物项说的是跟处所、空间有联系的事物，具备可住、可坐、可躺等功用。第二，调换成事物项在前、人物项在后的格式，具有“容纳”的含义；如果跟“容纳”的意义相抵触，对调的格式就不能成立。比较：

一个人一把椅子→一把椅子一个人
三个人一把椅子→一把椅子三个人
一个人三把椅子→* 三把椅子一个人

一个人一间房子→一间房子一个人
两个人一间房子→一间房子两个人
一个人两间房子→* 两间房子一个人
一个小组两间房子→两间房子一个小组

“三把椅子一个人”“两间房子一个人”都不说，因为不存在三把椅子容纳一个人、两间房子容纳一个人的事实。

4.2 分配式里人物项和事物项之间的分配关系有两种：一是分配占有，一是分配付出。例如：

(1) 常常吃饭之后，场长就拉她一起下象棋，或者一人一把竹椅，坐在坪里要她念一段关云长或鲁智深。(韩少功《西望茅草地》)

(2) 上有天，下有地，我胆敢亏待雨点儿一分一厘，运河滩上一人一口唾沫淹死我。(刘绍棠《草莽》)

例 (1) 是分配占有，例 (2) 是分配付出。

同一个形式，可能表示分配占有，也可能表示分配付出，往往要在特定的语言环境中才能确定。例如：

(3) 补助费领回来了，一个同学三块钱，请到我这儿来拿。

(4) 东西买回来了，一个同学三块钱，请交到我这儿来。

例 (3) 是分配占有，例 (4) 是分配付出。

4.3 分配式可以单独成句；可以从自身抽取出主语，使剩下的简略式充当谓语。例如：

(5) 他的两个干儿子……也被带到地上，一人一把小钯头，参加劳动。(韩少功《西望茅草地》)

“一人一把小钯头”充当分句。如果只说：“一人一把小钯头!”这就成为单句。

把事物项的名词抽出移到前头，可以成为主语，剩下的简略式充当谓语。如：一人一把小钯头→小钯头一人一把｜一个战士两套军装→军装一个战士两套｜两头小牛一捆青草→青草两头小牛一捆｜两个小组一套学习材料→学习材料两个小组一套｜三个人一把椅子→椅子三个人一把。

分配式有时充当谓语，其主语由表示人物范围的词语充当。在这种情况下，事物项的名词一般出现于前边的分句，因而充当谓语的一般是简略式。例如：

(6) 这里有三张白纸，……你们三人，一人一张。(海波《母亲与遗像》)

(7) 那俺赶明儿给你家打两个锄板儿，您两口一人一个。(张一弓《张铁匠的罗曼史》)

例(6)主语是“你们三人”，划定范围；“一人一张”是谓语。事物项名词“白纸”见于前边的分句。例(7)主语是“您两口”，划定范围；“一人一个”是谓语。事物项名词“锄板儿”见于前边的分句。

从分配式本身，很难通过加“的”演化出“定语＋中心语”的结构。如不能说“一个人一把的锄头”。

4.4 分配式有时可以造成比较特殊的双宾语结构。例如：

(8) 有一回，妈妈大发慈悲，给我和弟弟一人一块饼干。

“我和弟弟”是“给”的近宾语。如果只说“我和弟弟一人一块饼干”，“我和弟弟”是主语，“一人一块饼干”是谓语，跟例(6)的“你们三人一人一张”、例(7)的“您两口一人一个”是相同的结构；由于前边用了“给”类动词，就造成了“给＋表示人物范围的词语＋分配式”这样一种比较特殊的双宾语结构。“张先生送给大伙儿一人一本新写的书”，“大会发给与会代表一人一份讨论提纲”，诸如此类，都是包含有这种双宾结构的句子。

4.5 分配式里，人物项的名词如果是“一”，总是表示“每”的意思。如果是“二”以上的数目，则要在一定的语境中确定。比如：“你们班是六个小组。两个小组一套学习材料，六个小组三套学习材料。”这里，“两个小组”表“每”，“六个小组”不表“每”。又如：“你们班是两个学习小组。一个小组一套学习材料，两个小组两套学习材料。”这里，“一个小组”表“每”，“两个小组”不表“每”。

5

5.0 这一部分讨论下面的现象：

一个生产队五六十户社员｜一个系四个年级｜一个车队十多部汽车｜一天二十四小时｜一年三百六十五天

这些例子都表示事物总体单位和事物个体单位之间的数量关系。为了方便，称为“总分式”。

5.1 总分式一般是对注的。总体项和个体项一般可以调换位置。如上面的例子，可以对调成：五六十户社员一个生产队｜四个年级一个系｜十多部汽车一个车队｜二十四个小时一天｜三百六十五天一年。

凡是个体项数量等于总体项全量的，都具有对注性。有时，个体项的数量只是总体项全量的一部分，这样的总分式便是单注的，总体项一定在前，个体项一定在后，二者不能对调。比如：“今年一个系三四个人分配到边疆去工作。”一个系不只三四个人。“一个系三四个人”不能说成“三四个人一个系”。

5.2 总分式里，总体项和个体项的名词有时是共同的。为了避免重复，同一名词不会同时出现。例如：

(1) 一塘鱼几千斤，葛文富和金女吃了多少苦，不能叫冲了！（沈仁康《葛家寨的喜悦》）

(2) 抬头往河面上看，河当中一排三盏大马灯。（戴厚英《高的是秫秫　矮的是芝麻》）

例（1）“一塘”“几千斤”的名词都是“鱼”。这里名词“鱼”只出现于前项。例（2）“一排”“三盏”的名词都是“大马灯”。这里名词“大马灯”只出现于后项。这种“共名”现象是前四种叠用解注式所没有的。“一袋油绳十根”“十根油绳一袋”“一家八口人”“一行十八人”，都是这种现象。

5.3 总分式里，总体项和个体项之间，存在着包容与被包容的关系。总体项在前、个体项在后时，可以插入动词“有”，表明前项包容后项。如：一个生产队五六十户→一个生产队有五六十户｜一袋油绳十根→一袋油绳有十根。个体项在前、总体项在后时，可以插入动词“成”，带有“组成、构成、合成”等意思，表示前项包容于后项。如：五六十户一个生产队→五六十户（组）成一个生产队｜十根油绳一袋→十根油绳（装）成一袋。

5.4 总分式一部分可以单独成句；一部分可以从自身抽取主语，使剩下的简略式充当谓语。

总体项在前、个体项在后的总分式，除了“一家几口人”之类的说法，都有单独成句的可能。如：

（3）一个浩特三四户人家。（韩蔼丽《田园》）

一个总分式成了一个单句。

最容易从自身分化出主语的，是“共名式”。只要名词具有较强的自立性，不管总体项在前还是在后，都可以移到前头使剩下的简略式成为谓语。如：一袋油绳十根→油绳一袋十根；十根油绳一袋→油绳十根一袋｜一排三盏大马灯→大马灯一排三盏；三盏一排大马灯→大马灯三盏一排。

5.5 总分式里的名词，有的是表示人或事物的名词，有的是表示时间的具有量词性质的名词。前一类可以整个儿充当主语、宾语，功能接近于表示人或事物的名词；后一类可以整个儿充当状语，功能接近于时间名词。例如：

（4）一家六口人住了一间十几个平方米的阴暗潮湿的灶庇间。（张英《怎么办》）

(5) 别看今天来的乡邻有三位，却足以代表松树湾的十六户人家，一个生产队。(何士光《将进酒》)

(6) 一年三百六十天在台上唱，肚囊不实能行吗？(邓友梅《"铁笼山"一曲谢知音》)

前两例"一家六口人"和"十六户人家，一个生产队"分别充当主语和宾语；后一例"一年三百六十天"充当状语。

5.6 总分式里的总体项，有的一定表"每"，如"一年十二个月""一天二十四个小时"之类；有的一定不表"每"，如"一家六口人""一个浩特三四户人家"之类；有的要看具体的语言环境。如在例（1）和例（2）里，"一塘鱼几千斤""一排三盏大马灯"都不表"每"。又如：

(7) 他去卖什么？卖油绳。……有五根一袋的，有十根一袋的，又好看，又干净。(高晓声《陈奂生上城》)

(8) 去年底老雨哥去大队那儿交账，嘿，一叠现金支票，五千三百五！(叶文玲《小溪九道弯》)

例（7）有"每"的意思，例（8）没有。

6　结语

6.0 本文讨论的五种格式，都是数量名结构的叠用，都具有解注关系。但它们又存在着各自的特殊性。在意义上，"物价式"揭示买卖关系，"段价式"揭示收支关系，"存现式"揭示存现关系，"分配式"揭示分配关系，"总分式"揭示包容关系。它们的前后项之间能插入的动词不一样，前后项能否对调的情况有所不同，成句能力和充当成分的能力也不同。

6.1 本文讨论的格式，有的入句后能造成比较特殊的句法结构。即：物价式出现在"买、卖"之类动词后边的时候；段价式出现在动词"做、花"等后边的时候；分配式出现在远宾语位置上的时候。

6.2 本文讨论的格式，有的可以结合起来造成复杂的叠用解注结构。例如：

一个婴儿一个月五斤白糖。

“一个婴儿五斤白糖”是分配式，“一个月五斤白糖”是存现式。上例是两种格式的套用，具有两个层次：一个婴儿 | 一个月 ‖ 五斤白糖。又如：

一个小工一个月三十块钱。

“一个小工三十块钱”是分配式，“一个月三十块钱”是段价式，上例是两种格式的套用，具有两个层次：一个小工 | 一个月 ‖ 三十块钱。

6.3 关于表不表“每”，本文对五种格式都作了简单的讨论。李、范二同志的文章曾指出：“这些例句孤立地看，有的可能有两种不同的理解，……但根据意义和形式相结合的观点看，这是两类不同的句子，形式和意义都不一样。”本文是从“孤立”的结构形式出发，说明存在着有的可能表“每”也可能不表“每”，有的一定表“每”，有的不一定表“每”等情况，这是从另一个角度讨论问题，不是否定李、范二位的结论。

（原载《语法研究和探索（二）》，北京大学出版社 1984 年版）

从一个实例看标点符号的表意作用

标点符号在帮助书面语表达意思上有很大的作用。用得不正确，或者用得不准确，都会对意思的表达产生消极的影响。

最近，拿到刚出版的拙作《语法问题探讨集》，粗略地翻看了一下，发现好几个地方标点符号排印有误。其中有两处很能说明问题，值得说说。

一处说明：多用标点符号有时会严重损害原意。实例是：

> “从……到……”有时是介词结构；“从……”用在动宾结构“到……”的前边。(邢福义《语法问题探讨集》)

这里，多排了一个分号。原稿没有分号，“介词结构”和“从……”是复指关系。意思是：“介词结构‘从……’”用在“动宾结构‘到……’”的前边。可见，这个多排了的分号，对原意的损害是多么严重！一段话，如果完全没有标点，实在不好读；但是，如果加错了标点，有时比完全没有标点还要糟。

另一处说明：在复句里用分句要注意内外关系。实例是：

> 集子中的文章，时间距离较大，大部分是近几年写的，有的是二十来岁时的习作；篇幅大小不一，篇幅大的两万多字，篇幅小的只有三千字左右；体例、术语和说法不完全一致，有时标这种符号，有时标那种符号；有时用这套名目，有时用那套名目；有时这样解说，有时那样解说，除了极个别的地方，都尽量保持原来的样子。(邢福义《语法问题探讨集》前言第 2 页)

加下横线的两个地方，原稿都用逗号，而不是分号。这是因为，上例是个大复句，并列“时间距离”“篇幅”“体例、术语和说法”三层意思，这三层意思之间已用分号隔开，如果在第三层意思内部再用分号，反而会影响意思表达的明晰性。孤立地看“有时标这种符号，有时标那种符号；有时用这套名目，有时用那套名目；有时这样解说，有时那样解说”，这是一个复句，在这个复句内部用分句是对的。但是，从外部关系看，这个复句只是包含在第三层意思中的一个小复句，而第三层意思又只是包含在整个大复句中的一个部分。因此，为了清楚地反映层次关系，这个小复句的内部最好还是用逗号，而不要用分号。

（原载《语文教学与研究》1986 年第 6 期）

“像·(名·似的)”还是“(像·名)·似的”?

1. “像·名·似的”结构的层次关系，目前有两种看法。

其一，分析为“像·（名·似的）”。“像”是动词，“名·似的”是宾语，宾语由名词带“似的”构成。如：

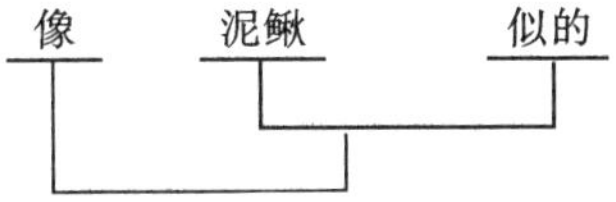

其二，分析为“（像·名）·似的”。“像·名”是动宾结构，带上“似的”构成比况结构。如：

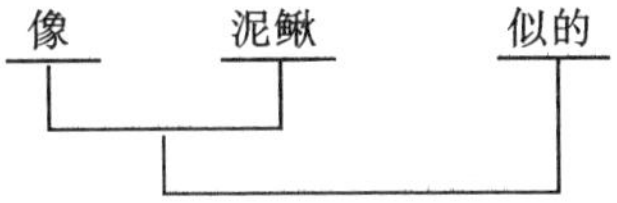

这两种分析，哪一种更合理，需要进行检验。

2. 现代汉语里，“V＋N（NP）”的动宾结构，充当宾语的N（NP）可以是一个名词，也可以是一个数量名结构。（当然还有其他好些情况，这里不必细说。）当宾语是数量名结构时。“数＋量”如果是“一＋量”，“一”字可以隐去。即：

V＋N→V＋一量N

→V＋量N

例如：

挖洞→挖一个洞→挖个洞

借小说→借一本小说→借本小说

买摩托车→买一辆摩托车→买辆摩托车

“像”是动词。“像＋名”的动宾结构情况相同：

像牛→像一头牛→像头牛

像泥鳅→像一条泥鳅→像条泥鳅

像芦柴棒→像一根芦柴棒→像根芦柴棒

3. “像·名·似的”结构中，N（NP）部分可以是“一＋量＋名”：

（1）一只红胸山雀叫了一声，像一团火星似的在绿色的枝叶中消逝了。（白桦《一支枯竭了的歌》）

但是，“一”字经常隐去，只剩下“量＋名”。例如：

（2）彭怀鲁总像个影子似的跟着我……（朱春雨《大地坐标点上的赋格》）

（3）公公就葬在这个布满杂草乱腾的像个草笠儿似的坟包下。（张石山《上坟·婚变》）

（4）陈泸生认真得很，……嘴张得像只瓜瓢似的更卖力气了。（朱春雨《大地坐标点上的赋格》）

（5）小凡总是在这个时候站在门口等着，远远地看见程越的身影了，立即像只小兔子似的蹦跳着迎上去……（陈海萍《清清的矿泉水》）

（6）彭怀鲁在这种时候，一反在女兵们跟前那种绵软性子，竟像颗爆竹似的。（朱春雨《大地坐标点上的赋格》）

“一样”有时相当于“似的”。“像·名·一样”里情况相同：

（7）我总埋怨他太老实了，像片茅草一样软弱无能。（罗欣荣《父亲的脚印》）

（8）马群拥出山谷后，在一座无际的雪原上，像条浩浩荡荡的大河一样向前奔腾。（陈世旭《遥远的地平线》）

4. 把“像·名·似的”分析为“像·（名·似的）”，所据的理由是“名·似的”能独立。如“像泥鳅似的”，单说“泥鳅似的”可以成立。

然而，如果把量词当作一个砝码，加到“像·名·似的”结构中的名词部分，我们就可以明显地看到：名词部分跟“像”贴近，或者说，向“像”紧靠。在这种情况下，名词部分“量+名”不再存在跟“似的”组成一个结合体的可能性。如“像条泥鳅似的”，“像条泥鳅”可以独立，“条泥鳅似的”却不能独立。

全面考察“像·名·似的”结构，应该是：

像	泥　鳅 一条泥鳅 条泥鳅	似的

而不应该是：

像	泥　鳅	似的
	一条泥鳅	
	条泥鳅	

这就是说，把“像·名·似的”分析为“(像·名)·似的”，全部现象都可以通过；如果分析为“像·(名·似的)”，则有一部分现象不能通过。换句话讲，有一部分现象不支持“像·(名·似的)”的分析。例(2)到例(8)也都如此：

*个影子似的

*个草笠儿似的

*只瓜瓢似的

*只小兔子似的

*颗爆竹似的

*片茅草一样

*条浩浩荡荡的大河一样

总之，两种分析相比较，分析为“(像·名)·似的”比分析为“像·(名·似的)”更合理。

5.“像·名·似的”是“动宾+似的”的比况结构，可以整块儿充当一个句子成分。比如充当状语：

(9) 面对课本和演算本，一切便很快……像弹簧一样紧紧地压缩在了一起。(路遥《在困难的日子里》)

“像弹簧一样”相当于“像弹簧似的”，这里是状语。

“像·名·似的”有时可以不出现“像”，比况结构由“名词＋似的”构成。如上例的状语“像弹簧一样”可以只说“弹簧一样”：

（10）面对课本和演算本，一切便很快……弹簧一样紧紧地压缩在了一起。

这类比况结构，可以认为隐去了“像”。在现代汉语里，隐去某种语义成分的结构很多。比如：“今天是正月初三”，动宾结构作谓语；说成“今天正月初三”，是名词结构作谓语，可以认为隐去了判断动词“是”。

某种语义成分的隐去，是有条件的。“今天是正月初三”可以说成“今天正月初三”，“今天不是正月初三”就不能说成“今天不正月初三”；“像弹簧一样……”可以说成“弹簧一样……”，“像条弹簧一样……”就不能说成“条弹簧一样……”。再看两例：

（11）一天正午，她像只小麻雀似的把我叫醒。（刘小伟《寻梦园》）

（12）面对新的一天，曹大鹏只觉得心灰意懒，……像堆死灰一样不能复燃了。（郭富文《荒原》）

“像只小麻雀似的”“像堆死灰一样”在这里都充当状语。由于出现了量词“只”“堆”，“像”不能隐去，不能只说“只小麻雀似的把我叫醒”“堆死灰一样不能复燃”。

6. 还可以指出一种事实，作为对本文看法的补充证明。这就是：“像·（一）量名·似的”有时可以说成“像·这量名·似的”。比较：

（13）他留起了披肩长发和乱蓬蓬的大胡子，像黑猩猩似的。（泛指说法）

（14）他留起了披肩长发和乱蓬蓬的大胡子，像个黑猩猩似的。（泛指说法）

（15）他留起了披肩长发和乱蓬蓬的大胡子，像这个黑猩猩似的。（定指说法）

其中的"这量名"也可以说成"那量名"。例如:

(16)那时边境上几乎天天都走人。……中苏关系像那些流往北冰洋的河一样,越来越冰冷。(张曼菱《唱着来唱着去》)

这里的"这量名"或"那量名"是"像……似的"中的名词部分。单独说"这量名+似的"或"那量名+似的",也很难站得住。

(原载《汉语学习》1987年第3期)

现代汉语的特指性是非问

现代汉语的疑问句可以分为三类：是非问；特指问；选择问（包括反复问）[①]。一般认为，“吗”用在陈述句末尾构成是非问；又认为，句中用了特指求代的疑问代词，句末用“呢”不用“吗”。本文讨论的特指性是非问，跟上述说法有所抵触。这类特指性是非问句末用“吗”，句中又含有疑问代词。它是既问是非又有特指的一种二重性特殊疑问句。例如：

有任务吗？　　　　(是非问)

有什么任务呢？　　(特指问)

有什么任务吗？　　(特指性是非问)

本文先描写特指性是非问的基本形式，接着阐述特指性是非问的主要特点。最后，讨论跟特指性是非问相近似的两类问句，借以加深对特指性是非问的认识。

1　基本形式

1.0 特指性是非问句的基本形式有四个：①“有”字式；②“想”字式；③“能”字式；④“V过/了”式。其中，最活跃的是“有”字式。

1.1 “有”字式

“有”字式是谓语动词用“有”字的句式。其代表性形式是：

(S) ‖有＋什么N…＋吗？

S代表主语，N代表名词或名词性结构。例如：

(1)“你们有什么根据吗?”“……据老乡反映,出事那天,徐彦文正好乘船取道清阳湖,到县里去。”(达里《姑娘,看着我!》)

(2)现在的锅和那时的锅,现在的补锅技术和那时的补锅技术,有什么大的变化吗?(王蒙《杂色》)

“有”字式的主语,可以指人,最常见的是第二人称代词“你、您、你们”之类,如例(1)用“你们”;也可以指物,如例(2)用“现在的锅和那时的锅,现在的补锅技术和那时的补锅技术”。有时,“有”字式是存在句,句首可以出现处所主语或表示时间的成分。如:

这一带有什么新情况吗?

近几天(这一带)有什么新情况吗?

“有”字式里,主语和“有……”之间有时出现一个表示先导行为的动宾结构(VO),成为“(S)‖VO+有什么N+吗”,但VO可以删除。如:

(3)你是哪里?(你)找陈顾问有什么事吗?(杨东明《走出旧货店》)

(4)孔科长,您召见我们有什么事吗?(中英杰《哥儿们折腾记》)

“有”字式里,“有什么N”后面可以续上一个动宾结构(VO)或兼语结构(VOV),成为“(S)‖有什么N+VO(V)+吗?”如:

[A组]

你有什么事找我吗?　　您有什么问题让我回答吗?

他有什么心事瞒着你吗?　　他有什么困难要您帮忙吗?

[B组]

有什么人欺侮了你吗?　　有什么大人物让你难堪吗?

有什么想法困惑着你吗?　　有什么议论让你烦恼吗?

A组有确定的表示人物的主语,“有什么N+VO(V)”是连动式:“有什么N”和“VO(V)”都述说S。B组是存在句,“有什么N+VO(V)”是兼语式:“什么N”既是“有”的宾语,又是“VO(V)”的主语。

1.2 “想”字式

“想”字式是谓语动词用“想”字的句式。其代表形式是：

(S) ‖想+V点什么 (N) +吗?

例如：

(5) 上校，你想吃点什么吗？中菜还是西菜，我都准备好了一些。(文放《台湾黑猫旅社》)

“想”字式有确定的表示人物的主语，对话中可以不出现，但可以明确地补出。充当主语的词，一般是第二人称代词“你、您、你们”之类。同类的例子：

你想讲点什么吗？你想写点什么吗？

你想听点什么吗？你想看点什么吗？

你想买点什么吗？你想订购点什么吗？

“想”字式的主语也可以是第三人称的代词“他、他们”之类，但不用“我、我们”等第一人称代词。如：

她想吃点什么吗？

*我想吃点什么吗？

“想”字式里，V后边一般带量词“点”，有时也可以不带；“什么”后面的名词一般不出现，有时也可以出现。如：

你想买点什么吗？

→减去量词：你想买什么吗？

加上名词：你想买点什么东西吗？

减量加名：你想买什么东西吗？

“想”的同义形式是“要”。“想/要”有“打算”的意思，对话中有时隐去，但可以补出。如商店服务员问走近柜台的顾客：“买点什么吗？”这等于说：想买点什么吗？｜要买点什么吗？｜打算买点什么吗？又如：

(6) 那你给家里捎什么吗？你老不回去。……他老人家一说起就埋怨你把他忘了！(贾平凹《浮躁》)

上例“捎”后边不用“点”，“(给家里)捎什么”前边隐去了

“想”。等于问：你想给家里捎点什么吗？｜你打算给家里捎点什么吗？

1.3 “能”字式

“能”字式是谓语前端用助动词“能”的句式。其代表形式是：

(S) ‖能+V点什么 (N) +吗？

例如：

我能吃点什么吗？我能买点什么吗？

你能讲点什么吗？你能提点什么吗？

他能画点什么吗？他能带点什么吗？

“能”字式有确定的表示人物的主语，第一、第二、第三人称的代词都可以用。“能”和“V点什么 (N)”之间，常常出现“帮你、为你、让你”之类词语：

我能帮您做点什么吗？我能为她买点什么吗？

我能帮您提点什么吗？我能让他写点什么吗？

他能为我画点什么吗？他能为你带点什么吗？

“能”字式句首有时加独立成分“你看”，借以加强问句的征询意见的口气：

你看，我能吃点什么吗？你看，你能讲点什么吗？

你看，他能带点什么吗？你看，我能帮你做点什么吗？

你看，你能让他写点什么吗？你看，她能为我画点什么吗？

“能”字式里，V后边也可以不用量词，代词后边也可以出现名词。如：我能买点什么吗？→我能买什么吗？｜我能买点什么东西吗？｜我能买什么东西吗？又如：

(7) 一年一度南去还要北返的大雁尚且如此，一去不返的她，还能听进李建民说的什么话吗？(陆大明《白杨深处》)

“听进”后边可以出现“一点儿”之类，由于问句力求简捷，没有出现；“什么”后边出现了“话”，若不用这个名词，句子的意思就不够确定。当然，脱离上例的语境，“她还能听进点什么吗？这样的问句是可以成立的。

1.4 “V过/了”式

“V过/了”式是谓语动词带时态助词“过/了”的句式。其代表性形式是：

(S) ‖V过/了+什么N+吗？

例如：

(8) 告诉我，你爱过什么人吗？（马佳《林声》）

(9) 又遇到了什么困难吗？（电视剧《潜流》）

例(8)是“V过”式，例(9)是“V了”式。

有的“V过/了”式有确定的表示人物的主语。如例(8)出现主语“你”，例(9)可以添加上主语“你”。同类的例子：你翻译过什么外国作品吗？｜她吃过什么荤腥东西吗？

有的“V过/了“式是存现句，或者句首没有主语，或者句首用处所主语或时间词语。如：

(10) 哪里来的香味！这里来过什么达官贵人吗？（白桦《槐花曲》）

上例句首用处所主语“这里”，可以换成时间词语“刚才”，也可以不用“这里/刚才”。同类的例子：（隔壁/昨晚）来过什么客人吗？｜（这一带/这几年）又出了什么怪事吗？

“V过/了”式里，“什么”后边的名词有时隐去：

(11) 关于李向南，你还……听说过什么吗？（柯云路《夜与昼》）

“V过/了”式里，V后边有时不出现“了”，在这种情况下，“V什么N”后边用“了”：

(12)“真的，出什么事儿了吗？”

“不，不是出什么事儿……”（万方《天上又多了一颗星星》）

2 主要特点

2.0 特指性是非问的主要特点，可以从句末语气助词、句中疑问代词、问句的二重性、问句的然否形式等角度来观察。

2.1 句末语气助词

特指性是非问，在含疑问代词的特定结构后边用语气助词“吗”。把“吗”换成“呢”，或者干脆去掉“吗”，句子便是一般的特指问。上文各例，全都如此。再如：

(13) 您想什么？您有什么发愁的事吗？（王蒙《虚掩的土屋小院》）

(14) 好！还有什么要商量的吗？（艾明之《爱的同一》）

(15) 于开怀静静地问：“你（要）找什么吗？”方纤慢慢地回过身：“没什么，找一本书！”（万方《献给爱丽丝》）

上面各例，“吗”可换成“呢”：您有什么发愁的事呢？｜还有什么要商量的呢？｜你找什么呢？“吗”字可去掉：您有什么发愁的事？|还有什么要商量的？｜你找什么？

从相反的走向来观察，带“呢”的特指问句，如果符合特定的结构要求，就可以把“呢”替换为“吗”，使句子转化成特指性是非问。如：

(16) 我想，你的补习最好从你们急需解决的课题入手来安排计划。你们有什么困难呢？（周永年《新绿》）

(17) ……我能为你干些什么呢？（叶君健《希望者》）

上两例，“呢”可换成“吗”②。

不带“呢”的特指问句，如果符合特定的结构要求，也可以添加“吗”，使句子转化成特指性是非问。如：

(18) 就这样定了吧？你还有什么意见？（杨东明《造山时代》）

(19) 这个老猫鼻子，又嗅出了别人家厨房里的什么味儿？（杨东明《造山时代》）

上两例，可以加上“吗”。

“吗”“呢”能否替换，首先取决于是否符合“有”字式、“想”字式等所规定的结构条件。此外，有时还受句中语气副词的制约。特指性是非问句，如果句中出现“难道/莫非”，句末的“吗”不能换成

“呢”；反之，一般特指问，如果句中出现“究竟/到底”，即使符合“有”字式等的结构要求，也不能换成“吗”。如：

（20）小仙，难道现在，我还会有什么事瞒着你吗？（黎泉《灯城》）

（21）您来找我，究竟想谈点什么呢？（李宪《匿名电话》）

前一例的“吗”不能换成“呢”，后一例的“呢”不能换成“吗”。假如不出现“难道”“究竟”，情况就会相反。

“吗”对特指问句向是非问句的转化具有强制作用。一个特指性是非问，句末用“吗”，句中还可以出现“难道/莫非”，这决定了它在语气框架上属于是非问；但是，它又包含疑问代词，具备特指求代的成分。因此，它是特指性的是非问。

应该提一下“吧”。“吧”也用于是非问，表示信多于疑。特指性是非问句末，有时也可以用“吧”。如：

你找他有什么事吧？　你想吃点什么吧？

你能帮我带点什么吧？　你爱过什么人吧？

用了“吧”，句中有时出现“一定（是）/总（是）”之类词语。这时“吧”不但不能换成“呢”，也不能换成“吗”。如：

（22）大伙来，一定有什么事吧？（电视剧《潜流》）

（23）就说你们服务员敬烟的事儿，总给了她们什么好处吧？（黄济人《九头鸟夜歌》）

2.2 句中疑问代词

特指性是非问，句中一定包含特指求代的疑问代词。最常用的疑问代词是“什么”，方言说法里有“啥、么子”等等，相当于“什么”：

（24）我刚才还问你哩！”他淡淡地笑笑。

“有啥要我做的事吗？”我问。（陈忠实《蓝袍先生》）

疑问代词“谁”在这种问句中也比较常见。“谁”相当于“什么人”。如“有什么人欺侮了你吗？”，可以说成“有谁欺侮了你吗？”。又如：

（25）“里面有谁不行了吗？”

“老太太病了。”（海波《铁床》）

（26）你们该实事求是呀，你们难道有谁拒绝改造了吗？（杨绛《丙午丁未纪事》）

这里的“有谁”都可以说成“有什么人”。前一例的“吗”可以改成“呢”；后一例如果句中不用“难道”，“吗”也可以改成“呢”。

“有谁……”中的“有”可以隐去，让“谁”成为全句的主语。如：

（27）谁要看书吗？可以借书啊！（赵大年《最危险的时候》）

（28）假如这里有一条船，不经过海洋，谁能从内陆河道把它划到北京吗？（同上）

前一例等于说“有谁要……吗”，后一例等于说“有谁能……吗”。

“有谁/有什么人”后边一般续上动词性成分，如例（25）（26）的“不行了”“拒绝改造了”。只有在承上提问的情况下，后续的动词性成分可以隐去，但“有”字前边必须加“还”。比方，不能突如其来地问：“有谁吗？”承接上文，却可以问：“还有谁吗？”如：

妈妈：谁欺侮了你？

孩子：张小三和李小四。

妈妈：还有谁吗？

孩子：还有赵小五。

“谁”和“什么”可以同时在一个特指性是非问里面出现，一个问人，一个问物。比方，在某个特定的场合，小组长大声地问：

有谁想去买什么用品吗？　有谁能帮小楠提点什么吗？

有谁看过什么黄色录像吗？　有谁拿了资料室的什么书吗？

特指性是非问句中的疑问代词，跟一般特指问句中的疑问代词相比较，程度不同地接近虚指[③]，但是，仍然或多或少地具有特指求代的作用。这从好些事实可以看到。

首先，这种问句中的疑问代词仍然表示求代疑点[④]。不用疑问代词，疑点消失，问句的意思往往会起变化。比如问垂死挣扎的病人：“还要说什么吗？”“什么”和“说”，问话人更注意“什么”之所指，因此，可以只说“还要说什么吗”，却不会只问“还要说话吗”。又如：

当时有人摸过东西吗？

当时有谁摸过什么东西吗？

后一句用了“谁”和“什么”。跟前一句相比较，后一句提出了两个求代疑点，显示了问话人需要深入辨察的两个侧面。

其次，这种问句的后边往往可以列举提供求代的事物，划定指代的范围。在这种情况下，疑问代词的实指性是明显的，如：

(29) 金楚桢调节气氛，笑着，“有什么爱好吗？音乐？美术？体育？”(李宪《匿名电话》)

针对“什么”，问话人从“音乐、美术、体育”这几方面提供指代的范围。这里的“什么”显然不能说只是虚指。

再次，由于这种问句里的疑问代词并非完全虚指，答问时固然可以针对是非问，但也可以针对特指问。针对特指问回答问题时，疑问代词的特指求代作用就显示出来了。(例子见2.3)

应该说明：能进入特指性是非问句的疑问代词，除了“什么”和相当于“什么人”的“谁”，还有“哪个、哪里”之类。如：

还有哪个愿意去吗？

还有哪里需要打扫吗？

“哪个”相当于“什么人”，“哪里”相当于“什么地方”。

还应该说明：表示任指的“谁/什么”不能构成特指性是非问。如：

这一带谁都会骑马吗？

他们什么都愿意告诉你吗？

“谁”相当于“任何人”，“什么”相当于“任何事”。这是单纯是非问，不具二重性（见2.3），句末的“吗”不能换成“呢”。

2.3 问句的二重性

特指性是非问是一种“特指问+是非问”两问结合的二重性句式。这种句式可以离析出是非问和特指问两个问句，两个问句重复某个或某些关键词语。如：

有什么新书吗?

→有新书吗?

(有)什么新书呢?

想买点什么东西吗?

→想买点什么东西吗?

(想)买点什么东西呢?

能提供什么线索吗?

→能提供线索吗?

(能)提供什么线索呢?

来过什么客人吗?

→来过客人吗?

(来过)什么客人呢?

从发问的过程看,问话人本来可以分两步提出问题:先是非,后特指。然而,问话人却两步并作一步走,把先后两句结合在一起,从而形成特指性是非问。比如电话里的这几句话:

(30)“哥,你能不能马上回家一趟?”

“有事吗?”

“哥,看你,没事我能找你吗?”

…………

“什么事呢?”

“还不是你的事。”(孙春平《远方有绿灯》)

这一例,也可以简化成:

“哥,你能不能马上回家一趟?”

“有什么事吗?”

“还不是你的事。”

从发问者的心理因素看,之所以采用这种二重性问句,一方面是由于不想过细追问,只想简捷明快地提出问题;另一方面是由于对问话涉及的特定事物(求代对象)有所猜度,但又肯定不了。因为有所猜度,所以希望通过使用疑问代词向对方索取答案;因为肯定不了,所以又希望通过“有……吗”“想……吗”等的提问得到对方的证实。比如：

主人问客人：

“想喝点什么吗?”

朋友来家里做客，应该请他喝点什么，但他不一定想喝什么。用特指性是非问。既明快，又周全，十分适合。如果问：“想喝点什么呢?”这就显然比较突然。然而，换一个场合：

冷饮店。顾客坐在桌子边。服务员问：

“想喝点什么呢?”

顾客上冷饮店，并且坐到了桌子边，肯定要喝点什么。由于对方的行为与特定事物的联系已经肯定，问话人用一般特指问更合适。

从答问的内容看，由于特指性是非问是一种二重性问句，答话人回答问题时既可以针对是非问，不顾特指问，又可以针对特指问，避开是非问。例如：

(31)“告诉我，你爱过什么人吗?”突然，连长用轻得几乎听不见的声音问道。

“除了父母……”我遥遥头。

“除人之外，你爱过什么吗?”

我想起了大森林，想起了蜂子和鲁鲁。我点点头。(马佳《林声》)

上例里，用摇头回答第一问，表示否定；用点头回答第二问，表示肯定。都是针对是非问回答问题。然而，如果这么回答：“读高中时我偷偷地爱过同班的一个同学”，“插队落户时我爱上了森林和蜂子”，那么，便是针对特指问回答问题了。看这两例：

(32)“同志，您有什么事儿吗?”我坐在她对面沙发上，客气地问。

“我想登一个广告……”(贾宏图《明月几时有》)

(33)“有什么困难吗?”他问，声音陌生得她不认识。

“目前只是辣椒卖不出去……”她答，同样陌生。(李贵《辣椒协会纪事》)

前例用“想登一个广告”回答“什么事儿”，后例用“辣椒卖不出去”回答“什么困难”，都是针对特指问回答问题。

从基本倾向看，回答特指性是非问，否定的总是针对性是非问，肯定的则一般针对特指问。有时这种倾向十分明显。比如：“还有谁吗?”作否定回答是“没有了”，这是针对是非问；如果作肯定回答，不能只说“有”或“是”，必须说“还有某某某”，这是针对特指问。

特指性是非问有时用来反问，不要求回答。如例（7）和例（20）（26）。又如：

（34）我连自个家都管不住了。玄武山上我还能有什么威信吗?（贾平凹《故里》）

（35）她好悔呀，不该拒绝那个青工的护送，还有谁会对她那么痴情吗?还有谁会不顾一切地追求她吗?后来的事实证明，小云从爱情的巅峰一下子坠到深谷。（朱纯林《一桩毁容案的报告》）

上例中的问句都不要求回答。须要注意，不能用反问句来证明特指性是非问句中的疑问代词完全虚指。一般的特指问句，也可以用来反问。如上例“吗”改为“呢”，就成为特指问。又如：

（36）“……有谁还能听信我的话呢?”连长颓然地坐在窗前……（马佳《林声》）

这是个表示反问的特指问句，其中的“谁”并非虚指。

2.4 问句的然否形式

特指性是非问总是肯定形式，不能用否定形式。所谓否定形式，是指“没有……”“不想……”等形式。

一个特指性是非问，如果把“有”换成“没有”，或者在“想/能/V过”前面加“不/没”，就会转变成为一般的是非问。如：

没有什么甜头吗?

不想吃什么东西吗?

不能买什么土产吗?

没有发表过什么文章吗?

这类是非问，不能将“吗”换成“呢”，自然也不能将它分化成为是非问和特指问：

*没有什么甜头呢？

*不想吃什么东西呢？

*不能买什么土产呢？

*没有发表过什么文章呢？

这类是非问，减去“吗？”剩下的不再是疑问结构，而是陈述结构，其中的疑问代词全然是任指的：

没有什么甜头

不想吃什么东西

不能买什么土产

没发表过什么文章

可见，特指性是非问由含疑问代词的结构和“吗？”构成，但含疑问代词的结构必须是肯定形式的，并且能独立成为疑问句的。试比较曹禺《雷雨》中的两个问句：

(37) 鲁贵：……（故意不明白）太太有什么事吗？

(38) 周朴园：真没有什么新鲜的问题啦吗？

前一句是特指性是非问，后一问是一般是非问。去掉“吗”，“太太有什么事”仍然可以成为疑问句，“真没有什么新鲜的问题啦”却只能成为陈述句。

3 近类句式

3.0 特指性是非问各个方面的特点，共同规定了这类问句区别于其他问句的基本属性。这就是：包含疑问代词而句末用“吗”；除了出现“难道”，“吗”可换成“呢”；有特定的结构形式，可离析为关键词语有重复的是非问和特指问。这一部分讨论两类问句：①探测性是非问；②接引性是非问。它们跟特指性是非问相近似，但并不相同，不能混为一谈。

3.1 探测性是非问

先看例子：

(39) 你知道是谁吗？（王蒙《错位》）

(40) 您知道她常到什么地方去吗？（文放《台湾黑猫旅社》）

(41) 你知道科长得了亚美公司多少甜头吗？（杨东明《造山时代》）

这类问句，用来探测对方是否知道某个问题的答案。问句的谓语动词，最有代表性的是“知道”；问句中含疑问代词的结构，总是充当宾语。

这类问句可以离析为特指问和是非问。但是，在词语上，离析出来的两个问句没有任何重复之处；在顺序上，两个问题往往是先特指后是非：

是谁呢？你知道吗？

她常到什么地方去呢？您知道吗？

科长得了亚美公司多少甜头呢？你知道吗？

这类问句可以采用否定形式。采用否定形式时仍然可以离析为词语互不重复的特指问和是非问。如：

(42) 你难道真的就这么糊涂，你不知道她是什么人吗？（张抗抗《夏》）

这个问句可以离析为：她是什么人呢？你不知道吗？

有的时候，这类问句的谓语动词不用“知道”，而用意思跟“知道”相近或相通的动词。不过，只要根据可以离析为词语互不重复的特指问和是非问这一点，就可以把它们同特指性是非问区别开来。如：

(43) 你懂什么叫“谈”恋爱吗？那得磨破嘴皮子去谈！（佳峻《火头军司令》）

(44) 你明白什么是军事管制吗？（佳峻《火头军司令》）

(45) 你总是清楚自己需要什么吗？（万方《天上又多了一颗星星》）

(46) 嗳，你还记得你小时候印象最深的童话吗？（张辛欣

《我们这个年纪的梦》）

（47）周朴园：……你可以打听到她的坟在哪里吗？（曹禺《雷雨》）

例（43）可以离析为：什么叫“谈”恋爱呢？你懂吗？其他类推。

特指性是非问和探测性是非问有时结合使用。例如：

（48）你没听到这里有谁拾到一群羊吗？（言公《河滩，走来一群羊》）

“这里有谁拾到一群羊吗？”这是特指性是非问，可以这么离析：这里有人拾到一群羊吗？什么人（谁）拾到一群羊呢？“你没听到……吗？”这是探测性是非问，可以这么离析：这里有谁拾到一群羊呢？你没听到吗？

3.2 接引性是非问

先看例子：

（49）“干什么去？”

“玩。”

…………

“玩什么（呢）？”

“玩什么（吗）？聊天呗！”（张曼菱《云》）

接引性是非问是用来承接上文引出下文的一类是非问，也叫“回问”⑤。

这类问句要求有原发问。原发问是问话人的问话，采用带“呢”的特指问形式。接引问是答话人对原发问的重复，只是换“呢”为“吗”，把特指问改成是非问。如“玩什么呢”是原发问，“玩什么吗”是接引问。又如：

（50）你读的这首诗，写的是我们去山西的事。……为么事要去（吗）？嘿嘿，不为什么，为就为《中国商报》登了一条消息。（黄济《九头鸟夜歌》）

同原发问相比较，这类问句的主语有时一致，有时有变化。如：

甲：他送什么呢？

乙：他送什么吗？可能是衣料！

主语一致，都是“他”。又如：

甲：我送什么呢？

乙：你送什么吗？最好是电器！

甲：你送什么呢？

乙：我送什么吗？我想送《辞海》！

上例主语有变化：原发问用“我”，接引问用“你”；原发问用“你”，接引问用“我”。

原发问可能比较长，接引问一般只重复其中包含求代疑点的部分，而且常常不带“吗”。不过，即使不带“吗”，也还是是非问；如果要添加语气助词，就只能是“吗”，而不能是“呢”。如：

(51)“大姐，章校长到底是个什么人物呢？他为什么要收养咱们这八个孤儿呢？”

“什么人物（吗）？大好人呗！”（赵大年《最危险的时候》）

(52)“你这是什么意思？”

“什么意思（吗）？”张安邦虽然还有隐隐的理智提醒他别过火，但终于还是不能克制地发泄了：“……我要不成‘三千万’，可他也别想回北京，让丁猛去安慰他吧！”（柯路云《三千万》）

注释：

①邢福义主编：《现代汉语》，高等教育出版社 1986 年版，第 452～453 页。

②这里所说的“呢”“吗”互换，仅就问句本身所存在的可能性而言。在特定环境里，由于受上下文的制约，自然不一定可以互换。

③吕叔湘先生《疑问·否定·肯定》中曾指出：“是非问句里有时出现疑问称代词或指别词，但只要句末有‘吗’，就可以断定这些称代词或指别词不表示疑问而表示虚指用法。”

④吕叔湘先生叫做“疑问焦点”，见《疑问·否定·肯定》。吕叔湘：《疑问·否定·肯定》，《中国语文》1985 年第 4 期，第 241 页。

⑤丁声树等《现代汉语语法讲话》叫做“回问”。朱德熙《语法讲义》也讨论

过同类的现象。

主要参考文献

[1] 丁声树，等．现代汉语语法讲话［M］．北京：商务印书馆，1961．

[2] 吕叔湘．疑问·否定·肯定［J］．中国语文，1985（4）．

[3] 朱德熙．语法讲义［M］．北京：商务印书馆，1982．

[4] 范继淹．是非问句的句法形式［J］．中国语文，1982（6）．

[5] 陆俭明．关于现代汉语里的疑问语气词［J］，中国语文，1984（5）．

[6] 北京大学中文系1955、1957级语言班．现代汉语虚词例释［M］．北京：商务印书馆，1982．

[7] 刘月华．实用现代汉语语法［M］．北京：外语教学与研究出版社，1983．

[8] 邢福义．现代汉语［M］．北京：高等教育出版社，1986．

（原载《语言教学与研究》1987年第4期）

"NN 地 V" 结构

0　说明

NN 代表"名＋名"并列结构。每个 N 都是典型的名词，不会被看作是比词大的单位[1]。V 包括 VP，既可以是单个动词，也可以是动词结构。NN 和 V 之间用助词"de"，书面上常写作"地"，也可以写作"的"。"NN 地 V"是现代汉语里相当特别的一种结构，特别之处主要表现在用 NN 作状语。因此，本文主要讨论作状语的 NN。为了方便，作状语的 NN 简称 NN 状语。

1　NN 状语的表义范围和必要的构成条件

1.1　从词语同所指对象的联系看，NN 状语的表义范围主要涉及人、物和处所。如：

(1) 赵多多今天大宴宾客，书记、主任地请来了好些个头面人物。

(2) 那天莲莲在代销店肥皂、电池地买了好几块钱的东西。

(3) 成年累月上海、广州地跑，没有甜头他会干？

相对地说，指物 NN 状语较为多见。"烧鸡烤鸭地吃""野草树皮地啃""皮鞋夹克地经常买""原理公式地天天背"，这类说法，相当能产。

NN 状语也可以指时间，但能经常见到的只是"白天晚上"或"白天黑夜”：

(4) 丫丫很少出门，白天晚上的哭。(李宽定《山林恋》)

(5) ……他们厂的一个锅炉工，只要刘高高不在家，就白天黑夜地与她私混在一起。(晓宫《被切开的苹果与视觉》)

1.2 从“NN地V”本身的结构形式看，NN状语的构成有几个条件：

1.2.1 起码两个名词，名名之间不用“和”。只有一个名词不能成立[②]。比较：

NN作宾语	NN作状语
吃烧鸡烤鸭	烧鸡烤鸭地吃
吃烧鸡和烤鸭	？烧鸡和烤鸭地吃
吃烧鸡	*烧鸡地吃
吃烤鸭	*烤鸭地吃[③]

1.2.2 起码四个音节。如果两个名词都只一个音节，合成两个音节，NN状语不能成立。比较：

经常烧鸡烤鸭地吃	*经常鸡鸭地吃
成年累月上海、广州地跑	*成年累月沪、穗地跑

NN状语有时可以并列三个名词，第三个名词可以是两个音节或者三个音节。这就是说，NN状语不能少于两个名词、四个音节[④]，但并不限于两个名词、四个音节。如：

(6) ……“大鸟”看中了这个生财之道，利用妹妹在火车上当列车员的便利，上海、南京、杭州地跑了起来。(纯民《混凝土》)

(7) 梁志达就油鸡、卤味、海蛰皮地叫了许多东西。(陈浩泉《选美前后》)

NN状语还可以并列四个名词，合成八个音节。四个名词往往分成两组，音节四四分配。例如：

(8) 他便改弦更张，上海广州，南宁北京地跑了投机生意。(柯尊解《观音桥》)

由于四个音节就能成立，并列的四个名词都可以是单音节的：

烧鸡烤鸭鳊鱼对虾地天天吃→鸡鸭鱼虾地天天地吃

1.2.3 带助词"地"。"地"对 NN 状语有促成性。

"地"有时必须用。否则或者站不住，或者改变基本语义关系。如：

(9) 临急抱佛脚，这几天他一天到晚主语谓语地背。

(10) 呀——快去看吧！……杨胖子跟财务科长，姨儿姥姥地骂！(傅志明《展开的翅膀》)

去掉"地"，前例站不住，后例主动关系完全改变。

"地"有时可以不用，但可能导致 NN 状语身份的变动。

所谓"可以不用"，指的是用与不用意思相同或基本相同。如果从 NN 是不是状语来考虑，用与不用往往大有关系。请看下面三组例子：

a { 宿舍、课堂 Ø 来回跑
白天、晚上 Ø 拼命干

b { 主语、谓语 Ø 整天背
辣椒、茄子 Ø 种了一园子

c { 饭桶、酒囊 Ø 乱骂人，(哪像个领导！)
香烟、奶糖 Ø 讨他好，(我不干！)

a 组，不用"地"，"宿舍、课堂"大概一般都会分析为状语，把"白天、晚上"分析为状语更不会有什么争论。b 组，不用"地"，"主语、谓语""辣椒、茄子"通常都会分析为受事主语。只有在把它同带"地"的现象联系起来的时候，才可以意识到这类受事主语有向状语转化的性质。c 组，不用"地"，"饭桶、酒囊""香烟、奶糖"大概可以勉强分析为状语，但由于没有形式标志，在词性上又跟一般状语不大相同，人们总会对这种"状语"感到有点陌生。总之，带"地"一定是状语，不带"地"则不一定是状语，或者不能完全肯定是状语。可见，"地"对促成 NN 状语的确立具有一定的强制作用。

2 NN 状语的语义特点和相应的形式特征

NN 状语在语义上具有突举性、累积性和"可宾性"，在形式上也

反映出某些相应的特征。如果说，表示人、物、处所和时间是NN的词语指称意义，那么，突举性和“可宾性”便是NN在“NN地V”结构中显示出来的特定语义。

2.1 突举性，指NN状语表示需要突出地列举的项目。包括部分突举和总体突举：部分突举是突举代表性事物，NN列举未尽；总体突举是把动作涉及的事物全部作为突举对象，NN列举详尽。

通常是部分突举。形式上，动词后边往往出现“数量名”之类提示突举范围并兼表多量的词语。如：

书记、主任地请来了好些个头面人物

会长、理事地挂了好些牌子

油鸡、卤味、海蜇皮地叫了许多东西

“书记、主任”是“好些个头面人物”中的代表性人物，“会长、理事”是“好些牌子”中具有代表性的牌子，“油鸡、卤味、海蜇皮”是“许多东西”中具有代表性的东西。

在动词后边不出现“数量名”之类词语时，由于缺乏突举性范围的提示，NN可能是部分突举，也可能是总体突举。孤立地看NN，有的可以根据常识作判断，有的却很难断定到底是部分还是总体，比如：

主语谓语地背

白天黑夜地干

广州上海地跑

凭常识可以知道第一例是部分突举。第二例是总体突举，因为“白天”和“黑夜”是排中的。但是凭借常识无法断定第三例，因为可能只跑这两个城市，也可能还跑其他城市。

在少数情况下，NN状语只能是总体突举。这时，NN状语所涉及的对象数量有限，而且分不出代表性的与非代表性的。比如春、夏、秋、冬四季，对于“用功”来说，其中任何两季都没有特殊的代表性，因此只能总体突举：

春、夏、秋、冬地用功

*春天、夏天地用功

*秋天、冬天地用功

时间NN状语一般只适合于总体突举，而不大能部分突举。因此，时间NN状语为数极少。

2.2 累积性，指NN状语不是表示一般的并列，而是表示对象的累积。累积有两种："复现性累积和一次性累积。复现性累积是近似乘法的累积，NN多次反复；一次性累积是近似加法的累积，NN一次加合。跟累积性相配合，形式上可以出现特定的时间词或频数词。

跟复现性累积相配合，经常出现或可以出现的是"经常、老是、天天、整天、好几回"之类词语。如：

经常书记、主任地巴结头面人物

天天油鸡、卤味地吃

油鸡、卤味、海蜇皮地吃过好几回

"经常、天天"之类也可以用在动词前边："书记、主任地经常巴结头面人物｜油鸡、卤味地天天吃"。"好几回"之类，一般用在动词后边。

跟一次性累积相配合，经常出现或可以出现的是"已经、今天、现在、那会儿、这一回"之类词语。如：

他已经会长、理事地挂了好些牌子。

他这一回油鸡、卤味、海蜇皮地叫了不少东西。

"已经"是时间副词，也可以用在动词前边：会长、理事地已经挂了好些牌子。"这一回"之类只能用在"NN地V"的前边。

NN状语有时只表示说话中职衔、称号之类的累积。这时，不管加什么样的时间词，NN都是话音的多次复现。如：

(11) 谁不知道你有能耐？何必天天军长、政委地挂在嘴上？

(12)（那会儿）小天女满院子地跑："叔叔""姑姑"地叫……（田增翔、陶正《天女》）

这种NN，可以复用同一个名词，强调同一话音的多次复现：

(13) 谁不知道你有能耐？何必天天军长、军长地挂在嘴上？

(14) 那会儿小天女满院子地跑："叔叔""叔叔"地叫……

2.3 可宾性，指NN状语具有可以成为宾语的语义条件。与此相关联，NN状语可以通过变换转化成为形式上的动词的宾语。这有两种情况：

2.3.1 直接变换。NN状语可以直接变换成为后边动词的宾语。即"NN地V"偏正结构直接变换成为"VNN"动宾结构。如：

主语、谓语地背→背主语、谓语

上海、广州地跑→跑上海、广州

V如果是动宾、动补之类结构，变换不那么单纯，但NN仍可后移成为宾语，或成为作宾语的同位结构的前一部分。如：

上海、广州地跑起了投机生意

→跑上海、广州，做起了投机生意

上海、广州地跑个不停

→跑上海、广州，跑个不停

某些"VNN"动宾结构，也可以按"NN地V"的结构特点变换成为"NN地V"结构。例如：

(15) 他出差了，他虽然像从前出门一样，临走前替她备足了米、面、蛋等日用物质，……但却没有和她当面告别。(于丹《琴瑟曲》)

可以变换为：

(16) 他出差了，他虽然像从前出门一样，临走前米、面、蛋、油地替她备足了日用物质，……但却没有和她当面告别。

2.3.2 间接变换。有的"NN地V"，V和NN之间不存在直接的语义上的动宾关系。这样的"NN地V"实际上隐去了同NN有动宾关系的V。若把隐去的V记为V°，将它补出，便成为"NN地V°，V"。补出V°以后再变换成为"V°NN"。如：

经常上海广州地乱花公家的钱

→经常上海广州地跑，乱花公家的钱

→经常跑上海广州，乱花公家的钱

隐去的V°，肯定是同NN有动宾关系的词语。但究竟补出一个什么样的词语，却有一定的灵活性。比如“经常上海广州地乱花公家的钱”，既可以补上“跑”，也可以补上“逛、玩”等。又如：

(17) 就算是美国的教授比中国的教授多挣了几个大子儿，也禁不住成天价飞机汽车地来回折腾……(苏叔阳《故土》)

这里可以补上“乘坐”或“倒换”之类动词。

应该指出，NN状语的可宾性是就绝大多数情况说的。为数不多的时间NN状语，不能或极难变换为宾语。“白天黑夜地与她厮混在一起”，也许可以这么认为：“白天黑夜地与她厮混在一起。→消磨白天黑夜，与她厮混在一起。”但是，一般不这么说。

3 NN状语的语用价值

一般名词或名词结构的常用位置不是状语。用NN名词结构做状语，语用上具有特殊的价值。

3.1 突出NN，构造小夸张架式。

同“VNN”相比较，“NN地V”是一种小夸张架式。在“NN地V”里，NN由于位置特别而显得突出，NN所表示的对象得到充分的强调，这种强调是记实的，语气上却带有夸张性，可以算作一种“小夸张”⑤。而在“VNN”里，NN是说明性的，尽管NN后边可以加上同位复指成分加以强调，但这种强调还是偏重于说明，语气上并不显得夸张。比较：

(18) 我们车间发了茶叶、白糖。(铁凝《麦秸垛》)

(19) 我们车间发了茶叶、白糖两大包。

(20) 我们车间茶叶、白糖地发了两大包。

例(20)中，“茶叶、白糖”成了状语，既具有突举性(可能还有别的东西)，又在说话的口气上显得有意夸张。假如把“两大包”换成“两小包”，可以加深对这一点的理解：

发了茶叶、白糖两小包	发了人参、鹿茸两小包
？茶叶、白糖地发了两小包	人参、鹿茸地发了两小包

“茶叶、白糖”不是贵重东西，“两小包”不值得夸张。“人参、鹿茸”是贵重东西，尽管只是“两小包”，但也值得夸张。当然，如果“茶叶、白糖”是紧俏物质，得到两小包也极不容易，那么，说“茶叶、白糖地发了两小包”又是完全可以的了。这说明，“NN 地 V”的说法适合于小夸张，不值得夸张的情况不能采用这一说法。

上文说过，“NN 地 V”有时实际上隐去了 V。即 NN 成了状语，实际支配 NN 的动词在句中隐去。这类“NN 地 V”，用来突出需要突举的事物及其引致的结果，是适应小夸张的需要而采取的简省形式。例如：

(21) 烟头、纸屑地弄得屋子乱糟糟，你是怎么生活的啊！

不说，“乱扔烟头、纸屑，弄得屋子乱糟糟”，而让“烟头、纸屑”充当状语，并且让它同表示结果的“弄得屋子乱糟糟”直接构成内容上有所简省的“NN 地 V”。这种特定的架式，显然更有助于表达夸张的语气。

3.2 显示异常感受，话语富于情绪性。

从心理感觉和感情流露方面看，被突出、夸张的都是说话人有异常感受的事物，说话时必须带上或多或少的情绪。跟“VNN”相比，“NN 地 V”既是小夸张架式，又是表情性架式。

NN 状语显示出来的异常感觉，有时偏重于强调不正常，有时偏重于强调不寻常、不一般。比如“临急抱佛脚，这几天他一天到晚主语谓语地背”，强调不正常，偏重于否定；又如“梁志达油鸡、卤味、海蜇皮地叫了许多东西”，强调不寻常，偏重于肯定。

不管是从否定方面强调不正常还是从肯定方面强调不寻常，都会自然地流露出说话人的主观情绪。到底流露什么样的具体情绪，情况却相当微妙。比较：

我天天烧鸡烤鸭地吃，哪像你！（1. 我富你穷；2. 我大方你吝啬。）

我天天白菜萝卜地吃，哪像你！（1. 我穷你富；2. 我节俭你浪费。)

这两例说的是自己。前一例或者炫耀自己的富有，或者夸大自己的大方；后一例或者慨叹自己的贫穷，或者申辩自己的节俭。

他天天烧鸡烤鸭地吃，哪像你！(1. 他大方你吝啬；2. 他浪费你节俭。)

他天天白菜萝卜地吃，哪像你！(1. 他吝啬你大方；2. 他节俭你浪费。)

这两例说的是别人。前一例或者赞赏其大方，或者鄙薄其浪费；后一例或者鄙薄其吝啬；或者赞赏其节俭。

他天天烧鸡烤鸭地让我吃，哪像你！(他大方。他待我好。你不如他。)

他天天白菜萝卜地让我吃，哪像你！(他小气。他待我不好。他不如你。)

这两例说的是别人，但跟自己有直接的关系。前一例赞赏其大方，后一例恼火其小气。

可见，NN 状语的使用既可使语气夸张，又可使话语带有炫耀、赞赏、鄙薄、不以为然等情绪。

以上通过一组例子说明表情的多样性。事实上，用“NN 地 V”结构时，话语可能表达这种感情，也可能表达那种感情；有时表达的感情是明显的，有时则不怎么明显。这些都要结合具体对象和说话环境来揣摩、判断、体味，不能一概而论。

注释：

①“热菜热汤”是“形名形名”，“山南海北”是“名方名方”，为了控制讨论的范围，“热菜热汤地迎接”“山南海北地聊天”等现象本文都不涉及。

②单个名词一般不能带“地”状语，只有少数表示性质的名词例外。如“历史地 VP”“逻辑地 VP”等。

③NN 可以作状语，而 N 不行，这说明名词结构和名词在功能上不完全相同。一般认为名词结构和名词功能一致，这一说法欠精确。

④“鸡啊鸭啊的经常吃”，“的”的前边是三个音节。但是，其中已经多了一个助词，是N啊N，而不是NN。

⑤于根元《说“全都……只有……”》：“有一种小夸张，把接近全部或顶点夸张成全部或顶点。”（《汉语学习》1982年第2期，第1页）这里借用于根元同志的“小夸张”的称说，实际内容有所不同。

（原载《语法研究和探索（四）》，北京大学出版社1988年版）

【C 组】

从《毛泽东选集》第五卷看“和”“同”二词的词性

关于“和”“同”二词的词性，在《毛泽东选集》第五卷最后几篇文章写作前后的那段时间，我国语法学界曾经出现过一种十分流行的说法，这就是：“和”“同”已有明确的分工，“和”是连词，“同”是介词。这种说法影响很大，至今还有一些语法书沿用它。本文试图通过考察《毛泽东选集》第五卷中“和”“同”二词的用法，为对有关问题作出更加合理的解释提供事实根据。

本文讨论的，是跟连词、介词有关的“和”与“同”。跟连词、介词无关的，如“家和万事兴”“两人不和”“同甘苦”“完全不同”等等，不在讨论的范围。

“和”或“同”在一个句子中出现，有时作连词，有时作介词。这在《毛泽东选集》第五卷中都是比较多见的现象。

以“和”来说，它确实经常用作连词，这是没有人怀疑的；但它也经常用作介词，例如：

(1) 农村中，勤俭持家应当和勤俭办社并提，爱国、爱社应当和爱家并提。(毛泽东《一九五七年夏季的形势》)

上例“和”前边用了“应当”。很明显，这里的“和”只能是介词，而不可能是连词。再看这个例子：

(2) 这个辩论，要在农村中间展开，也要在城市中间展开，使各方面的工作，工作的速度和质量，都能够和总路线规定的任务相适应，都要有全面规划。(毛泽东《农业合作化的一场辩论和

当前的阶级斗争》)

前一个“和”是连词，用在“速度”“质量”之间表示并列关系；后一个“和”是介词，用在“都能够”之后，跟“总路线规定的任务”一起组成介词结构，作“适应”的状语。可见，同是“和”，在同一语言环境中出现，有的可以是连词，有的可以是介词。

再以“同”来说，它确实经常用作介词，这也没有人怀疑；但它有时也用作连词，例如：

(3) 在反唯心论的斗争中间，要建立马克思主义的辩证唯物论的干部队伍，使我们广大干部同人民能够用马克思主义的基本理论武装起来。(毛泽东《农业合作化的一场辩论和当前的阶级斗争》)

(4) 群众中蕴藏了这样大的社会主义的积极性，为什么在许多领导机关，在几个月以前，居然没有感觉到，或者感觉的那样少呢？领导者们所想的同广大群众所想的，为什么那样不一致呢？(毛泽东《〈中国农村的社会主义高潮〉的按语》)

(5) 任何时候，好同坏，善同恶，美同丑这样的对立，总会有的。(毛泽东《在中国共产党全国宣传工作会议上的讲话》)

例 (3)“我们广大干部同人民”是兼语 (既是“使”的宾语，又是“能够……”的主语)。“同”用在“干部”“人民”这间表示并列关系。例 (4)“领导者们所想的同广大群众所想的”是主语，后边用逗号表示主谓之间有较大的停顿。“同”用在“领导者们所想的”“广大群众所想的”之间表示并列关系。例 (5)“好同坏，善同恶，美同丑”与“这样的对立”组成同位结构，作主语。“好”同“坏”，“善”与“恶”，“美”与“丑”之间都用“同”表示并列关系。显然，这些例子里的“同”，只能说是连词。如果都说是介词，把例 (3) 的“同人民”，例 (4) 的“同广大群众所想的”，例 (5) 的“同坏”“同恶”“同丑”都说是介词结构，那么整个句子结构就无法分析了。

不过，也应当看到，“同”用作连词，受到相当大的限制。这一点，把它跟“和”作一番比较，就可以知道。

首先，在连接动词或动词性词组的场合，用“和”不用“同”。

例如：

(6) 同样，一九五六年下半年发生的反共反人民的世界性的风潮，当然是坏事。但是它教育了和锻炼了各国共产党和工人阶级，这就变成好事。(毛泽东《关于正确处理人民内部矛盾的问题》)

(7) 全国解放以后，我们对民主党派和工商界也采取了“团结——批评——团结”这个方法。我们现在的任务，就是要在整个人民内部继续推广和更好地运用这个方法……(毛泽东《关于正确处理人民内部矛盾的问题》)

例 (6)“和”连接“教育了”“锻炼了”；例 (7)“和”连接“继续推广”“更好地运用”。在这样的场合，不用“同”。

其次，在连接形容词或形容词性词组的场合，用“和”不用“同”。例如：

(8) 人民所厌恶的国家分裂和混乱的局面，已经一去不复返了。(毛泽东《关于正确处理人民内部矛盾的问题》)

(9) 我们的国家就是这样地稳步前进，经过战争，经过新民主主义的改革，而在将来，在国家经济事业和文化事业大为兴盛了以后，在各种条件具备了以后，在全国人民考虑成熟并在大家同意了以后，就可以从容地和妥善地走进社会主义的新时期。(毛泽东《做一个完全的革命派》)

例 (8)“和”连接“分裂”“混乱”；例 (9)“和”连接“从容地”“妥善地”。在这样的场合，也不用“同”。

再次，在连接没有任何对立意义的名词或名词性词组的场合，一般用“和”不用“同”。例如：

(10) 至于对于合作化运动的检查工作，中央、各省委、区党委、市委和地委必须十分抓紧，每年不是进行一次，而是应当进行几次。(毛泽东《关于农业合作化问题》)

(11) 我们现在的革命斗争，甚至比过去的武装革命斗争还要深刻。这是要把资本主义制度和一切剥削制度彻底埋葬的一场革命。(毛泽东《党在过渡时期的总路线》)

例（10）“和”表示顺序列举的并列关系；例（11）“和”表示“点”（突出重点）和“面”（兼顾全面）的并列关系。并列的各项之间没有什么对立意义。在这样的场合，一般是不用“同”的。

什么时候可以用“同”作连词呢？一般说来，在连接有对立意义的名词或名词性词组（包括名物化的动词、形容词）时，可以用“同”；为了强调所连接的是相对的两个方面，也可以用“同”。如例(5)，“好同坏，善同恶，美同丑”，“好、坏”“善、恶”“美、丑”在这里都是名物化用法，用“同”连接起来，表示出它们之间的对立关系。又如例（3）“干部同人民”，例（4）“领导者们所想的同广大群众所想的”，用“同”作连词，强调了“干部”和“人民”，“领导者们所想的”和“广大群众所想的”是相对的两个方面。

当然，凡是能用“同”作连词的场合照样可以用“和”。比较：

（12）香花同毒草也是这样。它们之间的关系都是对立的统一，对立的斗争。（毛泽东《在中国共产党全国宣传工作会议上的讲话》）

（13）我们公开承认唯物主义和唯心主义、辩证法和形而上学、香花和毒草的斗争。（毛泽东《在省市自治区党委书记会议上的讲话》）

（14）在国家同合作社之间，在合作社内部，在合作社同合作社相互之间，都有一些矛盾需要解决。（毛泽东《关于正确处理人民内部矛盾的问题》）

（15）国家和工厂，国家和工人，工厂和工人，国家和合作社，国家和农民，合作社和农民，都必须兼顾，不能只顾一头。（毛泽东《论十大关系》）

同是连接“香花”“毒草”，例（12）用“同”，例（13）用“和”；同是连接“国家”“合作社”，例（14）用“同”，例（15）用“和”。可见，作为连词，“和”的使用范围很广。凡是能够用连词“同”的地方，都可以用连词“和”；许多能用连词“和”的地方，却不能用连词“同”。

那么，从作介词的角度看，介词“同”与介词“和”的使用范围是否有不同之处呢？从《毛泽东选集》第五卷，看不出这一点。作为介词，用“同”或用“和”是自由的，它们可以互换。比较：

(16) 为了充分适应新社会的需要，为了同工人农民团结一致，知识分子必须继续改造自己……（毛泽东《关于正确处理人民内部矛盾的问题》）

(17) 一定要研究当前的情况，研究实际的经验和材料，要和工人农民交朋友。（毛泽东《在中国共产党全国宣传工作会议上的讲话》）

(18) 提高耕作技术（深耕细作、小株密植、增加复种面积、采用良种、推广新式农具、同病虫害作斗争等）……（毛泽东《关于农业合作化问题》）

(19) 首先是还有反革命。……还必须继续和他们作斗争。（毛泽东《关于正确处理人民内部矛盾的问题》）

例（16）和例（17），例（18）和例（19），语法环境相同。一处用“同”，一处用“和”，说明这两个词在作介词时用法相同。

有时，在一个单句或一个复句中，或者在一个简短的句群中，“和”与“同”同时出现。在这样的场合，它们往往分工合作，巧妙配合。具体说来，又有三种情况。

第一，“同”作介词，“和”作连词。例如：

(20) 真正同帝国主义和台湾方面断绝关系的，不管他怎样落后，我们也欢迎。（毛泽东《批判梁漱溟的反动思想》）

(21) 建社工作和整社工作都要同在乡村中的建党建团工作和整党整团工作密切地相结合。（毛泽东《关于农业合作化问题》）

例（20），“和”是连词，用在“帝国主义”“台湾方面”之间表示并列关系；“同”是介词，跟“帝国主义和台湾方面”一起组成介词结构。例（21），两个“和”都是连词。前一个用在“建社工作”“整社工作”之间表示并列关系，后一个用在“建党建团工作”“整党整团工作”之间表示并列关系。“同”是介词，跟“在乡村中的建党建团工作和整党整团工作”一起组成介词结构。

在这种情况下，“和”“同”在词性上有所分工，确是比较明显的。而这样的分工，很有好处，可以使句子的结构更加清楚，使句子所表达的意思更加明确。如果不采取这样的分工，都用“和”，表达效果就要差多了。

这一情况说明，“和”“同”在一句话中同时出现时，“同”更宜于作介词，“和”更宜于作连词。在《毛泽东选集》第五卷中，只有一个例外：

(22) 比如我们同帝国主义、封建主义、官僚资本主义这些内外反动派，究竟谁是谁非，也是是非问题，但是这是和人民内部问题性质不同的另一类是非问题。(毛泽东《关于正确处理人民内部矛盾的问题》)

这里，“和”“同”同时出现在一个复句之中，“同”作连词，“和”作介词。至于同时出现在一个单句（或一个分句）中的“和”“同”，如果要分别用作介词、连词，一定是“同”介、“和”连，而不可能是“和”介、“同”连。

第二，“同”“和”都作连词，但“同”连接的是两个对立的方面，“和”连接的是一个方面内部并列的各项。例如：

(23) 在我国现在的条件下，所谓人民内部的矛盾，包括工人阶级内部的矛盾，农民阶级内部的矛盾，知识分子内部的矛盾，工农两个阶级之间的矛盾，工人、农民同知识分子之间的矛盾，工人阶级和其他劳动人民同民族资产阶级之间的矛盾，民族资产阶级内部的矛盾，等等。(毛泽东《关于正确处理人民内部矛盾的问题》)

(24) 如果我们不能在大约三个五年计划的时期内基本上解决合作化的问题，……我们就不能解决年年增长的商品粮食和工业原料的需要同现时主要农作物一般产量很低之间的矛盾，我们的社会主义工业化事业就会遇到绝大的困难，我们就不可能完成社会主义工业化。(毛泽东《关于农业合作化问题》)

例（23），“工人阶级和其他劳动人民”是矛盾的一个方面，“民族资产阶级”是矛盾的另一个方面，“同”用在二者之间起连接作用。在前一个方面的并列两项之间，用“和”来连接。例（24），“年年增长的商品粮食和工业原料的需要”是矛盾的一个方面，“现时主要农作物一般产量很低”是矛盾的另一个方面，“同”用在二者之间起连接作用。在前一个方面里，用“和”表示“商品粮食”“工业原料”的并列关系。

在这种情况下，“和”“同”在词性上虽然没有分工，在作用上却有分工。这样的分工也很有好处，可以划清界限，明确表达事物间的关系。如果不采取这样的分工，都用“和”，就会减弱句子的明确性。

第三，“同”“和”都作介词，分属两个不同的分句。例如：

（25）拿佛教来说，它同帝国主义联系较少，基本上是和封建主义联系着。（毛泽东《团结起来，划清敌我界限》）

（26）这些人，如果不把过去的一套去掉，换一个无产阶级的世界观，就和工人农民的观点不同，立场不同，感情不同，就会同工人农民格格不入，工人农民也不会把心里的话向他们讲。（毛泽东《在中国共产党全国宣传工作会议上的讲话》）

例（25），前面分句里用“同”作介词，后面分句里换用“和”作介词。例（26），前面分句里用“和”作介词，后面分句里换用“同”作介词。这是为了造成别异的词面，使语言富于变化，取得积极的修辞效果。有时这样的变换出现在一个句群中：

（27）尤其是十四岁到十八岁的青年，劳动强度不能同成年人一样。青年人就是要多玩一点，要多娱乐一点，要跳跳蹦蹦。不然他们就不高兴。以后还要恋爱、结婚。这些都和成年人不同。（毛泽东《青年团的工作要照顾青年的特点》）

前面，“同”跟“成年人”组成介词结构；后面，“和”跟“成年人”组成介词结构。“同”“和”都是介词。

综上所述，可以知道：

第一，“和”或“同”单独使用，有时可以作连词，有时可以作介词。不过，“同”作连词，受到相当大的限制。

第二，“和”与“同”配合使用，有时“同”作介词，“和”作连词；有时都作连词；有时都作介词。

第三，在一个单句（或一个分句）中，如果需要“和”“同”分别起连词、介词的作用，“和”一定作连词，“同”一定作介词。仅仅在这种情况下，“和”与“同”在词性上才有明确的分工。

（原载《华中师范学院学报》1977年第3期）

“一起”和使用“一起”的句子

一

在“我们曾经一起生活，一起战斗”这样的句子里，“一起”很容易被当作副词。

其实，“一起”是名词。它表示“同一个处所”的意思；有时兼表时间，含有既同一个处所又同一个时间的意思。从基本倾向看，是处所名词。

作为处所名词，“一起”可以用在介词“在”或“到”的后边，跟“在”或“到”组成介词结构。比如：“我们曾经在一起生活，在一起战斗。”“我们曾经生活在一起，战斗在一起。”又如：

(1) 三五十辆或者百十辆纺车摆在一起，在同一个时间里比纺线的数量和质量。(吴伯箫《记一辆纺车》)

(2) 他的眉毛拧在一起，脸色像这天色一样阴沉。(管桦《暴风雨之夜》)

这两例里，“一起”用在“在”的后边，组成介词结构。

(3) 我们都是来自五湖四海，为了一个共同的革命目标，走到一起来了。(毛泽东《为人民服务》)

(4) 怎么能把努力钻研业务和白扯到一起呢！(邓小平《在全国科学大会开幕式上的讲话》)

这两例里，“一起”用在“到”的后边，组成介词结构。

我们知道，副词不能用在介词的后边，跟介词组成介词结构。换句话说，能在前边用介词的词，不可能是副词。因此，把“一起”当作副词是不对的。

有时“一起”可以单独修饰动词。但是，这种“一起”的前边仍然可以添上“在”，可见仍然是处所名词，而不是副词。例如：

(5) 开旺同志住院以后，家里只有你娘儿俩，就到县里去，一起过个热闹年吧。(谢明清《华政委关心咱庄户人》)

(6) 大革命失败后，他们一起领导了具有历史意义的“八一”南昌起义。(朱敏《深情忆念周伯伯》)

例 (5)，可以说成“(咱们) 在一起过个热闹年”。例 (6)，可以说成“他们在一起领导了……南昌起义”。

当然，有时“一起”跟处所名词无关。如“一起案子”，这里的“一起”相当于“一件”，是数量词。又如“狂风一起，沙粒随风飞扬”(竺可桢《向沙漠进军》)，这里的“起”是动词，“一”是时间副词。

二

“一起”充当句子成分的情况，有下列几种。

第一，“一起”充当状语，或者“一起”和“在”组成介词结构充当状语；例如：

(1) 两个好朋友，为一点小事就吵嘴，多不好。你们长大了，还要一起建设祖国哩！(陈广生等《雷锋的故事》)

(2) 一九六二年春节，同志们都愉快地在一起搞各种文娱活动。(陈广生等《雷锋的故事》)

例 (1)，“一起”单独充当状语。例 (2)，由“在”和“一起”组成的介词结构作状语。

第二，“和 (跟、同) ……”与“在一起”连用作状语；或者“和 (跟、同) ……”与“一起”连用作状语。例如：

(3) 现在和共产党、八路军、新四军在一起从事于伟大解放

斗争的大批的文化人……绝大多数却都是在为着共同事业努力工作着。(毛泽东《在延安文艺座谈会上的讲话》)

(4) 雷锋又同列车员一起打扫完车厢，才离开车站。(陈广生等《雷锋的故事》)

例 (3),“现在和共产党、八路军、新四军在一起从事于伟大解放斗争 (的)”是定语，在这个定语的内部，介词结构“和共产党、八路军、新四军”与介词结构“在一起”连用，它们都是“从事于”的状语。例 (4)，“一起”与介词结构“同列车员”直接连用，作“打扫”的状语。由于不用“在”,“同列车员一起”结合较紧，似乎是一个单位，但它实际上相当于“同列车员在一起”，是两个状语，一个表示关联到的人物，一个表明活动在同一个处所。

第三,“一起”和“在”或“到”组成介词结构作补语。例如：

(5) 全家人围坐在一起，一边包着羊肉馅饺子，一边高高兴兴地拉着家常。(谢明清《华政委关心咱庄户人》)

(6) 好一片大田野，全联到一起，就像公社农民联得一样密切。(杨朔《泰山极顶》)

例 (5),“围坐”是谓语，介词结构“在一起”作它的补语。例 (6),“联”是谓语，介词结构“到一起”作它的补语。

第四,“一起”充当动词“在”或“到”的宾语。例如：

(7) 要得到群众的拥护吗？……那末，就得和群众在一起，就得去发动群众的积极性……(毛泽东《关心群众生活，注意工作方法》)

(8) 我们到一起不久，他又调走了。

例 (7),“在”是动词，作谓语，“一起”是它的宾语。例 (8),“到”是动词，作谓语,“一起”是它的宾语(“不久”是补语)。

应该知道,“在”“到”兼属介词和动词。如果前后出现表示行为活动的动词,“在”“到”便是介词,“在……”“到……”便是介词结构，作状语或补语。如果前后不出现表示行为活动的动词,“在”“到”便是动词，它后边的各词便是宾语。比较下面两组例子：

第一组：

两队的人都在地里干活。

两队的人都在一起干活。

两队的人都在地里。

两队的人都在一起。

前两例，出现动词“干活”，“在地里”“在一起”是介词结构，作状语。后两例，“在”是动词，“地里”“一起”是它的宾语。

第二组：

我们又调到北京了。

我们又调到一起了。

我们又到北京了。

我们又到一起了。

前两例出现动词“调”，“到北京”“到一起”是介词结构，作补语。后两例，“到”是动词，“北京”“一起”是它的宾语。

可知，“一起”和“地里”“乡下”“北京”等一样，可以是介词结构的后一部分，也可以是宾语。遇到“在一起”“到一起”的用法，不要以为“一起”是补语。

三

有同志在教学中遇到“毛主席和我们在一起”这类句子，感到难以分析。课文《挥手之间》中就有这样的句子：

(1) 五次反“围剿”，万里长征，八年抗战，毛主席和我们在一起，没有离开过自己的军队和自己的根据地……（方纪《挥手之间》）

问题主要是：第一，哪是谓语？“一起”充当什么成分？第二，哪是主语？“和”是连词还是介词？第三，怎样理解这个句子的主谓关系？

关于第一个问题，通过上面的讨论，已经可以明确：这里的“在”

是动词，充当谓语，“一起”是处所名词，作“在”的宾语。

关于第二个问题，回答是：“毛主席”是主语。这里的“和”是介词，它同“我们”组成介词结构，作“在”的状语。这个句子的结构关系是：

毛主席‖和我们　在　一起。
（主）　（状）（谓）（宾）

怎么知道“和”不是连词，怎么知道主语不是联合结构“毛主席和我们”呢？

首先，从上下文看，下文的“没有离开过自己的军队和自己的根据地”“要亲自去重庆和蒋介石谈判”都是承前省略主语，而省略了的主语显然是“毛主席”，而不是“毛主席和我们”。

其二，从句子结构本身看，“和我们”前边可再添上状语“总是”，说成：

毛主席‖总是 和我们　在　一起。
（主）（状）（状）（谓）（宾）

“毛主席总是和我们”不可能是联合结构，不可能成为主语，这里的“和”不可能是连词。

“和”这个词，有时是连词，有时是介词。作连词时，“和”只在A、B两部分之间起连接作用，“和”的前边不能加上状语性成分；同时，“A和B”可以调换成“B和A”。作介词时，A、B的次序不能调换，同时，“和”的前边能添上状语性成分。例如：

（2）我和他都同意。

（3）我和他谈过了，他不同意。

例（2）的“和”是连词，“我和他”是联合结构，“和”前不能加状语性成分。调换成“他和我”，句子的基本意思未变。例（3）的“和”是介词，“我”是主语，“和他”属谓语部分，是“谈过”的状语，“和他”前边还可以添上别的状语，如“我已经和他谈过了，他不同意。”若调换，说成“他和我谈过了”，句子的基本意思就变了。由此可知，“毛主席和我们在一起”“毛主席总是和我们在一起”“毛主席永远和我们在一起”中“和”不是连词，而是介词，“和我们”是介词结构作状语，属谓语部分。

到这里，第三个问题出现了：既然“和我们”作状语，主语是“毛主席”，能说是“在一起”吗？怎样理解这个句子的主谓关系呢？

所谓主谓关系，实际上是指主语部分和谓语部分的关系。以回答问题来说，能回答“谁、什么”之类问题的是主语部分，能回答“怎么样、是什么”之类问题的是谓语部分。主语，如果同时也是主语部分，就能回答“谁、什么”的问题；如果只是主语部分里的中心词，就往往不能单独回答这样的问题。同样，谓语如果同时也是谓语部分，就能回答“怎么样、是什么”的问题；如果只是谓语部分里的中心词，就往往不能单独回答这样的问题。例如：

(4) 战马奔驰。(梁信《从奴隶到将军》)

“战马”是主语部分，同时也是主语，能回答“什么”的问题。“奔驰”是谓语部分，同时也是谓语，能回答“怎么样”的问题。又如：

(5) 生产力的基本因素是生产资料和劳动力。(邓小平《在全国科学大会开幕式上的讲话》)

“生产力的基本因素”是主语部分，整个儿回答“什么”的问题。“因素”是主语（“生产力的”“基本”都是定语），它是主语部分里的中心词。“因素”单独回答不了“什么（是生产资料和劳动力）”的问题。再如：

(6) 人们的心情很不平静。(方纪《挥手之间》)

“很不平静”是谓语部分，整个儿回答“怎么样”的问题。“平静”是谓语（“很”“不”都是状语），它是谓语部分里的中心词；若单独用“平静”来回答“（人们的心情）怎么样”的问题，意思全反了。

初中《语文》第二册里《陈述和陈述的对象》这篇短文指出：“每句以竖线为界，前一部分是所说的人或者事物，是陈述的对象，叫做主语部分；后一部分是对主语所作的陈述，说的主语是什么或者不是什么，是怎么样或者不是怎么样，叫做谓语部分。……两部分都不止一个词时，其中各有一个词是主要的，也就是主语和谓语……”这里的表述是准确的。我们应该明确：主语部分整个儿是陈述的对象，谓语部分整个儿对主语部分起陈述作用。主语和谓语有时只是主语部分、谓语部分里的主要的词，即中心词。

就“毛主席（总是、永远）和我们在一起”这个句子说，能回答“怎么样”的问题的是整个谓语部分“（总是、永远）和我们在一起”。谓语“在”只是谓语部分里的中心词，“在一起”也不等于整个谓语部分，因此都回答不了“怎么样”的问题。析句时，不应只抽出一两个词来谈主谓关系。那样的方法不对。

（原载《语文教学与研究》1979 年第 5 期）

说“仿佛”

鲁迅《故乡》里有“我早听到闰土这名字，而且知道他和我仿佛年纪……”的句子。这里的“仿佛”是个什么词？教学中有些争论。这篇小文章，想谈谈“仿佛”这个词的词性。

“仿佛”有时是动词。有两种用法：

第一，“仿佛”作谓语，前边常带状语“相”。这种“仿佛”可以用“近、近似、类似”之类去替换。例如：

(1) 我的情况，跟我们在一起工作时相仿佛。

(2) 他们俩年纪相仿佛。

这里的“相仿佛”，可以说成“相类似”或“相近”。

第二，“仿佛”作谓语，后边带宾语。这样的“仿佛”可以用“如同”之类去替换。例如：

(3) 朝着老百姓指点的安顺场方向看去，只见山北面闪着几点灯光，仿佛冬天昏暗的夜空出现的几点星星。（杨得志《大渡河畔英雄多》）

(4) 我们同伟大的领袖一起飞行，度过了幸福的十九天，仿佛刚刚一瞬间。（浙江教育学院《初中语文第四册教学参考资料》）

例(3)，“仿佛”是谓语，带宾语“（冬天昏暗的夜空出现的）（几点）星星”；它的主语“灯光”承前边分句的宾语而省略。例(4)，“仿佛”是谓语，带宾语“（刚刚）一瞬间”；它的主语“十九天”承前边分句的宾语而省略。这两例里的“仿佛”都可以用“如同”或“犹如”去替换。

“仿佛”有时是副词。它表示揣度的语气，作状语，可以用“似乎”去替换。运用中，有三种情况：

第一，“仿佛”用在叙述性谓语前边表揣度。例如：

（5）半夜里，大风仿佛歇过了劲，又撒泼打滚地狂吼起来。（管桦《暴风雨之夜》）

（6）风过去，街上的幌子，小摊，行人，仿佛都被风卷走了……（老舍《在烈日和暴雨下》）

例（5）叙述大风怎么样，例（6）叙述幌子、小摊、行人被风怎么样。“仿佛”表示对所叙述的情况的揣度，可换成“似乎”。

第二，“仿佛”用在描写性谓语前边表揣度。例如：

（7）他的脸色仿佛有些悲哀，似乎想说话，但竟没有说。（鲁迅《藤野先生》）

这个例子里，“有些悲哀”对藤野先生的脸部表情加以描写。“悲哀”是形容词，作谓语；“有些”是程度副词（跟“有点、稍微、略微”同类，可参看《现代汉语词典》1390 页），作状语。“仿佛”表示对所作的描写的揣度，也是状语，可以换成“似乎”。前面的分句用“仿佛”后面的分句用“似乎”，是为了变异词面，避免重复，其实它们的词性和作用是相同的。

第三，“仿佛”用在判断性谓语前边表揣度。例如：

（8）以煤气灯为中心，聚集了上万的人。印象中仿佛都是青年人。（吴伯箫《歌声》）

这个例子里，“是青年人”是判断合成谓语；“都”是状语，表范围；“仿佛”也是状语，表示对所作的断定的揣度，也可以换成“似乎”。

总之，“仿佛”有时是动词，有时是副词。区别它们的最简单的办法，是看能用什么词去替换：能用“近、近似、类似”或“如同”去替换的，是动词；能用“似乎”去替换的，是副词。

《故乡》中的“他和我仿佛年纪”，意思是“他和我年纪相仿佛”。这里的“仿佛”可以用“类似”之类去替换，前边可以加“相”字，是动词。在结构上，“他和我仿佛年纪”等于“他和我同年纪”。在“同年纪”里，“年纪”是“同”的宾语；在“仿佛年纪”里，“年纪”

也应是“仿佛”的宾语。从用法上说，表示“类似、近似”意义的“仿佛”一般不带宾语；鲁迅是比照“同年纪”，说成了“仿佛年纪”，可算特殊用法。

顺带指出：“仿佛”大都可以替换为“好像”。但用“好像”去替换，检验不出“仿佛”是动词还是副词。因为，“好像”同样有动词、副词两种用法，要注意辨别。一般地说，动词“好像”用于比喻或类比，可以替换为“如同”；副词“好像”用来表示揣度，可以替换为“似乎”。例如：

(9) 花儿为什么这样红？红得好像燃烧的火……（歌曲《花儿为什么这样红》）

(10) 她望了望所有的人，好像在和家人告别，和云周村的乡亲们告别，嘱咐大家不要悲伤，告诉大家：革命的烈火是扑不灭的，胜利就要到来了。（佚名《生的伟大，死的光荣》）

例（9）的“好像”是动词，带宾语“（燃烧的）火”，相当于“如同”；例（10）的“好像”是语气副词，作状语，相当于“似乎”。

“似”这个词，也有动词、副词两种用法。例如：

(11) 到达重庆上空时，环顾苍穹，正值夕阳西下，彩霞似火……（浙江教育学院《初中语文第四册教学参考资料》）

(12) 条条公路似彩练环绕，座座水库如明镜般耀眼……（浙江教育学院《初中语文第四册教学参考资料》）

(13) 此事，似应从速办理。

例（11）（12），“似”是动词，可替换为“如”。这种“似”，常跟“如”交错使用。如例（12），前边说“似彩练”，后边说“如明镜般”。例（13）的“似”，是副词，可以换成“似乎”。

（原载《语文教学与研究》1979年第6期）

略说“名物化”

在一定条件下，动词、形容词的词性可以临时发生某些变化。“名物化”，即动词、形容词的名物化，是指动词、形容词充当主语或宾语，取得了名词的一部分特点，但并未完全转化为名词。这是动词、形容词在性质上向名词临时转移的现象。

“名物化”的情况，主要有四种。这些情况，实际上反映了动词、形容词名物化的条件。

（一）由动词或形容词充当谓语的主谓结构，在“主·谓”之间加“的”，成为偏正结构，用于主语部分或宾语部分，其中的动词或形容词便成为句子的主语或宾语，能回答“什么”的问题。这是“名物化”的一种情况。例如：

（1）人喊叫→

这确是人的喊叫。（管桦《暴风雨之夜》）

（2）他迂→

我心里暗笑他的迂。（朱自清《背影》）

“喊叫”是动词，“迂”是形容词，“人喊叫”和“他迂”都是主谓结构。主谓之间加“的”，说成“人的喊叫”“他的迂”，便成为偏正结构。在“这确是人的喊叫”里，“喊叫”作“是”的宾语（按中学语法教学系统，“是”和“喊叫”组合成判断合成谓语，“喊叫”是判断合成谓语的后一部分，下面遇到类似例子不再一一说明），回答“什么”的问题，带定语“人（的）”，这是动词名物化。在“我心里暗笑他的迂”里，“迂”作“暗笑”的宾语，回答“什么”的问题，带定语“他（的）”，这是形容词名物化。再比较：

(3) 总理逝世，一开始也不敢告诉他。(朱敏《深情忆念周伯伯》)

(4) 总理的逝世，在老一代革命家的心里，就是这样地引起了深深的悲痛。(朱敏《深情忆念周伯伯》)

例 (3) "总理逝世"，"总理"是主语，"逝世"是谓语；例 (4) "总理的逝世"，"逝世"是中心词，作主语，"总理 (的)"是定语。例 (4) 的"逝世"是名物化用法。又如：

(5) 党中央很关心我们这些革命后代的安全，周伯伯专门派人找到了我。邓妈妈受党的委托，受周伯伯的委托，亲自到成都来接我。(朱敏《深情忆念周伯伯》)

这里，"安全"是"关心"的宾语，带定语"我们这些革命后代 (的)"，这是形容词名物化；"委托"是"受"的宾语，分别带定语"党 (的)""周伯伯 (的)"，这是动词名物化。

(二) 由动词或形容词充当中心词的"状语 (地) · 中心词"的偏正结构，在前后两部分之间加"的"，或把"地"换成"的"，就成为"定语 (的) · 中心词"的偏正结构。这种偏正结构充当主语部分或宾语部分，其中的动词或形容词便是主语或宾语，能回答"什么"的问题。这是"名物化"的又一种情况。例如：

(1) 在对立面的斗争中发展→

这是在对立面的斗争中的发展。(毛泽东《在中国共产党全国宣传工作会议上的讲话》)

"在对立面的斗争中发展"是"状语 · 中心词"的偏正结构；加"的"，说成"在对立面的斗争中的发展"，便成为"定语 (的) · 中心词"的偏正结构。在"这是在对立面的斗争中的发展"里，"发展"作"是"的宾语，带定语"在对立面的斗争中 (的)"。这是动词名物化。又如：

(2) 无尽地悲忿→

在旧中国，洞庭湖……只有满湖的血泪，无尽的悲忿。(谢璞《珍珠赋》)

“无尽地悲忿”是“状语（地）·中心词”的偏正结构；把“地”换成“的”，说成“无尽的悲忿”，便成为“定语（的）·中心词”的偏正结构。在“只有……无尽的悲忿”里，“悲忿”是“有”的宾语，带定语“无尽（的）”。这是形容词名物化。再比较：

（3）我们热烈欢呼这次大会的圆满成功。（《人民日报》1978年3月18日）

（4）我表示衷心的拥护和热烈的欢呼。（郭沫若《科学的春天》）

例（3），“欢呼”是谓语，“热烈”是状语。例（4），“表示”是谓语，“衷心的拥护和热烈的欢呼”是宾语部分，其中的“拥护”“欢呼”是中心词，分别带定语“衷心（的）”“热烈（的）”。例（4）的“拥护”“欢呼”是名物化用法。再比较下面两个“关怀”：

（5）我们敬爱的周总理不仅是在关怀我的子女，也是对整个革命后代的关怀啊！（朱敏《深情忆念周伯伯》）

前一个“关怀”作谓语，是动词的一般用法；后一个“关怀”作“是”的宾语，带定语“对整个革命后代（的）”，是动词的名物化用法。

这种名物化用法的形成，是以动词形容词为中心的偏正结构出现于主语部分或宾语部分，“偏·正”之间有时用“的”。如果直接出现于谓语部分，并改“的”为“地”，“名物化”的现象就不再存在。比较：

（6）他们曾有过两次秘密的会见。（徐迟《地质之光》）

（7）他们曾经两次秘密地会见。

例（6），“会见”作宾语，带定语“两次”“秘密（的）”，这是动词的名物化用法；例（7），“会见”作谓语，带状语“两次”“秘密（地）”，这是动词的一般用法。

上述一、二两种情况，有时是结合的。比方，某个结构如果失去名物化的条件，或者说离开名物化的环境，那么，不是只变为“主·谓”或“状·谓”，而是变为“主·状·谓”。例如：

（8）华主席、邓副主席在会上作了极其重要的讲话，方毅同

志作了重要报告，受到了全体代表的热烈拥护。（《人民日报》1978年3月18日）

（9）全体代表热烈拥护。

例（8），“拥护”是动词名物化用法，它作“受到了”的宾语，带“全体代表（的）”“热烈”（可添“的”）这两个定语。例（9），“全体代表”是主语部分，“热烈”是状语，“拥护”是谓语。

值得注意的是，“主·状·谓”的结构在进入名物化的环境之后，如果其中的“状”是不能成为定语的副词，那么，其中的“状谓”便是作为偏正结构整个名物化。例如：

他的不老实是谁都知道的。

“他不老实”是“主·状·谓”。例（10）里“不老实”是整个作主语，整个名物化。我们不能说“老实”单独作主语，单独名物化，而“不”是这个主语的状语。要知道，主语带状语这种提法是会造成理论上的混乱的。当然，在“不老实”这个偏正结构内部，副词“不”还是形容词“老实”的状语。

（三）以“进行”为代表的动词（包括“作了、加以、开始、停止、结束”等等），后边出现宾语。这种宾语，有时带定语，有时不带定语。这是“名物化”的第三种情况。例如：

进行研究　进行科学研究
进行学习　进行政治学习
进行创作　进行文学创作
进行改革　进行教学改革
进行调查　进行社会调查

这里的“研究、学习、创作、改革、调查”不管带不带定语，都是名物化用法。

这种名物化，其条件就是动词作“进行”等的宾语。为什么作“进行”等的宾语能成为条件呢？一方面，“进行”或能替换为“进行”的动词作谓语，后边的宾语不会由典型的名词充当，因此，“科学研究、政治学习”之类尽管很像名词，但在用于“进行”之类后边时是名物化用法，而不可能是一般的名词；另一方面，“进行”之类作谓语，后边充当宾语的动词尽管有时不带定语，像是一般动词，但也应看作是名物化用法，因为在这种情况下它前边只能添加定语，而不能添加状语，这说明它已不同于一般的动词。比较：

（1）这位首长和这位司机要进行热烈的谈话了。（杜鹏程《工地之夜》）

（2）这位首长和这位司机要热烈地进行谈话了。

“热烈”在宾语“谈话”前边出现时，带“的”作定语；在谓语“进行”前边出现时，带“地”作状语。这里的“谈话”，不管带不带定语，都是“进行”的宾语，都是名物化用法。再看两例：

（3）他只能在这汽车的颠簸中，闭上眼睛，积蓄力量，然后再作勇猛的跃进。（杜鹏程《工地之夜》）

（4）看他们的演出，陈主任已经给我作了安排。（巴金《杨林同志》）

这里充当谓语的“作”都可以替换为“进行”。例（3）“跃进”带定语“勇猛（的）”，是名物化用法，例（4）“安排”可以带上“很好（的）”之类定语，也是名物化用法。

（四）动词或形容词单独充当或者并列充当宾语或主语，虽不带定语，但能回答“什么”的问题。这是名物化的第四种情况。例如：

（1）讨论之后，大家对书记作出的生产安排，一致表示同意。（刘澎德《拔旗》）

（2）我慢慢回过头来，酣睡的人的呼吸那样匀称，我的心里充满了温暖。（刘白羽《一个温暖的雪夜》）

（3）疼爱和打骂一点都不矛盾。（刘宾雁《人妖之间》）

例（1），动词“同意”单独作宾语；例（2），形容词“温暖”单独作宾语；例（3），动词“疼爱”和“打骂”组成并列结构作主语。它们都已经名物化，回答“什么”的问题。

这种名物化的条件，就是动词形容词出现在主语宾语的位置上，并且能回答“什么”的问题。有的语法书，认为只有带上定语的才算名物化。这一说法，解释不了许多语言事实。

首先，不带定语的名物化动词可以跟名词并列使用。例如：

(4) 我们应当向英勇的中国人民志愿军和朝鲜人民军表示庆贺和敬意。(毛泽东《三大运动的伟大胜利》)

(5) 我代表中共中央向你们表示感谢和敬意。(邓小平《在全国科学大会开幕式上的讲话》)

这里，“敬意”是名词，分别跟它并列的“庆贺”“感谢”都应是动词的名物化用法。由于“庆贺”“感谢”已经在一定程度上具有跟一般名词共同的性质，因而才能跟名词并列使用。不然，如果一个是动词，一个是名词，这两个性质完全不同的词怎么能并列起来?

其次，不带定语的名物化形容词也可以跟名词并列使用。例如：

(6) 迫切希望革命事业向前迈进的心情，不能简单地表现为焦躁和牢骚。(刘心武《班主任》)

(7) 她又是唱又是笑，使整个机舱充满了欢乐和生气。(浙江教育学院《初中语文第四册教学参考资料》)

这里，“牢骚”“生气”都是名词，分别跟它们并列的“焦躁”“欢乐”都应是形容词的名物化用法。由于“焦躁”“欢乐”已经名物化，在性质上已经接近于名词，它们才可以跟名词并列起来。

是不是动词、形容词只要充当主语、宾语就一定是名物化用法呢?也不是。如果充当主语或宾语的动词形容词只能回答“怎么样”的问题，就不是名物化用法。这是因为，“什么”是名词性代词，问事物，跟它相应的词应该是名词性的；而“怎么样”是非名词性的代词，问动作、性状、方式等等，跟它相应的词不可能是名词性的。例如：

(8) 怎么样好些?
活动活动好些。

(9) 敌人企图怎么样?
敌人企图破坏。

例(8)“活动活动”作主语，例(9)“破坏”作宾语，它们都回答“怎么样”的问题，都不是动词的名物化用法。因为它们不是名物化用法，所以不能带上定语。如这里的“活动活动”和“破坏”，前边是加不上定语的。又如“这个经验值得重视”，“重视”尽管作“值得”的宾语，但它只回答“怎么样”的问题，不是名物化动词，所以不能带定语，不能说成“这个经验值得大家的重视”。再举几个形容词的例子：

(10) 我觉得好笑，真是小青年的想法。(巴金《杨林同志》)

(11) 我在车子上给颠簸了几个小时，感到疲倦，在铺上睡下来闭上眼就睡着了。(巴金《杨林同志》)

(12) 望着他们那种豪迈自信的神情，想着平时在群众中传说的薛丹怀，我心里略感宽慰。(王汶石《通红的煤》)

这里的“好笑”“疲倦”“宽慰”都是形容词作宾语。它们只能回答“怎么样”的问题，不是形容词的名物化用法。

(原载《语文教学与研究》1980 年第 1 期)

【邢按】

当年，从中学到大学，一般都按“暂拟汉语教学语法系统”进行教学。写作本文，主要是为了跟语法教学工作者们聊聊“暂拟系统”所用“名物化”说法所涉及的复杂情况。近年来，“名物化”的说法不大使用了，但是，不管改变成什么说法，相关问题都仍然存在。汉语词类的定性归类，明显受到句法结构的管控。对种种有关现象作更加深入的调查探究，仍然避开不了。

另外，应该注意：“进行热烈的谈话”，把“进行”分析为谓语，把“谈话”分析为宾语，把“热烈（的）”分析为定语，这是“暂拟汉语教学语法系统”的分析方法。这一分析方法，是把“主”“谓”“宾”“定”“状”“补”放在一个平面上来分析的，跟层次分析法有所不同。(2016 年 1 月 19 日)

“继续”词性的考察

“继续”一词，使用频率相当高。讲析课文，分析句法结构，往往碰到。对其词性认识不同，对同一句子就会作出截然不同的分析。比如：

(1) 小牛 继续 挣扎着。
　　(主)(谓)(宾)

(2) 小牛 继续 挣扎着。
　　(主)(状)(谓)

要是认为“继续”是动词，就得采取(1)的分析，即“主—谓(动)—宾”；要是认为“继续”是副词，就应采取(2)的分析，即“主—状—谓”。分析的结果既然如此不同，为了教学的需要，有必要考察一下“继续”的词性，研究一下用“继续”的句子怎样分析才合理。

一

“继续”有时是名词。

名词“继续”常用在判断词“是”的后边，作“是”的宾语，一般带定语。例如：

(3) 中国革命是十月革命的继续。

(4) 退却是防御的继续，而追击则是进攻的继续。

把这种语法环境中的“继续”划归名词，大家容易接受。

二

“继续”有时明显是动词。这有两种情况：

一是“继续”用作谓语中心，往往带状语、补语。例如：

(5) 生命虽然继续了，却是停顿不得……（鲁迅《我们现在怎样做父亲》）

(6) 斗争还在继续着。

(7) 这种情况一直继续到现在。

二是“继续”用作谓语，带名词宾语。例如：

(8) 然而这诧异使伊喜欢，以未曾有的勇往和愉快继续着伊的事业……（鲁迅《补天》）

(9) 这种情况继续了很长一段时间。

在以上两种情况下，“继续”应划归动词，这不会引起争论。

三

会引起争论的是用在动词或动词性词组前边的“继续”，是动词，还是副词？用作谓语中心，还是用作状语？

目前最具权威性的著作都把这种“继续”划归动词，认为它在句子里充当谓语中心，它后边的动词或动词性词组是宾语。如《现代汉语八百词》把“继续”归入“名”“动”两类，在动词项下指出“经常带动词宾语，也可带名词宾语或单独作谓语”（商务印书馆 1980 年版 258 页）。这部著作根本不提“继续”有可能是副词，完全否定“继续”的状语功能。

然而，“继续”的状语功能是抹煞不了的。大量的事实可以证明这一点。

其一，从结构标志上看，“继续”后边可以带上结构助词“地”。例如：

(10) 我继续地固执地寻求着。(鄂华《自由神的命运》)

这里的“继续”带上了“地”，明显是状语。再比较下面例子中正文和标题里的用法：

(11) 务必使我们的同志继续地保持谦虚、谨慎、不骄不躁的作风，务必使同志们继续地保持艰苦奋斗的作风。(毛泽东《继续保持艰苦奋斗的作风》)

正文里“继续”都带上了“地”，无疑是状语。标题是“继续保持……”，正文里说成“继续地保持……”，这说明状语“继续”后边用不用“地”有时是自由的。

其二，从并列结构的对照中看，“继续”可以跟“货真价实”的状语相对应。例如：

(12) 这部伟大的历史巨著，正待我们全体科学工作者和全国各族人民来共同努力，继续创造。(郭沫若《科学的春天》)

(13) 在中学，凡教语法的，还是使用这个系统；在高等学校，有的继续使用或者基本上使用，有些则逐渐进行了程度不同的修改。(张志公《关于汉语语法体系分歧问题》)

“共同努力”和“继续创造”，“继续使用”和“基本上使用”，是同类结构。“共同”“基本上”是“货真价实”的状语，相对应的“继续”不可能不是状语。作为状语，“继续”后边可加“地”。

其三，从句法格式上看，“继续”后边可以是具有明显谓语性的被动形式。例如：

(14) “暂拟汉语教学语法系统”在普通学校的语文教学中继续被沿用着，在其他方面也大都基本上被沿用着。(张志公《关于汉语语法体系分歧问题》)

这里的“继续”可以带“地”，它跟后边的“基本上”相对应。不仅如此，它后边出现的是被动形式，对主语“暂拟汉语教学语法系统”说来，“被沿用着”显然具有谓语性质，只能把“继续”分析为状语，而不能说“继续”是谓语中心。

其四，从对话的环境看，“继续”后边的“说”“说道”之类肯定是谓语中心，而不可能是宾语。例加：

(15) 李大妈停了一下，又继续说：“到八月十五那天，张政委又派通讯员来看望了我们。”

这里的“说”是谓语中心，不可能是宾语。因为引号里的话是“说”的宾语，“说”不可能又是“继续”的宾语。这种情况下的“继续”同样可以带“地”，分析为状语是很好理解的。若把“继续”分析为谓语中心，就得把“说：到八月十五那天，张政委又派通讯员来看望了我们”整个儿分析为宾语，这是说不通的。

总而言之，我们无法否认“继续”可以充当状语。否认这一点，会使我们在语言事实面前碰壁。

四

承认了“继续”可以充当状语，自然也要承认“继续”有时应归副词。

如果说，名词“继续”表示“与某一事有连续关系的另一事”（吕叔湘主编《现代汉语八百词》），动词“继续”表示“接下去，连续地做，不间断地进行”（王国璋等《常用词用法例释》），那么，副词“继续”，便是表示“连续地，不间断地”的意思。

副词“继续”有下面两个重要特点。

第一，作状语，带“地”，或能添加“地”。如本文开头所举的“小牛继续挣扎着”，可以说成“小牛继续地挣扎着”，“继续”是副词。再如“继续提高质量”“把工作继续进行下去”之类，“继续”都应归副词。

第二，一般可以用副词“仍然”或“照样”去替换。这一点，须要把“继续V着”和“继续V下去”这两种格式分别开来说一说。

在“继续V着”这一格式或意思相近的其他格式里，“继续”替换为“仍然”或“照样”都可以。例如：

(16) 年轻的红军，在极端困难的情况下，继续顽强地斗争

着。（徐向前《奔向海陆丰》）

（17）伤势稍有好转，我含着感激的眼泪离开了王大娘和乡亲们，继续过着流浪的生活。（佚名《毛主席把我救出火坑》）

“继续顽强地斗争着”，可以说成“仍然顽强地斗争着”，或“照样顽强地斗争着”；“继续过着流浪的生活”，可以说成“仍然过着流浪的生活”，或“照样过着流浪的生活”。

在“继续V下去”这一格式或意思相近的其他格式里，“继续”可以替换为“照样”。例如：

（18）社管会要他们再继续干下去。（沙汀《风浪》）

（19）疲困的战士从滑溜的泥巴地上爬起来继续行军。（杨得志《大渡河畔英雄多》）

“继续干下去”，可以说成“照样”干下去；“继续行军”，包含有“下去”之意，可以说成“照样行军”。

王国璋等所编《常用词用法例释》给“继续”立“副词”一项，指出副词“继续”表示“连续地，不间断地”（中国人民大学出版社1980年版163页），这是恰当的。

五

动词“继续”有时也可以带动词宾语。但充当宾语的动词实际上是名物化用法，可以带上定语，也可以移到句首转化为主语。例如：

（20）战士：下午继续不继续操练？

班长：继续操练！

（21）他们见我过了小桥，便又继续他们的操练。

（22）操练在继续。

这里的“继续”，包括“继续操练”中的“继续”，都是动词。

用在名物化动词前边的动词“继续”可以替换为动词“进行”，为了更接近原意，可以替换为“照样进行”；用在一般动词前边的副词“继续”，不能替换为“进行”或“照样进行”。把这两种“继续”区别开来并不困难。比较：

继续操练

——进行操练

照样进行操练

继续操练操练

——进行操练操练（×）

照样进行操练操练（×）

“继续操练”里，“继续”是动词；“继续操练操练”里，“继续”是副词。再如：

继续长征

——进行长征

照样进行长征

继续前进

——进行前进（×）

照样进行前进（×）

“继续长征”里，“继续”是动词；“继续前进”里，“继续”是副词。

有时，是否可以替换为“进行”或“照样进行”，要联系上下文意。在特定的语言环境中，如果把“继续”替换为“进行”或“照样进行”念起来不自然，而在“继续”后边加“地”念起来要自然些，这样的“继续”归副词较适合。例如：

（23）他站起来，活动了两三分钟，又坐下来继续抄写。

尽管单就“继续抄写”说未尝不可以说成“进行抄写”，但在这个句子里，说成“又坐下来继续地抄写”显得自然些，若说成“又坐下来进行抄写”或“又坐下来照样进行抄写”，就显得别扭。这里的“继续”应归副词。

（原载《语文教学与研究》1981年第1期）

论“不”字独说

0.1 所谓“不”字独说，是指“不”字和“不”字的叠用形式单独使用，不跟别的语言成分发生结构上的关系。若有上下文，前后也有明显的语音停顿，书面上用某种标点符号隔开。

0.2 能独说的副词数目有限，而且一般使用频率不高，用法也不复杂。但“不”字情况不同。据我们观察，“不”字独说的现象相当活跃。

0.3 “不”字独说有两种作用：一是简明否定，二是修订引进。本文分别讨论这两种作用，并说明相关的一些问题。

0.4 为了避免引例过长，有的地方不得不借助于省略号。但原文有的本身也有省略号。为了避免混淆，原文的省略号一律用三点（…），笔者所用的省略号一律用六点（……）。

1

1.0 “不”字独说的简明否定作用，指的是：单用一个“不”字，或者叠用两个或两个以上的“不”字（“不不”“不、不不”），简单明快地对某个问题、某种观点或某一要求作出否定的回答，表示否定的态度。

单用“不”字和叠用“不”字又有细微差别，需要分别讨论。

1.1 关于单用“不”字

1.1.1 单用一个“不”字表态，显得坚决、干脆，直截了当，毫不含糊。看例子：

（1）（晶晶：）"你恨我吗？"

（何帆：）"不。"（吕雷《海风轻轻吹》）

这里，单说一个"不"字，跟说"不恨""我不恨你"相比，显得态度明朗，语气坚决，意思突出。

说话时，"不"字若拉长，书面上加个破折号。例如：

（2）"听妈妈的？"晶晶的呼吸突然被窒住了。……蓦然，一个倔强的声音从她心底里喊出来了："不——"（吕雷《海风轻轻吹》）

这里，"不"字的声音拉长，语势加强，既表明说话人对事物的否定坚决干脆、毫不含糊，又表明说话人对事物的否定不是脱口而出，而是经过思虑的。

1.1.2 仔细观察，可以发现，同是表示否定态度的"不"字实际上又有三种情况。

第一，表示对问话里谓语动词的直接否定，相当于"不＋问话里谓语动词"。如例（1）"不"针对"恨"，等于说"不恨"；例（2）"不"针对"听"，等于说"不听"。又如：

（3）是它深奥莫测吗？不，美景有许多隐而没发的话，只要我想听，是我天性愚钝吗？不，我向来自认为是个敏感得近乎神经质的人。（赵践《廉价的心》）

两次用"不"，都针对着问句里的"是"，等于说"不是"。

第二，表示对整个说法不同意，相当于"不能这么说""不对"。例如：

（4）银泉说："美景今天不高兴了，小家公不过夜就走了。"我多嘴了："不，美景不大喜欢她的小家公！"（赵践《廉价的心》）

这里的"不"表示对银泉的推论的否定，等于说"不对"。

第三，表示制止，相当于"别""不要这么说"。例如：

（5）"我……我要……"我结巴起来。

"不，"她忽然仰起脖子，急切地打断我，"不要说，真的不要说，什么也别说……到秋天，自然会结果……"（张抗抗《夏》）

用“不”制止对方的求爱，等于说“别，别说”。正如作者所作的形容，是用来“急切地打断”对方的话的。

1.1.3 表示否定态度的“不”字，不管具体表示什么意思，都一定有上下文。上文有两种，性质不同。

第一，作为“不”字否定对象的上文。这种上文是“靶子”，是必不可少的。它们可以是疑问句，如例（1）；也可以用祈使句、陈述句或反问句。各举一例：

（6）“倩，把花给我！”

“不，我就不…”（李斌奎《天山深处的大兵》）

（7）新鲜的事物仿佛初秋早晨和煦的阳光，并不因为这个偏僻的、自惭形秽的小县城而躲到云层里去，不，照样明亮温暖地投射过来。（李国文《日食》）

（8）“那有啥法！”

“不，今后是要想办法把你搬到郊区去。……”（周克芹《勿忘草》）

例（6）的“不”相当于“不给”，前面是祈使句；例（7）的“不”相当于“不对，不是这样”，前面是陈述句；例（8）的“不”相当于“不对，不能这么说”，前面是反问句。

第二，对“不”字起帮衬作用的上文。可以是问句，也可以是叹词。它们用在“靶子”性上文之后、“不”字之前，不是必需的，但有一定的修辞效果。例如：

（9）“你把岑朗的那张照片还给我吧。”

“还你？不，还是暂时留在我这里的好。…”（张抗抗《夏》）

这是在用“不”字之前抓住关键意思而重复发问。“还你？”这一问加强了不同意的感情色彩。又如：

（10）（紫娥）不觉哑然一笑，问道：“你怕我么？”“啊？不！”山虎回答。（罗旋《红线记》）

（11）“是吗，你在为他紧张？”“嗯…不，你能不能陪我一块走一趟？”（王群生《彩色的夜》）

这是在用“不”字之前先加个叹词。例（10）“不”前头用带惊问语气的“啊”，表示对猛然提出的问题思想上没准备，回答之前略有犹豫，稍加思索。例（11）“不”前头用带肯定语气的“嗯”，表明回答问题时曾在肯定否定之间有所犹豫，尽管口头上紧接着说了“不”，但内心显然是矛盾的。从这两例可以知道，“不”前加叹词的说法，往往反映说话人微妙的心情变化。

1.1.4 表示否定态度的“不”字可以没有下文。即针对上文，说一“不”字，戛然而止。如例（10）就是这样。

更多的时候，由于表意的需要，“不”字往往领出下文。主要有以下三种情况。

其一，先用“不”字表明基本态度，再用否定句作进一步的强调，形成加字申说、一再否定的句法，使语意加重。例如：

（12）“是还…还怨恨我吗？”

“不，完全不是！”（张贤亮《灵与肉》）

（13）“你知道的。”“不，我不知道。”（张抗抗《夏》）

先用“不”作简明否定，意思集中突出；后面增加几个字成为一般的否定句，作进一步的申说，取得了反复强调的效果。

其二，先用“不”字表明基本态度，再用肯定句提出相对立的一个判断，形成破立结合的对照句法，使观点更加鲜明。例如：

（14）“你在学外国歌吗？”岳之峰又问，妇女不好意思地笑了，“不，我在学外国语。”（王蒙《春之声》）

（15）“我……我，叔叔不饿。”“不，我刚才听到了，你说饿。”（方南江、李荃《最后一个军礼》）

例（14）等于说“我不是在学外国歌，而是在学外国语”，例（15）等于说“你不是不饿，你是饿的”。由于紧接“不”字独说提出一个对立的肯定判断，使人感到破得干脆，立得鲜明，语气活泼，句法灵巧。

其三，先用“不”字表明基本态度，再用肯定句或否定句申述理由，形成溯因求证的句法，使话语具有说理性。例如：

(16) 啊，她能控诉公社书记吗？不，人家有人家的道理……(锦云、王毅《笨人王老大》)

(17) “你不能等小余回来再出工？”“不，我不愿闲着……”(周克芹《勿忘草》)

例 (16) 等于说“她不能控诉公社书记，因为公社书记有公社书记的道理，……”，例 (17) 等于说“我不能等小余回来再出工，因为我不愿闲着”。前一例“不”字后面用肯定句，后一例“不”字后面用否定句，“不”和后面的分句之间具有倒置的因果关系。由于紧接“不”字独说申述了理由，所说的话既具有说理性，又具有口语的简练而活泼的特色。

1.2 关于叠用“不”字

1.2.1 用“不不”或“不、不不”的叠用形式表态，既表明态度坚决，又显出心情着急或慌乱。看例子：

(18) 一进女方家，女方妈招呼道：“快坐下歇歇!”韩宝山回答：“不，不!”蹲在了墙根底。“快喝碗水!”“不，不!”“快拿扇子扇扇!”“不，不!”一连三“不”，事就坏了。那姑娘把二婶叫出外头埋怨道：“你咋给领来这么个不透气!”(张石山《镢柄韩宝山》)

接连三次“不不”，反映了韩宝山在一个第一次见面的姑娘面前紧张慌乱的心情，也反映了他那话语不多的“镢柄”脾气。如果单用一个“不”字，便似乎是赌气，显不出心情的紧张慌乱了。

跟“不”字的叠用形式相配合，作家们描写人物时往往加上“慌忙”“连忙”之类的形容词。例如：

(19) 老炳连忙说道：“我们想，请你到我家里去养伤。”那后生一听慌忙摇手：“啊？不不，我的伤很重。”(罗旋《红线记》)

(20) (朱源达:)“你你…你这是和我开玩笑怎么的!”我连忙声明：“不不，不开玩笑，现在允许个体经营了，……”(陆文夫《小贩世家》)

例 (19)“摇手”前加状语“慌忙”，表明说“不不”时心情的慌乱，因为一来怕给别人增添麻烦，二来旁边还站着一位年轻的姑娘——老炳的女儿；例（20）“声明”前加状语“连忙”，表明说“不不”时心情的着急，因为怕对方误解了自己的意思。

1.2.2 “不”字的叠用形式一般在对话中使用。“不”字单用形式尽管常见于对话，但有时也见于述说描写的语句。从这一点说，“不”字叠用形式的使用范围要窄一些。

“不”字叠用形式的上下文，跟“不”字单用形式的上下文大体相同。

就上文说，有“靶子性”的，出现于对方所说的话；也有“帮衬性”的，一般是在“不不”之前用“啊”“哎呀”之类叹词，借以配合“慌”“急”心情的表达。例（19）就是用帮衬性“啊”字的例子。再看一例：

（21）紫娥一听急得跳了起来，忘了手上油污，捶着她爹的背，连说：“啊，不不，说定了给你当儿子的，你要悔口，我就，我就……”（罗旋《红线记》）

“啊”的惊叹，“不不”的反复否定，二者相配合更能显出紫娥的着急慌乱，反映一个大姑娘心情的微妙变化。

就下文说，“不”字叠用形式可以没有下文，如例（19）里韩宝山都只回答“不，不!”若有下文，主要也是三种情况：

有的，下文用加字申说的办法作进一步的否定，借以加强语意。例如：

（22）老炳也说：“去吧，同志，我们一家靠得住，一定把你当自家人!”那后生仍然把头勾着，看也不敢看紫娥，嘴里只说：“不不，我不去!”（罗旋《红线记》）

“不不”之后加个包含“不”字的“我不去”，反复强调了对要求的否定回答。这是一种反复句式。

有的，下文用肯定句式提出相对立的判断，借以表达还有正面的意见。例如：

（23）丁猛就开门见山地说：“钱维丛挂帅！——‘三千万’的审查主要靠你啰!”“不，不，要靠领导。”钱工连忙说。（柯云

路《三千万》)

用“不不”连忙表示不同意对方的意见，又用“要靠领导”提出自己的意见。这是一种对照句式。

有的，下文申述理由，增强话语的说理性。例如：

(24)“……晚上到我们救护队去住，……”“不不，我只请了一天假，说什么也要赶回去。”(李斌奎《天山深处的大兵》)

“不不”是对要求的回答，后边的话申述理由，目的在于说服对方。这是一种溯因句式。

1.2.3 说话时，叠用的“不”字念得越急促越表明心情的着急或慌乱。如果先说“不”，在作较大的停顿之后再口气稳重地说“不”或“不不”，这就不再表达着急或慌乱的心情。这种情况下，“不，不!”或“不，不不!”强调了否定态度的坚决，大都表达激烈或愤怒的情绪。例如：

(25) 他还说什么“爱情”! 姐姐和小豹子，那叫“爱情”吗? 不，不! 那是可耻的，违法的呀! (张弦《被爱情遗忘的角落》)

(26) (丁猛:)“我就怕你的那种忧虑是真理! ……”马斌愣了一下，立刻激烈地反对:“不，不不! 我不同意! 我那种悲观失望绝不会是真理。”(柯云路《三千万》)

例 (25)，“不，不!”是带着怨恨的情绪说的；例 (26)，“不，不不!”是表示“激烈地反对”时说的。这里的“不”字叠用形式念起来都是缓慢稳重的。

2

2.0 “不”字独说的修订引进作用，指的是：用“不”字对前面的一层意思作修订性否定，引出后面更进一层的意思，使所说的话一层比一层精确，一层比一层深刻。

“不”字前面的一层意思，可能是事实，只是需要进一步揭示出它的深刻的含义；也可能基本上或在某种程度上反映了事实，只是需要略加修正或补足。总之，都不是可以全然否定的对象，说话人也不想用“不”字对它作全然的否定。

2.1 “修订引进”有各种具体内容，包括程度、数量、范围、时间、地点等方面的修订引进。总的说来，有的是为了使所说的话一层比一层精确，有的是为了使所说的话一层比一层深刻，有的则“精确”和“深刻”的效果兼而有之。下面分别作些介绍，借以说明“不”字独用时修订引进作用的广泛性和多样性。

2.1.1 程度的修订引进

(1) 我一点都不着急，不，我决不急躁，你放心吧！（公浦《绿色的底层》）

(2) 他就是这么个人！……像深不见底的大海？不，他比大海还要骄傲咧！（吕雷《海风轻轻吹》）

例（1）“着急”往往限于心理活动，“急躁”则往往在行动上表现出来。比较地说，从“不着急”到“不急躁”在程度上有了推进。加个单用的“不”字，取得了表述更为准确的效果。例（2）前者用明喻，后者用强喻，“不”字的作用显然是虚在修订，实在引进。这是通过修辞手法的运用表明程度的引进。

2.1.2 数量的修订引进

(3) 去年的粜价是七块半，今年的米价又卖到十三块，不，你先生说的，十五块也卖过；我们想，今年总该比七块半多一点吧。（叶圣陶《多收了三五斗》）

(4) 追随在毛主席身后，紧跟着他的脚步前进的六个人，不，应该是六万万人，也都笑了。（臧克家《毛主席向着黄河笑》）

例（3），卖到“十三块”是事实，这是就一般情况说的；卖到“十五块”也是事实，这是就个别情况说的。用“不”对一般的价格进行修订，引出不一般的价格，表意更精确周全，又能收到强调的效果。例（4），就反映的对象来说，当时跟随毛主席视察黄河的人确实只有“六个”，然而，全国六万万人民，在“望了美丽的远景”时都会像那六位同志一样欢欣鼓舞的。用“不”由“六个”引出“六万万”，揭示了事情的本质，把意思表述得更加深刻了。

2.1.3 范围的修订引进

(5) 河滩上响起了一阵复仇的枪声，我们家的仇人，不，全龙家寨的穷人的仇人金阳人，像一个死王八，四脚趴着啃地皮去了。(马忆湘《朝阳花》)

(6) (端午桥) 尚没出京，便遭到我们四川人——不，只能说是成都绅士的反对。(李劼人《大波》第一部)

例 (5)，通过“不”从“我们家”引出“全龙家寨”，范围扩大，视野放宽，加深人们的认识；例 (6)，通过“不”从“四川人”引出“成都绅士”，范围缩小，目标集中，同样加深人们的认识。

2.1.4 时间的修订引进

(7) 从呱呱坠地的那一刻起，不，从生命的信息突然发生在自己的肚子里，孩子的一哭一笑，一动一止，一声一息都牵动着母亲的心。(王蒙《蝴蝶》)

(8) 说不定我们部队前天才离开这里。不，也许是昨天才走的。(马忆湘《朝阳花》)

例 (7)，用“不”订正“从呱呱坠地的那一刻起”，引出“从生命的信息突然发生在自己的肚子里”，表明把时间推远一点可能更切合“母亲的心”；例 (8)，用“不”订正“前天”，引出“昨天”，表明把时间拉近一点可能更符合实际情况。

2.1.5 地点的修订引进

(9) 大理风，不，应该说下关风吧，确实了不起。我一到这儿就领略到了。(曹靖华《洱海一枝春》)

(10) ……咣气咣气……喀郎喀郎……沿着莱茵河的高速公路，山坡上的葡萄。暗绿色的河流。飞速旋转。这不就是法兰克福的孩子们吗？……不。那不是法兰克福。那是西北高原的故乡。……不，那不是西北高原。那是解放前的北平。……不，那不是逝去了的，遥远的北平。那是解放了的，飘扬着五星红旗的首都。(王蒙《春之声》)

例（9），“下关”在“大理”南。通过“不”从“大理”引出“下关”，在地点上作了修订引进，并且跟文章前面所说的“下关风，上关花，下关风吹上关花”发生照应，既富于情趣，表达上也显得更周全。例（10），通过三个“不”字，从“法兰克福”引出“西北高原的故乡”，引出“解放前的北平”，引出“解放了的，飘扬着五星红旗的首都”，一再修订引进，有地点，也涉及时间，表现了主人公心情激动，联想海阔天空地开展，在表达上显得层层叠进，很能引人入胜。

2.1.6 行动的修订引进

（11）我又坐下了；不，随便的躺下了。（老舍《微神》）

（12）在她流泪的时候，我本应该用手绢，不，用手指揩干她的泪水。但是我没有这样做，我向她打了一番官腔。（王蒙《蝴蝶》）

例（11），本来是先坐后躺，“坐下”和“躺下”都是事实。用“不”修订引进，表达上增强了两个动作之间的层递性，突出了后者。例（12），通过“不”字修订“用手绢”的动作，引出“用手指”的动作，目的不在否定前者，而在突出后者，借以表明心灵深处的细腻感情。

2.1.7 感触上的修订引进

（13）假若你看到我们的战士，用自己的双手，不，用自己的意志创造的“地下长城”，你才更惊讶呢。（魏巍《谁是最可爱的人》）

（14）当他微颤的右手缓缓举起的时候，我想：这是最后的军礼吗？不！这只是他作为一个共产党员，向党的事业表示的又一次的忠诚……（方南江、李荃《最后一个军礼》）

“用自己的双手”是看得见的现象，“用自己的意志”则是说话人透过现象感触到的事实；同样，举起右手行“最后的军礼”是看得见的现象，向党的事业表示“又一次忠诚”则是看不见的、反映了说话人透过现象感触到的事实。两层意思之间用“不”，由表及里地突出了说话人的感触，帮助人们透过事情的现象看到它的本质。

2.1.8 心绪上的修订引进

（15）还是这同样的废墟，不，我应该说同样的伤痕，这三年来，

我在广州、武昌、梧州、桂林、金华都见过了。(巴金《生死者》)

(16) 一直到死，他还挣着一口气，点燃了火把，给渔船引路，以后就和火把一起死了。不，他没有死，听说从那庙修起来以后，山上的火光又亮起来了，一直亮到现在。(峻青《海燕》)

对着"废墟"，觉得是"伤痕"；"他"确是死了，但人们总觉得他仍然活着。在两层意思之间用"不"字修订引进，突出了心情、思绪，表达了深刻的情感。

2.1.9 比喻关系上的修订引进

(17) 东方啊，

东方升起了金黄色的太阳，

那太阳温暖着最寒冷的地方；

不，那不是金黄色的太阳，

那是人民领袖毛泽东。(中国作家协会《1953.9—1955.12诗选》)

(18) 你是丹娘的化身，你是苏菲亚的精灵，不，你就是你，你是中华儿女的革命典型。(萧三编《革命烈士诗抄》)

例 (17)，"金黄色的太阳"和"人民领袖毛泽东"之间具有比喻关系。先说喻体，突然用"不"修订，引出本体，收到了以喻体衬托本体，使本体分外突出的效果。例 (18)，"是丹娘的化身""是苏菲亚的精灵"都是比喻，"是你""是中华儿女的革命典型"都是直接断定，"不"在二者之间起修订引进的作用。由于有前边两个比喻的衬托，后边两个直接断定显得特别富于深意，具有感人力量。

2.1.10 "正名"性质的修订引进

(19) 张思远——不，老张头从冬冬那里了解了一点儿秋文的事情。(王蒙《蝴蝶》)

(20) 他口里的阎罗王天子仿佛也不大高兴，竟会误解他的人格，——不鬼格。(鲁迅《无常》)

例 (19)，张思远曾在山村劳动，群众管他叫"老张头"。这里写的是他当国务院某部副部长之后重到山村的事情，"正名"为"老张头”符合当地群众的叫法，也带幽默感。例（29），“他”是鬼，不可能有“人格”。但“人格”现成，先说“人格”，再仿造出一个“鬼格”来，不仅能“正名”，而且显得幽默、有风趣。

2.2 “不”字联结的前后两层意思，从肯定否定形式上看，或者从句法结构关系上看，都有种种情况。

2.2.1 “不”字联结的前后两层意思一般都用肯定形式，即“肯定·不·肯定”，如例（3）～例（9）、例（11）～例（13）、例（15）、例（18）～例（20）；有时前面一层意思用发问形式，后面一层意思用肯定形式，即“发问·不·肯定”，如例（2）（14）；有时前后两层意思都用否定形式，即“否定·不·否定”，如例（1）。再比较：

（21）他看着我，不，他实际上只看着我的脚！

（22）他这是看着我吗？不，他实际上只看着我的脚！

（23）他不敢看我，不，他不敢看我的眼睛！

例（21）是“肯定·不·肯定”，例（22）是“发问·不·肯定”，例（23）是“否定·不·否定”。

有时，前面一层意思用肯定形式或发问形式，后面一层意思用肯定形式，前后两层意思之间除了“不”字之外还用了表示否定的句子，即“肯定（或发问）·不·否定·肯定”，如例（10）（16）（17）。再比较：

（24）他看着我，不，他不敢看我的眼睛，他实际上只看着我的脚！

（25）他这是看着我吗？不，他不敢看我的眼睛，他实际上只看着我的脚！

例（24）是“肯定·不·否定·肯定”，例（25）是“发问·不·否定·肯定”。

“不”和“否定”之间的否定句可以不用。但用了它，既可以同“不”配合，加重“修订”的语意，又可以同后面的肯定意思发生对照关系，更好地衬托出后面的肯定意思。再看两个文艺作品中的例子：

（26）可是，她是怎样的一个演员哪！不，她不是演员，是英雄；而且，她不是戏剧中扮演的英雄，是生活中真正的英雄。（峻

青《海燕》）

（27）你以为，得罪罗二娘，就只是得罪她一家是不是？……不，事情远远不这样简单吧！你得罪了一尊神，也就是对所有的神明的不敬。得罪了姓罗的一家，也就得罪了梨花庄整个的上层。（何士光《乡场上》）

例（26）可以只说“……不，她是英雄，而且是生活中真正的英雄”；例（27）可以只说“……不！你得罪了一尊神，也就是对所有的神明的不敬。得罪了姓罗的一家，也就得罪了梨花庄整个的上层”。可见这里的否定句是配合修订引进的，是可以去掉的。它的作用在于加重修订的语意，加强对照的关系。

有时，“不”字和否定句可以交错使用，表示多次修订，多层推进。否定句相当于“不”。例如：

（28）这是一种什么样的梨啊！它不是梨，简直是糖葫芦；不，糖葫芦又怎么能比得上它呢！（峻青《海燕》）

这里的“它不是梨”也可以只说成“不”。但它跟后边的“不”交错使用，既能达到意思上层层深化的目的，又使句法避免呆板，灵巧有致。

2.2.2 “不”字联结的前后两层意思在句法结构关系上有两种情况：

其一，前后两层意思都是句子或分句，有的省略主语。如例（1）～例（3）、例（8）、例（10）、例（14）、例（16）～例（18）、例（21）～例（28）。

其二，前一层意思是句子或分句里的一个组成部分，“不＋后一层意思”是对这一部分的“插说”。如例（4）（9）（15）（19）是对主语的插说；例（5）是对充当主语的同位结构前一部分的插说；例（6）是对定语的插说；例（7）是对状语的插说；例（12）（13）是对连动结构前一部分的插说；例（20）是对宾语的插说。

充当插说成分的“不＋后一层意思”，书面上可以作特殊处置，整个儿放到括号里。例如：

(29) 对于这些东西，艾奇逊说对了，共产党（不，还有人民）确是“都不能忍受，都不能宽容”。（毛泽东《为什么要讨论白皮书》）

(30) 两个青年孩子（不，那时候我们自以为是“饱经忧患”的大人了）怀着一腔热情，从家里出来，没有计划，没有野心，甚至没有一个指导我们的师长，我们有的只是年青人的勇敢和真诚。（巴金《巴金自传》）

“不，还有人民”和“不，那时候我们自以为是‘饱经忧患’的大人了”都是对主语的插说。它们不是正文，但是对正文有所修补，有所深化；由于用括号标出，反而比用在正文里更为醒目，引人注意。

2.3 起修订引进作用的“不”字有时也采用叠用形式，借以加重修订的语气，使所说的话更富于感情色彩。

(31) 她走了，她从我的家里走了，走了一位春的使者。不，她从我的心窝飞了，飞了一只画眉，绣眼儿，蓝靛鸟儿。她走了，走了。她从我的眼前走了，走了一位春的女神。不，不，她从我的心田失掉了，失掉了一棵兰花，茉莉，金桂。（舒群《少年 chén 女》）

这里有两次修订引进。“她走了”之后是一次，“她走了，走了”之后是另一次。前边配合“走了”单用“不”，后边配合“走了，走了”叠用“不，不”。“不”字叠用，加强了修订的语气，表露了说话人深感遗憾的心情。

3 小结

3.0 “不”字独说有简明否定和修订引进这两种作用。起这两种作用的“不”字主要有以下几点区别。

第一，起简明否定作用的“不”字完全是针对上文的，它的“靶子”性质的上文是否定的对象；起修订引进作用的“不”字是联结上下文的，它的上文既是“修订”的对象，又是“引进”的基础。

第二，起简明否定作用的“不”字有一定的自足性。针对前边提出的问题，往往可以只说一个“不”字。起修订引进作用的“不”字不是自足的，它总要联结前后两层意思；如果去掉后一层意思，“不”字是站不住的。

第三，起简明否定作用的“不”字，上下文都以句子或分句的身份出现，尽管有的省略了某种成分；起修订引进作用的“不”字可以和后一层意思一起成为插说成分，它的上下文可能成句，也可以只是句中的一种结构或一个实词。

第四，从句法地位看，起简明否定作用的“不”字应算独词句。它可以是单句；也可以成为分句，跟后边的分句之间发生反复、对照、因果等关系。起修订引进作用的“不”字不应算独词句。如果上下文是句子或分句，“不”应算关联性独立成分。如果上文只是句子里的一个部分，“不＋下文”应一起算插说成分——一种按注性独立成分。当然，在这种插说成分内部，“不”字仍然具有关联性独立成分的性质。

3.1 “不”字独说有积极的修辞效果。用来表明否定态度，显得简单明快；用来表示修订引进，可以显出认识过程的层递性和节奏感。

3.2 “不”字独说有很高的使用率。在语言的实际运用中，“不”字独说的现象是丰富的，多样的，富于表现力的。从口语和文艺作品可以特别明显地看到它具有很强的生命力。

（原载《华中师范学院学报》1982年第3期）

关于“给给”

朱德熙先生在《包含动词“给”的复杂句式》中说：“……‘我给他一本书’可以看成是‘我给给他一本书’的紧缩形式。‘我给给他一本书’实际上不说，……可是有的方言里有这种说法。”朱先生没有举例。张贤亮《绿化树》里有一个例子，似乎可以为朱先生的论断作个注脚：

这时，窗外由远及近地响起沙沙的踏雪声，同时传来了轻松的放肆的歌声：

姐儿早上去看郎，
三尺白绫包冰糖。
给给小郎郎不用，
转过身儿好凄惶哟——呀啊！（《十月》1984 年第 2 期）

“给给”显然是“V 给”。若改为“送给、赠给”之类，就不符合人物的身份、口吻，就没有原来那样富于地方情味；若只说“给”，音节上又不谐调。看来，这里非得说成“给给”不可。

（原载《中国语文》1984 年第 5 期补白）

【说明】

朱先生的《包含动词“给”的复杂句式》，发表于《中国语文》1983 年第 3 期。

关于动宾搭配

一

动宾搭配，方言口语的说法有时跟普通话标准说法有所不同。

比如，在普通话里，“扯谎”这个动词不能直接带上宾语“我、你、他”之类。如果句子中需要出现扯谎的对象，一定是出现在“对”字后边，跟“对”组成介词结构，一起作“扯谎”的状语。如：“对我（你、他）扯谎。”可是，孙健忠的长篇小说《醉乡》中，凡是扯谎的对象都出现在“扯谎”的后边，作宾语。例如：

（1）用光了？不不，那么多钱，不会用得那样快。香草，你在扯谎我。（《小说界·长篇小说专辑》1984年第1期）

（2）贵二哥，我不扯谎你，等会你自己就会看见。（《小说界·长篇小说专辑》1984年第1期）

孙健忠同志是湖南湘西人，《醉乡》这部长篇小说的人物对话里有好些湘西方言口语说法。

又如，在普通话里，“帮忙”这个动词不会直接带上宾语“我、你、他”之类。如果句子中需要出现帮忙的对象，那么，一般要带上“的”，用在“忙”的前边，作定语，即出现在“帮X的忙”格式中“X”的位置上。如“帮我的（你的、他的）忙”。可是在香港电视片里，我们常常听到这样的对话：

（3）“你一定帮忙我啊！”

“没问题，我会帮忙你的！”

这种说法，反映香港人说话在语法上具有不同于普通话标准说法的特色。

不同地区的人说话，语音方面的差别最大，词汇方面的差别次之，语法方面的差别最小。同是动词和宾语的搭配，甲地区有某种跟普通话不同说法，乙地区往往没有；反之，乙地区有某种跟普通话不同的说法，甲地区往往没有。比如孙健忠《醉乡》中的人物，说“扯谎你”，但不说“帮忙你”：

（4）“你不要我帮你的忙吗？”

“不要。”（《小说界·长篇小说专辑》1984年第1期）

二

应该把方言口语的说法同有语法错误的说法区分开来。前者在某个地区能通行，在许多人口头上常出现，为了表现人物的地方特点和言语特点，文学作品的人物对话中可以适当采用；后者则是个别人的偶发性现象，从社会交际上来说，从艺术效果上说，都必须注意清除掉。

有语法错误的动宾搭配现象，主要有三种情况。

第一，“宾语强加”。即：某动词或动词结构不能带宾语，却硬给它带上宾语；或者某动词或动词结构不能带某类宾语，却硬给它带上这类宾语。例如：

（5）豪气十足的武装班战士很快自暴自弃了以往那种优越感……（《十月》1984年第6期）

（6）有一天，他商量着三婶：“妈，我实在馋了，把罐子里的咸鸭蛋给我煮一个吃呗！”（《江城短篇小说》1984年第1期）

例（5），“自暴自弃”是个动词结构，表示自甘落后不求上进的意思，相当于一个不能带宾语的自动词。这里让它带上宾语“以往那种优越感”，不恰当。例（6）“商量”这个动词可以带宾语，如“张老师和几个班干部正在商量着怎样开展‘五讲四美’‘三热爱’工作的问题”，但所带的宾语必须是指事对象宾语，而不能是指人对象宾语。这里让它带上指人对象宾语“三婶”不恰当。

第二，“宾心失落”。即：失落了宾语的中心词，只剩下能对宾语起修饰作用的一些词语。例如：

（7）组织上立即严肃地批评她滋长了自高自大、个人好出风头。

（8）大家以高度的劳动热情迅速地投入了改变旧社会遗留下来的落后经济。

（9）这是一本对广大青年进行热爱和保卫伟大祖国的教材。

例（7），“滋长了”的宾语应该是“自高自大、好出风头的思想”这个偏正结构，但中心“思想”失落了。例（8），“投入了”的宾语应该是“改变旧社会遗留下来的落后经济的斗争”，但中心词“斗争”失落了。例（9），“进行”的宾语应该是“热爱和保卫祖国的教育”，但中心词“教育”失落了。由于“宾心失落”，这几句都不能完整地表达意思。

第三，“联项有余”。即：宾语是联合结构，但联合项中只有一部分跟动词搭配得拢，剩余的另一部分跟动词搭配不拢；或者带宾语的是联合结构，但联合项中只有一部分跟宾语搭配得拢，剩余的另一部分跟宾语搭配不拢。例如：

（10）各种肤色的人在这里呼吸着海水、阳光和最新鲜的空气。

（11）任弼时同志担任湘鄂川黔边区党中央分局书记，教育和纠正了夏曦同志的错误。

例（10），宾语是联合结构，包含三个联合项，其中只有“最清新的空气”能跟“呼吸”相搭配，剩余了“海水”和“阳光”。例（11），带宾语的是联合结构，包含两个联合项，其中只有“纠正”能跟“夏曦同志的错误”相搭配，剩余了“教育”。由于联合项中有多余的悬空的部分，这两句都不能明确地表达思想。

三

“宾心失落”的现象不一定都成为病句。有时，“宾心具备”的说法和“宾心失落”的说法都是正确的说法，比较：

{重视积累资料的工作
 重视积累资料

{参加填湖造田的活动
 参加填湖造田

{学习修理钟表的技术
 学习修理钟表

{表演变魔术的节目
 表演变魔术

不成为病句的“宾心失落”的说法，从“宾心”看，是个表示比较抽象的事物的名词；从可以成为定语的词语看，代表某种具体的活动；从整个说法看，具有习用性，意思明确，并且显得精练。

观看足球比赛时，我们常听到解说人有时说“××队获得了发角球的机会”，有时说“××队获得了发角球”。后一说法是“宾心失落”的说法，由于符合上述三个条件，可以成立。

四

动宾搭配不当的毛病有时主要是语义问题。如：

(12) 这给今后的学习打下了良好的开端。

(13) 我县已经展开学习普通话的热潮。

例 (12)，“开端”不能跟“打下”相搭配。要么说“打下了良好的基础”，否则就得说成“建立了良好的开端”。例 (13)，“热潮”不能跟“展开”相搭配。应该说“掀起了……热潮”。

但是，必须强调指出，对动宾关系不能死扣语义。动宾关系十分复杂。一个动宾结构，如果是习用的，意思明确、不会发生误解的，就应当承认其合法性。如“养病”“救火”“恢复疲劳”“打扫卫生”等等，约定俗成，大家都这么表达，大家都这么理解，因而不能认为是有毛病的说法。

（原载武汉《普通话》1985 年第 1 期）

从"原来"的词性看词的归类问题

一

"原来"有时是时间名词，表示"起初，未变之前"的意思；有时是副词，表示有所发现、有所领悟的语气[①]。

时间名词"原来"有的时候跟副词"原来"有明显的不同，不会相混。这是因为它具有副词所不具有的一系列句法特征。主要是以下几点：

1. 作定语：

   原来的校长是一位历史学教授。

   公安局不收，让他回原来的学校。

2. 在"X是X"格式中同时作主语和宾语：

   原来是原来，现在是现在，你别故意把水搅混！

3. 在"X比现在AP"的格式中作主语（或小主语）：

   原来比现在强！

   他的身体，原来比现在坏得多！

4. 在"现在比不上X""现在不如X"之类的格式中作宾语：

   现在比不上原来！

   现在不如原来！

   现在哪能比得上原来？

5. 在"那是X"格式中作宾语：

   那是原来，现在情况不同了。

那是原来，最近他已经调走了。

6. 在“现在比XAP”“现在比X有所VP”之类格式中作介词的后置成分：

现在比原来强多了。

职工的住宿条件，现在比原来有所改善。

充当定语、主语、宾语的“原来”肯定不会是副词。但是，副词“原来”总是充当状语，而时间名词“原来”也往往充当状语。这时候，怎样区别它们呢？比如：

他原来住在这里。(现在搬走了！)

他原来住在这里！(让我找得好苦啊！)

前一例的“原来”是时间名词，后一例的“原来”是副词。它们的区别，可以从以下几个方面来观察：

1. 在保持意义同一性的前提下，只要是时间名词，就可以在状语用法的基础上演化出作定语、作主语、作宾语的用法；如果是副词，不能这么办。如：

他原来住在这里。(状)

他原来的住处就在这里。(定)

甲：我记得很清楚，他原来住在这里。(状)

乙：原来是原来，现在是现在。他现在当了处长了，怎么还会住在这里？(主、宾)

甲：他原来不是住在这里吗？(状)

乙：那是原来，现在已搬到新盖起来的大楼里去了。(宾)

2. 如果是时间名词，“原来”可以替换为“原先”；如果是副词，“原来”不能换成“原先”，有时“原来”怎么样，可以勉强说成“没想到（就）”怎么样。如：

他原来住在这里，现在搬走了。(名)

→他原先住在这里。现在搬走了。

他原来住这里！让我找得好苦！(副)

→没想到他就住在这里！让我找得好苦！

当然，副词“原来”的意义跟“没想到（就）”并不怎么相同。不过，有时用“原先”和“没想到（就）”作为可替换形式，可以充分显示时间名词“原来”和副词“原来”的区别，从而更好地辨认它们。

3. 时间名词“原来”同“现在”相对，指过去的时间，跟“曾经……过”的时态发生联系；语气副词“原来”没有时间性，既可以指向过去发生的事情，也可以指向正在发生或将来发生的事情。因此，指向现在或将来的“原来”，肯定不是时间名词。例如：

（1）听众被巧秀嘹亮、欢快的唱声所征服，发出一阵阵掌声和叫好声。连原来有意起哄的人也愣了。（吴萍《坠子皇后》）

（2）巧秀坐在窗口，凝神不动，原来列车里正在播放周璇唱的《孟姜女哭长城》。（吴萍《坠子皇后》）

（3）只见巧凤满脸是汗，双目噙泪，神色异常。原来几天来的身心折磨，她要早产了。（吴萍《坠子皇后》）

例（1）的“原来”是时间名词，指向过去发生的事，等于说现在已经不是这样。例（2）的“原来”是语气副词，指向正在发生的事，不能改为“原先”。例（3）的“原来”是语气副词，指向将要发生的事，也不能改为“原先”。

有的情况是不受过去、现在和将来的限制的，是从过去到现在到将来都是不变的。如果用“原来”指向这种情况，那么所用的“原来”一定是语气副词。例如：

（4）受不了朱琴逢迎的嘴脸，方月转过身，视线正巧落在门口闪入的唐衫老者身上，……原来是吴遥邦中医，此间著名的明瓷收藏家。（施知青《窑边》）

（5）放牛还不简单么？把牛群驱赶上山吃草，自己尽可以找块树荫躺下来困觉或是看书。原来，并非如此。（陈敦德《九万牛山》）

吴遥邦中医，过去是，现在是，将来也是；放牛简单，过去不是这样，现在不是这样，将来也不是这样。上面两例里的“原来”都是语气副词。作为语气副词，它们不能用“原先”替换，不能通过变换在作定语、作主语、作宾语的格式中出现。

二

《现代汉语词典》根据意义把“原来”分为两种[②]：

1. 起初；没有经过改变的：他还住在原来的地方｜这块地因为碱性太大，原来连青草都不长。

2. 表示发现真实情况：原来是你｜我说夜里怎么会这么冷，原来是下雪了。

如果用“起初义”代表第一个义项，用“发现义”代表第二个义项，那么《现代汉语词典》所涉及的现象有三类。即：

1. 起初义：a. 起初义 1——作定语

　　　　　b. 起初义 2——作状语

2. 发现义：c. 发现义　——作状语

怎样从语法上确定“原来”的词性，根据什么给“原来”定性归类，应该考虑几个带普遍性、原则性的问题。

第一，事实的全面性：所说的语言事实能不能代表全面？有没有足以导致对结论的否定的重大遗漏？

有的讲词性的词典，把“起初义”归入形容词[③]。这是因为看到了“原来”作定语的事实[④]。但是，如前所说，“原来”还可以作主语和宾语，还可以用在“比”字后边一起组成介词结构。前面描写的涉及特定句子的一系列句法特征，不但是副词所没有的，而且也是形容词不能全部具有的。如果既看到“原来”作定语的事实，又看到“原来”总是在跟名词“现在”对举的情况下作主语、宾语和“比”字后置成分的事实，就可以知道把它判定为形容词是不适当的。比较：

现在的《收获》杂志比原来的《收获》杂志贵多了。→现在的《收获》杂志比原来贵多了。

现在的住房比原来的住房宽敞多了。→现在的住房比原来宽敞得多。

“比原来贵”“比原来宽敞”中的“原来”不能说是形容词。只根据“比原来的《收获》杂志贵”“比原来的住房宽敞”之类现象来断定“原来”是形容词，显然是只看到了一部分事实，遗漏了另一部分对“形容词”的结论具有破坏作用的事实。

应该指出，少量形容词也可进入“比”字句，用在“比”字后边。如：多比少好｜宽大比狭小好｜长一点比短一点好。但是，在变换形式上，时间名词有区别于形容词的地方。比较：

变换形式	X是时间名词	X是形容词
Y的N比X的NAP	+	+
Y的N比X的AP	+	+
Y的N比XAP	+	-
Y的N比X有所VP	+	-

以“现在比原来好”和“宽大比狭小好”来说：

现在比原来好。→现在的情况比原来的情况好。→现在的情况比原来的好。→现在的情况比原来好。→现在的情况比原来有所好转。——“原来”是时间名词。

宽大比狭小好。→宽大的住房比狭小的住房好。→宽大的住房比狭小的好。→*宽大的住房比狭小好。→*宽大的住房比狭小有所好住(好用)。——“狭小”是形容词。

以上的比较表明：作为名词的“原来”可以同前边的名词短语“现在的情况”对举，而作为形容词的“狭小”不能同前边的名词短语“宽大的住房”对举。

第二，条件的有效性：据以引出结论的条件，有效程度怎么样？是否把非充足条件当成了充足条件？

把表示“起初义1”的“原来”判定为形容词，是根据它充当了定语。这意味着把作定语当成了是形容词的充足条件，等于说：只要是充当了定语的词都是形容词。

作定语，不能说跟形容词的词性没有联系。在一种情况下，是有绝对联系的，这就是：可以作定语，而且只能作定语的词，肯定是形容词。但是，光就作定语说，跟形容词的词性并没有绝对的固定的联系。因为，一个词在这里充当定语，在别的地方不一定充当定语。在并不排斥非定语功能的情况下，用作定语来作为判定形容词词性的根据，有效程度是不高的，因而结论是可疑的。

请看这两个例子：

（6）后来，戏真的一炮打响，彼里特这个角色塑造得很出色，曹申比原来的名声更大了……（张欣《此剧哪有尾声》）

（7）后来，戏真的一炮打响，彼里特这个角色塑造得很出色，曹申的名声比原来更大了……

这两例意思完全一样。如果认为前一例里的“原来”是形容词，那么，后一例里的“原来”还是不是形容词呢？

第三，标准的同一性：所用的标准，是不是对所有的词语都一视同仁？就给词定性归类的整个过程说，有没有偷换标准的现象？

有的讲词性的词典，把“起初义2”划归副词，跟“发现义”归成了一类[5]。显然是因为“起初义2”作状语。

就像作定语不是判定形容词的充足条件一样，作状语也不是判定副词的充足条件[6]。表示“发现义”的“原来”是副词，这是因为它只能作状语，具有纯状语性质；表示“起初义”的“原来”可以充当多种成分，跟副词没有必然的固定的联系，因此作状语时不能断定它就是副词。退一步说，假设可以立下“只要作状语的都是副词”这么一条标准，也应该在给词定性归类的过程中把这条标准贯彻始终，而不能忽而采用，忽而抛开。比如“现在”这个词，经常跟表示起初义的“原来”对举，语义上有联系；既可以作定语，也可以作状语，还可以作主语、宾语等，跟表示起初义的“原来”语法功能相同。既然如此，为什么同一意义的“原来”在作状语的时候被判定为副词，而总是跟“原来”意义相对的“现在”在作状语的时候不被判定为副词呢[7]？换句话说，为什么可以认为名词“现在”可以充当不同的成分，而名词“原来”却因为充当不同成分而被分为不同类的词？显然，把充当不同成分的“现在”看作一个词，而把充当不同成分的同一意义的“原来”看作不同的词，标准是混乱的。看这两个例子：

（8）原来规定，每户社员只能养三十只鸡……

（9）按原来的规定，每户社员只能养三十只鸡……（理由《金三角》）

这两例里的“原来”是具有同一意义的，但例（8）里“原来”作状语，例（9）里“原来”作定语。难道可以认为一个是副词，一个是别类词吗？要是把它们都换成“现在”，是不是也可以认为一个是副词，一个是别类词呢？

不能把作状语的表示起初义的名词“原来”和作状语的表示发现义的“原来”归为一类，正如不能把作状语的形容词“直”（“直话直说”）和作状语的副词“直”（“在地上直打滚”）归成一类一样，不同的词有不同的意义，它们各有自己的语法上的类特征。

注释：

①邢福义：《词类辨难》，甘肃人民出版社 1981 年版，第 44～45 页。

②中国科学院语言研究所词典编辑室编：《现代汉语词典》，商务印书馆 1973 年版，第 1265 页。

③北京师范大学中文系《作文词典》编写组编：《作文词典》，商务印书馆 1984 年版，第 448 页；又吕叔湘主编：《现代汉语八百词》，商务印书馆 1980 年版，第 556 页。

④《现代汉语八百词》所举的例子中有一个不是作定语的：“那份图样是原来的。”但是，“原来”不能直接作谓语，总要带“的”一起用在“是”字后边。“那份图样是原来的”等于“那份图样是原来的图样”，因此，尽管“原来的”后边隐去了中心词，但可以认为是由作定语的用法演化而成的。

⑤北京师范大学中文系《作文词典》编写组编：《作文词典》，商务印书馆 1984 年版，第 448 页；又吕叔湘主编：《现代汉语八百词》，商务印书馆 1980 年版，第 556 页。

⑥邢福义：《词类辨难》，甘肃人民出版社 1981 年版，第 11～15 页。

⑦《作文词典》明确指出“现在”是名词，并没有把作状语的“现在”判定为副词。见北京师范大学中文系《作文词典》编写组编：《作文词典》，商务印书馆 1984 年版，第 830 页。

（原载《汉语学习》1985 年第 6 期）

“比”字句中的“的”和“得”

“的”“得”都读“de”，但它们能使句子产生不同的结构关系，从而表示不很相同或者很不相同的意思。例如：

你本人比她写 de 还好！

这是个“比”字句。“比”字句主要包含三个要素：一是“比”字；二是“比体”，即相比的事物；三是“比向”，即在哪个侧面、哪个方向上相比。上面这个“比”字句里的“de”既可以写成“的”，也可以写成“得”，但比体和比向会有所不同，句子的结构和意思因而也会有所不同。即：

你本人比她写的还好！

你本人比她写得还好！

用“的”，比体是“你本人”和“她写的”，二者在好不好或者好到什么程度这一点上相比，比向是“好”；用“得”，比体是“你本人”和“她”，二者在写得怎么样这一点上相比，比向是“写”。

乔雪竹的中篇小说《“杰出”人物》中有这么几句对话：

“她写的那人物可能比我本人好。”摇摆思忖着。

“你本人比她写得还好！”云香愈发地要争这一口气了。

“不，我现在不那么好。过去，哎，过去……”（《钟山》1985年第2期）

这里“得”是误用，应改为“的”。因为，从上下文看，相比点是好的程度，比向是“好”而不是“写得还好”。

说“你本人比她写的还好”，“她写的”是“的”字结构，指称事物，后边隐含着一个名词，相当于“她写的人物、她写的形象”之类意思；说“你本人比她写得还好”，“写”是谓语中心，“得”是补语的标志，“还好”是补语。

（原载《语文建设》1986年第5期）

关于"帮忙我"之类的说法

一

看香港拍摄的电视剧，往往听到"帮忙我""帮忙你"之类说法。最近读香港作家张君默先生的中篇小说《模特儿之恋》，发现两则：

(1) 好吧，阿邦，你以后如果有事，就不用回来帮忙我了。(《花城》1984 年第 3 期)

(2) 高雅公司的青年杂役阿邦，被周经理指定了星期天下午，必须返回公司帮忙姚若碧……(《花城》1984 年第 3 期)

前一例，"帮忙"带宾语"我"；后一例，"帮忙"带宾语"姚若碧"。

普通话里没有"帮忙"带宾语的说法。"帮忙我"要说成"帮我的忙"，同样，"帮忙姚若碧"要说成"帮姚若碧的忙"。

二

北京师范学院中文系《作文词典》在"帮助"条下指出："［近］帮、帮忙。"(商务印书馆 1984 年版 9 页) 所谓"近"，指的是同义词以及词义近似的词。(见该书"凡例")

诚然，"帮忙"和"帮助"可以认为是同义词，但是，从意义上看，"帮忙"比"帮助"多了"忙"的内容。《现代汉语词典》是这么解释"帮忙"的："帮助别人做事，泛指在别人有困难的时候给予帮助。”（商务印书馆 1973 年版 30 页）在“帮忙”所表示的意义里，“帮”和“帮助”相联系，“忙”和“在别人有困难的时候”相联系。

“帮忙”肯定是一个词，但它却是一个离合词。它的语素“帮”可以叠用，“帮”和“忙”这两个语素之间可以插入别的语言成分。如：

请帮忙！

请帮个忙！

帮什么忙！

别帮倒忙！

可见，尽管“帮忙”是一个词，但语素“帮”和“忙”都有相对独立的语义。假设帮人者为甲方，被帮者为乙方，那么，“帮”指行为，由甲方发出，“忙”指情况，属于乙方。因此，在乙方出现的场合，为了清楚地表述关系，就要说成“甲帮乙的忙”。

香港作家的笔下有时出现“帮忙我”之类的说法，似乎说明香港话里的“帮忙”比普通话里的“帮忙”更接近于“帮助”，“忙”的意义不像普通话里那样受到特别的强调。

三

受不同方言影响的作家的笔下，往往会出现一些方言习惯说法。动宾式合成词带宾语的现象也是这样。孙建忠的长篇小说《醉乡》中就有好几处“扯谎你”之类的说法。如：

(1) 香草，你在扯谎我。（孙建忠《醉乡》）

(2) 你处处都去问草药方子，莫扯谎我。（孙建忠《醉乡》）

(3) 不信你到杨梅寨去问，看我扯谎你么？（孙建忠《醉乡》）

(4) 香草阿妹，我真的没有扯谎你了。（孙建忠《醉乡》）

孙建忠是湘南土家族作家，出生于湘西乾城县所里镇，他的作品中有好些湘西方言口语的说法。香港作家肯定不会说“扯谎我”“扯谎你”，而会说“对我扯谎”“对你扯谎”；相反，孙建忠这位湘西作家肯定不会说“帮忙我”“帮忙你”，而会说“帮我的忙”“帮你的忙”。《醉乡》中就有这样的例子：

(5) 你不要我帮帮你的忙吗？(孙建忠《醉乡》)

四

由“帮忙我”“扯谎我”等聊到“约会我”“约会你”之类说法。这类说法在中国大陆[①]的作家笔下很少见，而在张君默先生的《模特儿之恋》中却有好几例。如：

(1) 方小姐，我很仰慕你的美丽，希望跟你交个朋友。不知道有没有约会你的荣幸呢。(张君默《模特儿之恋》)

(2) 所以呢，你听我说好了，下一次她再来，便是想你再约会她。(张君默《模特儿之恋》)

(3) 你是问人家的地址电话，还是约会人家了。(张君默《模特儿之恋》)

(4) 约会小姐，没有耐心是不行的。(张君默《模特儿之恋》)

这四个例子里，“约会”分别带宾语“你”“她”“人家”和“小姐”。

“帮忙我”“扯谎我”之类站不住，“约会我”之类却站得住。“约会”一词和“帮助”一词虽然结构不同，一个是动宾式，一个是联合式，即“帮”和“助”近义并列，但它们包含的语素在跟主语的语义联系上是有相同之处的，这就是：“帮助”，“帮”和“助”都属于作为主语的甲方，乙方只是接受帮助的对象；“约会”，“约”是属于甲方，“会”尽管是相互的，但主动者还是甲方，总之，乙方既是“约”的对象也是“会”的对象。因此，在带宾语问题上“约会”和“帮助”用法相同：“我帮助你”和“我约会你”都能成立。

《现代汉语词典》对作动词用的“约会”作了这样的解释：“预先约定相会”(商务印书馆 1973 年版 1271 页)。所举的例子中有这么一句：

(5) 他们约会过我，我没去。(中国科学院语言研究所词典编辑室《现代汉语词典》)

由此看来，一个说法是否符合普通话的说法，有时不能以是否常说为依据。在大陆，大概人们不愿意或者不好意思把约会谁谁挂在口头上，因此在说话时不常听到，在书面上也不常看到。

注释：

①大陆，指内地。——编辑注

(原载香港《普通话》季刊1987年第1期)

香港人爱用的一个特别的叹词

香港话里有一个特别的叹词，有的作家写作“哇——”，陈浩泉先生的《香港小姐》(《花城》1985年第1—3期)中写作“哗——”。口头上，这个叹词带一条又粗又长的尾巴，语气由强到弱，听起来感到特别富于情味。

这是个神通广大的词，适用范围很广。在《香港小姐》这部长篇小说中，这个词出现的次数特别多。

表示不容易这样而这样，可以“哗——”！这时，带有赞叹、欣赏的意味，偏于“褒”。如：

(1) 翌日，汪翠娟就穿了这时新买的名牌波鞋回学校了。“哗——正嘢喎！”美宝见了立即叫起来。(《花城》1984年第1期)

(2) 餐桌上已摆满了食物，汪翠娟走过去仔细端详着。“哗——大厨师，真的全弄好，可以开餐了？”汪翠娟说。(《花城》1984年第1期)

表示不应该这样而这样，可以“哗——”！这时，带有嫌疑、不同意的意思，偏于“贬”。如：

(3) 当一个双腿粗而短的丑女出现时，倒彩声立即四起：“哗——没搞错吧？这样的元蹄脚也来选美腿小姐！”(《花城》1984年第1期)

(4) “哗——最便宜也要一千二百元呀！”汪翠娟的两颗眼珠向他一转。(《花城》1984年第1期)

表示没想到这样而这样，也可以“哗——”！这时，只强调出乎意料，既不“褒”也不“贬”。如：

(5)“哗——这么大件事!”记者群中发出了哗声。(《花城》1985年第2期)

(6)“都错了，是五百万!”马公子笑着说。“哗——”大家惊叫起来。(《花城》1985年第2期)

不管带有什么意味，这个叹词都表示惊异，语气夸张。如例(6)特别点明“惊叫”。又如：

(7)“哗——这么快，星期一就拍呀?”汪翠娟颇感惊异。(《花城》1984年第1期)

(8)“哗! 太可怕啦!”有人说。(《花城》1984年第1期)

凡是不需要用夸张语气表示惊异心情的场合，都不要“哗——”，而用别的叹词。如：

(9)“啊——好美! 谢谢你!”杨丽诗望着他甜甜地笑。(《花城》1984年第1期)

(10)“哼，你们这些男人!”(《花城》1984年第1期)

普通话里没有“哗——”这个表示惊异的叹词。说普通话的人听到这也“哗——!”那也“哗——!”自然感到惊异，不由得赞叹这个叹词具有惊人的表现力!

(原载香港《普通话》季刊1987年第1期)

“高三尺”之类说法中“高、重”等词的词性判别

0 导言

0.1 四川周正同志来信，提了一个问题。问题很小，难度可不小。先来把信抄录如下，作为“缘起”。

我是四川邛崃师范语文教员，因教学中的困难向您冒昧请教。先看例句：

(1) 这块布长四尺。

(2) 这块布比那块布长四尺。

这两句的“长”词义是不一样的。《现代汉语词典》把（1）句的“长”解释为“长度”，就词义而言似为名词。把（2）句的“长”解释为长度大，与“短”相对，就意义而言该为形容词。由此引起结构分析的不同：第1句的“长四尺”为主谓式，“长”是主，“四尺”是谓。第2句的“长四尺”是“形＋补”式。第2句的分析无争论，有争论的是第1句。先生在《词类辨难》中认为“三尺长”的“长”依旧是形容词，没转成名词。照此推论，“长三尺”的“长”也该是形容词了，其结构依旧同于（2）句，应为“形＋补”。可是徐枢先生在《宾语和补语》（黑龙江人民出版社1985年版）128页中却认为“长三尺”一类短语是主谓式，“长”自然是名词作主语。俞敏先生在《名词动词形容词》（上海教育出版社1984年版）24页中也持此观点，认为“桥长二百六十五米”的“桥长”是主语，“二百六十五米”是谓语。而《提要》

"3.3.1"一节是把这类短语看作"形＋补"的。上述两句中的"长"是否该一为名词，一为形容词？其结构分析是否有所不同？"长"有不同的两个意义，词性是否也该不同？这些疑难我无法解决，定请先生明示。……

周正　谨识

四月二日

0.2 信中所提的现象，本文用"'高三尺'之类说法"来统括。所涉及的语言事实，大体上可以分为四组：

A组　二郎山，高万丈。

情意重千斤！

B组　我说你记：

高三米，宽一米八。

C组　郑海霞高二米零四。

从雪娣高一米六六。

D组　郑海霞比从学娣高一尺多。

陈月芳比郑海霞高几公分。

下面，一组一组略加分析。为了方便，使用了这些代号：X代表"高、重"等词，L代表数量结构，S代表全句的主语，"比N"代表"比＋名词或名词结构"。

1　A组：夸张性"SXL"

1.1 A组说法用于对事物情态作特意夸张的描述。其中的数量结构并不表示实际上的"多少"，而是强调情态的程度极深。

二郎山，高万丈。

＝……很高，高极了，高得不能再高。

≠……高度是万丈。

情意重千斤。

＝……很重，重极了，重得不能再重。

≠……重量是千斤。

1.2 “高、重”等词后边的数量结构只表示程度，表意功能相当于一个程度副词，这决定了“高、重”等词只能是形容词。再看这个例子：

桃花潭水深千尺，
不及汪伦送我情。

心情激动，特意夸张。“深千尺”强调“极深”，可以说成“不管多深”“即使再深”，其中的“深”不可能是形容词以外的别类的词。

在上下文中，如果“高”和“矮”、“重”和“轻”、“深”和“浅”对举使用，“高、重”等词的形容词词性就更加明显。比如：

礼品轻如毛
情意重千斤

上文的“轻”一定是形容词，下文对举的“重”绝对不可能是名词。

1.3 “高、重”等词后边的L既然只相当于一个程度副词，按照目前教学中通行的“前状后补”的处理办法，它只能分析为补语，XL只能分析为后补结构（或叫述补结构）。作为后补结构，X和L之间不能有明显的、可以在书面上加上逗号的停顿。如：

*(二郎山,）高，万丈。
*(情意,）重，千斤。
*(桃花潭水,）深，千尺。

2 B组：测量性“(S) XL”

2.1 B组说法用于表示对事物度量的实际检测。“高、宽”等词代表高度、宽度、长度、深度、重度等等，能回答“什么”的问题，应该是名词。比如：

甲（边量边说）：高三米二，宽一米八。
乙（听不真切）：什么三米二？什么一米八？请再说一遍！

A 组和 B 组的不同是明显的。A 组中的 X 不能用“什么”来提问。“二郎山高万丈”，绝对不能这么提问：“（二郎山）什么万丈?”

2.2 “高、宽”等词能回答“什么”的问题，是检测的对象，它和后边的数量结构是主语和谓语的关系。作为主语的 X 和作为谓语的 L 之间，可以有明显的停顿，书面上加逗号。主谓结构 XL 前边应该有个大主语 S，但在实际检测的具体环境中 S 往往隐去。如：

记下！

高，三米二；

宽，一米八。

2.3 作为谓语的 L（数量结构），能够回答“多少”的问题。问“X 多少?”等于问“X 是多少?”可见，AB 两组的 X 和 L 在答问上都显示出不同的特点。比如：

高（是）多少？——三米二！

宽（是）多少？——一米八！

2.4 B 组说法还有一个值得注意的特点：“高、宽”之类前边如果出现一个单音节名词，它们往往结合成一个双音节的名词性短语词，一起充当主语。如：

身高一米八。——身高，一米八。

胸宽三尺二。——胸宽，三尺二。

袖长一尺七。——袖长，一尺七。

领大一尺一。——领大，一尺一。

体重二百斤。——体重，二百斤。

这里的主语是小主语。前边一般还有大主语 S，必要时可以补出。如：

傻大个身高一米八，体重二百斤。

周正同志的信中提到的“桥长二百六十五米”，如果念起来“桥长”后边可以出现明显的停顿，书面上可以加上逗号，那么，“桥长”可以看成名词性短语词，作主语。

3 C组：实描性“SXL”

3.1 C组说法用于在非检测场合对事物情态的变量作如实描述。从实描性看，由于所说的数量总是实事求是，因而跟B组有相通之处：“高、重”之类往往可以换成名词“高度、重量”之类或者名词性短语词“身高、体重”之类。如：

郑海霞高二米零四，重一百公斤。
郑海霞身高二米零四，体重一百公斤。

这小桥宽八尺，长九丈。
这小桥宽度（是）八尺，长度（是）九丈。

3.2 然而，根据直感，人们总觉得“高、重”之类更像形容词。这种直感不是没有道理。首先，夸张性说法和实描性说法格式相同，它们的区别主要是修辞上的，而不是语法上的。比较：

二郎山，高万丈。
这小山，高两丈。

前一句的“高”一定是形容词。对比之下，如果认为后一句的“高”是名词，人们实在难以接受。

其次，就实描性说法本身说，尽管其数量是实指的，但有时却大得异乎寻常。在这种情况下，只要说话时心理上带有特异的感觉，口气上自然就显得略有夸张。这样，C组说法就更接近A组说法了。比如：

这家伙高二米五，重三百公斤，简直像座大铁塔，吓死人了！

数量实事求是。但说话的重点不在于检测其高度和重量，而在于强调高得惊人、重得惊人，等于说“这家伙高得异乎寻常，重得异乎寻常，简直像座大铁塔”。这种说法跟夸张性说法有相通之处。

3.3 光根据直感，当然不行；仅仅用夸张性说法来作类比验证，说服力尚嫌不足。我们还得进一步捕捉到C组说法本身可以说明问题的一些证据。

首先，C组说法中的数量不能用“多少”来提问，只能用“多”来提问：

*郑海霞高多少？从学娣高多少？

郑海霞多高？从学娣多高？

——郑海霞高二米零四。从学娣高一米六六。

问句中“多”是问程度的状语，“高”是形容词，相应地，答句中的“高”也应该是形容词，数量结构是它的补语。

其次，C组说法中的数量结构往往可以前移，成为状语，即：SXL→SLX[①]。

宝塔共八层，高八丈。

“高八丈”可以说成“八丈高”。

关于“八丈高”之类说法，笔者曾用问答对应、指代替换的办法证明了是“数量结构＋形容词”[②]。如：

这座宝塔多高？

——八丈高。

——真的这么高吗？

尽管“他高一米八，重一百公斤”可以说成“他身高一米八，体重一百公斤”，但前者可以说成“他一米八高，一百公斤重”，后者却不能说成“他一米八身高，一百公斤体重”。可见，它们是意义上相通、语法上具有不同特点的两种格式，不宜用一个格式中的名词性“身高/体重”来证明另一个格式中的“高/重”也是名词。

再次，C组说法有时可以加上“已……达”，成为另一种变换形式。即：SXL→S已X达L。如：

围墙高三米五。

→围墙已经高达三米五，可还在往上砌！

每挑担子重二百斤。

→每挑担子都已重达二百斤，不能再重了！

书稿长三千页。

→书稿已经长达三千页，一定要打住了！

采用“S已X达L”的说法，是由于度量已超过一般水准，说话人觉得有强调的必要。这一可变换的形式表明，“高三米五”之类中的“高、重”等只能是谓词。谓词包括动词和形容词。它们不可能是动词，因而只能是形容词。至于名词，是进入不了“S已X达L”中X的位置的。如不能说“围墙已经高度达三米五”“每挑担子都已重量达二百斤”。

4 D组：比较性“S（比N）XL”

4.1 D组说法用于对事物情态的度量进行比较。其突出特点是句子里使用“比N”结构，用以引出较体。在特定场合，由于较体明显，“比N”结构因而隐去。然而，只要有必要，“比N”结构可以随时补出。可以说，D组同A、B、C三组几乎不存在什么瓜葛，仅仅在隐去“比N”结构时形式才有相似之处。如：

甲：明明真高！

乙：他妹妹还要高，高八公分！

孤立地看“高八公分”之类形式，似乎跟前三组没有区别，但它实际上表示的是“比明明高八公分”之类的意思。

4.2 这一说法中的X肯定是形容词。这一点是很容易证明的：去掉L，剩下“(S)比NX”，“比N”是X的状语；不仅如此，X前边还可以加上“更、还要”之类程度修饰。如：

陈月芳比郑海霞高几公分。

陈月芳比郑海霞高。

陈月芳比郑海霞更高。

陈月芳比郑海霞还要高。

值得注意的是，A、B、C三组说法中X所用的词在意义上是“一边倒”的：只能说“高、深、长、重”，不能说“矮、浅、短、轻”。

比如，三丈固然可以说"高"，一寸也必须说"高"；三吨固然可以说"重"，一两也必须说"重"。然而，D组说法中的X却不受这个限制。如：

郑海霞比从学娣高一尺多。

从学娣比郑海霞矮一尺多。

长江比黄河长三十六公里。

黄河比长江短三十六公里。

这口猪比那口猪重十二斤。

那口猪比这口猪轻十二斤。

4.3 这一说法中的L表示本体在某种情态上超出较体的度量，充当X的补语。它可以用"多少"来提问，跟B组相近，跟A组、C组不同。不过，它问的是超出的度量是"多少"，而不是问总的度量为"多少"，因此不会跟B组说法相混。如：

甲：明明越长越高了。

乙：他妹妹长得还要高！

甲：高多少？

乙：高八公分。

顺便指出，《中学教学语法系统提要（试用)》在刊物上发表时"形＋补"部分举了"重五十二公斤"的例子[③]。后来，在由人民教育出版社出版的本子中，这个例子增补为："（木箱比纸箱）重五十二公斤。"[④]增补后的例子属D组。这一增补，反映编者们处理问题的稳重。因为只用"重五十二公斤"来举例，情况并不单一，需要讨论的问题颇多。

5 结束语

5.1 本文讨论的"SXL"涉及四组现象。D组无困难。A组、B组一般语法书很少提到，但把它们的X分别归入形容词和名词，大概也不会有太大的问题。问题出在C组。C组介于A、B两组之间，认为其中的X是形容词和名词都有各自的理由。然而，根据所能捕捉到的语法特征，并且联系种种类同性现象来考虑，归入形容词似更合理，更具有实用上的解释力。当然，B、C两组实在无法一刀两断，它们在形式上往往完全相同，它们的根本区别只表现在语用环境的不同。我们的想法是：能归入形容词时尽量归入形容词；除非在明显的对事物度量进行实际检测并且可以用“X多少”来提问的场合，才归入名词。

5.2 判别词性不能依靠词的意义，判别的标准只能是词的语法特征。有的词语法特征十分隐晦，需要捕捉。由于所能捕捉到的语法特征往往不具普遍性和典型性，进行词性判别时最好配合使用“直判”“排他”“类比”等证明方法。比方，C组“SXL”有时可以说成“S已X达L”，这是可以捕捉到的一个特征。但这一特征只能说明X是谓词，只有在进行“直判”的同时联系其他事实使用“排他”和“类比”，才能较好地证明X可以归入形容词。

“直判”“排他”“类比”等方法[⑤]，不是具体的分类标准、分类方法，而是属于逻辑思维范畴的证明方法。根据甲分类标准可以“直判”“排他”“类比”，根据乙分类标准也可以“直判”“排他”“类比”；语法学科里可以运用这些方法，其他各种学科里也可以运用这些方法。科学研究工作者，包括语法学者，研究问题时实际上都有意、无意地运用了这些方法。汉语的词的归类问题特别棘手，令人头痛。在词性判别的过程中引进这些方法，会有利于帮助我们思考问题，证明问题。对于这一点，笔者将另写文章系统地阐明。

注释：

①如果数量结构较长、较复杂，前移后念起来稍感别扭。如“郑海霞高二米”，说成“郑海霞二米高”很自然；“郑海霞二米零四”，说成“郑海霞二米零四高”就不那么顺口。

②邢福义：《谈“数量结构＋形容词”》，《中国语文》1965年第1期，第34页。又见邢福义：《语法问题探讨集》，湖北教育出版社1986年版。

③《中学语文教学》1984年第2期。

④人民教育出版社中学语文室：《中学教学语法系统提要（试用）》，人民教育出版社1984年版。

⑤ 邢福义：《词类辨难》，甘肃人民出版社1981年版，第16～24页。

（原载《语言学通讯》1988年第3期）

【D组】

评"暂拟汉语教学语法系统"

"暂拟汉语教学语法系统"，我国语法学界的同志一般把它简称为"暂拟系统"。在汉语语法学发展史上，"暂拟系统"的出现无疑是一件大事。它吸收了《马氏文通》以来各家的说法，加上好些新的意见，形成了一个比较完整的体系。由于它的出现，全国中小学的汉语语法教学有了一个"共同纲领"，师范院校和一些综合性大学的汉语语法教学法也有了一个基本依据。它推动了我国的汉语语法教学；它在全国范围内普及了语法知识；它引起了许多人特别是青年们对语法问题的关注和兴趣，对我国语法学研究队伍的建立与扩大有很大的促进作用。它的功绩是不可磨灭的。

但是，任何事物都有一个通过实践不断认识的过程。二十多年来，人们在实践中不断地改动它。这种改动，反映在课堂教学法上，也反映在以"暂拟系统"为基础所编写的教材或书籍里。目前，修订"暂拟系统"的呼声很高，这成了全国语法教学工作者的共同要求。然而，是"打补丁"呢，还是"造新屋"？这就须要认真研究和讨论了。

本文打算从"科学性""一贯性""实用性"这三个方面提出一些问题，希望能起到抛砖引玉的作用。一般地说，一部或一套著作中存在的问题有两类，一类是跟体系的建立有较大关系的问题；一类是不够精确，甚至有谬误，但跟体系的建立关系不大的问题。本文所谈的主要是前一类的问题。

代表"暂拟系统"的文献，我们选了两种。一种是《暂拟汉语教学语法系统简述》（见《语法和语法教学》，人民教育出版社 1956 年版。以下简称《系统简述》)，一种是《汉语知识》(人民教育出版社1979年版)。《汉语知识》是具体发挥“暂拟系统”的一部著作，我们较多地引用了其中的说法。

一 科学性

正确地反映语言事实的本来面目，而不是作歪曲性的描述，这就是科学性。

“暂拟系统”是采用成分分析法来描述汉语语法结构的。主要做法，可以概括为：把句子划分为六个成分，把词作为划分成分的基本单位，根据六个成分的搭配排列确定句子的格局。其结果是，产生了下面三个问题。

1. 把有层次的句子结构看作同一平面多成分加合体。

在“暂拟系统”的主语、谓语、宾语、补语、定语、状语这六个成分中，主语和谓语是基本成分，主要成分，核心成分；宾语、补语、定语、状语是连带成分，次要成分，非核心成分。按照“暂拟系统”的理论和做法，基本单句的六个成分之间的关系可以用“两心相照，非心向心”来概括。

先说“两心相照”。

《系统简述》说：“主语是谓语陈述的对象，表示谓语说的是‘谁’或者‘什么’；谓语对主语加以陈述，表示主语‘怎么样’或者‘是什么’。”《汉语知识》说得更加明确、肯定：“主语部分里的主要的词是主语，谓语部分里的主要的词是谓语。主语是谓语陈述的对象，指出谓语说的是谁或者是什么；谓语是对主语加以陈述的，说明主语怎么样。”(144～145页)十分明显，这里是把句子两个部分里的两个“心”摘了出来，说明它们之间直接照应，有被陈述与陈述的关系。这跟语言结构的实际情况是不相符的。

首先，光核心成分往往回答不了“谁、什么”或“怎么样”的问题。看例子：

(1) 生产力的基本因素是生产资料和劳动力。(邓小平《在全国科学大会开幕式上的讲话》)

(2) 镶嵌在正门顶上的国徽老远就射出闪闪的金光。(孙世恺《雄伟的人民大会堂》)

例(1),"因素"单独回答不了"什么是生产资料和劳动力"的问题;例(2),"射"单独回答不了"镶嵌在正门顶上的国徽怎么样"的问题。

其次,即使有时把两个"心"摘出来拼在一起还能成句,但可能已不符合原意,甚至可能把原意完全弄反。看例子:

(3) 人们的心情很不平静。(方纪《挥手之间》)

"心情——平静"的说法固然站得住,但已经不同于原意。上面这个句子表示的是作者对一个事实所作的判断,包含特定的、明确的主概念和谓概念,即主辞和宾辞。只能说主概念"人们的心情"和谓概念"很不平静"之间有被陈述与陈述的关系,却不能从中把"心情"和"平静"分离出来,说它们之间有被陈述与陈述的关系。

再说"非心向心"。

《系统简述》说:"构成一个句子的主要成分是主语和谓语。句子里又可以有四种次要成分:定语、状语、宾语、补语。""被(定语)修饰或者被(定语)限制的名词是中心词","被(状语)修饰的动词或形容词是中心词","被(补语)补充的动词或者形容词是中心词"。《汉语知识》在"主‖谓——补——宾"格式下,举了这样的例子,并加符号作了说明:

姐姐‖洗干净了衣服,又用熨斗熨平了。(183页)

"干净"是"洗"的补语,"衣服"是"洗"的宾语。这就是说:"干净""衣服"这些非核心成分都分别向心,直接跟"洗"发生关系。这也就是说"洗""干净""衣服"三者之中尽管有中心、分主次,但它们只是同一平面上的结合物。语言结构的实际情况是不是这样的呢?"了"已清楚表明,"洗"和"干净"先组合在一起,然后"洗干净了"再跟"衣服"发生组合关系。三者的组合关系绝不是在同一个平面上发生的。

汉语是一种没有多少形态变化的语言。汉语的句子是由词和词、词和词组、词组和词组一层一层地组织起来的。词进入句子以后，便处在一定的层次关系之中，在一定的层次上发挥各自的作用。以“我弟弟已经准备好一切用品”这个句子来说，七个词所处的层次地位并不是同等级的。分析如下：

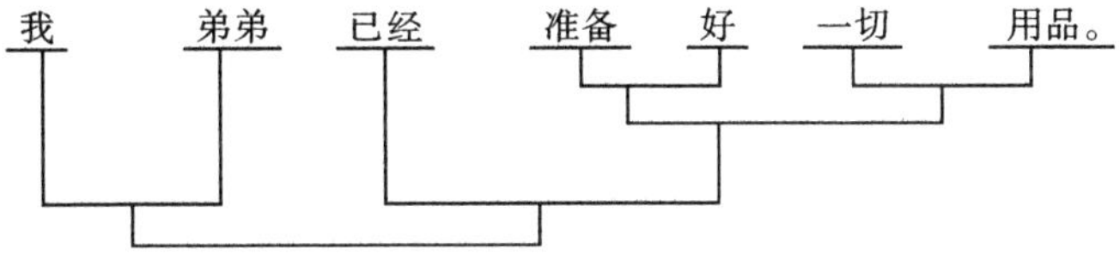

如果按照“暂拟系统”的两心相照、非心向心的理论，这个句子就得像下边这么分析：

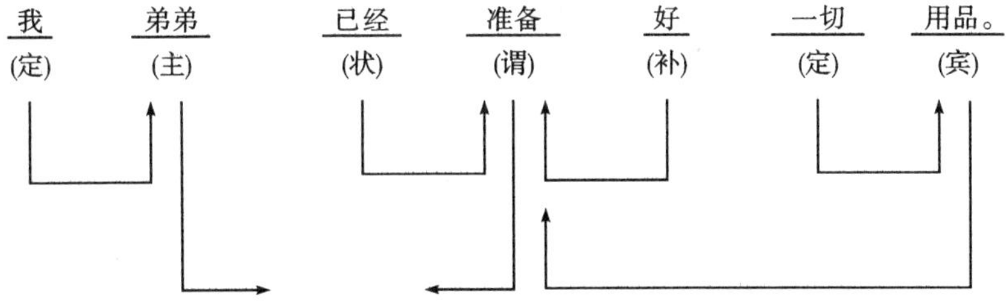

像这样把句子的六个成分说成是同平面加合物，掩盖了句子本身所固有的层次关系，对语言事实的反映显然是不正确的。

有人说，“暂拟系统”把句子分为主语部分和谓语部分，这表明它还是注意了层次的。其实不然。从分析手续上看，“暂似系统”把句子分为两大部分，是为了找出两个“心”，而不是为了说明结构层次。可见两大部分的划分完全是为它的一套分析方法服务的。

近年来有些语法书提高宾语的地位，把宾语也算作核心成分，跟主语一起算句子的主干。这只是为个别成分“升格”，属于小调整，就基本观点说，没有改变。

2. 把整块运用的向心结构拆散成各自分立的造句零件。

“暂拟系统”把词作为划分句子成分的基本单位，认为“词在句子里同别的词有了一定的关系，就成为一个句子成分”（《汉语知识》180页）。在“暂拟系统”看来，联合词组和主谓词组是可以整个充当一个成分的，因为它们分不出“心”与“非心”、“基本”和“连带”，至于偏正词组和动宾词组则是向心结构，“有基本和连带之分”（同上），能分析为两个以上的成分，因此它们不能整个成为一个成分。这就从理论上否定了偏正词组、动宾词组等向心结构的整体性。

析句中，否定向心结构的整体性，首先突出地表现为破坏了由向心结构充当定语、状语、补语等的完整性。比如，《汉语知识》在讲定语时指出“有时候，作定语的词还带着连带成分（宾语、补语、定语、状语）”（172页），并且举了好些例子，分别加上符号作了说明。其中有：

孔乙己显出极高兴的样子。

驾驶拖拉机的同志们都在田边集合了。

第一句，限定“样子”的明明是“极高兴”，却只标出“高兴”是定语，而“极”只能算是定语“高兴”的状语。第二句，限定“同志们”的明明是“驾驶拖拉机”，却只标出“驾驶”是定语，而“拖拉机”只能算是定语“驾驶”的宾语。这样的分析，把整块结构拆散为许多零件，弄得层次不清，关系模糊，反而使人不能正确掌握词语间的基本关系了。

否定向心结构的整体性，析句中还往往使人感到破坏了主语、谓语的完整性。比如《汉语知识》在讲名词谓语时举了这么个例子，并加上符号作了说明。

金萍‖江苏人。（147页）

毫无疑问，“江苏人”这个偏正词组是整个说明“金萍”的，是不应被分割的。然而，按照“暂拟系统”的分析法，却只能把“人”分析为谓语，把“江苏”分析为作谓语的名词“人”的定语。这到底是从语言的实际出发，还是从分析的“原则”出发？照此类推，“他黄头发”中的“黄头发”也应分割开，单说“头发”是谓语了。那么，谓语到底又是什么呢？

许多语法书看到了“暂拟系统”这方面的问题，作了一些改动。

如一方面把宾语升格为基本成分，可以跟主语、谓语平起平坐，从而把动宾词组从向心结构中分出去；另一方面，承认偏正词组在充当定语、状语、补语时是一个整体，应当看作一个成分。不过，新的问题又跟着产生了：既然偏正词组可以充当定语、状语、补语这些连带成分，为什么不可以充当主语、谓语这些基本成分呢？这是个合乎逻辑的推理，但按照这一逻辑去做，势必导致对“暂拟系统”分析法的全盘否定。因为如果承认偏正词组可以充当主语和谓语，就等于承认一般单句是由主语和谓语两个成分组合而成的，定语、状语、补语等不过是成分的成分，这样一来，六个成分就不再是一个平面上的东西了。因此，有的语法书又作了种种附加说明，如：以动词、形容词为中心的偏正词组出现在主语部分，整个儿算主语（“不老实‖是他的特点”），若出现在谓语部分，便转化为状语和谓语、谓语和补语等（“他‖不老实”）；以名词为中心的偏正词组出现在谓语部分，整个儿算谓语（“金萍‖江苏人”），若出现在主语部分，便转化为定语和主语（“江苏人‖一般都很机灵”）。采用这种“转化”论是为了守住成分分析法的最后阵地，虽然用心良苦，但毕竟十分牵强。人们要问：同是偏正词组，为什么有的有时整个儿算一个成分，有的有时要分成两个以上的成分？

3. 让丰富多彩的语言事实去迁就由六种成分的搭配排列状况规定下来的句子格局。

《汉语知识》说：“主语、谓语、宾语、补语、定语、状语这些句子成分互相配合，产生多种多样的句子的格式。如‘主语‖谓语——宾语’是一种格式，‘主语‖状语——谓语’是另一种格式。每种格式的句子的构成方式就是我们常说的句子的结构。”(181页)《汉语知识》里一共列出了十八种一般单句的最基本的格式，如“主语‖谓语”“主‖谓——宾”“主‖谓——补”“主‖谓——宾——补”“主‖谓——补——宾”“定——主‖谓——定——宾”“主‖状——谓——状——补”等，并且说：“我们平常应用的句子，有不少是按照以上各种格式层层扩充构成的，如‘定——主‖谓——定——宾’，定语上可以再有

定语或状语，谓语上可以有状语……”（185页）此外，还列出了“复杂谓语的几种格式”。（187～192页）

然而，不管怎么强调所产生的句子格式的“多种多样”，六种成分互相配合所能产生的句子模式毕竟是有局限性的，用来概括汉语里的一切句子是远远不够的。在丰富多彩的语言事实面前，我们发现有的句子爱闹别扭，用“暂拟系统”所提供的模式分析起来，往往不得不来点强迫命令。结果只是对某个片段给一个名称，揭示不了句子本身的特点，致使语法分析成了名词术语之争，没有什么实际意义。看这个例子：

在比赛场上，这位年纪最小的选手给人以不慌不忙、落落大方的印象。（《光明日报》1980年6月6日）

这个句子的谓语部分怎么分析？若用“暂拟系统”所说的种种格式来套，似乎可以算是“谓——宾——补”，即“给”是谓语，“人”是宾语，“以……印象”是补语。说“算是”，是因为总觉得这类句子跟典型的“（主）谓——宾——补”［如《汉语知识》所举的“（我）找他三四回了”］不那么相同。但不算“谓——宾——补”，又算什么呢？而“算”与“不算”的说法，就带有勉强迁就的意思，大可争论的。争的结果呢，既然只能套到有限的格式中去，就有可能只是在名词术语上兜圈子。再随手抄几个例子：

这个会谁的主席？

美国的历史没有我们长。

像这样的人不能去！

萝卜烧肉。

一顿饭吃了五角钱。

这些例子，用“暂拟系统”提供的格式是不容易对上号的。勉强对上，给安个术语，也会使人感到不自然。这说明，我们需要更灵便、更有效、更能揭示汉语语法的结构特点的分析方法，以便更科学地确定汉语句子的格局。“暂拟系统”所建立的格局容易成为束缚学习者的框框，对深入了解和细致描述汉语语法的构造是不利的。

二　一贯性

始终保持论断的同一，而不是前后互相抵触，互相否定，这就是一贯性。

体系的科学性，是论述的一贯性的必要条件。“暂拟系统”所用的方法既然不够科学，对语言事实的反映不够正确，在论述中就难免产生这样那样的矛盾。这突出地表现为以下三点。

1. 对关系的抽象论述和对句子结构的具体分析有矛盾。

试比较《汉语知识》在主语、谓语问题上的有关论述：

1a　从表达意思方面看，句子里的每个词都是连同它的连带成分一起发挥作用的。(143 页)

1b　主语部分和谓语部分不止一个词的时候，通常其中各有一个词是主要的，如“医务人员中的女同志们‖英勇得很”里“女同志们”和“英勇”是主要的，它们是主语和谓语。(144 页)

2a　动词的主要用途是作谓语（79 页），谓语是陈述主语的，说明人或者事物怎么（147 页）样的。

2b　有时候，单独一个动词就能够起陈述作用，如说“孩子笑了”；有时候，单单一个动词不行，如说“孩子听”。(155 页)

人们要问：作主语、谓语的词到底要不要连同它的连带成分一起发挥作用？不要，1a 便是虚假的判断；如果要，1b 的分析怎么能站得住？人们又要问：单一个谓语到底能不能起陈述作用？能，“孩子听故事”中的动词“听”就不能单独算谓语，因为它单独起不了陈述作用；如果不能，所下的谓语定义岂不成了不真实的判断？

再比较《汉语知识》在定语、状语、补语问题上的有关论述：

3a　定语修饰中心词，表示性状、质料、数量、所属、处所、时间、范围等。(172～173 页)

3b　作定语的词有时带着自己的定语、状语、补语、宾语。(172 页)

4a 状语修饰中心词，表示情态、程度、范围、重复、肯定、否定、处所、时间等。(176～177 页)

4b 作状语的词有时带着自己的状语、定语、补语、宾语。(176 页)

3a 和 3b，4a 和 4b，都是不相容的。比如“昨天晚上的辩论”，按 3a，“昨天晚上”是“辩论”的定语，因为“昨天晚上”表示“辩论”的时间；但按 3b，却只能说“晚上”是“辩论”的定语，而“昨天”是“晚上”的定语！又如“不严肃地笑着”，按 4a，“不严肃”是“笑”的状语，因为“不严肃”表示“笑着”时的情态；但按 4b，却只能说“严肃”是“笑”的状语，而“不”是“严肃”的状语！

2. 对词组作用的论述和析句中对词组的具体处理有矛盾。

首先，词组和句子的关系到底怎么样？《汉语知识》说：“句子是由词和词组构成的。”(67 页) 词，“暂拟系统”认为既可以充当句子成分，也可以成为句子。如《系统简述》说：“实词能够作句子成分，并且能够作句词，就是说在一定的环境里一个词就能成为一个句子。”词组，则在理论上不承认可以成为句子。如《系统简述》说：“实词和实词按照一定的方式组织起来，作句子里的一个成分的，叫作词组。……它不同于句子，因为它不是独立地表达思想的，而是作句子里的一个成分的。”这里有了问题：既然词和词组都是构成句子的材料，作为“最小的能够自由运用的语言单位”的词尚且可以成为句子，比词大的语言单位词组为什么反而不能成为句子？

说“在理论上不承认”，但在实际上还是不得不承认的。比如，《系统简述》说：“只有一个词或者一个词组构成的句子是独词句。”《汉语知识》说：“甲类独词句是由名词（或者以名词为中心的偏正词组）构成的。”(204 页) 这里人们又要反问：到底词组能不能充当句子？

“暂拟系统”认为以名词为中心的偏正词组可以构成独词句，这是因为把这种句式看作“特殊”句式，因此作了“特殊”处理，跟一般单部句的处理可以不同。但是，就是这样处理，也反映了“暂拟系统”在句法上有自相矛盾之处。

其实，限定词组只能“作句子里的一个成分”，从某种意义上说，是担心分不清主谓词组和句子的界限。如《汉语知识》在讲主谓词组时就这么举例：“工业发达（的国家），道理浅显（的话），精神饱满（地工作），态度激昂（地说）。”这是告诉读者，充当句子成分的主谓词组才算主谓词组。这又要使读者感到不解了：既然偏正词组可以构成句子，主谓词组和别的词组为什么不可以构成句子？既然不担心分不清偏正词组和单部句，有什么理由那么担心分不清主谓词组和双部句？把偏正词组、主谓词组等都看成造句材料，这不是十分合乎逻辑的吗？

其次，词组和句子成分的关系到底怎么样？如前所说，“暂拟系统”是否定向心结构在单句里的整体性的。析句时，必须化整为零，分为两个以上的成分。这样的析句方法，已经导致偏正词组等被从“实词和实词按照一定的方式组织起来作句子里的一个成分”这一定义中排斥出去，使偏正词组等在单句结构中徒有虚名，并且使词组的定义缺乏周遍性和统率力。矛盾现象不仅到此为止，有时又似乎是采取含糊的说法，把偏正词组笼统地说成一个成分，使矛盾之上又有矛盾。比如，《系统简述》在讲“句子成分的倒装和省略”时举了“永远过去了，工人们被奴役的日子！”的例子，说是“主语、谓语倒装”。这是不是意味着可以把“永远过去了”整个看作谓语，把“工人们被奴役的日子”整个看作主语呢？又如，《汉语知识》在讲主语省略问题时说：“如有的词或者词组，本来前后分句都要用的，因为几个分句连在一起，就可以只在一个分句里用，另外的分句里省去不说。这省去的词或者词组常常是作主语的。”（208页）注意，是“词或者词组”，是“作主语”。要是省去的词组是偏正词组呢？请看《汉语知识》接着举的例子：

> 渐渐地，那些树影又在水面上显现，一弯一曲地蠕动，像是醉汉；再过一会儿，终于站定了，依然是很清晰的倒影。（211页）

后边分句承前边分句而省略了“那些树影”。“那些树影”是偏正词组。如果说省去的是“作主语”的词组，那就意味着承认偏正词组可以作主语；如果认定“那些树影”必须分析为“定语——主语”，那么光说“作主语”就有漏洞，至少是运用“主语”这一概念时没有遵守同一律。

3. 对词法问题的论述和对句法结构的分析有矛盾。

比如，副词修饰的到底是什么？《汉语知识》在讲词法时说副词修饰动词、形容词和副词，作状语。如“柳树枝头已经绽出了鹅黄色的嫩芽”，“已经”修饰“绽”；又如“每人都献出自己所能贡献的力量”，“都”修饰“献”。（108 页）但是，副词还常常用在合成谓语、连动式等的前边，这样的副词修饰什么呢？以《汉语知识》所举的两个例子来说：

他们‖都是上镇去的。（148 页）

我们俩‖都瞪着眼瞅着他。（189 页）

前一例是讲合成谓语时举的，后一例是讲复杂谓语的各种格式时举的。按词法部分所说的，前一例的“都”是修饰“是”，后一例的“都”是修饰“瞪”。但是，从句法结构的关系看，“是上镇去的”既然已经组成合成谓语，应是整个受“都”的修饰，同样，“瞪着眼瞅着他”既已经组成复杂谓语的一种格式，也应是整个受“都”的修饰。据此，是不是应当承认副词可以修饰一个动词性结构？应该说这是合乎逻辑的推论，但“暂拟系统”只能避而不谈。因为，如果肯定副词可以修饰动词性结构，分析“已经绽出了鹅黄色的嫩芽”时当然可以说“已经”是修饰“绽现了鹅黄色的嫩芽”的。这一来，词法部分里的说法就被推翻了。不仅如此，在析句步骤上成分分析法也就要让位给层次分析法了。

又如，析句中对结构助词“的”怎么处理？“暂拟系统”在讲结构助词“的”时，说它是用在定语和中心词之间的语法手段，是定语的标志。这个说法本身是明确的，问题是在析句中实在难于贯彻到底。因为，在分析句子时，联合词组总是看成一个整体，算作一个句子成分，而有的联合词组是包含两个以上的“的”字的。看例子：

(4) 伟大的、光荣的、正确的中国共产党万岁！

“伟大的、光荣的、正确的”算不算联合词组？不算，那就没问题，三个“的”分别作三个定语的标志；但是，不算是不行的。再看例子：

（5）有人说我们这些纪律检查委员会的和信访部门的干部，不是惹人爱的专唱赞歌的黄莺。（祖慰《啊，父老兄弟》）

（6）黑的，黄的和白的石头在水中闪动，水面飘着太阳的光花。（韩少功《西望茅草地》）

例（5）两个“……的”之间用了“和”，例（6）三个“……的”之间用了“和”，这怎么能不算联合词组？既然算联合词组，恐怕就只能认为是两个以上“的”字结构组成联合词组，而不能认为是两个以上的定语分别带上两个以上的定语标志。即 A，非 B：

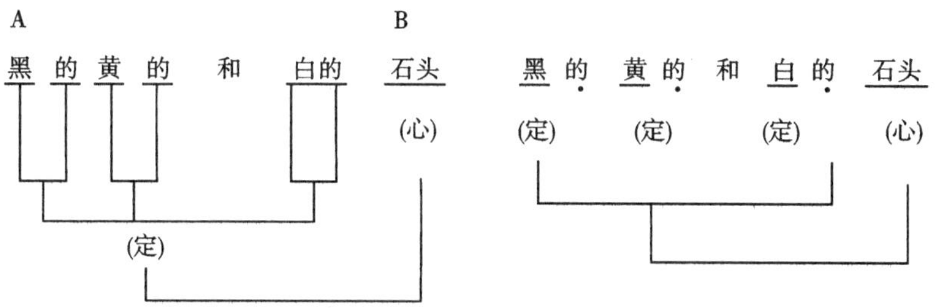

只是，A 若成立，词法部分有关“的”字的表述就要陷入困境了！

再如，“把”字到底起什么作用？“暂拟系统”在讲词法时特别强调介词和名词、代词等一起组成介词结构，介词结构才能充当句子成分；并明确肯定“把”是介词，“把”字结构是介词结构。但在讲句法问题时又突出强调“把”是语法手段，有表示前置宾语的作用。按照前一说法，“他把碗打破了”中的“把碗”是介词结构作状语；按照后一说法，“碗”是一种逻辑宾语，在语法上已跟“把”结合成介词结构作状语，并不是语法宾语；正如“碗被他打破了”，“碗”本是逻辑宾语，而在语法上已成为主语，是不应被看作语法宾语的。“暂拟系统”在“把”字问题上把逻辑宾语和语法宾语混为一谈，造成了混乱。为了解释这种混乱，“暂拟系统”说“把”是个特殊介词。其所以特殊，当然是因为它能表示前置宾语；而正因为它能表示前置宾语，所以它才是特殊的。这岂不是循环论证吗？《汉语知识》里有近十处谈到“把”，其中有一处说“把”字结构既是介词结构作状语，又是“把＋前置宾语”(117页)。这一说法更经不起推敲。试问：在“他把碗打破了”里，“把碗”既是状语又是带“把”的宾语，那么，在“碗被他打破了”里的“被他”，能否说既是状语又是带“被”的主语呢？“被”不也是个特殊介词吗？“暂拟系统”在“把”字问题上的混乱，从句法结构分析的角度说，是对介词结构作为一个整体这一点没有坚持论述的一贯性所造成的。

《系统简述》和《汉语知识》中互相矛盾的说法还有一些，但跟析句方法关系不大，这里不说。

三 实用性

学了管用，能正确地分析语言事实，有效地识别正误，这就是实用性。

实用性以科学性作为前提条件。“暂拟系统”建立体系的方法不够科学，使得它在实用性上也是不能令人满意的。这可以从以下两点来看。

1. 对了解句子格局弊多利少。

有人说，“暂拟系统”所采取的分析法容易显示句子的主干和枝叶，使句子格局简明，脉络清楚。这一论断，值得商榷。

第一，对复杂的句子来说，格局并不简明。要知道，“主——谓”“主——谓——宾”“主——状——谓”等格局只能反映最简单的语言事实；在人们的交际活动中，复杂的句子很多，如果采用“暂拟系统”的方法，就会显得繁缛细碎，说不上是简明。比方，《汉语知识》说句子格式可以在各种基本格式的基础上“层层扩充”，如“农民的代表都穿着漂亮的衣服”，是“定——主‖状——谓——定——宾”，若说成“郊区农民的代表都穿着很漂亮的衣服”，便是扩充成了“定——定——主‖状——谓——状——定——宾”。(185页) 按照这种“层层扩充”的办法，试确定下面句子的格局：

(7) 今天上午参加我们班会的张小明可是一个很不简单的人！

单就主语部分说，“张小明”是主语，“参加”是“张小明”的定语；“上午”是定语“参加”的状语，“今天”又是“上午”的定语；“班会”是定语“参加”的宾语，“我们”又是“班会”的定语。这样，就形成了这么个格局：“定——状——定——定——宾——主‖……”看，光是主语部分就不得了，就叫人望而生畏了。更复杂的句子怎么办呢？

第二，对语言事实说来，脉络也不清楚。因为所谓脉络，不外是指通过“抓主干，找枝叶”的办法，先抓住主语、谓语，然后找出它们的连带成分，或者先抓住主语、谓语、宾语，然后找出定语、状语、补语。近来，许多同志舍弃了“暂拟系统”的“层层扩充”的办法，强调枝叶对主干起作用时的完整性，如把“今天上午参加我们班会(的)”整个分析为“张小明”的定语，在分析法上已经有所改进，然而，并没有能够触动“暂拟系统”的基本分析方法。如前所述，在一个平面上分出主干与枝叶的做法，只会对语言事实作出不正确的反映，所显示的“脉络”并不可靠，再“清楚”也是假象。因此，运用这一方法不能帮助人们准确地了解句子的格局，是弊多而利少。

2. 对检查句子正误缺陷较大。

有人说，句子成分分析法利于“简缩”，而简缩法是检查语法错误的好方法。所谓简缩法，是指把句子缩成“主——谓”，或把谓语部分缩成“谓——宾”，先检查这些主干成分之间的搭配情况，然后，再检查各枝叶成分同主干成分之间的搭配情况。实践证明，运用这一方法局限性大，有时缺陷十分明显。

一方面，本来没有毛病的句子，往往会简缩出毛病来。例如：

(8) 玉春她娘从三十岁就死了丈夫。(刘真《春大姐》)

(9) 这一小撮坏东西从来不爱我们的社会主义祖国。

一简缩，例 (8) 就成了“玉春她娘死了”，例 (9) 就成了“东西爱祖国”，这就叫人哭笑不得了。

另一方面，本来有毛病的句子，有的简缩后反而看不出有毛病了。例如：

* 两天两夜没停的牛毛细雨又下起来了。

* 保持党的优良传统和作风，是我们能否继续革命的大问题。

前一例“两天两夜没停的牛毛细雨”表示细雨没停过，“又下起来了”表明细雨曾经停过，意思有矛盾，是病句。但若“简缩”，便成了“细雨下”，哪里还有什么毛病？后一例，谓语部分里提到“能”和“否”两个方面，主语部分里则只有肯定方面的意思，两个部分在意思的照应上顾此失彼，是病句，应在“保持”前边加“是否”才行。如果用简缩法，简为“保持是问题”，或者“保持党的优良传统和作风是问题”，反而什么毛病都看不出来了。再比较：

* 这里的一切对我这个刚刚跨进校门的大学生当然感到十分新鲜。

这里的一切对我这个刚刚跨进校门的大学生说来当然感到十分新鲜。

“对某某人”这样的格式，表示“某某人”是意念中的对象；“对某某人说来”这样的格式，表示“某某人”是意念中的主动者。把句子的主语部分和谓语部分联系起来全面看，才能知道前一句是有毛病的，而后一句才是正确的。若采取简缩法，这两句都只能简缩成“一切感到新鲜”，怎么能分得清哪是对的，哪是错的呢？

检查正误不能抛开句子层次。为了说明甲部分和乙部分之间是否搭配得当，可以适当采用简缩的办法，把代表主要意思的词语强调出来，借以突显矛盾，引起注意。但是，必须注意：第一，要在“层次”的控制下进行简缩，要联系各部分的整体意思来说明问题；第二，简缩到什么程度，要根据情况而定。总之，以说明问题为主，不一定硬要简缩到只剩下主干——主语、谓语或主语、谓语、宾语。这样做，灵活、管用，不会产生副作用。然而，这样的适当简缩，跟那种由“抓主干，找枝叶”的分析法派生出来的机械简缩法是不怎么相同的。

余论

成分分析法，给“暂拟系统”带来了科学性、一贯性、实用性等方面的问题。好些同志主张把成分分析法和层次分析法结合起来，并且作了许多可贵的尝试。但是结合并非容易。以什么方法为基础来结合？结合到什么程度？大家的看法和做法是有相当大的分歧的。

由于“暂拟系统”的影响，大多数同志熟悉成分分析法，在教学中一般都是采取“改良”的办法，以成分分析法为最终着落，兼顾层次分析。比如，先把句子划分为主语部分和谓语部分，又进一步把谓语部分划分为谓语动词部分和宾语部分，最后才把主、谓、宾、定、状、补明确起来。请看下面的分析：

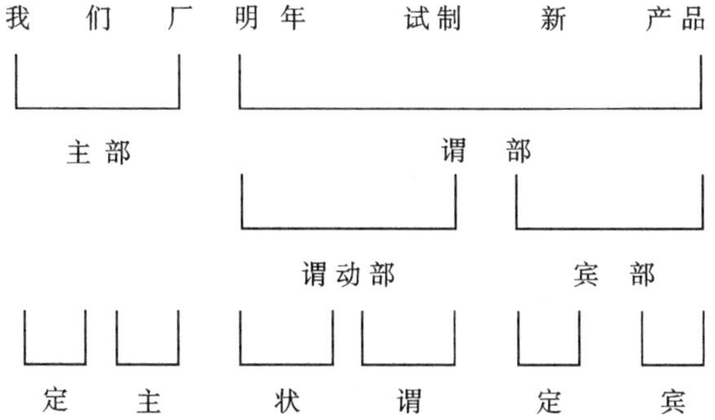

乍一看，似乎重视了语言的层次，但实际上并未真正吸收层次分析法的优点。因为，按照语言本身的层次，谓语部分应该首先分割为“明年/试制新产品”，即“偏正”；而不应首先分割为“明年试制/新产品”，即“动/宾”。很明显，这种经过两步分割之后形成“主语部分”“谓语动词部分”“宾语部分”三大块的做法，完全是为先找出“主语——谓语——宾语”这条主干服务的，是让层次分析法来迁就成分分析法的。因而，所谓重视语言的层次，不过是一种表面现象而已。再看下边这个更明显的例子：

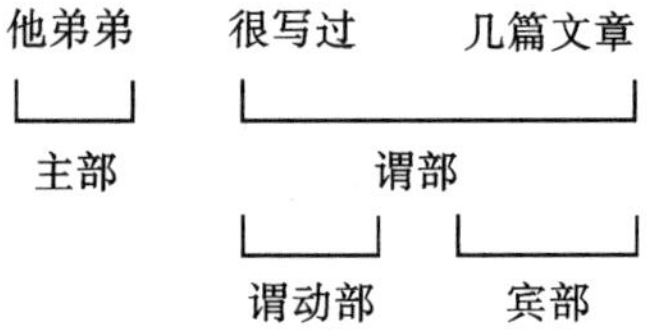

“很”决不只是修饰“写”，而是对“写过几篇文章”整个起修饰作用的。但是，根据成分分析法的根本原则，必须首先抓主干“弟弟——写——文章”，然后再分别找到它们的枝叶“他”“很”“几篇”，因此不得不在谓语部分划开“谓语动词部分”和“宾语部分”，切成“很写过/几篇文章”。试想，如果按语言本身的层次切成“他弟弟/很∥写过几篇文章”，怎么能成为“主/谓∥宾”呢？其所以非要切成“他弟弟/很写过∥几篇文章”不可，带有强迫性，显然是由于实用主义的需要。

看来，在“暂拟系统”分析法的基础上用“打补丁”的办法是很难建立起一套真正科学的汉语语法系统的。但是，用别的方法，比如以层次分析法为基础，尽量吸收或适当吸收成分分析法的优点，路子也不平坦。有些结构首先从哪里切分？句子的格局怎么建立？句子成分分析法的优点怎么吸收，吸收到什么程度？如此等等，都不是容易解决的问题。

目前，最好是先发动大家提出各种不同的蓝图，特别鼓励提出别开生面、别具一格的蓝图，然后开展讨论，比较鉴别，选取其中较好的一种来制定一个新的语法教学系统，尽可能使这个教学系统更接近科学性，因而论述起来更能保持一贯性，使用起来更具实用性。这样，我们的工作是不是会更有成效一些？

（原载《中国语文》1981年第2期，署名：华萍）

【邢按】

20世纪50年代出现的“暂拟汉语教学语法系统”，集中了很多学者的智慧，对汉语语法教学和研究都起到了划时代的积极作用。然而，任何论著都不可能完美无缺。为了问题研究的深入，讨论其存在的问题是有必要的。只是，本文在表述问题的时候，个别地方语气生硬，或者举例欠妥。笔者后来有所反思。(2016年1月21日)

建立教学语法教材结构系统的探索

——评介张志公主编《现代汉语》中册

现代汉语语法研究正在从两个方面深入开展。一个方面是学术语法研究，另一方面是教学语法研究。二者互相配合，互相影响，互相促进。

教学语法在努力吸收学术语法比较成熟的结论的基础上偏重于研究解决教什么、怎么教的问题。张志公先生主编的《汉语知识》，1959年由人民教育出版社出版，是根据1955年至1957年陆续出版的初级中学《汉语》课本改编而成的，其中第三编是语法；二十多年之后，张志公先生又主编《现代汉语》上中下册，1981年1月起由人民教育出版社陆续出版，这是中央广播电视大学教材，中册专讲语法。从《汉语知识》中的“语法”编，到《现代汉语》中册，人们可以看到，跟学术语法研究一样，教学语法研究也在不断深入，为了亿万学生，学者们正在不懈地进行着艰苦的探索。

本文打算着重对《现代汉语》中册的结构系统进行评析。

一　“单线纵穿”和“双线横穿”

《汉语知识》语法编由四个部分组成：（1）概要；（2）词类；（3）单句；（4）复句。概要部分是从词到句、由小到大的简述，后面三个部分则是按照概要所采用的线索作进一步的详解。这样的结构系统，线索是单一的，内容是成为纵的排列的，可以称之为单纯的“单线纵穿”的结构系统。

《现代汉语》中册由三个部分组成：(1) 概论；(2) 组合；(3) 表达。此外，还附上涉及语法理论基础知识的专题，附录了词类表、词组表和常用的句型句式表，提供了主要的参考书籍。

在概论部分，《现代汉语》中册在讲了什么是语法、为什么要学习语法之后，从小到大地简要介绍了语素、词、词组、句子和句组，仅用三十二页的篇幅。贯穿这一部分的是一条纵线，写法基本上相当于《汉语知识》语法编的“概要”。

“组合”是个外延很大的概念。语素和语素组合成词，词和词组合成词组，词、词组组成句子或者充当句子，句子和句子组合成句组，所有这些都是“组合”。在组合部分，《现代汉语》中册首先讨论汉语组合的特点，然后分别讨论涉及全部组合或部分组合的“语序”“关联”“搭配”“扩展”和“变换”，用了近百页的篇幅。这一部分，以阐述组合单位为出发点，“从语法形式、语法结构入手讲到形式和结构所表达的意义，以及运用这些形式和结构的时候需要注意的问题”[①]。贯穿这一部分的是一条横线，一条从形式到意义的横线，一条从外到里的横线。

学习语法，必须落实到实用。正确的表达，是教学语法特别关心的课题。《现代汉语》中册在“表达”部分分别讨论了“肯定·否定”“存现·消失”“时间·空间”“程度·范围”“数量”“指称”“因果”“动态”和“语气情态”等重要问题，也用了近百页的篇幅。这一部分，把内容作为阐述问题的起点，“从一些重要的语法意义入手讲到表达这些语法意义所需要的语法形式和语法结构，以及表达这些意义的时候需要注意的问题”[②]。贯穿这一部分的也是一条横线，然而却是一条从意义到形式的横线，一条从里到外的横线。

总起来看，《现代汉语》中册先用“单线纵穿”的办法，由小到大地介绍各种语言单位，然后采用“双线横穿”的办法，既从形式到意义，又从意义到形式，从两个不同的侧面介绍了语法现象，阐明了语法规律。这样的结构系统，是“单线纵穿”和“双线横穿”相结合，以“双线横穿”为主的结构系统。自从《汉语知识》出版以来，讲现代汉语语法的教材，包括相当多的高等学校教材，都是采取单纯的“单线纵穿”的讲法。《现代汉语》中册自出机杼，提出了一个富于特色的结构系统，作了一次有益的尝试。这种勇于探索的精神无疑是值得赞许的。

二 “双线横穿”和知识的容量

“单线纵穿”，所有的问题都必须在一条纵线上开展，不能出轨，不能越级，不能混类。“双线横穿”，可以不受这种束缚。由于问题可以分别在两条横线上展开，活动场地比较广阔，可以比较自由地讨论一些需要讨论的问题。

比如，在组合部分，《现代汉语》中册比较各级语言单位的组合方式、组合手段和组合关系，揭示汉语组合的特点；分析语序的强制性和选择性，用实例说明从总体看语序具有强制性，从局部看语序又具有一定的选择性，词组一旦构成句子，语序便有更大的选择余地，而复句的组成，语序不是主要的语法手段；专节讲“变换”，说明句式可以变换，语言使用单位可以变换，揭示了主谓句和非主谓句之间、主谓句的这种句式和那种句式之间、单句和复句之间、复句和句组之间的可以互相变换的关系。这样的问题，都是在单纯的“单线纵穿”结构系统中不大可能讲得那么集中、那么深入的问题。

又如，在表达部分，《现代汉语》中册在讲“表示时间的词语”时，把所有表示时间的语言单位，包括时间名词、时间副词、某些代词和某些词组，都放在“时间”意义的表达之下来分析，指出它们有的意义确切，有的意义模糊，说明它们或者表示某个确定的时间——有定指称，或者表示不确定的时间——无定指称，或者表示某一段时间——时段，或者表示某件事情的前后，或者询问时间；在讲“表示程度的词语”时，既讲副词，即通常所说的程度副词，又讲表示程度的其他词语，包括一部分形容词重叠式、有的数量词组和有的指别词；在讲“数量”时，既指出汉语中表达数量主要使用数词、量词和数量词组，还指出汉语中表达数量的还有别类的词，比如少数形容词。这样的问题，在单纯的“单线纵穿”结构系统中都是不大可能这么讲的。

可见，从形式入手，可以综合起来集中地讨论一些对各种语法形式、语法结构都起作用的问题；从意义入手，可以打破甲类词和乙类词的界限，这种语言单位和那种语言单位的界限，围绕某种意义的表达组织材料。每条横线上都有新的活动余地，因而可以扩大教材的容量，使之能够容纳更多的对学生有用的知识。

三　“双线横穿”和教材的实用性

教学语法必须力求实用。《现代汉语》中册采用以“双线横穿”为主的结构系统，编者明确地指出，是“为了加强语法教学的实用性”[③]。翻看全书，可以看到编者力图把实用问题贯彻到两条横线的各个环节上面。

在从形式到意义这条横线上，“语序”一节里有“语序反映一定的逻辑事理和语言习惯”一小节；“关联”一节里有“理解和使用关联词语应注意的几点”一小节；“搭配”一节里有“搭配的习惯性”“各种成分的搭配”“句子构造的间架和表达重点”三小节；“扩展”一节里有“扩展时应注意的问题”一小节；“变换”一节里有“变换是运用语言的一种方法”“单句句式的变换”“单句与复句的变换”“复句与句组的变换”四小节。这些小节，都集中地或比较集中地讨论了实用问题。

在从意义到形式这条横线上，“肯定·否定”一节里有“表示肯定、否定应注意的几个问题”一小节；“存现·消失”一节里有“存现句的变换形式”一小节，还有关于存在句多用于描写的讨论；“时间·空间”一节里有“运用表示时间和空间的词语应注意的问题”一小节；“程度·范围”一节里有“运用表示程度的语词应注意的问题”“运用表示范围的词语应注意的问题”两小节；“数量”一节里有“运用数词应注意的问题”“运用量词应注意的问题”“数量词组的作用”三小节；“指称”一节里有“运用人称代词应注意的问题”“运用疑问代词应注意的问题”“运用指别词应注意的问题”三小节；“因果”一节里有

"因果句的使用"一小节。这些小节，也都集中地或者比较集中地讨论了实用问题。另外，"动态"和"语气情态"两节，实际上既介绍了语法事实，也讨论了运用问题。

单纯的"单线纵穿"结构系统不是不能讨论实用问题。比如，在讲了名词、动词、形容词之后，可以谈谈名词、动词、形容词的运用问题；在讲了数词和量词之后，可以谈谈数词、量词和数量词组的运用问题；等等。事实上，好些语法教材就是这么做的。不过，采用"双线横穿"的办法，由于问题不限于只在一条纵线上展开，有了更大的活动余地，可以把不同类别的词语和不同级别的单位加以比较分析，并且联系语法的"左邻右舍"来说明问题，因而可以更好地加强教材在教学中的实用性。

四　"双线横穿"和汉语特点的揭示

语法具有民族特点。讲汉语语法，在适当的地方说明汉语的特点，既能加深学生对汉语语法现象的认识，又能加强教学的实用性。《现代汉语》中册通过从形式到意义、从意义到形式的两条线索，较多地揭示了汉语语法的特点。

从形式入手的组合部分，从立论行文可以感觉到，编者是紧扣汉语特点来分节的。首先，组合容易，各级组合具有一致性，这一点十分明显，有必要先讲"汉语组合的特点"一节。组合有直接组合和关联组合，关联是汉语的一种重要组合方式，因此又有"关联"一节。汉语是非形态语言，汉语的组合，实质问题是语义的搭配，因此又有"搭配"一节。所有的词组和所有的复句都可以层层扩展，各种扩展格式都存在着反映汉语特点的规律性，因此又有"扩展"一节。汉语组合灵活自如，句式变化多样，各种组合、各种句式往往可以变换使用，因此又有"变换"一节。

从意义入手的"表达"部分，差不多每一节也都可以看到点明汉语特点的论断。比如，在"肯定·否定"一节，指出"在现代汉语里，表示肯定的判断句一般都要用判断动词‘是’”，不用“是”的名词性谓语句“带有习惯性，一般多用于口语”；在“存现·消失”一节，指出“汉语里，句子在表现人或事物的存在、出现或消失时，有特定的语法手段”；在“时间·空间”一节，指出表达时间、空间的观念，汉语里“主要采用的是语汇方式”；在“程度·范围”一节，指出“汉语表示程度的高低、范围的大小有多种方式”；在“数量”一节，指出“现代汉语的一个特点是量词应用的普遍化”；在“指称”一节，指出“现代汉语里有一套比较简明的代词来表示指称”，“表示指称的词语经过不断新陈代谢，数目上由多到少，用法上由繁到简”；在“动态”一节，指出“在汉语中，表示动态的手段很多，变化灵活”，诸如此类，不一而足。

既让学生从组合这一侧面对汉语语法结构的特点有所掌握，又让学生从表达这一侧面了解汉语有哪些值得注意的特点，这是采用“双线横穿”的办法的又一个好处。在这一点上，同《汉语知识》相比，《现代汉语》中册显然是一大进步。

五　总评

教学语法系统，实际上包括：（一）教材所采用的科学系统；（二）教材所采取的结构系统。前者主要属于讲什么的问题，后者主要属于怎么讲的问题。

在科学系统上，《汉语知识》语法编是依据“暂拟汉语教学语法系统”写成的；《现代汉语》中册则“是着重参考了 1981 年‘全国语法和语法教学讨论会’提出的《〈暂拟汉语教学语法系统〉修订说明和修订要点》以及据此而产生的普通学校用的《教学语法系统试行方案》两次征求意见稿，并且参考了高等院校用的几种现代汉语教材和一些专著，综合整理而形成的”[④]。《现代汉语》中册，和《汉语知识》语法编具有继承性，但在好些问题上也是富于新意的。《现代汉语》中册重视了语言结构的层次性，明确地指出：“语言是具有层次性的。一个句子，从表面上看，好似一串珠子，词语一个挨着一个排在一条直线上（有人把这种情况看作句子的线条性的特点），然而实质上，句子词语是逐层组合而成的。”这反映了正确的语言观和方法论。此外，在词类问题上，在词组问题上，在一些句式的解释上，也有新的提法，做了新的处理。科学系统问题，不是本文的重点，只能略说几句。

在教材的结构系统上，如上所述，《现代汉语》中册和《汉语知识》语法编有了很大的不同。以“双线横穿”为主的结构系统，是一个很有特色的结构系统，有利于知识容量的扩大，有利于教材实用性的加强，有利于汉语特点的揭示。当然，不能说以“双线横穿”为主的结构系统在任何问题上都优于单纯的“单线纵穿”的结构系统。比方说，采用单纯的“单线纵穿”的办法，基本知识讲得比较集中，比较透彻，而采用“双线横穿”的讲法，则显得有些零散，有的问题又嫌重复，这个问题有待于进一步解决。在按“双线横穿”为主的结构系统阐述问题的过程中，《现代汉语》中册也有好些不够严密的地方。比方，有的地方说“直接组合有时也使用虚词，比如偏正词组有时要用助词‘的’，联合词组有的要用连词‘和’‘同’等”（34 页），有的地方又把“和、同”跟其他连词放在一起，都说是“关联词组使用的虚词”（60 页）。那么“A 和 B”这样的组合到底是直接组合还是关联组合？又如，在“组合”部分讲因果关系，说因果关系包括现实因果关系、假设因果关系和条件因果关系，在“表达”部分讲“因果”，却只讲说明因果和推论因果，而它们都只属于前面所说的现实因果关系，另外两种因果关系全被撇开了。那么，因果复句的外延到底有多大？这种有矛盾或不一致的情况还有一些，也有待于作进一步的修改。不过，无论如何，这种结构系统的出现，在教学语法发展史上无疑具有进步性和推动作用。

四十年前，吕叔湘先生写《中国文法要略》（以下简称《要略》），实际上也采用类似的结构[⑤]。以 1956 年的修订本来说，《要略》上卷是“词句论”，讲了“字和词”“词的种类和配合”“叙事句”“表态句，判断句，有无句”“句子和词组的转换”“繁句”“句法的变化”；下卷是

“表达论”，下卷之上讨论“范畴”，讲了“数量”“指称”“方所”“时间”“正反·虚实”“传信”“传疑”“行动·感情”，下卷之下讨论“关系”，讲了“离合·向背”“异同·高下”“同时·先后”“释因·纪效”“假设·推论”“擒纵·衬托”。略加比较就可以知道，《现代汉语》中册的结构系统和《要略》有一定的渊源。《要略》“当初写书是为供中学教师参考”（修订本序）。经过几十年的实践，特别是经过“暂拟系统”产生以来二十多年的摸索，《现代汉语》中册的出版，使人感到在结构系统上既有继承又有创新，打破了老是那么一套的讲法，人们可以从中得到启示：路子可以不只一条，模式可以不只一个，关键在于勇敢探索！

注释：

①张志公主编：《现代汉语》中册，人民教育出版社 1981 年版。（见“编者的话”部分。）

②张志公主编：《现代汉语》中册，人民教育出版社 1981 年版。（见“编者的话”部分。）

③张志公主编：《现代汉语》中册，人民教育出版社 1981 年版。（见“编者的话”部分。）

④张志公主编：《现代汉语》中册，人民教育出版社 1981 年版。（见“编者的话”部分。）

⑤吕叔湘：《中国文法要略》，商务印书馆 1956 年版。（1942 年出版上卷，1944 年出版中、下卷；1956 年出版经过修订的合订本。）

（原载《语文教学与研究》1983 年第 4 期）

《中学教学语法系统提要》的成分分析

从《暂拟汉语教学语法系统》（以下简称《暂拟系统》）到《中学教学语法系统提要（试用）》（以下简称《系统提要》）有一定的继承性，但也有好些不同。本文就成分分析问题谈谈笔者的感觉。

首先，《系统提要》重视句子结构的层次性。

《系统提要》是根据1981年在哈尔滨举行的“全国语法和语法教学讨论会”上确定的原则起草的。哈尔滨会议最后议定的《〈暂拟汉语教学语法系统〉修订说明和修订要点》在讲“关于句子分析”问题时指出：“只要不是由一个词构成的句子，任何句子都是用词和词组一层一层地组成的。对于句子，在理解它的时候，除非是十分简单的，也往往需要一步一步、一层一层地去观察，并且认清每一步每一层里的主要组成部分（句子成分和中心词）。”（《中国语文》1981年第6期441页）《系统提要》明确地反映了这个观点。比较：

《系统提要》	《暂拟系统》
来了　一个人。	来了　一个　人。
（动词）（宾语）	（谓语）（定语）（宾语）
火车　在高原上奔驰着。	火车　在高原上　奔驰着。
（主语）　（谓语）	（主语）（状语）（谓语）

《系统提要》把“一个人”整个分析为宾语，把“在高原上奔驰着”整个分析为谓语。在宾语“一个人”内部，“一个”是定语，“人”是中心词；在谓语“在高原上奔驰着”内部，“在高原上”是状语，“奔驰着”是中心词。这样的逐层分析，说明了《系统提要》重视句子结构的层次性。这是必要的。因为，只有这样才能准确理解和揭示句

子里词语之间的实际联系。再看下面这个例子：

《系统提要》		《暂拟系统》			
个别同志	不同意	个别	同志	不	同意
（主语）	（谓语）	（定语）	（主语）	（状语）	（谓语）

主语和谓语是相对的概念。作为陈述对象的主语应该是“个别同志”，而不应该只是“同志”。进一步分析“个别同志”这个主语，得出来的才是定语“个别”和中心词“同志”。同样，作为陈述内容的谓语应该是“不同意”，而不应该只是“同意”。进一步分析“不同意”这个谓语，得出来的才是状语“不”和中心词“同意”。显然，《系统提要》的分析比《暂拟系统》要科学。

第二，《系统提要》重视短语的整体性。

重视句子结构的层次性和重视短语的整体性，二者互为因果。只要重视句子结构的层次性，就必然会重视短语的整体性；反过来说，只要重视短语的整体性，也必然会重视句子结构的层次性。

《系统提要》指出：“句子是语言的使用单位。句子由词或短语组成。”又指出：“短语很重要。短语可以作句子成分；大多数短语加上一定的语调就可以成为句子。”大多数句子，不是由一个词构成的，而是由一个短语构成的；由短语构成的句子，大多数不是只包含“词＋词”，而是包含“词＋短语”或“短语＋短语”。分析句子时，不管在哪个层次上出现短语，都应该把它看成一个单位，分析为一个成分。这就是重视短语的整体性。比如：

这种题目考查学生分析问题的能力。

这是一个由主谓短语构成的句子——主谓句。主语是“这种题目”，名词短语；谓语是“考查学生分析问题的能力”，动词短语。因为这个句子的谓语是由动词短语充当的，所以叫做动词谓语句。进一步分析这个句子的谓语，动词“考查”又带宾语“学生分析问题的能力”，这是个由名词短语充当的宾语。再进一步分析这个宾语，名词中心词“能力”又带定语“学生分析问题（的）”，这是个由主谓短语充当的定语。又如：

党的恩情比海深。

这也是一个由主谓短语构成的句子——主谓句。主语是“党的恩情”，名词短语；谓语是“比海深”，形容词短语。因为这个句子的谓语是由形容词短语充当的，所以叫做形容词谓语句。进一步分析这个句子的谓语，形容词“深”又带状语“比海”，这是个由介宾短语充当的状语。

就前一个句子说，短语“这种题目”和短语“考查学生分析问题的能力”是相对的两个成分，短语“学生分析问题的能力”是跟“考查”相对的一个成分，短语“学生分析问题（的）”只是跟“能力”相对的一个成分。就后面一个句子说，短语“党的恩情”和短语“比海深”是相对的两个成分，短语“比海”又是跟“深”相对的一个成分。这样的分析，可以正确地反映句子的结构层次性。

第三，《系统提要》也采取一次性的标明成分的方法，但跟《暂拟系统》并不相同。

《〈暂拟汉语教学语法系统〉修订说明和修订要点》指出：“分析句子的时候，可以根据句子的繁简，有的把句子的各个组成部分，一次就分解开；或者按照构成主语、谓语两个部分的各个词组，一步一步、一层一层地分析下来。”（《中国语文》1981 年第 6 期 441 页）《系统提要》关于单句的图解有“符号法”和“框式图解”两种，并主张一般情况下用“符号法”。“符号法”就是把句子的组成部分一次分解开来，采取一次性的标明成分的方法。如：

来了（一个）人

火车‖〔在高原上〕奔驰着。

（个别）同志‖〔不〕同意。

（党的）恩情‖〔比海〕深。

《暂拟系统》也采取一次性分解的方法。《系统提要》和《暂拟系统》的不同之处可以从两个方面来看：

一方面，《系统提要》的一次性分解是建立在层次观念和短语整体性观念的基础之上的。把各个成分作一次性的分解，并不等于认为各个成分是处在同一层次上。请看《系统提要》用符号图解了的这个例子：

（三班）班长‖〔用几句话就向老师〕说〈清楚〉了（班里刚才发生的不愉快的）事情。

只拿宾语来说，符号“﹏﹏”标明“班里刚才发生的不愉快的事情”这个名词短语整个是宾语，符号“（ ）”又进一步标明在宾语内部“班里刚才发生的”“不愉快的”都是定语，而“事情”是中心词。这样的分析显然反映了层次性观念和短语整体性观念。如果按《暂拟系统》来分析，就不是“（班里刚才发生的不愉快的）事情”整个充当宾语，而是只把“事情”算作宾语，而“班里刚才发生的”“不愉快的”都是修饰限制这个宾语的定语。

另一方面，《系统提要》对充当谓语的动词短语做一次性分解以后剩下来的动词就叫“动词”，而不叫“谓语”。请看下面几个例子。

状＋动＋补＋宾：

科学地 总结出 三十年来的经验

状＋动＋补：

迅速地 跑 过去

状＋动＋宾：

正确地 回答了 问题

动＋补＋宾：

去了 几次 上海

如果按《暂拟系统》来分析，以上格式中的“动”都得说成“谓”，即：

状＋谓＋补＋宾

状＋谓＋补

状＋谓＋宾

谓＋补＋宾

可见，一个动词短语，如果它跟一个主语相对，那么《系统提要》就把它整个分析为谓语，而不像《暂拟系统》那样，只把其中的动词算作谓语。

第四，《系统提要》的“压缩句子，显示主干”的办法比较灵活，讲求合理性。

《系统提要》指出：“遇到很复杂的句子，先把它的主干找出来，对于理解全句的意思有帮助。”“所有的单句，不论多么复杂，如果把它逐层压缩，就越来越简单，最后剩下的是这个句子的主干。”但是，怎样才是“最后”，《系统提要》并没有作硬性的规定。对于主干和非主干，《系统提要》只是划定大致的范围，而不是规定死的框框。

句子的主语和谓语的中心词，肯定是属于主干的。动词短语作谓语时，动词是中心词，但有些宾语在意义上和动词的关系很紧密，所以宾语或宾语里的中心词也可以留在主干部分。这样的处理是合适的。看这个例子：

隔壁王大娘三十岁就死了丈夫。→王大娘死了丈夫。

压缩成“王大娘死了丈夫”，主干上保留了宾语。如果把宾语也压缩掉，说成“王大娘死了”，当然不行。

一般地说，定语、状语、补语不属于句子的主干。句子的主干通常是把所有的定语、状语、补语都压缩下来之后余下的部分。但是，对于否定句，在摘出主干的时候要把否定词一起摘出来。这样的处理也是合适的。看这个例子：

他从来没有在严肃的场合随便发言。→他没有发言。

压缩成“他没有发言”，主干上保留了否定词“没有”。如果把否定词也压缩掉，说成“他发言”，意思就完全反了。

根据保留否定词的原则，我们可以类推。比方，对于被字句，如果没有“被”字意思会完全相反时，“被”字也应该随着主干一起摘出来。看下面这个例子：

他被人家打得动不了。→他被打。

压缩成“他被打”，主干上保留了“被”字。如果把“被”字也压缩掉，就跟原意完全相反了。

总而言之，压缩句子，压缩到什么程度，应讲求合理性。

必须指出，“压缩句子，显示主干”，这是为了整体上更好地理解句子的基本意思。显示主干的办法，跟成分分析有关系，但它本身并不是成分分析。主干一旦摘出，就形成一个新的句子，我们可以管它叫主干句。主干句和原句，在意思上往往基本相同，但有的也相去很远。对主干句进行成分分析，可以为对原句进行成分分析提供线索，但对主干句的成分分析并不等于对原句的成分分析。

（原载《语文教学与研究》1984 年第 6 期）

谈谈语法规范化的问题

三十年前，罗常培、吕叔湘二位先生就明确地指出："规范化只是把语言里没有用处的东西淘汰掉，一切有差别的语言形式，不论是在词汇方面还是在语法方面，不论是在基本意义方面还是在修辞色彩方面，都必须保存下来。"① 根据接触到的一些实际用例，笔者感到，在语法规范化问题上，目前还有必要对以下几点意思略加申述。

1 该否定的，坚决否定

这里指的是那些确实有语法错误的说法。例如：

*(1) 一个人活在世上，无非是两个生活吧，社会生活和家庭生活。社会生活，主要是有所事业……（《花城》1985 年第 1 期）

*(2) 豪气十足的武装班战士很快自暴自弃了以往那种优越感……（《十月》1984 年第 6 期）

前一例犯了"词性误用"的语法错误。"事业"是名词，而"有所"后边应出现动词。后一例犯了"强带宾语"的语法错误。"自暴自弃"表示自甘落后不求上进的意思，这个固定结构本身的语义决定了它不能再带宾语。

2 该肯定的，及时肯定

比如"即使……但……"之类说法，曾经被认为不合规范，但目前已经用得相当普遍了。陈章太同志的《略论汉语口语的规范》是讨论规范化问题的论文，论文第一部分就有这么一句：

(3) 即使五四运动时极力反对文言文，提出白话文，主张言文一致，但忽视口语的倾向仍然没有得到根本的解决。(《中国语文》1983年第6期)

特意加“但”，可以强调出前后分句之间的逆转性。这种说法应该肯定②。

又如“埋在了地下”之类说法，前些时也有同志认为不合规范，但近几年发表的作品中这种说法已经是常见的了。曹禺的话剧《日出》中没有这种说法，曹禺、万方根据话剧改编的电影文学剧本《日出》中却有：

(4) 终于，他衰弱地靠在了一根电线杆上。(《收获》1984年第3期)

这种“V在了N”句式有较强的口语色彩，已经表现出较大的生命力，不能不肯定③。

3 需要“等着瞧”的，别轻易否定

比如“有没有X”的说法有好几类，其中有这么一类：

(5) ……你有没有想过这一点！(陆文夫《临街的窗》)

(6) 我问她小磕巴有没有给他看小霞的来信，她摇了摇头。(矫健《河魂》)

这是用“有没有”引出动词结构，问经验过的事情。别类“有没有X”可以分说成“有X”和“没有X”：有没有结果→有结果｜没有结果；有没有这么严重→有这么严重｜没有这么严重；有没有客人住店→有客人住店｜没有客人住店。可是这类“有没有X”若分说，“有X”站不住：有没有想过这一点→*有想过这一点｜没有想过这一点。从这一点看，这类“有没有X”有问题。但是，这类说法近来慢慢多了起来，会不会成为一种有特定作用的疑问句的习用格式，还难断定，只好“等着瞧”。

4 理论上似应否定而事实上却否定不了的，应修改理论

比如“需不需要”这类说法，过去被认为应当淘汰，理由是破坏了词的完整。然而，采用这种说法的人很多，根据笔者的粗略统计，曹禺、田汉、周立波、杨朔、袁静、康濯、欧阳山、李劼人、柯蓝等作家笔下都多次出现这种说法，语言学工作者笔下也常出现这种说法。略举几例：

(7) ……你知不知道现在是谁跟谁打仗？（曹禺《明朗的天》）

(8) 犁头的债，你到底打不打算还？（杨朔《大旗》）

(9) ……在这时候可不可以说语言是一种个人现象呢？（濮之珍《语言》）

这种说法比较简练，便于迅速地提出问题，因此人们乐意使用。既然如此，就可以认为是一种语言上的习用格式，不必用破坏词的完整的理论来加以排斥。

5 明显的方言说法，应在严格的条件下使用

为了表现人物的地方特点和言语特点，适当采用方言说法是可以的。但是，一般以用在人物对话里为宜，而且应该有明确的言语背景，使所用的方言说法意思清楚，不至于干扰普通话的标准说法。公刘《先有蛋，后有鸡》这篇小说的人物对话中有这么一句：

(10) 天每爆土扬尘的，大人能凑合，娃娃家咋呀？（《收获》1984 年第 6 期）

“天每”就是“每天”。公刘特意采用了“山西北路农村”的说法。公刘在《陆沉的森林》这篇小说中作了解释：“（每天）若用当地的说法，应该是倒装起来的：天每。”（《收获》1984 年第 5 期）这样处理是容许的。方言说法不能绝对排斥，但在使用上应有条件限制。

“汉语规范化，一方面是一个广泛的社会活动，一方面是一个细致的科学研究工作。”[4]语言工作者必须加强对语言事实的调查研究，以便更好地总结规律和建立标准。

注释：

①罗常培、吕叔湘：《现代汉语规范化问题》，《现代汉语规范化问题学术会议文件汇编》，科学出版社 1956 年版，第 14 页。

②邢福义：《“但”类词对几种复句的转化作用》，《中国语文》1983 年第 3 期，第 167 页。

③蒋平：《再谈“V 在了 N”格式》，《汉语学习》1984 年第 5 期，第 58 页。

④陈望道：《现代汉语规范问题学术会议总结》，《现代汉语规范化问题学术会议文件汇编》，科学出版社 1956 年版，第 220 页。

（原载《文字改革》1985 年第 6 期）

普通话语法、词汇和语音测试问题的探讨

0 前言

0.1 师范院校中文系的学生是要当语文教师的。他们不仅应该会说普通话，而且应该比一般人对普通话的各个方面具有更多的理性认识。本文结合这一培养要求，从语法、词汇和语音三个方面讨论有关普通话测试的一些具体问题，最后简单谈谈几个一般性问题。

0.2 方言说法和口语说法有时很难分清，本文的目的并不在于弄清它们之间的关系和区别。为了简便，文中好些地方把方言说法和口语中较俗的说法统称为“方口说法”。

0.3 本文所用关于语法词汇的方口说法实例，主要引自两位作家的作品：一是孙健忠的《醉乡》（《小说界·长篇小说专辑》1984 年第 1 期，下面简称“孙”），这部小说中有好些湘西方口说法；一是公刘的《陆沉的森林》（《收获》1984 年第 5 期，下面简称“公 a”）、《先有蛋，后有鸡》（《收获》1984 年第 6 期，下面简称“公 b”），这两篇小说中采用好些“山西北路农村”的方口说法。从这两位作家的三种作品，可以看到方口说法和普通话说法在语法词汇方面相异之处的一些基本情况。

1 关于语法的测试

1.0 方口说法和普通话标准说法在语法上区别较小，但还是应该

让学生了解二者的区别有可能表现在哪方面。这有利于他们更好地运用普通话进行交际，必要时也可以自觉地采用方口说法和分析方口说法。

1.1 根据手边的材料，我们把方口说法和普通话标准说法的不同之处归纳为五个方面：①语段构造问题；②语序问题；③搭配问题；④词性问题；⑤助词或类助词的运用问题。这种归类在很大程度上是为了教学的方便，也许能为测试提供一些线索。

下面五组用了方口说法的例子，代表上述五个方面。

[A组]

(1) 说说，你到底有没有这么想过？（香港电视片里常听到的说法）

(2) 越多人看，她们打得越起劲。我们都走，做自己功夫去。（孙 126 页）

(3) “不！我要送她死！”叭妹犟着，打架没有得赢，她不肯善罢甘休。（孙 126 页）

有没有这么想过？→这么想过没有？（普通话里，“有没有”后边应出现名词或名词性结构。肯定回答是“想过”。）越多人看→看的人越多。（普通话里，“多”“人”“看”不能直接组合成兼语结构“多人看”。）打架没有得赢→打架没打赢。（普通话里不说“没有得赢”。）以上方口说法，改为普通话标准说法时需要按原意变化其语段构造。

[B组]

(4) “哈哈哈，贵二哥，”大狗笑着说，“你不错得很，你是这个，这个……”他伸出双手，竖起两个粗粗的大拇指。（孙 76 页）

(5) 可是，一年终了，他自己所得到的，比任何一个人没有多。（孙 37 页）

(6) 给！欢欢儿打扫一下！安家过日子哩，又不是过路住店！天每爆土扬尘的，大人能凑合，娃娃家咋呀？（公 b116 页）

不错得很→很不错；比任何一个人没有多→没有（不）比任何一个人多；天每→每天（公刘在《陆沉的森林》中解释道：每天，若用山西北路农村的说法，应该是倒装起来的“天每”)。以上方口说法，按普通话说法需要调整词序。词序问题应该也是语段构造问题，但前面所说的语段构造问题是不能只依靠词语位置的移动来解决问题的。

[C组]

(7)“你夜夜都去问草药方子？莫扯谎我。……”

“阿哥，没有这种事，……不信你到杨梅寨去问，看我扯谎你么？”(孙13～14页)

(8)“这件事很麻烦，你要多多帮忙我啊！”

“放心吧，我会帮忙你的。”(香港电视片里常听到的说法)

扯谎我→对我扯谎；扯谎你→对你扯谎；帮忙我→帮我的忙；帮忙你→帮你的忙。以上方口说法在动词和代词的搭配上不同于普通话标准说法。搭配问题实际上也是语段构造问题，但以上说法在词语搭配上值得特别强调。

[D组]

(9)大叔，你莫紧记着前些年的事，胸襟要开阔些，要看到现在，看到今后。(孙23页)

(10)两分钱，还报什么销罗？莫紧耽搁了！龙溪坪要散场了！(孙24页)

(11)这几多有味哟，笑煞了雀儿寨的人哟！(孙33页)

(12)年轻女人们都以羡慕的眼神望她，发出啧啧的惊叹：“哟，几多的好看！”(孙119页)

紧→老(总)；几多→多么。在普通话里，“老(总)”是副词，“紧”即使用作状语，也还是形容词(紧跟→紧紧地跟着；跟得很紧)；“多么”用于感叹句咏叹程度，已经成了程度副词，“几多”则是询问数量的疑问代词，不用来构成感叹句。以上方口说法，在词性上跟普通话标准说法有所不同。

[E组]

(13)天九哥，依得我说，这个客合作一次请算了。(孙108页)

(14)“香草记得他昨天亲口说的话：大把大把的钱，会像水田

里越口上的鱼，一只咬着一只的尾巴，跟起跟起来。”（孙 45 页）

（15）吃不得这样多，就少吃一点点吵。（孙 33 页）

依得我说→依我说；跟起跟起来→跟着跟着来；少吃一点点吵→少吃一点点嘛。以上方口说法，在助词运用上跟普通话标准说法有所不同。如果从结构上多了点什么或需要改动点什么看，自然也可以认为是语段构造问题。

1.2 教学中常常提到“语法错误”的问题。诚然，有语法错误的病句是语法规范化的对象，应该通过测试让学生注意纠正。然而，所谓“语法错误”实际上有两种情况：其一，说错非错；其二，确实有错。这又有必要让学生特别是师范中文系学生有所了解，形成明确的认识。

“说错非错”，是某种说法并不错，但被认为有错。例如：

（16）如果她承袭了这笔财产，即使是合法的，但也不光彩。（姜滇《清水湾，淡水湾》）

（17）无论我怎么发问，怎么催促她指出我可能存在的错误，可是她还是不开口。（李功达《对一个失踪者的调查》）

（18）我自己在创作上，就仍然不能完全放开手脚，使我常常苦闷地感到，好像有一根无形的绳子捆绑在自己身上。（杨沫《深入生活提高技巧》）

“即使……也……”中加上“但、可、却”之类转折词的说法，“无论（不管）……还是（都）……”中加上“但、可、却”之类转折词的说法，“我……使我……”的说法，教学中常常被当成错误的说法要求学生纠正。然而，这些说法已经具有习用性，表达上也有一定的作用，当作语法错误来处理是不恰当的。笔者在《“但”类词对几种复句的转化作用》（《中国语文》1983 年第 3 期）、《“但”类词和“无论 p，都 q”句式》（《中国语文》1984 年第 4 期）、《论意会主语“使”字句》（《江汉语言学丛刊》1979 年创刊号）中对有关问题已有所论述。

“确实有错”，是某种说法确实存在语法错误。例如：

（19）不管儿子满意不满意，如今已既成事实。（《小说家》

1983年第2期139页）

(20) 有一天，他商量着三婶："妈，我实在馋了，把罐子里的咸鸭蛋给我煮了一个吃呗!"（《江城短篇小说》1984年第1期26页）

(21) 豪气十足的武装班战士很快自暴自弃了以往那种优越感……（《十月》1984年第6期154页）

例(19)，"既"就是"已(经)"，时间副词，跟前边的"已"重复；特别是，"既成事实"等于"已定的事实"，跟"既得利益""既定方针"等一样，是名词性结构，而不是动宾结构。"已"是副词，"既成事实"是名词性结构，它们之间缺少一个可以成为述语的动词。例(20)，"商量着"如果带宾语，必须是指事情的对象宾语，"三婶"尽管可以认为是商量问题的对象，但不是指事情，不符合充当"商量着"的宾语的条件。例(21)，"自暴自弃"表示自甘落后、不求上进的意思，这个固定结构不能带宾语。以上这些"确实有错"的说法，是个人性的偶发性的现象，跟"说错非错"的说法性质不同，也跟方口说法性质不同。

2 关于词汇的测试

2.0 方口说法和普通话说法在词汇方面的区别要比语法大得多。为了帮助学生更好地运用普通话词汇交际，具有自觉地采用方口说法和分析方口说法的能力，有必要引导他们从构成词汇单位的语素异同方面比较方口说法和普通话说法，并引导他们注意不同地方的亲属称谓和事物名称。此外，应该让学生对"生造词"和"仿造词"有正确的认识。

2.1 从构成词汇单位的语素看，方口说法和普通话说法的不同有两种情况：①语素部分相同。有的是实素有同有异，有的是实素同而虚素异，有的是方口说法多了一个实素或虚素。②语素完全不同。有的词面不太冷僻，有的词面则很冷僻。一般说来，如果方口说法的语素跟普通话说法部分相同，那么就可以听懂或大体能懂；如果方口说法的语素跟普通话说法完全不同，那么必须是词面不太冷僻的才能听懂。

下面五组用了方口说法的例子，前三组属第一种情况，后两组属第二种情况。

［A 组］

（22）现在不崭劲，明年又从哪里来饱饭吃呢？（孙 34 页）

（23）幸亏是阴在肚子里想的，若说出来，肉案底下那只狗会打脱笑。（孙 26 页）

（24）闺女，大娘知道你也爱鸡儿，……等到蕃蛋了，咱们来个三七分成！（公 b119～120 页）

“崭劲”有“鼓励、加劲”的意思，“打脱笑”有“失笑、大笑”之类的意思，“蕃蛋”就是“生蛋”。这里的方口说法和普通话说法相比，实素有同有异。由于语素部分相同，意思大致能懂。

［B 组］

（25）我家小三长疤拉，我带他去医院看看。（武汉的说法）

（26）“我前天夜边回来的，”矮子贵二补充着已说过的话……（孙 22 页）

（27）想是想呀，咳，庄户人，穷哇，着急起来没个抓处，哪有这来来多的活钱！（公 b211 页）

“疤拉”是“疤子”；“夜边”大概相当于“傍晚”，但普通话里只有“夜里、夜间”的说法；“这来来（多）”大概就是“这么（多）”。这里的方口说法和普通话说法相比，实素同而虚素异。由于语素部分相同，特别是实素相同，意思能懂或大体能懂。

［C 组］

（28）你们都这么大了，也到了成家立业的时候了，等冬时天，阿爸托个媒，四路为你们寻访寻访……（孙 133）

（29）老汉动弹上一气，就要吆喝一声：“圪歇圪歇！”（公 a212 页）

“冬时天”就是“冬天”，这个方口说法多了一个实素“时”；“圪歇圪歇”就是“歇歇”，即“休息休息”，这个方口说法在实素“歇”前边多用了虚素“圪”。由于语素的基本部分跟普通话说法相同，意思能懂或大体懂。

[D组]

(30) ……你拿我怎么样？你默神我怕你吗？(孙125页)

(31) 他一看见我煮疙瘩，就骂我：“活得不兴气呀！”这是一种十分亲切的批评。(公a210页)

(32) 怕甚呢！……说出来只有天知，你知，我知……欢欢地说吧！(公a213页)

“默神”大致相当于“揣度”；“活得不兴气”大概相当于“活得不红火”；“欢欢”就是“痛痛快快”。这里的方口说法和普通话说法语素完全不同，但由于词面不冷僻，基本意思还是可以听懂。

[E组]

(33) 会后，我带着这个疑团，在下湾地里和老汉喻哒起来。(公a213页)

(34) 宗文子，……那边圪蹴去！你没看见你踩着枣儿了？(公b116页)

(35) 据说，这一男一女待弄着几亩荒山，今年养种，明年尔转，主要指望替县药材公司“生产”一些党参、黄芪、远志之类。(公b112页)

(36) 可不能！可不能！……傻闺女！你大娘赤屡子哩！(公b123页)

“喻哒”大概相当于“闲聊”；“圪蹴”大概相当于“蹲”；“尔转”是“丢掉”的意思；“赤屡子”就是“光屁股”。这里的方口说法的语素和普通话说法也完全不同。由于词面冷僻，特别土，有的依靠上下文勉强可猜，有的即使依靠上下文也无法弄懂，必须加注释才行。

2.2 亲属称谓或事物名称，方言说法和普通话说法往往有很大的不同。测试时应考虑特别安排这方面的题目。

下面两组例子，一组是关于亲属称谓的，一组是关于事物名称的。

[A组]

(37)(大娘)问道:"甚会儿走哇?"女儿……答应她说:"我大说,算下来要过了我的十二岁生日。"(公 b124 页)

(38)只听得那位妇女又在低声盘问我的女儿:"闺女,你白姆呢?"(公 b116 页)

"大"是"爸爸","姆"是"妈妈"。"姆"的叫法特别土。

[B组]

(39)……若不把一年冬春的阳春做出来,明年吃什么呀?(孙 35 页)

(40)有玉蜀黍茬子,还有茭子、谷子和糜子的茬子。(公 b114 页)

(41)……套住一只瞎佬,抹上泥填进洞里烧吃了……(公 a203 页)

"阳春"就是"农活","茭子"就是"高粱","瞎佬"就是"鼹鼠"。根据上下文,"阳春"的意思也许能够猜到;"茭子"和"瞎佬",却必须加注释才行。

2.3 生造词是词汇规范化的对象。但是,为了取得特殊效果,人们有时使用临时仿造的词,这属于修辞方法。测试时有必要引导学生把这种仿造词和生造词语区别开来。

[A组]

(42)春风吹拂,阳光照耀,处处流光喷射,一片辉煌!(黄伯荣、廖序东主编《现代汉语》)

(43)大伙儿掌握了操作的技能和使用简单工具的熟巧。(黄伯荣、廖序东主编《现代汉语》)

这里的"流光""熟巧"是生造词,意义不明确,不为交际所需要。这类说法必须从词汇中消除掉。

[B组]

(44)就这样,英语由他的特短,变成了特长……(矫健《河魂》)

(45) 我再也不想演交际花、交际草了。(黄宗英《星》)

“特短”是由“特长”仿造而成的，显得幽默；“交际草”是由“交际花”仿造而成的，能更好地表达说话人的厌烦情绪。

3 关于语音的测试

3.0 学习普通话，重点在语音，难点也在语音。语音测试应跟语法词汇的测试有不同的做法。如果说，语法词汇的测试可以按照普遍性的要求安排题目，重在笔测，那么，语音测试则除了按照普遍性要求安排题目外，必须抓住主要矛盾，根据不同人的不同情况，一把钥匙开一把锁，口测笔测同时采用，特别重视口测。武汉人说普通话有几个难点，其中一个是发不好 l 音，因此 n、l 相混。本文试图以帮助武汉学生辨别 n、l 为例，从口测和笔测两个方面谈谈想法和做法。

3.1 口测的目的是促使学生加强口耳练习，纠正发音土语，准确掌握普通话语音。基本内容有三个：一是声、韵、调准确发音的口测，二是识读汉字的口测，三是识读拼音的口测。

发准 n、l 本音的口测题目，围绕帮助学生正确掌握发音方法来安排：

软腭的升降有什么分别?

气流的出处有什么不同?

振动的部位有什么差异?

n 是鼻音，发音是软腭下降，气流从鼻腔流出，捏住鼻子鼻腔振动，而且发不出音；l 是边音，发音时软腭上升，堵住鼻腔通路，气流从口腔流出，捏紧鼻子鼻腔不振动。分为三个问题，是为了让学生注意从三个方面体会和实践。为了加强实践效果，可以要求学生捏住鼻子用“啦”音唱歌，如：

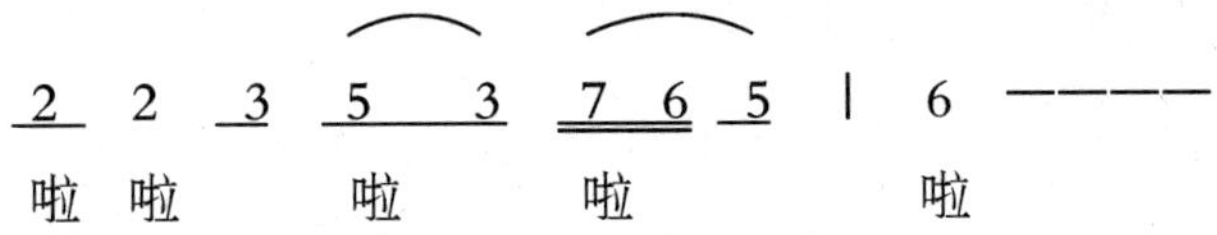

识读汉字的口测题目，围绕以提高语言实践能力为目的的原则来安排，包括词语识读和句段识读。

词语识读，如：

恼怒　老路　奴隶　冷暖

句段识读，如：

男旅客穿着蓝上衣，女旅客穿着呢大衣。男旅客扶着拎篮子的老大娘，女旅客搀着拿笼子的男小孩儿。

识读拼音的口测题目，也围绕以提高语言实践能力为目的的原则来安排，包括词语识读和句段识读。

词语识读，如：

nínìng（泥泞）　lǎoliàn（老练）

nǔlì（努力）　lǐngnán（岭南）

句段识读，如：

Lǎo Luó lāle yī chē lí,

Lǎo Lǐ lāle yī chē lì。

Lǎo Luó rén chēng Dàlì Luó,

Lǎo Lǐ rén chēng Lǐ Dàlì。

Lǎo Luó lā lí zuò líjiǔ,

Lǎo Lǐ lā lì qù huàn lí。

（老罗拉了一车梨，老李拉了一车栗。老罗人称大力罗，老李人称李大力。老罗拉梨做梨酒，老李拉栗去换梨。）

3.2 笔测是配合口测完成教学方案的重要方面。基本内容有三个：一是注音能力和识读拼音能力的笔测，二是汉字类推能力的笔测，三是有关对应规律的知识水平的笔测。

注音能力和识读拼音能力的笔测，一方面检验学生能否准确地给汉字注音，另一方面检验学生能否根据用字母拼写成的词语句段准确地写出汉字，再一方面检测学生能否改正拼写中的错误（如把“牢记”拼写为 náojì）。用于口测的词语句段的材料也可以用于笔测。

汉字类推能力的笔测，就 n、l 的分辨来说，是引导学生抓住声符代表字，类推出一群同声同母的字。如：力→荔→历→勒→仂→肋→劣……。可以考虑安排这样的题目：

挑出用 n 作声母的字，分成四类填在下表里的空白处。

字	哪、内、努、狞、那、钠、漉、 鹿、怒、宁、姥、良、哪、讷、 辘、奴、浪、咛、挪、纳、郎、 廊、驽、柠、兰、拦
用 n 作声母的字	1. 2. 3. 4.

挑出了用 n 作声母的字，就剩下用 l 作声母的字，这可以引起学生对用 l 声母的字的注意；挑出用 n 作声母的字以后加以分组，又可以让学生注意抓住声符代表字进行类推。

有关对应规律的知识水平的测试，目的在于让学生注意利用方音和标准音的对应规律帮助记忆。师院中文系学生不仅自己要纠正方音，还有帮助别人纠正方音的任务，提高这方面的知识水平很有必要。就 n、l 的分辨说，可以考虑安排这样的题目：

写出 n、l 这两个字母的名称音，并分别填上以 n、l 为声母的例字各六个。

	n			l		
名　称　音						
例　　　字	1. 4.	2. 5.	3. 6.	1. 4.	2. 5.	3. 6.

通过要求学生写出 n、l 的名称音，引导他们分清 n 和 l。本音是辅音字母的音值，根据本音才能准确地拼音，但《汉语拼音方案》把 n、l 的名称分别规定为［nɛ］和［ɛl］，这可以突出 n、l 的区别性特征，对方音辨正有利。在发准 n、l 本音的基础上，要求学

生注意它们的名称音，并分别写出例字，有助于改变把 l 发成 n 的现象。

4 几个一般性问题

4.1 关于出题的目的性和诱导性

不管是语法问题、词汇问题还是语音问题，每一道测试题目都应有明确的目的性。决定出题的目的性的条件，是测试对象的特点。对于师范中文系的学生，既要有跟一般人相同的要求，又要有作为合格的语文教师的要求。他们的职业特点决定了他们既需要具备正确运用普通话的能力，也需要具备辨别、分析和有时特意运用方口说法的能力。

测试题目还应具有较强的诱导性。只有题目具有诱导性，才能很好地达到特定的目的。比如语法问题和词汇问题，题目中所能涉及到的现象毕竟是有限的。重要的是，通过有限的现象让学生认识和掌握带普遍性的规律，知道什么说法通用，什么说法有时可用，什么说法在什么条件下才能采用。否则，不能算真正达到测试的目的。又如语音问题，针对不同地区说不同方言的人，抓住难点解决问题，这是必须的。但是，教学时间有限，假若某地区的人学习普通话语音有五六个难点，可以在一般性地点明各个难点的基础上着重解决其中一两个，起示范作用，让学生掌握方法，从而能够自己解决其他难点，这样也许能收到事半功倍的效果。

4.2 关于语言运用的交际性和自觉性

运用语言是为了进行交际。提高交际的效益，这是运用语言的基本要求。因此，所说的话和所写的文章或文件首先必须让人能懂，其次必须能用最简约的语句来传达最多的信息量。

为了加强语言运用的交际性，采用大家都懂的普通话说法无疑具有十分重大的意义。但是，由于某种特殊的需要，有时也可以采用某些方口说法。关键在于“自觉”二字。比方，文学作品中，为了表现人物的地方性特点和言语特点，适当采用某些方口说法不仅是可以的，而且是必要的。即使是“确实有错”的语句，如果是为了表明人物在言语方面的可笑特点，有时也可以特意采用。当然，采用方口说法要看场合，不能滥用，难懂的要加注释；至于有语法错误的句子，如果不是写作者为了刻画人物的需要而有意采用的，必须绝对排斥。师院中文系学生应该懂得这个道理。

我们认为，好的测试题目，从题目的具体内容看，应该有明确的目的性和较强的诱导性，从题目的整体看，应该能帮助学生提高语言运用交际性的认识，起到加强他们语言运用自觉性的作用。

主要参考文献：

[1] 陈章太. 略论汉语口语的规范 [J]. 中国语文，1983 (6).

[2] 陈恩泉. 汉语拼音教学法 [M]. 武汉：湖北教育出版社，1983.

（本文曾在 1985 年 5 月香港“普通话（国语）教学与测试研讨会”上宣读。原载《华中师范大学学报》1987 年第 5 期；又载《普通话测试论文集》，香港普通话研习社、香港中国语文学会 1988 年编辑出版，有删减）

有关词性的几个问题

一　词类和词性

词类是词的语法分类，是根据词的语法功能划分出来的类别。

任何事物都可以从不同的角度分类，词也是这样。根据音节的不同，可以分为单音词和复音词；根据结构的不同，可以分为单纯词和合成词；根据来源的不同，可以分为外来词、文言词等等；根据语法功能的不同，可以分为名词、动词、形容词等等。语法书告诉我们，现代汉语的词包括名词、动词、形容词、数词、量词、代词、副词、介词、连词、助词、叹词十一类，这里指的就是词类。

词性是词的语法属性，是词在语法类别上显现出来的特性。

每一个词都有一定的语法特性。比如“桌子”这个词，可以说“一张桌子、两张桌子”，但不能说“不桌子、很桌子”，这就是“桌子”一词在语法类别上显示出来的特性，而这种特性是名词的特性，所以“桌子”是名词。又如“漂亮”这个词，可以说“不漂亮、很漂亮”，但不能加数量修饰，不能带宾语，这就是“漂亮”一词在语法类别上显示出来的特性，而这种特性是形容词的特性，所以“漂亮”属于形容词。在语法练习中，我们常常见到这样的题目：“指出下列各词的词性：观众、观看、美观……”这是要求我们判明“下列各词”的语法属性，指出它们属于哪一类，如指出“观众”是名词，“观看”是动词，“美观”是形容词。

词类着眼于总体，说的是词性相同的一类词；词性着眼于个体，说的是类属相同的一个一个词。词类和词性是从不同的侧面对事物进行概括的结果。

二 根据什么判明词性

判明词性，必须根据词在语法功能上的特点，即“语法特点”。只有根据语法特点，判别词性才有客观标准，才能有把握地给词定性归类，才可以避免主观臆断，避免出现那种“仁者见仁，智者见智”的情况。看下面的对话：

老师：“刚才”是什么词？为什么？

学生甲：“刚才”是名词，因为它表示时间。

学生乙：“刚才”既然表示时间，它就应该是副词。

这里，学生甲和学生乙都是根据意义来判别“刚才”一词的词性。事实上，名词里有时间名词，表示时间，副词里有时间副词，也表示时间，只从意义上指出“表示时间”，用以说明“刚才”是名词或副词，谁也说服不了谁。如果抓住语法特点，指出“刚才”可以用在“在、到、比”等介词后边，一起组成介词结构。如：“这件事就发生在刚才。”“到刚才，什么事都还没发生。”“情况比刚才好多了。”这些例子中的“刚才”符合名词的语法特点，而不符合副词的语法特点，因此是名词，这就可以令人信服了。再看下面的对话：

老师：“起码”是个什么词？为什么？

学生甲：“起码”是形容词，因为它表示事物的性状。

学生乙：“起码”是形容词，因为它能受程度副词的修饰，不能带宾语，如“最起码的条件”，“最起码必须走三天”，“修建八栋宿舍是最起码的”，可见它符合形容词的语法特点，应归形容词。

学生甲和学生乙“是形容词”的结论都对。但学生甲赖以引出结论的根据是意义，不能令人信服，因为你认为这个词表示性状，别人可不一定认为这个词表示性状。学生乙抓住语法特点来判别“起码”

的词性，他的判断是难以反驳的。

紧紧扣住词的语法特点，这是在给词定性归类时的一个基本要求。下面再举几个例子说说。

1．“如今”

“如今”可以用在“到”的后面，说成“到如今”，它有时充当定语，如“如今的事”，可见它是名词（时间名词），而不可能是副词。

2．“无谓”

“无谓”可以受程度副词“太”的修饰，不能带宾语。比如：“为这点小事吵架，太无谓了！”可见这个词虽然字面上有点像动词，但它符合形容词的语法特点，可以判定是形容词。

3．“许多”

“许多”能跟量词组合，一起作定语或一起作补语。如：“许多套家具”“许多种杂志”“唱了许多遍”“去了许多回”。形容词不能像这样直接地同量词组合，可见这个词是数词，而不是形容词。

有的词，在不同的语法环境中具有不同的特性，属于不同的词类。要判明它们的词性，也必须从不同的语法环境出发，紧紧扣住它们的语法特点。举几个例子来说。

1．“加以”

“加以”后边常带由双音动词充当的宾语，如“加以总结”，“加以讨论”；“加以”后边的动词实际上已经名物化，可以带上定语，如“加以科学的总结”，“加以认真的讨论”。既然“加以”能带宾语，它就符合动词的语法特点，可以肯定是动词。

但是，有时“加以”用来连接分句与分句，表示进一层的关系，如“他非常聪明，加以特别用功，所以进步很快”。这里的“加以”符合连词的语法特点，应归连词。

2．“矛盾”

有时“矛盾”能受表示表物量的数量结构的修饰，如“这是性质完全不同的两类矛盾”，符合名词的语法特点。有时“矛盾”能带上时态助词，如“在阶级社会中战争与和平这样矛盾着的事物在一定条件下具备着同一性”，符合动词的语法特点。有时“矛盾”能受程度副词的修饰，如“我心里很矛盾”，符合形容词的语法特点。可见，“矛盾”有时是名词，有时是动词，有时是形容词。

3.“多”

“多”有时能受程度副词的修饰，不带宾语，属形容词，如“人很多”；有时作谓语，带宾语，属动词，如“多了一个人”；有时跟量词组合成为数量结构，属数词，如“他通晓多种科学”，“他来过多次”；有时作状语，表示程度，属副词，如“多有办法！”有时用于特指问句，起询问数量或程度的作用，属代词，如“这块料子多长？”有时黏附于某个结构，表示附加意义，属助词，如“三岁多”。

三 避免“词性误用”

把属于甲类的词误用为属于乙类的词，这是“词性误用”。这种毛病要注意避免。下面分几个方面举些例子来谈谈。

名词误用为动词。例如：

（1）大家在科研中对“四人帮”的干扰进行了抵制，欲望有一天把这帮魔鬼打倒。

（2）我这样说，或者有人将要疑问……

（3）他认为，小生产者都应当集体起来。

“欲望”“疑问”“集体”都是名词，这里误用成了动词，应当分别改为“盼望”“怀疑”“组织”。

名词误用为形容词。例如：

（1）他不爱说话，人很本分，也很本事。

（2）那时候“四人帮”横行，再没有比他们更无赖、更强盗的了！

（3）排球运动员使劲而技巧地托着球，不让对方有空子可钻。

“本事”“强盗”“技巧”都是名词，这里误用成了形容词，应该分别改为“能干”“蛮横”“灵巧”。

动词误用为名词。例如：

（1）今晚我们开迎接新年的联欢。

（2）有人散布种种捏造，我们要追查。

“联欢”“捏造”都是动词，这里误用成了名词。“联欢”应改为“联欢会”，“捏造”应改为“谣言”。

动词误用为形容词。例如：

（1）这小伙子很刻苦，很钻研，将来一定很有出息。

（2）他哈哈笑着，贪图地看着地上的财物。

（3）老师的临别赠言是那么诚挚，那么勖勉。

“钻研”“贪图”“勖勉”都是动词，这里误用成了形容词。“很钻研”应改为“肯钻研”，“贪图”应改为“贪婪”，“那么勖勉”应改为“那么有力地勖勉着我”。

形容词误用为动词。例如：

（1）这位老战士的话充沛着多么可贵的革命激情啊！

（2）红旗在空中飘扬，歌声在空中嘹亮。

（3）我对不起您，今天特地给你写信，向您抱歉。

“充沛”“嘹亮”“抱歉”都是形容词，这里误用成了动词。例（1）的“充沛”可以改为“充满”；例（2）可以说成“红旗飘扬，歌声嘹亮”，让动词“飘扬”和形容词“嘹亮”分别直接充当述语；例（3）的“抱歉”应改为“道歉”。

必须指出：不能把“词性活用”和“词性误用”混为一谈。有时，由于表达的需要，凭借上下文的条件而临时转变词性，这是“词性活用”，可以取得积极的修辞效果。例如：

（1）这个连长太“军阀”了！（曲波《山呼海啸》上册）

（2）老大在闹革命那年“自由”下一个婆姨，一个孩子而今也满院跑了。（柳青《在故乡》）

“军阀”是名词，这里活用成形容词，表示“军阀作风太严重了”的意思。“自由”有时可用作名词，有时可用作形容词，这里活用成了动词，表示“以自由恋爱的方式找下”的意思。“军阀”“自由”都加上引号，表明是特殊用法。这样的特殊用法，显然可以增强语言的情味。

（原载《湖北电大通讯》1983 年第 2 期）

词类问题的思考

本文讨论汉语的词类问题。涉及的语料，限于现代汉语。

五十年代有过一场词类问题大讨论，主要着眼于词的分类问题；本文讨论词类问题，则主要着眼于归类问题。全文包括三个部分：思考一，关于语法特征；思考二，关于入句结果；思考三，关于证明方法。最后有个结束语。

多年来，从语法学者到中学教师，到一般的学习者，一直到许许多多的外国朋友，都希望能够看到一部全面标明词性的汉语词典，但是，直到目前为止，这样的一部词典尚未出现。这不能说明中国语法学者不中用与不勤奋，只能说明汉语的词类问题实在太麻烦。要解决汉语的词类问题，绝对不能采取简单化的办法，相反，必须付出较多的时间，包括走弯路的时间，而且需要学者们多从几个方面作深入的思考，多从几个方面寻找办法。本文的基本思想，是强调正视汉语词类问题的复杂性，主张给词定性归类时既要依据语法特征，又要联系入句结果，还要注重证明方法的运用。

一　关于语法特征

语法特征是词在语法上反映出来的特征。

汉语里词的语法特征，就目前通常的认识来说，主要表现在以下三个方面：1.词的组合能力；2.词的造句功能；3.词的形式标志。

语法特征是划分词类、判别词性的根本依据。但是，怎样才能正确地充分地依据语法特征来给词定性归类，还有必要作进一步的探讨。

（一）对语法特征的横向观察

所谓横向观察，是把三方面的特征平排并列，考察它们的实际作用和条件性质。

通过横向观察，应该分清主裁性标准和辅助性标准。形式标志方面的特征，作为标准最有用，又最没用。它一看便知，可据性特强，但它说明不了多少现象，解释力是极差的。把造句功能作为标准，其覆盖面是百分之百，但只能得出或然性的结论，而不能得出必然性的结论。因为，甲成分固然经常由A类词充当，但也可以由B、C等类词充当，A类词固然经常充当甲成分，也可以充当乙、丙等成分，甲成分和A类词的联系不是必然的。相对来说，组合能力方面的特征覆盖面比形式标志大得多，可据性又比造句功能强得多。因此，在三方面的特征里，只能以组合能力方面的特征作为主裁性标准，至于造句功能方面的特征，特别是形式标志方面的特征，只能是辅助性的标准。“主裁”和“辅助”之间的关系，应该怎样处理？①在各个标准所引出的结论完全一致的时候，可以从各个方面对一个词的词性作出解释。比如“可爱”，是个形容词。它可以受程度副词修饰（“很可爱”），不能带宾语，在组合能力方面符合形容词的特征；它可以充当定语、谓语等成分（“可爱的孩子｜这孩子可爱｜这孩子长得可爱”），在造句功能方面符合形容词的特征；它前头用“可”，“可”作为构词成分，往往构成形容词，往往成为形容词的形式标志（“可喜｜可靠｜可观｜可取｜可疑｜可口｜可体”）。②在主裁性标准的解释力有所不足的时候，可以借助于辅助性标准。正如排球比赛中主裁判如果看不清，可以听取副裁判的意见。比如“黝黑”，由于结构上的原因，在组合能力上排斥程度副词，但它不能带宾语，而且在造句功能上它跟一般形容词一样，可以做谓语、定语等成分（“皮肤黝黑｜黝黑的皮肤｜皮肤晒得黝黑”）。这样，主裁性标准在辅助性标准的配合下，就可以判定“黝黑”这个作为谓语而不能带宾语的词是形容词。③主裁性标准和辅助性标准如果有矛盾，服从主裁性标准。比如“×头”结构的词一般是名词（“木头｜话头｜锄头｜看头｜想头｜苦头｜甜头”），其中的“头”是名词的形式标志。但“滑头”这个词，有时是名词（“这个滑头!”），有时却是形容词（“这种人太滑头”）。把它判定为形容词时，主要看它是否能受程度副词的修饰，而不管它形式上是否带有“头”。

通过横向观察，还应分清充足条件和非充足条件。充足条件是有之必然的条件。这种条件有了它就足够，没有它不一定不行。比方，对于动词说来，“带宾语”是充足条件。凡是能带宾语的肯定是动词[①]，但不能带宾语的（如“睡觉｜咳嗽｜游泳”）未必不是动词。非充足条件是有之或然的条件。这种条件，有了它不能引出必然性结论，但可以提供作出判断的某种根据。比方，“能充当主语、宾语”这一条件，不能引出“一定是名词”的必然性结论，但至少可以提供“可能是名词”的线索。充足条件和非充足条件同主裁性标准和辅助性标准有密切关系，但并非分别对应。一方面，并非任何一条主裁性标准都是充足条件，比方，“能受副词修饰”是从组合能力方面归纳出来的特征，属主裁性标准，但还不是充足条件，因为我们不能肯定地说受副词修饰的都是动词或形容词，如“最底层｜最前线｜最前面｜最南方”都不是“最＋形或动”。另一方面，并非任何一条辅助性标准都是非充足条件。形式标志方面的标准可据性特强，通常是充足条件，这不必多说。即使是造句功能方面的标准，尽管总的说来是或然性标准，通常是非充足条件，但其中某一条具体标准却有可能是充足条件。比方，“能做状语”对于副词说来不是充足条件，但如果进一步规定为“能作状语，并且只能作状语”，这就成为副词的充足条件了。实践中分清充足条件和非充足条件非常重要。如果混淆条件的性质，是不能得出正确的结论的。比方，把“这条街原来的名字叫太平仓，现在叫平安里”中的“原来”划定为形容词，而把“这条街原来叫太平仓，现在叫平安里”中的“原来”划定为副词，是因为前一个“原来”充当了定语，而后一个“原来”充当了状语。然而，对于形容词和副词说来，充当定语和充当状语都只是非充足条件![②]

通过横向观察，还应该明确，在运用标准的过程中必须遵守同一律。这里，特别需要强调一条必须遵守的原则：同一意义并且在组合能力上具有共性的同一形式，不得分化为不同的类。比较：

a. 细心的人
　细心照顾他

b. 特别的人
　特别照顾他

“细心”，不管作定语还是作状语，都表示“用心细密”的意思。语法上，都能加“很”，这可以帮助证明它们具有同一意义：很细心的人｜很细心地照顾他。“细心”不应分化为两个不同的类，比方，不能说作定语时是形容词，作状语时是副词。“特别”情况不同：作“人”的定语时表示“与众不同”的意思（能说“很特别的人”），作“照顾”的状语时表示“特地”的意思（不能说“很特别地照顾他”）。由于两个“特别”的意义不同，并且相应地在组合能力上具有不同的特点，因此才可以判定为两个不同的类，前者属形容词，后者属副词。明确这条原则，始终遵守这条原则，可以保证在运用标准的过程中不致陷于混乱。

（二）对语法特征的纵向观察

所谓纵向观察，是从解释面大的特征到解释面小的特征全都进行考察，发现并抓住一切有用的因素。

进行纵向观察，一方面可以着眼于“大”，归纳出全局性的类特征，借以反映词类的基本面目。比方，能带宾语，这是动词的带全局性的类特征，解释面较大；能受程度副词修饰，不能带宾语，这是形容词的带全局性的类特征，解释面较大。差不多所有的语法教科书都利用这样的类特征来说明词类的特点，不必多说。

进行纵向观察，我们还应该不忽视“小”，发掘出许许多多局部性或微小局部性的类特征，借以增强归类的鉴别力。

比如“着想”，这是个什么词？根据意义，一般人大概都可以猜到是动词，但是，在语法上，请问怎么知道是动词？它不能带宾语，也不能受“不、都”等副词的修饰，动词的解释面大的特征对它无能为力。然而，“面大特征”无能为力，“面小特征”却可以发挥作用。这个词，可以进入“为NPX过”中X的位置（“你为谁着想过？为我着想过吗？为你的儿子着想过吗？”），而能在X位置上出现的词一定是动词（“我为你哭过，为你笑过｜他为理想奋斗过，为出路挣扎过”）。由于这一特征是充足条件，在其可解释的范围之内，像对“着想”这样的词，却可以帮助我们在定性归类上作出毫不犹豫的裁决。

又如，“人身攻击、人身自由”中的“人身”，是什么词？凭意义也许可以猜想是名词，但在语法上怎么证明它是名词？这个词，不能受副词修饰，并且可以用在“受到攻击”的前边作主语（“人身受到攻击”）。凡是能在“X受到VP”格式中X位置上出现，并且不能受副词修饰的词，一定是名词。据此，可以断定“人身”是名词。作为名词的特征，跟“能带数量定语”这一特征相比较，“能用在‘受到VP’前边作主语”这一特征的解释面当然小得多，但是，在遇到“人身”这样的词的时候，后者却比前者更具有解释力。

既着眼于“大”，又不忽视“小”，对可能有的种种特征全面挖掘，充分利用，会大大有利于我们的词性划定工作。百分之七十左右的词，大概可以用“面大特征”来解释；百分之三十左右的词，有时却不得不借助于“面小特征”。如果有一部大型的汉语词类著作，对各类词的“面大特征”和“面小特征”作穷尽的或大体穷尽的描写，这样的著作在学术上肯定是很有价值的。

二　关于入句结果

入句结果是词在入句后所形成的具体状况。

一个词能或不能跟什么词组合，能或不能充当什么句子成分，必须造起句来才能知道。因此，不管是词的组合能力还是词的造句功能，实际上都是“入句结果”。但是，通常作为语法特征来描述的词的组合能力和造句功能，只是归纳了词的入句结果的一般状况，而具体的入句结果却是千姿百态复杂多样的。从词的归类的角度看，除了把语法特征作为定性标准之外，应该注意观察词的具体的入句结果。这样会帮助我们进一步认识一些理论问题和实际问题。

（一）词类受句法的管束

一方面，词所属的类要在进入具体句子以后才能显示出来，这是“入句显类”。典型情况，是同形异类形式的确认。比如“矛盾”，让它孤立地站在句子之外，很难确认它到底属于哪一类。如果让它进入具体的句子，比如“要弄清楚这是什么性质的矛盾”，“他的说法前后矛盾”，“我心里很矛盾”，它就分别显示为名词、动词和形容词。又如“死”，让它孤立地站在句子之外，大概一般人都只会说它是个动词，但等它一进入具体的句子，像在“最好别把时间定得太死”“她把棉袄袖子咬得死紧”之中，就可以知道它还可以是形容词或副词。还有更典型的情况：

a. 你准备采取什么写法？

b. 你到底准备怎么写法？

a. 请谈谈金鱼的养法！

b. 金鱼不能这么养法！

a 里的“写法｜养法”是名词；b 里的“写法｜养法”到底是“动＋法”构成的动词，还是动词后边带上助词性的“法”，还可以讨论，但它们肯定不是名词，而是动词性的词或结构。这已经不是通常叫作“兼类词”的同形异类现象了。这种现象表明，具体句法结构对词类的管束有时是很严厉的。

另一方面，属于某个词类的词如果不按该类词的句法要求进入句子，就会产生“出格”现象。出格现象有两类：一类是不合语法的“词性误用”。比如：

（1）一个人活在世上，无非是两个生活吧，社会生活和家庭生活。社会生活主要是有所事业……（《花城》1985 年第 1 期）

“有所”后边应出现动词。“事业”是名词，被误用成了动词。另一类是取得修辞效果的“词性活用”。比如：

（2）这个连长太“军阀”了！年纪不大，脾气可不小！（曲波《山呼海啸》上册）

（3）钟万仇……道："阿宝，你……你……又……又……"钟夫人嗔道："什么又不又的？又什么了？"（金庸《天龙八部》第一卷上册）

（4）从前有个学生作文喜欢滥用"而"字，老师给他一个批语说："当而而不而，不当而而而，而今而后，已而，已而！"（王力《词类》）

例（2），名词"军阀"活用成了形容词。例（3），副词"又"活用成了动词。例（4），"而"是连词，批语中的"而"有的是连词，有的活用成了动词和名词。

词性活用现象属修辞现象，自然不能进入词典。但词性活用现象说明了一个事实：句法对词类带有强制作用。一个词，入句后一旦"出格"，只要不成为病句，这个词一定要被强制成为别类的词。从这一点上看，词有时又是"入句变类"。

（二）词类受句域的影响

句域指句子所处的境域，包括上下文意和跟上下文意相联系的各种因素。

句域反映客观现实，具有多样性。句域不同，入句的词在类别上可能发生变化。通常判别词性，只是联想到一般句域的一般情况，忽视了在特殊情况下形成的特殊句域。这不利于全面而深刻地认识汉语的词类。

比如"高、重"等词属于哪一类，一般人大概只会想到"山很高｜很高的山｜担子很重｜很重的担子"之类的出现境域，因而判定为形容词。

但是，在富于变化的种种句域中，"高、重"等词的用法并不总是那么单纯，那么规矩。比方，在"X＋数量"格式中，如果X是"高、重"之类，它们是哪类词？

a.（身）高一米八四

（净）重一百五十公斤

这里的数量结构能回答"多少"的问题：（身）高多少？——一米

八四。(净）重多少？——一百五十公斤。这是一种对事物状况进行实际量测的句域，其中的“高、重”更像是名词，至少无法证明它们还是形容词。即使“高、重”前边不出现“身、净”之类，在同样的句域中“高、重”等词仍然更接近于名词。如：

甲：我量你记！

乙：好，你说！高多少？重多少？

甲：高一米三四，宽一米四四，长一米五四，重四百四十四斤。

乙：慢点慢点！什么一米四四？什么一米五四？

这里的数量结构可以回答“多少”的问题，“高、重”之类还可以用“什么”来提问。

b. 礼品轻如毛，
情意重千斤。

这里“重千斤”和“轻如毛”对举使用，强调礼品虽轻，情意却很重，具有夸张性。这是一种用表数词语强调性状度量的句域，数量结构不能回答“多少”的问题，“高、重”之类不能用“什么”来提问。在这种情况下，“高、重”之类又更像是形容词了。类似的现象：

青山高，高万丈；
绿水长，长万里。

“高万丈”相当于很高、高极了，“长万里”相当于很长、长极了，都是夸张的说法。

a 与 b 之间，还存在更难断定的中间现象。比如：

这堵墙好高，大约高三米二三！

这个语句可能有两个境域，反映两种心态和意向。一种是说话人意在用眼力测定墙的高度，等于说大约高度是三米二三；一种是说话人意在强调这堵墙很高，高得超过了普通的墙，等于说大约高达三米二三。如果是前者，靠近名词，如果是后者，更像形容词。总之，句域的复杂性是一般的标准之外不能不注意的问题。

大家知道，黎锦熙《新著国语文法》中提出过一个著名的论点：

“凡词，依句辨品，离句无品。”这个论点多年来一直遭到非议。其实，这个论点并非完全没有合理的东西。它的问题出在两个方面：其一，“离句无品”的判断不符合事实。不然，一部标明词性的词典永远编不出来。事实上，有的词总是固定地属于某一类，孤立地说“马匹”，人们可以立即知道是名词；有的词尽管是同形异类的所谓兼类词，但到底可能属于多少个类，是一个形式已经具备的功能，孤立地说“困难”，人们只能在名词与形容词之间辨析其词性。其二，“依句辨品”的标准缺乏科学性。汉语里词和句子成分并不存在严格的对应关系，而黎锦熙先生却把词类和句子成分的关系固定起来，依据句子成分来判定词类，这自然不能正确反映汉语词类的特点。但是，如果扬弃黎先生的主张中不合理的方面和具体内容，“依句辨品”这一说法本身还是符合汉语实际的。当然，必须把“依句辨品”理解为依据句法结构或句法模式辨别词类，而不应理解为依据句子成分辨别词类。

三　关于证明方法

证明方法是属于逻辑思维范畴的论证方法，主要包括“直判”“排他”和“类比”。这些方法往往结合使用，只是有时有所偏重而已。这里，需要特别指出的是：应该对直判、排他、类比这些方法的性质、作用等有正确的了解。

以排他法来说，可以假设有这么一段批评：

> 用逻辑方法排他法来证明“必然”是形容词，这种推理本身就不合逻辑。因为按照这种推理，我们也可以先根据“必然”不能做谓语、不受“很”修饰等确定它不是形容词，然后用归余的办法证明它只能是副词。这个例子说明一个道理：把一个词归入某个类里去，必须符合这个词类的分类标准。离开分类标准，用走后门的办法把它硬塞进去是不行的。“必然”只在状语、定语和“的”字前头三种位置上出现，最合理的办法是把它看成区别词兼副词。在状语位置上是副词，在其他位置上是区别词。（邢按：所

谓区别词，相当于一般人所说的非谓形容词。）

讨论这段批评，对正确了解直判、排他、类比等证明方法很有好处。下面从三个角度进行阐述。

（一）证明方法和分类根据

证明方法和分类根据不能混为一谈。

分类根据是分类的实际标准。分类根据不同，分类的结果也就不同。比如：第一，如果把能够充当谓语作为形容词的必要条件，那么，非谓形容词就不能归入形容词，一般形容词和非谓形容词就应该是两个不同的类，即 A 和 B 的关系。比方，在朱德熙《语法讲义》中，形容词和区别词是两个不同的类，区别词就是一般所说的非谓形容词。第二，反之，如果不把能够充当谓语作为形容词的必要条件，那么，非谓形容词就可以归入形容词，一般形容词和非谓形容词便同是 A 类，它们之间是 Aa 和 Ab 的关系。比方，在胡裕树主编《现代汉语》中，非谓形容词是形容词中的一个类，跟一般形容词一起属于形容词。如下表[③]：

<table>
<tr><th colspan="2">胡裕树（主编）《现代汉语》</th><th>朱德熙《语法讲义》</th></tr>
<tr><td colspan="2">形容词</td><td>形容词</td></tr>
<tr><td></td><td>非谓形容词</td><td>区别词</td></tr>
</table>

证明方法不是具体的分类根据。不管是“直判”还是“排他”和“类比”，都是以某一分类根据为前提，在某一分类根据的导引下对某个或某些词的词性进行推断。如果推导过程正确，而所得的结果可以讨论，这只能说明作为前提的分类根据可以商榷。

在运用排他法证明“必然”不是副词而是形容词的时候，分类标准中并没有把能够充当谓语作为必要条件，非谓形容词是被包括在形容词范围之内的。人们完全可以不同意这样的分类标准，对根据这样的标准而建立的论证前提提出不同意见，但不能因为对分类标准有意见，就否定证明方法。

在说“我们也可以先根据‘必然’不能做谓语、不受‘很’修饰等等确定它不是形容词，然后用归余的办法证明它只能是副词”的时候，分类标准中是把不能做谓语和不受“很”修饰作为必要条件的。这么说，实际上已经采用了排他法，可见证明方法本身无法否定。特别是，这样的说法里所用的标准是可疑的。根据其标准而建立的前提是：凡是不能做谓语的词，不是形容词；凡是不能受“很”修饰的词，不是形容词。那么，“通红”不能受“很”的修饰，难道不是形容词而是副词吗？“起码”不能做谓语，但能受程度副词“最”“顶”的修饰，难道不是形容词而是副词吗？

归总一句话，不管以哪一种分类标准为前提，都可以采取同样的证明方法。证明方法和分类根据、分类标准不是一回事。如果用对分类标准的不同想法来否定证明方法，就会陷入逻辑混乱。

（二）证明方法和分类系统

证明方法和分类系统没有必然联系。

分类系统是运用分类根据对词进行分类的结果。甲乙学者各有分类根据，甲乙学者就会得出各自的分类系统。分类系统有两大类：①穷尽类。系统所包括的各个词类可以穷尽所有的词，全无遗漏。同是穷尽类，又有多种模式。有的可能只有五六个词类，有的可能有十一二个词类，它们的总和都是周遍性的。比如，如果分类系统包括A、B、C三类，那么，所有的词都可以无一例外地归入这三类。②不穷尽类。系统所包括的各个词类穷尽不了所有的词，有的词是被排斥在系统之外的“剩余词”。不穷尽类的系统也有不同模式，包括不同的词类数目，但各词类的总和都不是周遍性的，比如，分类系统中只建立A、B、C三类，但三类之外还有“剩余词”。

证明方法为所有分类系统服务，对所有分类系统一视同仁。任何分类系统都可以采用直判、排他、类比等证明方法，只是分类系统不同，证明的结果当然会有所不同。关键在于，要明确论证所据的是一个什么样的分类系统，不能偷换。当甲学者根据第一种分类系统讨论证明方法时，乙学者要批评他所说的证明方法不能成立，必须也要根据同一种系统，不然，就没有共同的语言，造成胡乱放箭的局面。比方，甲根据“形容词包含非谓形容词”的系统，证明“必然”可以归入形容词；乙却根据“形容词不包含非谓形容词”的系统，指出“必然”兼属相当于非谓形容词的区别词和副词。二者的实际分歧，在于“必然”是否兼类。不管谁对谁错，都是不能由证明方法来负责任的。

自相矛盾是论证问题之大忌。即使所据的只是一个分类系统，自相矛盾也会造成不能自圆其说的尴尬局面。比如：“‘必然’只在状语、定语和‘的’字前头三种位置上出现，最合理的办法是把它看成区别词兼副词。在状语位置上是副词，在其他位置上是区别词。”这样的论断，对于所据的分类系统本身来说，就是自相矛盾的。首先，不要忘了上面提到的一条同一性原则：同一意义的同一形式，不得分化为不同的类。“必然”这个词，不管作状语、作定语或用在“是……的”之间，都表示“事理上确定不移”。既然如此，就不应分为不同的两个类。要知道，“直接”和“间接”是仅仅被确定为区别词的。试问：“直接、间接”也可以在三个位置上出现，为什么不认为在状语位置上是副词，在其他位置上才是区别词？情况相同，有的这样处理，有的那样处理，岂不自相矛盾？按照这一思路，其他词跟着也涌来了。比如“笔直”：

一条笔直的路（定语）

笔直地往前延伸（状语）

确确实实是笔直的（“是……的”之间）

根据上述思路的逻辑，这里的“笔直”有什么理由不认为是副词兼区别词，或副词兼形容词呢？

（三）证明方法和研究实践

研究的实践离不开证明方法。证明方法不仅适用于语法研究，包括教学语法研究和科学语法研究，而且也适合于其他各门科学。

语法学家们在自己的研究实践中往往使用直判法，有时也借重于排他法或类比法。

例子一：工作程序上使用证明方法，借重了排他法。

这是一则关于词类研究的报道：“朱德熙、陆俭明等先生正在致力于现代汉语词类研究。其具体做法是，依据朱德熙先生《语法讲义》的词类系统，给《现代汉语词典》每个现代汉语的词定性归类。词类研究的难点是实词，其中代词、时间词、处所词、方位词、数词、量词等都是封闭性的，可以暂时不管，工作重点放到名词、动词、形容词、区别词、状态词、副词等方面。他们首先用 a 能否受程度副词修饰，b 能否受‘不’否定，c 能否带宾语，d 能否带补语等四条标准，把词分为两大类，凡能具备这四条标准之一者，为第一类，否则为第二类。第一类又通过 a 能否受程度副词修饰，b 能否带宾语这两条标准再分两类：能受程度副词修饰的是形容词，否则是动词。”（Y. M：《北京大学的现代汉语词类研究》，《语言学通讯》1988 年第 3 期）

这项研究在工作程序上一再配合使用了直判法和排他法。其中，凡能具备 a、b、c、d 四条标准之一者为第一类，这是用的直判法；否则为第二类，这是用的排他法。凡具备 a 标准者为形容词，这又是用的直判法；否则是动词，这是又用的排他法。

第一步所用的排他法，如果列成公式，便是：

要么是第一类（符合 a、b、c 或 d），否则是第二类。

X 不是第一类（不符合 a、b、c、d），

因此，X 是第二类。

第二步所用的排他法，如果列成公式，便是：

要么是形容词（能受程度副词修饰），否则是动词。

X 不是形容词（不能受程度副词修饰），

因此，X 是动词。

例子二：问题论证中使用证明方法，借重了排他法。

“出品”一词，《现代汉语词典》没有注明词类，但分成两个条目，分别注释为“制造出来产品”，“生产出来的物品；产品”。这等于说有动词和名词两种用法。

有文章指出：“出品”是地地道道的名词，《现代汉语词典》误以为有动词用法，是只从对词义的朦胧的感觉出发，没有考虑它的功能

和分布。该文作者之所以说“出品”是地地道道的名词，是因为“出品”在功能和分布上跟“出版”之类动词明显不同。如：可以说“不出版丨出版没有丨已经出版（了）丨出版（了/过）许多书丨出不出版”，但是不能说“不出品丨出品没有丨已经出品了丨出品（了/过）许多书丨出不出品”。该文又指出：“出品”和“产品、制品”一样是地地道道的名词，“中国出品”和“中国产品、中国制品”一样是名词性偏正结构。

这里，把“出品”划归名词，并没有采用直判法，并没有根据判别名词的标准直接说出“出品”到底具有哪些名词的语法特征。首先，文章主要是用排他法。大前提是：“出品”要么是动词，要么是名词。（以《现代汉语词典》的解释确定选择范围）小前提是：“出品”不可能是动词。（因为不能进入“出版”等动词可以进入的诸如“已经X了”的格式）。结论是：“出品”只能是名词。其次，文章也配合采用了类比法。大前提是：“出品”和“产品、制品”一样。小前提是：“产品、制品”一定是名词。结论是：“出品”也是名词。

由此可见，不管自觉不自觉，语法学家们在问题论证中，是抹杀不了直判和排他、类比等方法的运用的。当然，运用证明方法是一回事，结论是否可信又是一回事。如果所据前提有问题，即使论证过程不可非议，结论也是有问题的。

比如上述所用的排他法，便存在问题。问题出在前提上。凡是符合“不X、X没有、已经X了……”这套格式的，固然是动词，但是，不符合这套格式的，是否就一定不是动词？比如“出身”，“他出身贫农丨他贫农出身”中的“出身”肯定不是名词而是动词或动词结构，但不能说“不出身丨出身没有丨已经出身了丨……”；又如“起源”，“起源于汉代”中的“起源”肯定不是名词而是动词或动词结构，但不能说“不起源丨起源没有丨已经起源了……”；再如“出落”，“半年没见，小妞儿出落得更漂亮了”中的“出落”肯定不是名词而是动词，但不能说“不出落丨出落没有丨已经出落了……”。事实上，上述这套格式对于动词来说是充足条件，却不是必要条件，误把充足条件当作必要条件来使用，结论就不可靠了。

又如上述所用的类比法，也存在问题。如果限于按文章所举的格式来检验，“出品”和“产品、制品”显然具有同一性。然而，如果换个角度来观察，又可以看到它们的差异性：

中国产品大受欢迎。(＋)

中国制品大受欢迎。(＋)

中国出品大受欢迎。(－)

他们大量订购中国产品。(＋)

他们大量订购中国制品。(＋)

他们大量订购中国出品。(－)

“中国产品、中国制品”能自然地充当主语、宾语，“中国出品”却不能。能够充当主语、宾语的词语不一定是名词性质的，但是，根本不能充当主语、宾语的词语，其名词性质就大可怀疑了。总之，“出品”到底是什么词，到底应该如何给它定性，还需要进一步讨论。

诚然，证明方法只能看作是词类划分、词性判别中的一种辅助性手段。严格根据语法标准来判定词的归属，这自然是最理想的，也是最简明不过的。可惜，理想不能代替现实，简单化的做法对付不了错综纷繁、变化多端的汉语词类问题。自觉地使用证明方法，在帮助处理复杂的词类问题中，是有积极意义的。

四　结束语

1. 复杂问题，需要用复杂头脑去对待。汉语的词类问题是复杂的，无法用简单的标准去全面地穷尽地判别汉语所有的词的词性。否则，就得这里补漏那里补洞，标准虽然容易掌握，运用起来却处处遇到麻烦。为了较为妥帖地处理汉语的词的归属问题，本文主张既要依据语法特征，又要联系入句结果，还要注重运用证明方法。

2. 语法特征是给词定性归类最基本的依据。但是，作为标准或条件，语法特征有主裁性标准和辅助性标准的分别，有全局性标准和局部性标准的分别，有充足条件和非充足条件的分别。本文主张词类研究中必须重视这些分别，深入研究这些分别，尽可能详细地描写出这些分别的具体规律。

3. 入句结果反映汉语词类的富于变化的特点。通常所说的“语法特征”，主要属于入句结果所形成的情态；但是，反过来看，入句结果所能形成的种种情态，要比“语法特征”所概括的基本情态丰富得多。本文主张词类研究中正视汉语的词的“入句显类”或“入句变类”的事实，把“语法特征”的运用放在入句结果的背景下进行，充分考虑句域的复杂性。

4. 证明方法属于逻辑思维范畴，跟词类划分的根据或标准不是同一层面上提出来的概念。语法学家们不管有意还是无意，事实上都在用某种或某些证明方法阐述其见解。本文主张在词类研究中自觉地运用证明方法。直判法是最基本的一种证明方法，而排他法和类比法可以起辅助作用，有时还可以弥补直判法之不足，使某些无法直判的现象得到解释。

5. 词类系统有穷尽类系统和不穷尽类系统。如果采用的是不穷尽类系统，那么，什么样的词算是“剩余词”，标准很难确定。理想的词类系统，自然是尽可能穷尽所有的词的系统，但是，建立这样的系统必然会碰到这个那个极不听话不听摆布的词。这需要做许许多多具体细致的研究工作。此外，不管是穷尽类系统还是不穷尽类系统，都一定包含若干数目的词类。笔者以为，从科学研究上说，为了更好地阐述规律，把词的类别分得细一点，甚至很细，没有什么不可以；但从教学上看，类别太少，过于笼统，类别太多，又不易记忆，似乎还是十一二个为宜。

注释：

①更准确地说，应该是：除了某些代词（如“你能怎么样了人家?”），凡是能

带宾语的肯定是动词。

②关于“原来”的词性，参看邢福义：《从“原来”的词性看词的归类问题》，《汉语学习》1985 年第 6 期，第 1 页。

③张涤华、胡裕树等主编：《汉语语法修辞词典》，安徽教育出版社 1988 年版，第 593 页。

（原载《语言研究》1989 年第 1 期，有修补）

词类判别四要点

这里所说的词类判别，指对汉语的词进行类属判别，即给汉语的词定性归类。处理复杂的汉语词类问题，无法用绝对的简单化的作法。本文认为，以下是汉语词类判别中应该特别重视的四个要点。

一 依靠充足性语法特征

充足性语法特征，指可以成为充足条件的语法特征。对某个或某些词进行检测时，只要根据这样的语法特征，就足以判定其类属。

对充足性语法特征，应该作准确的概括。以副词来说，它的充足性语法特征应该概括为：能作状语，而且只能作状语（个别还能作补语是例外现象）。这一充足性语法特征，由“主体条件（能作状语）＋附加条件（只能作状语）”构成，缺乏主体条件固然不行，缺乏附加条件仍然不行。

忽然变了　*忽然的事

突然变了　突然的事

“忽然”是副词，它只能充当状语；“突然”不是副词，它不仅能作状语，还能充当定语等别的成分[①]。必须注意的是：一个形式，在充当不同成分时，意义是否相同？如果意义保持同一，那么便是同一个词充当不同的成分；如果意义各不相同，那么便是充当不同成分的两个或几个同音词。对于同音词，上述充足性语法特征自然不起作用。

严厉批评了他　严厉的人

特别批评了他　特别的人

"严厉"，不管作状语还是作定语，意义同一。这个词，它能充当状语，又能充当别的成分，它不是副词②。"特别"，作状语时是一个意思，相当于"特地"，作定语时是另一个意思，表示"与众不同"。前一意思的"特别"只能作状语，是副词；后一意思的"特别"不是副词③，但它同前一意思的"特别"只是同音词，不能用它来否定前一意思的"特别"是副词。

汉语里词类的充足性语法特征，凡是适用面很大或较大的，都必须采用"主体条件＋附加条件"的概括形式，才能表述得清楚。由于附加条件往往很难用一个简短语句表达清楚，因此可以采取先抽象排除后具体解释的办法。比如，可以这么概括名词同数量词的关系："除了两种情况，凡是能受表物量的数量词修饰的，都是名词。"能受表物量的数量词的修饰，这是主体条件；前头的"除了……"，只是抽象排除，其具体内容需要另作解释：(一)"数量词＋某些代词"（"在课堂里的还有一个我｜他似乎提着一些什么，可惜我当时没看清楚"）。(二)"数词＋表度量衡量词＋某些形容词"（"八斤重｜十里长｜五尺深"）④。

充足性语法特征的适用面，不一定全都很大或比较大，相反，有的可能很小或极小。前者是一种全局性或带全局性的特征，后者是一种局部性或微小局部性的特征。教科书里提到的语法特征，总是全局性特征，这是无可非议的；但是，从词类判别的实际效果看，即使是微小局部性特征，也是十分有用的。比如：凡是可以进入"为 NPX 过"中 X 位置的词，都是动词（"为这件事闹过｜为理想奋斗过｜为出路挣扎过"）。作为动词的充足条件，"为 NPX 过"这一格式虽然进入不了多少动词，适用面很小，但是，它却可以帮助我们断定一些用一般标准很难断定的词。如"着想"这个词，不能带宾语，不能受"不、都"等副词的修饰，根据一般标准简直无法从语法上断定它是动词。然而，只要说它能进入"为 NPX 过"中 X 的位置（"你为谁着想过？｜你为大家着想过吗？｜你为父母兄弟着想过吗?"），这就足够断定它是动词了。我们认为，一部详尽的有价值的汉语词类著作，不仅要描写适用面大的语法特征，而且应该描写出许许多多局部性语法特征。

这样的著作也许显得烦琐，但对于弄清楚汉语各个词类的特点，对于帮助外国学生掌握汉语语法，肯定是很有好处的。

二 慎用非充足性语法特征

非充足性语法特征，是在某种程度上能够反映词的类特点，但不成为充足条件的语法特征。有两类：

（一）可以成为主体条件的特征。包括能受程度副词修饰是对形容词而言，能受表物量数词的修饰是对名词而言，能带宾语是对动词而言，能作状语是对副词而言，等等。这类特征特别有用，它一带上附加条件就成为充足性特征。使用这类特征，重要的是不要忘记其附加条件。比方，在从能作状语的角度来考虑副词的时候，不能忘记“只能作状语”的限定；在利用带宾语的标准来断定动词的时候，不要忘记排除这种情况：个别代词也能带宾语（“你能怎么样了人家?”）。

（二）只能起辅助作用的特征。包括能充当主语、宾语是对名词而言，能充当谓语、定语是对形容词而言，等等。这类特征在判别词的类属时都只能起辅助作用。如果看到一个词充当了主语或宾语就判定为名词，看到一个词充当了谓语或定语就判定为形容词，这是不行的，因为理由不足为据。

然而，这类特征有时很有用处。特别是在充足性特征中主体条件不起作用的时候，它可以发挥举足轻重的作用。比如“空前”，是个什么词？它可以作状语（“空前繁荣｜空前萧条”），可以作定语（“空前的灾难｜空前的浩劫”），可以作谓语（“盛况空前｜规模空前”）。这个词，不能受程度副词的修饰，从这一方面无法断定它是形容词。但是，说它是副词吧，它能作定语和谓语，可见不是副词；说它是时间名词吧，时间名词虽然可以作谓语，但其主语必须也是时间名词（“今天元旦｜明天春节”），可见也不是时间名词。显然，仅仅根据能充当谓语、定语来断定一个词属于哪一类，这有困难；但在比较异同决定取舍的情况下，根据能充当谓语这样的特征把“空前”归入形容词，却是站得住的。

当然，运用这类特征需要特别谨慎。常犯的毛病是仅仅根据一类句子就仓促地断定词的类属。比方，由于形容词经常充当定语，在看到“他原来的身体状况，真是坏透了”这样的句子时，就认定“原来”是形容词。其实，只要多观察一些语言事实，就可以知道，同一意义的“原来”还可以充当主语和宾语（包括充当介词“比”的宾语）。如：

他原来的身体状况，比现在坏多了。（作定语）

他的身体状况，原来比现在坏多了。（作主语）

他的身体状况，现在比原来好多了。（作“比”的宾语）

他的身体状况，现在哪能比得上原来？（作宾语）

可知，全面地看，“原来”不应该是形容词，把它归入时间名词，更加合理。

三　联系具体的入句结果

入句结果，指词在入句后所形成的种种具体情态。在强调必须依据语法特征来判断词的归属的同时，还必须强调不能脱离具体的入句结果。我们认为，只有把语法特征的运用放在入句结果的整个背景下进行，才可以堵塞各种各样的漏洞。

汉语的词，总是“入句显类”，即进入具体的句法结构之后才明确地显示它的类别。比如：“你死到哪里去了？”这里的“死”显示为动词。“你怎么能把时间定得这么死？”这里的“死”显示为形容词。“她把棉袄袖子咬得死紧。”这里的“死”显示为副词。又如：一般认为，凡是带上虚词素“头”的词都是名词，如“木头、话头、锄头、看头、想头、苦头、甜头”，然而，“滑头”这个词入句之后却有不同的显示：

这个滑头，真拿他没办法！

这个小鬼，真滑头！

在前一句里，“滑头”显示为名词；在后一句里，“滑头”显示为形容词。显然，在教学中，让学生懂得结合入句结果的种种情态来运用语法特点，教学效果会更好一些。

汉语的词，还往往“入句变类”。即孤立地看，只能是甲类，但进入句子之后，有时却变成了乙类。比如，“桌子、皮箱”，肯定都是名词，但一旦进入“数词＋X＋名词”格式里X的位置，就会变成量词：

他叫了一桌子菜。

他买了一皮箱书。

这种变类现象，词典里不会标出。但一个外国学生学习汉语，面对的是活的语言事实，让他注意到汉语词类的这种灵活情况，自然是大有益处的。实际语言运用中，这种情况实在不少。略举两例：

(1) 钟万仇……道：“阿宝，你……你……又……又……”钟夫人嗔道：“什么又不又的？又什么了？”(金庸《天龙八部》)

(2) 令狐冲一惊之下，说道：“我……我……”黄钟公冷冷地道：“我什么？我看你精神不正，早料到你是要去求任我行教你练那吸星妖法……”(金庸《天龙八部》)

“又”是副词，“我”是代词。紧接对方的话头，把“又”用在肯定与否定相叠的格式之中，让“又”和“我”都带上宾语“什么”，它们便临时变成动词了。

就基本情况说，入句结果和语法特征之间存在着十分密切的关系。汉语里，作为词的最基本的语法特征，不管是组合能力方面的（能或不能跟什么词或什么成分发生关系），还是造句功用方面的（能或不能充当什么句子成分），都只有在入句之后才表现出来，换句话说，都只有通过入句结果才能看得到、抓得住。不过，语法教科书中通常所说的语法特征，都只是归纳出的代表一般情况的一般规律，而入句结果所形成的种种情态则要丰富繁杂得多，因此，有必要强调对入句结果作实际考察，不要简单化地依靠教科书所提到的那几条语法特征。举个例子：

这堵墙，有八尺高。

“高”受数量词“八尺”的修饰，“八尺高”用在动词“有”的后边。按照一般的情况，“有＋数量＋X”格式中的 X 都是名词，但如果判定上例中的“高”一定是名词，这就把问题简单化了。我们可以联系入句结果所能形成的种种情态来进行考察：

甲：这堵墙有多高？

乙：这堵墙有八尺高。

甲：真的有这么高吗？

乙：当然有这么高呀！

上例“有”的后边可以出现“多高｜这么高”，它们都不是名词结构。可见，“高”虽然受数量词“八尺”的修饰，但数量词“八尺”可以用相当于程度副词的“多”来提问，可以用接近于程度副词的“这么”来指代，“高”显然还是形容词，“八尺高”之类不过是形容词受数量词（其中的量词是度量衡单位）修饰的一类特殊现象。

四　灵活运用各种证明方法

证明方法是属于逻辑思维范畴的论证方法。在判别词的类属时，最常用的是“直判法”。即凡是符合某种或某些语法特征的，可以直接判定为某类词。比如，除了个别代词，凡是能带宾语的都是动词。“在于”这个词能带宾语（一年之计在于春｜去不去在于你自己），因此它是动词。

有的时候，还可以运用“排他法”。即把某个或某些词可能归入的类别限定在一定范围之内，然后根据语法特征来验测，要么是 A 类，要么是 B 类。比如“木然”，是个形容词。但它虽然可以充当谓语（神态木然），却不能受程度副词的修饰。由于可以充当谓语只是非充足性语法特征，不能据此直接判定它是形容词，因此，可以考虑运用排他法：首先，排除动词、名词、介词、连词等的可能性，把选择的范围限定在副词和形容词之内。进一步，指出副词根本不能充当谓语，因此，这个词不可能是副词，而只能是形容词。显然，根据能作谓语来直接判定“木然”为形容词，理由是不够充足的，但用排他法将其限定在副词和形容词之间选择，能作谓语却成了排除其副词可能性的有力根据。

有的时候，还可以运用“类比法”。即甲词只能跟乙词同类，没有别的可能，而乙词属于A类，因此，甲词也可以归入A类。比如“相反”这个词，很难根据某种充足性语法特征判定它的类属。但是，“相反”和“相同”意义相对，结构相同，用法上也有相似之处。如：完全相同的看法——完全相反的看法｜他们的意见完全相同——他们的意见完全相反。“相同”可以受“很不”“不很”的修饰（很不相同｜不很相同），属于形容词[5]，那么，“相反”也可以归入形容词。

直判法和排他法、类比法往往可以结合使用。朱德熙、陆俭明等先生在词类研究中结合运用了直判法和排他法。请看下面的报道[6]：

> 朱德熙、陆俭明等先生正在致力于现代汉语词类研究。
>
> …………
>
> 词类研究的难点是实词，其中代词、时间词、处所词、方位词、数词、量词等都是封闭性的，可以暂时不管，工作重点放到名词、动词、形容词、区别词、状态词、副词等方面。他们首先用
>
> a. 能否受程度副词修饰；
>
> b. 能否受“不”否定；
>
> c. 能否带宾语；
>
> d. 能否带补语
>
> 等四条标准，把词分为两大类，凡是具有这四条标准之一者，为第Ⅰ类，否则为第Ⅱ类。

某个或某些词，凡是符合a、b、c、d四条标准之一者，便是第Ⅰ类。这是运用直判法。排除各个封闭类，剩下可供选择的两大类，然后进一步断定：要么是第Ⅰ类，否则便是第Ⅱ类。假若某个或某些词不符合四条标准之一，那么便应归入第Ⅱ类。这就是运用排他法了。该报道还说：

> 第1类又通过

a）能否受程度副词修饰；

b）能否带宾语

这两条标准再分两类：能受程度副词修饰的是形容词，否则是动词。

根据能受程度副词修饰来断定是形容词，这是运用直判法；如果不能受程度副词修饰，便排除形容词的可能性，便应判定为动词，这又是运用排他法了。

汉语的词类问题十分复杂，有一定数量的词并没有明显的语法特征。要想全面地穷尽地判别汉语所有的词的类别，只采用直判法是很难解决问题的。以直判法为主，必要时适当采用排他法或类比法，有助于弥补直判法之不足，有助于使某些难以直判或无法直判的现象得到某种解释。这对于研究工作和教学工作都是很有积极意义的。这里，必须指出：不要把证明方法和分类依据混为一谈。证明方法不是分类的实际标准，它们的运用总是以一定的分类依据、分类标准为前提的。运用某种证明方法时，如果推导过程正确，所作的推断却有谬误，这只能从作为前提的分类根据中去寻找原因，而不能归咎于证明方法。比如：

凡是能受程度副词修饰的都是形容词。

"前线"能受程度副词修饰（部队开到最前线），

因此，"前线"是形容词。

这是运用直判法。证明方法本身没有任何问题。可是，"前线"肯定不是形容词，结论却说它是形容词。之所以出现这样的谬误，是由于作为大前提的"凡是……"不够严密。又如：

形容词一定能作谓语，否则，不是形容词。

"起码"不能作谓语，

因此，"起码"不是形容词。

这是运用排他法。证明方法本身也没有任何问题。可是"起码"尽管不能充当谓语，但能用在谓语部分里的"是……的"之间，特别是能受程度副词"最"的修饰（这是最起码的｜最起码的条件｜最起码的知识)，它应该是形容词⑦。结论里说它不是形容词，问题出在作为大前提的选言判断“形容词一定能作谓语，否则……”不够严密。

注释：

①“突然”能受程度副词修饰（很突然），能充当谓语、定语、状语等成分，是形容词。

②“严厉”能受程度副词修饰，是形容词。

③后一意思的“特别”能受程度副词修饰（很特别的人），是形容词。

④邢福义：《谈“数量结构＋形容词”》，《中国语文》1965 年第 1 期，第 34 页。

⑤吕叔湘先生在《语文札记》中把“相同”归入形容词，跟“一致、一样”放在一块。见吕叔湘：《语文札记》，《中国语文》1965 年第 5 期，第 349 页。

⑥Y. M：《北京大学的现代汉语词类研究》，《语言学通讯》1965 年第 3 期。

⑦吕叔湘主编《现代汉语八百词》把能受“最、顶”修饰的“起码”归入形容词。见吕叔湘主编：《现代汉语八百词》，商务印书馆 1980 年版，第 393 页。

（原载《语言教学语研究》1989 年第 3 期）

谈谈多重复句的分析

多重复句，是包含两个以上层次的复句。所谓“重（chóng）”，就是“层”的意思。有的多重复句包含两个层次，所以叫二重复句；有的多重复句包含三个层次，所以叫三重复句；有的多重复句包含四个层次，所以叫四重复句。依此类推。

多重复句层次多，组织严密。学会正确分析多重复句，不仅可以准确地理解句子本身的意思，而且可以提高分析语言结构和分析文章结构的能力。然而，正由于多重复句层次多，组织严密，因而往往不那么容易分析。层次越多，难度越大。分析中经常碰到的难题有二：第一，怎样断定一个多重复句的基本关系？怎样断定第一个层次是从这儿划开，而不是从那儿划开？第二，确定了第一个层次之后，怎样才能把其他大小不同的各个层次分析清楚？

要回答这两个问题，首先必须明确两点：

其一，分句多不一定层次多。不要以为有三个以上的分句一定会形成两个以上的层次。例如：

(1) 全国揭批林彪、“四人帮”的政治大革命取得了伟大的胜利；国民经济得到了进一步的恢复和发展；全国出现了安定团结的政治局面；我国外交政策得到了重大进展。（《人民日报》1978年12月24日）

这是并列复句中表示平行关系的复句。它包含四个分句，这四个分句不是分层组织起来，而是一次直接组织起来的。因此，它只包含一个层次，不是多重复句。又如：

(2) 他诊过脉，在脸上端详一回，又翻开衣服看了胸部，便

从从容容地告辞。(鲁迅《彷徨·弟兄》)

这是个连贯复句。它包含四个分句，但也只有一个层次，因此不是多重复句。再如：

(3) 是我去，还是他去，还是我和他一起去呢？

(4) 不但你知道，而且我也知道，甚至他也知道。

例 (3) 是选择复句中表示“或此或彼”的任选关系的复句。例 (4) 是递进复句中表示一递再递关系的复句。它们都包含三个分句，但都只包含一个层次，因此都不是多重复句。

分析复句时，遇到以上情况，不能用“二分法”，即不能只分为两部分；而要用“多分法”，即可以同时分为几部分。如例 (1)、例 (2)，可以一次划分为四部分；例 (3)、例 (4)，可以一次划分为三部分。

其二，层次多不一定关系的种类多。不要以为两个以上的层次一定表示两种以上不同类型的关系。例如：

(5) 他钻研哲学，也搞点写作；我学习文艺，也喜欢哲学。

这个复句有四个分句。第一、二分句和第三、四分句之间是第一层次，表示平列关系；第一分句和第二分句之间是第二层次，也表示平列关系；第三分句和第四分句之间也是第二层次，也表示平列的关系。尽管各个层次所表示的关系都是平列，但它包含两个层次，因此是个二重复句。又如：

(6) 因为他刻苦钻研，提高很快，所以受到了大家的赞扬。

这个复句有三个分句。第一、二分句和第三分句之间是第一层次，表示因果关系；第一分句和第二分句之间是第二层次，也表示因果关系。尽管各个层次所表示的关系都是因果，但它包含两个层次，因此是个二重复句。

可见，是不是多重复句，不取决于分句的多少，也不取决于关系种类的多少，而取决于层次的多少。当然，层次的多少同分句的数量、关系种类的数量也不是完全没有关系。可以这么说：分句多不一定层次多，但层次多一定分句多，因为包含两个层次的复句绝不可能只具有两个分句；层次多不一定关系的种类多，但关系的种类多一定层次多，因为包含两种不同关系的复句绝不可能只具有一个层次。

那么，怎样才能断定多重复句第一层次所表示的关系，怎样才能把整个多重复句分析清楚呢？

总的说来，必须善于抓住关联词语，进行全面观察，然后逐层深入地往里剖析。关联词语是形式上的标志。不管是大层次还是小层次，都要善于根据关联词语来断定关系。没有运用关联词语的，也要看能够添上什么样的关联词语，借以断定其关系。

抓住关联词语进行全面观察时，要善于化繁为简。即不管一个多重复句包含多少层次、多少分句，都首先把它简化为一个基本复句。比方，可以简化为“因为怎么样，所以怎么样”或“因为这样，所以这样”；或者简化为“如果怎么样，就会怎么样”或“如果这样，就会这样”；或者简化为“不但怎么样，而且怎么样”或“不但这样，而且这样”。诸如此类，不一而足。

要知道，任何多重复句都是基本复句的扩展，都是在“简”的基础上“繁”起来的。只要善于化繁为简，就能抓住基本关系，就能断定第一层次。举例来说：

(7) 即使下大雨，我们也要干。

这是个基本复句，表示假设关系。“即使……也……”这对关联词语是标志，表明前面的分句是假设，后面的分句是跟假设情况相违逆的结果。它可以扩展为：

(8) 即使下大雨，施工有困难，我们也要干，而且要提前完成任务。

这一例增加了分句，也增加了层次，“繁”起来了，成了二重复句了。但是，我们可以化“繁”为“简”，将它简化为“即使怎么样，我们也要怎么样”来理解，从而判断其基本关系是假设。这个二重复句还可以进一步扩展：

(9) 即使下大雨，刮大风，施工有困难，我们也要干，而且要提前完成任务，以便向国庆献礼。

这一例分句更多，层次更多，成了三重复句了。但是，我们仍可以把它简化为“即使怎么样，我们也要怎么样”来理解，从而断定它的基本关系是假设。

一些多重复句，乍一看很相似，但基本关系并不相同。要断定它的第一层次该从哪儿划开，最简单的办法也是化繁为简。比方，“不但……而且……因为”这样的句式，第一层次是从“不但……”和“而且……因为……”之间划开呢，还是从“不但……而且……”和“因为……”之间划开呢？比较：

(10) 不但我知道，而且他也知道，因为他也参加了那次座谈会。

(11) 不但我知道，而且他也知道，因为我和他都参加了那次座谈会。

例（10）可以简化为“不但怎么样（＝我知道），而且怎么样（＝因为他也参加了那次座谈会，所以他也知道）”；例（11）可以简化为“［之所以］怎么样（＝不但我知道，而且他也知道），［是］因为怎么样（＝我和他都参加了那次座谈会）”。可见，例（10）的基本关系是递进，第一层次应从“不但……”和“而且……因为……”直接划开；例（11）的基本关系是因果，第一层次应从“不但……而且……”和“因为……”之间划开。

在断定了第一层次和基本关系之后，就要逐渐深入地往里剖析了。由于第二层次、第三层次可能仍然比较复杂，因此仍然要善于化繁为简。与此同时，还要注意做到先后有序，稳步推进。就是说，在把一个多重复句划分为前后两部分（或几部分）之后，要先把前一部分里的各层关系剖析完，然后再对后一部分进行剖析，力求“步步为营，稳扎稳打”。以上面的几个例子来说：

例（10）的分析步骤：

全句，从“不但……”和“而且……”之间划出第一个层次（用单竖线｜标明），是递进关系。

第一层次前一部分，不能再分析关系。

第一层次后一部分，在“他也知道”和“因为……”之间划出第二层次（用双竖线‖标明），是因果关系。

——二重复句

例（11）的分析步骤：

全句，从“[之所以]……”和“[是]因为……”之间划出第一层次（用单竖线|标明），是因果关系。

第一层次前一部分，在“不但……”和“而且……”之间划出第二层次（用双竖线‖标明），是递进关系。

第一层次后一部分，不能再分析关系。

——二重复句

例（9）的分析步骤：

全句，从“即使……”和“我们也……”之间划出第一层次（用单|线标明），是假设关系。

第一层次前一部分，可以简化为“因为怎么样，所以怎么样”，应在“下大雨，刮大风”和“施工有困难”之间划出第二层次（用双竖线‖标明），是因果关系。

第二层次前一部分，在“下大雨”和“刮大风”之间划出第三层次（用三竖线|||标明），是并列关系。

第二层后一部分，不能再分析关系。

第一层次后一部分，可简化为“不但怎么样，而且怎么样”，应在“要干”和“而且……”之间划出第二层次（用双竖线‖标明），是递进关系。

第二层次前一部分，不能再分析关系。

第二层次后一部分，在“要提前完成任务”和“以便……”之间划出第三层次（用三竖线|||标明），是目的关系。

——三重复句

逐层剖析的步骤，大体如此。用文字说明这些步骤，显得很繁；但若熟练掌握，运用起来还是方便的。

为了清楚地表明多重复句的层次和关系，我们常常使用一些多重复句的表示法。主要的表示法，有“句中标明”和“图表表示”两类。

“句中标明”的方法，也叫“划线法”。要点有二：1）看看这个多重复句包含几个分句，在每个分句的末尾用数字标明分句的顺序。2）用｜线划出第一层次，并注明关系；用‖线划出第二层次，并注明关系；用||| 线划出第三层次，并注明关系。余可类推。如例（9），可以采用这样划线法：

即使下大雨①，|||刮大风②，‖施工有困难③，
并列　因果
｜我们也要干④，‖而且要提前完成任务⑤，
假设　递进
|||以便向国庆献礼⑥。
目的

“图表表示”的方法，也叫“图解法”。要点有二：1）用分句的顺序号代表分句。2）用“切分”或“组合”的办法加以图解。以例（9）来图解：

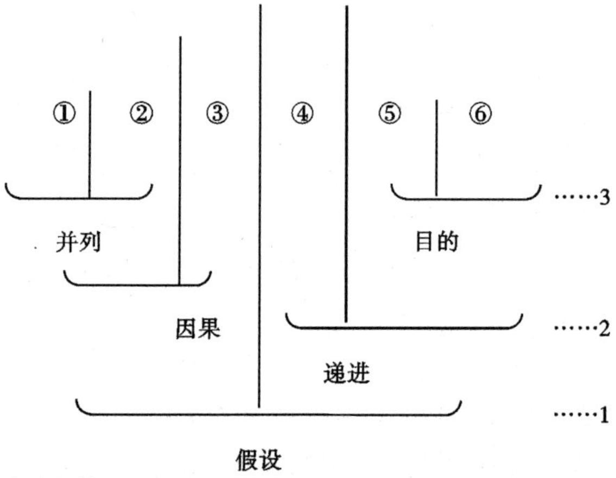

这是切分式图解。

（原载《语文教学与研究》1979 年第 1 期，结尾部分有删节）